费孝通（1910—2005），江苏吴江人。20世纪中国享有国际声誉的卓越学者。中国社会学、人类学和民族学的重要奠基人之一。曾担任民盟中央主席、全国政协副主席、全国人大常委会副委员长等职。

1930年入燕京大学社会学系，获学士学位。1933年入清华大学社会学及人类学系，获硕士学位。1936年秋入英国伦敦经济学院攻读社会人类学，获哲学博士学位。1938年秋回国。曾先后在云南大学、西南联大、清华大学、中央民族学院、中国社会科学院、北京大学等从事教学与研究。

一生以书生自任，笔耕不辍，著作等身，代表作有《江村经济》《禄村农田》《乡土中国》《生育制度》《行行重行行》《中华民族的多元一体格局》等。

费孝通作品精选

中华民族的多元一体格局
民族学文选

费孝通 著

生活·讀書·新知 三联书店

Copyright © 2021 by SDX Joint Publishing Company.
All Rights Reserved.
本作品版权由生活·读书·新知三联书店所有。
未经许可，不得翻印。

图书在版编目（CIP）数据

中华民族的多元一体格局：民族学文选／费孝通著．—北京：生活·读书·新知三联书店，2021.1（2022.4重印）
（费孝通作品精选）
ISBN 978-7-108-06975-7

Ⅰ．①中⋯　Ⅱ．①费⋯　Ⅲ．①民族学－文集　Ⅳ．① C95-53

中国版本图书馆 CIP 数据核字（2020）第 192812 号

责任编辑	冯金红
封面设计	宁成春
版式设计	薛　宇
责任印制	董　欢
出版发行	生活·读书·新知三联书店
	（北京市东城区美术馆东街 22 号 100010）
网　　址	www.sdxjpc.com
经　　销	新华书店
印　　刷	河北鹏润印刷有限公司
版　　次	2021 年 1 月北京第 1 版
	2022 年 4 月北京第 2 次印刷
开　　本	880 毫米 × 1092 毫米　1/32　印张 18
字　　数	402 千字
印　　数	5,001－8,000 册
定　　价	88.00 元

（印装查询：01064002715；邮购查询：01084010542）

费孝通作品精选

出版前言

费孝通（1910—2005），20世纪中国享有国际声誉的卓越学者。他不仅是中国社会学、人类学、民族学的重要奠基人之一，而且学以致用、知行合一，一生致力于探寻适合中国文化与社会传统的现代化之路。

在其"第一次学术生命"阶段，从最初的大瑶山到江村，再到后来的"魁阁"工作站，费孝通致力于社会生活的实地研究，继之以社会的结构特征考察，提出诸如"差序格局""家核心三角""社会继替""绅士"及"乡土损蚀"等概念和表述，代表作有《花蓝瑶社会组织》《江村经济》《禄村农田》《乡土中国》《乡土重建》《生育制度》等。在其学术求索中，费孝通与西方学术有关传统与现代的理论构成了广泛对话，而他的现实目标可归结为"乡土重建"，其学术思考围绕如何理解中国社会、如何推动中国社会现代化转型的问题展开。

20世纪50年代，费孝通在共和国民族政策与民族工作的建言与商讨中发挥了重要作用，也亲身参与"民族访问团"和民族识别调查工作。此间，他得以将其在"第一次学术生命"阶段提出的部分见解付诸实践，也得以在大瑶山调查之后，再次有机会深入民族地区，对边疆社会的组织结构和变迁过程进行广泛研究。在其参加"民族访问团"期间参与写作的调查报告，及后来所写的追思吴文藻、史禄国、潘光旦、顾颉刚等先生的文章中，费孝通记录了他在这个阶段的经历。

1978年，费孝通在二十余年学术生命中断之后获得了"第二次学术生命"。在这个阶段中，费孝通提出了"中华民族多元一体格局"这一有弹性的论述，引领了社会学学科的恢复重建工作，以"志在富民"为内在职志，努力探索中国自己因应世界变局的发展战略。从80年代初期开始，费孝通"行行重行行"，接续了他的"乡土重建"事业，走遍中国的大江南北，致力于小城镇建设及城乡、东西部区域协同发展的调查研究。与此同时，他也深感全球化问题的压力，指出我们正处在一个"三级两跳"的时代关口，在尚未完成从乡土社会到工业社会的转型过程之时，又面临着"跳进"信息社会的时代要求，由此急需处理技术的跃迁速度远远超出人类已有的社会组织对技术的需求这一重要问题。在费孝通看来，这不只是一个经济制度问题，同时它也含有社会心态方面的巨大挑战。

20世纪80年代末期，费孝通开始思考世界性的文化关系问题。到90年代，这些思考落实为"文化自觉"的十六字表述：各美其美，美人之美，美美与共，天下大同。在全球社会前所未有地紧密接触、相互依赖的情况下，"三级两跳"意味着不同文明状态和类型的社会被迫面对面相处，这必然引起如何构建一种合理的世界秩序的问题。"文化自觉"既包含了文明反躬内省、自我认同的独特观念，有中国文化"和而不同"理想的气质，同时亦是一套有特色的社会科学方法论，含有针对自然/文化、普遍/特殊、一致/差异等一系列二元对立观的不同见解。值得指出的是，这一晚年的思想洞见其实渊源有自，早在其青年时代，人类学与跨文化比较就一直是费孝通内在的视野和方法，这使他从来没有局限于从中国看中国，具体的社区研究也不只是"民族志"，因此他20世纪50年代前写作的大量有关英国和美国的文章，都是以杂感和时论的形式创造性地书写西方，并由此反观中国的历史与现实，加深他对中国社会总体结构的原则性理解，也正是在这个意义上，他才会把《美国人的性格》一书称为《乡土中国》的姊妹篇。

* * *

费孝通一生以书生自任，笔耕不辍，著作等身，"费孝通作品精选"即从他七百余万字的著述中精选最有代表性的作品，凡12种，三百余万字，涉及农村农民问题、边区民族问题、文明文化问题、世界观察、学术反思等多个层面。其中，《江村经济》《禄村农田》《乡土中国》《生育制度》《美国与美国人》《行行重行行》等，均在作者生前单行出版过；《留英记》《中华民族的多元一体格局》《学术自述与反思》《孔林片思：论文化自觉》，则是根据主题重新编选；《中国士绅》1953年出版英文版，2009年三联书店推出中译本；《茧》是近期发现的作者1936年用英文写作的中篇小说，为首次翻译出版，对于理解费孝通早期的学术思想与时代思潮的关系提供了难得的新维度。

除首次刊印的个别作品外，均以《费孝通全集》（内蒙古人民出版社，2009年）为底本，并参照作者生前的单行定本进行编校。因作者写作的时间跨度长，文字、句式和标点的用法不尽相同，为了尊重著作原貌和不同时期的行文风格，我们一仍其旧，不强行用现在的出版规范进行统一。

此次编辑出版，得到了作者家属张荣华、张喆先生的支持，也得到了学界友人甘阳、王铭铭、渠敬东、杨清媚诸君的大力帮助，在此谨致谢忱。

生活·读书·新知 三联书店

2020 年 9 月

目 录

桂行通讯 _ 1

花蓝瑶社会组织 _ 65

发展为少数民族服务的文艺工作 _ 154

兄弟民族在贵州 _ 168

关于广西壮族历史的初步推考 _ 224

西南兄弟民族的歌舞 _ 239

对于宪法草案有关民族问题基本规定的一些体会 _ 245

话说呼伦贝尔草原 _ 266

关于黔西民族识别工作的参考意见 _ 303

开展少数民族地区和与少数民族历史有关的地区的考古工作 _ 311

中国民族学当前的任务 _ 324

大理历史文物的初步察访 _ 358

关于我国民族的识别问题 _ 376

四十三年后重访大瑶山 _ 403

民族社会学调查的尝试 _ 418

深入进行民族调查 _ 434

四上瑶山 _ 444

瑶山调查五十年 _ 452

《盘村瑶族》序 _ 462

中华民族的多元一体格局 _ 478

对民族地区发展的思考 _ 520

关于中国民族基因的研究 _ 530

简述我的民族研究经历和思考 _ 536

民族生存与发展 _ 555

出版后记 _ 564

桂行通讯

1935年8月,费孝通与新婚妻子王同惠共赴广西进行民族志田野工作。他们从北平出发,乘坐火车、轮船,经过无锡、上海、香港、广东,后到达广西,10月18日从柳州以东象县的中平乡进入金秀大瑶山。12月16日在完成花蓝瑶地区调查工作转移地点时,费先生误踏虎阱,王同惠救援途中溺水身亡。《桂行通讯》是他们考察途中所写的18篇纪行报道,当年连载于《北平晨报》和天津《益世报》。——编者

目　录

到南宁 _ 5

到大麻村去 _ 6

"广西省人种及特种民族社会组织及其他文化特性研究计划" _ 7

在特种教育师资训练所 _ 8

过柳州 _ 9

在象县 _ 13

百丈村 _ 16

入瑶山 _ 20

王桑三日 _ 22

门头瑶村 _ 27

六　巷 _ 33

大橙之行 _ 38

古浦的一夜 _ 42

板瑶（一） _ 45

板瑶（二）_ 48

山子村盆架 _ 51

六巷（二）_ 53

六巷（三）_ 60

到南宁

我们到南宁刚是"九一八",在到省府去的公共汽车上,见到一排排制服整齐、列队张旗的民众团体在街上游行,这是我们在北方好久不见的景象了。

在没有到广西之前,朋友们都同我们说,广西是一个谦虚、好学、有为的小弟弟。当然在中国历史上的贡献,广西并不逊于他省。但是因为以前交通不便,地处偏僻,文化建设在各方面比黄河、长江下游诸省,年龄上似乎轻一些。我们来到之后,就体悉到"谦虚"、"好学"和"有为"的意义了。到此虽不久,但是和行政当局及其他民众已有一些接触,在他们灰色的制服、简单朴实的轮廓上,的确描出了一种刻苦不尚浮华的性格;谈话总带着一种急于求知、自觉不足的态度,这种态度致使我们自愧到不知对答。这并不限于行政领袖,而是一般人员的态度,就是其他如报馆记者,亦有于百忙中找我们谈话的,讨论广西的苗瑶,津津有味,全不像其他专以采访塞责者可比。

南宁的市政还正在建设整理之中,街道宽阔清洁不亚于北平,但是令人感觉不便的是交通工具的过于缺乏。全市只有公共汽车四辆,而且时常损坏,所以想搭一次车,竟有等过半小时者。在街头站立,所见多步行的人,虽有自用汽车,但都限于公务人员之用,其他车子极不易见,人多徒步往来。即使搬运货物,亦都由人担负,极不经济。曾见一人挑砖头,一担只挑20余块,人工之费可见一斑。原因是市政设备和它的功能没有调适。南宁本不是一个大都会。自从省府搬入之后，人口骤增，活动日多，原有设备，自不免捉襟见肘了。市政问题，如像住宅、自来水等都很严重，房租之贵超过广州、上海。若是把住房户和房屋数统计出来，数目一定是惊人的。我们到晚上在街上散步，常看到拥挤不堪的情形，有似庙会。我曾向同惠说，香港的灯市，南宁的人市，是我这次南来两个最深的印象。这种情形也是出于住宅问题的失调。——这些都是研究都市社会者很值得观察的材料。

南宁生活费用很贵而生活享受很薄。一切外埠运进的货物，除了很大的入口税外还要加上很大的运费。这种情形使我们想到吴景超先生所谓"发展工业以救农村"，自有实际的道理。以前南宁米价有十五六元一担（合50公斤）的数目，现在小火轮和汽车道修筑后，米价已减轻了一半。在一个农村或内地都市已失去其自足性质时，要减低该地的生活费用，或救济该地贫穷，发展交通和工业是一个重要而切当的办法。

到大麻村去

大麻村是在桂省国民基础教育中心区里，23日教育厅长雷沛鸿先生约去参加他们的讨论会。从我们所住的旅馆去，汽车要走十几分钟，是南宁郊外的一小村。他们是在一个实验小学里开会。地址靠飞机场；旷野一片，独立着白色的小屋，很能表现它奋斗的精神。

我到的时候，他们已经在开会了。很多人一上一下的正在那里踊跃讨论国民基础学校的经费问题。参加讨论的除了国基教育研究院同人和学生外，民政和教育两位雷厅长都出席。广西民众、公务人员、行政长官间亲密的空气，使我极受感动。无怪乎人们都称广西模范省了。

雷厅长约我向在会的同人报告一些来桂的目的和研究计划，但是因为时间太短，所以只能略述一些民族学对社会建设可能有的贡献。大意是说，民族学在中国虽是一个新名词，但是它的内容却是我们中国几千年来学者极注意的学问。好像各地方的志书、各地方的通考，都是以记述文物、典章、制度、民情及风俗为目的的。但是在方法上过去的确不甚讲求，所以我们现在应当利用新方法来扩充及整理旧有的学问。

"广西省人种及特种民族社会组织及其他文化特性研究计划"

以下是我提交省府审议的研究计划书：

广西省，依其民族所操之语言，似可分为三大区，即官话区、白话区（即粤语）及土话区（即壮话和平话），各话之来源流别及分布情形尚无专门研究，但根据普通常识，官话区处东北，白话区处东南，土话区处西部。此次研究工作，因限于时间，拟就此三区中，择一为范围，以后如再有机缘，次第研究其他区域。选择之标准则以研究便利为主，因为三区中在研究之价值及兴趣上言，固无可分高下也。研究工作的便利，首在语言上相通，尤其研究苗、瑶等特种民族时，若与当地之汉人言语难通，翻译上即感困难。余此次尚属初次南来，粤语犹未能通晓，故拟择官话区为范围。

人种研究之目的，除以正确数量规定人种体型类别外，尚可借以明了中国民族扩张、迁移之大势，及各族分布交融同化之概况。其方法则赖人体测量术，遍量人体各部之长宽、周围、色彩、形状，然后用统计方法加以分析，以获结论。所用材料则无分汉、苗，均应搜集；汉人测量时拟用民团为材料，因民团为当地人民，既加编制，又受调练，且有纪律，工作易于着手（今年春季曾应驻北平第 32 军之约，调查该军体格，故有此经验）。且此项材料非但于研究人种上有用，在军队编制及训练上，也有功用。苟与去春材料比较分析，更可借以明了吾国南北军人体格上之差别，亦军事上一重要问题也。民团之外如学生及其他工人等团体，能有机会，亦愿加以测量。因社会中各团体、各职业，即以体格论，亦有差别，此即所谓社会选择也。

至于特种民族社会组织及其他文化特性之研究，则拟首重行政组织，即省县政府治苗实况，与土司对苗之统治情形。因此次研究期限急促，不能不择其与省行政上有密切关系之问题为主，并拟以客观态度贡献对待特种民族之意见，以备采纳。方法除与相关政府询问调查考核外，并拟介绍诸可靠之瑶酋土司，俾得直接住其地，更以局内观察记录其人民、家庭、市集之组织，与风俗、习惯、美术、宗教及其他种种文化特性。

在特种教育师资训练所

广西省府称苗、瑶、侗、壮等人民作"特种民族"。特种民族的人口全省约有 70 万，所以在行政上、教育上，很需要特别注意。教育厅有一个特种教育委员会，专门担负设计特种民族的教育事宜。该委员会办有一个特种教育师资训练所，由各县遣派当地特种人民来省训练，使其成为彼等人民的中心力量。该所现为刘锡蕃先生所主持，刘先生即《岭表纪蛮》（商务印书馆出版）一书的作者，对于该问题有极丰富的经验和极深刻的了解，闻不久有详细著作出版，实是中国民族学界的好消息。

该所现在有学生两班，共100多人。初级班尚未开学，所以在校的只有40余人，学生中瑶、苗、侗、彝都有，而以瑶属为最多。

我因为在南宁尚有几天耽搁，所以到该所去酌量学生的体格，一共费了两天，测量了40人，瑶30人，苗5人，倮倮（彝）4人，侗1人，瑶体高平均157.56厘米，头形指数平均81.53，其他因为数目太少未算，他们在体高和头形指数的系联表上所处的地位颇近于高丽华东人民，似多B类，现在材料尚少，不敢作何结论，但此已引起我们极有意义的推想了。

9月25日于南宁

过柳州

10月8日晨，在微雨中我们搭长途汽车离南宁，向柳州进发。广西公路上的交通营业是由省公路所统制，一切商营的汽车，亦由公路局卖票，所以票价是有一定的。以前在没有统制的时候，票面价额虽有定，实价颇有出入，统制之后，商人的竞争取消了，价额才划一。车分大小两种：大的是可容20人的公共汽车，小的是普通篷车。由南宁到柳州，有700华里。价目是：大的每客13元，小的每客16元，因小车较舒适而迅速。小车8小时可达，大车有时要10小时，平均小车每小时走25公里，因为路不平坦，车又多旧货，所以这已是最快的速率了。

广西的公路建筑是近来建设事业中和民团并称的成绩。从柳州到南宁，水路须走3天，现在缩成8小时。对于区位组织上自然是一件极大的变迁，它的影响尚难逆料。但是，广西和他省一般，在公路上活动的，多是乘客而少货物。货物运输的时间问题，在中国内地的经济组织中，还不十分严重，而公路运费太高，不能和内河运输相竞争，自是一件可以预料的事，所以公路建筑在经济上的意义似乎没有在军事上的意义为重要。

从南宁出发时是早晨8时，12时到芦墟站，地属宾阳县界。一路所见的只是起伏的荒山。同车有在农村中服务者，相谈广西的农业。他认为废地和人口分布不均是广西贫穷的最大原因。在这几百里荒废的山地上若能开垦，一定能吸收集中在东部的人口，一般的生活程度亦可提高。这其实是中国普遍情形的一个缩影罢了。但因广西治安有了办法，移民问题自较他省为易。人口政策的急切需要，在公路上汽车里，我才切身目击。

宾阳之北的山，和宾阳之南的山，在构造上、形态上，完全不同。梧州、南宁一带旅行的人是不会了解"山水甲天下"的意义的。车过宾阳，远山遥望真好像是一个屏风，车近时，但见平地罗列着形状千变盆景式的峰峦，为数不啻千万。我曾想，要是这一带位置在黄河边，大水淹没了平地，顿时会变成一片船舶难行的群岛。车就在万山丛中忽上忽下地前进,有峰回路转,车临深壑,令人咋舌难下。最险处名昆仑关,相传狄青平桂,就在此大战。

到柳州是下午四时半,住在新设的乐群社。乐群社是政府设立招待旅客之所,设备俱周,在南宁、柳州和龙州等大埠都将成立,给公务人员很大的方便。柳州的乐群社就在立鱼峰下,风景绝佳,尤因时值月望,明月半空,山影重叠,惯住在平原的我们,至此才觉得造物的幽美了。

我们本来预定由柳州北上经融县到三江。但是到柳州才知道融县一带匪徒又联结土人在上月末起事作乱,虽立即平息,但是深入内地的旅行,或有不测,所以我们改变路线,由象县到大藤瑶山,12日晨离柳。

广西北部和湖南、贵州毗连的地方,正是特种民族杂居的区域。在民国二十一年(1932)的时候,曾有过一次规模很大的变乱,蔓延所及的地方很多。从2月19日到3月25日,一共延长至36天。经驻军全力扑平,死亡土人达1000多。广西民政厅秘书处曾出版一本谢祖莘编的小册子:《绥靖舆全灌龙瑶变始末》,记述这次事变。

我们借这个机会抄几节关于这次事变的起因在下面:

> (民国)二十一年春,全县桐木江有妖巫凤顺国者,居恒为瑶民质疑治病,时或手足颤动,闭口喃喃作语,自谓神附其身,群瑶睹状,则惶恐拜伏而听命焉。常自诩有神术,两手能接枪弹百余颗。又谓有宝物藏于刀锋山,葫芦六个,神剑自内飞出可以杀人于百里之外;草鞋一双,放之立变为虎;铁遮一柄,展动则天地化为清

水。苟虔诚致祭者，宝可立出。如是言说，群瑶益狂喜相告，谓天助瑶人，赐以多宝矣。

桐木江之大雾浸瑶民凤某之宅地，形似蜈蚣，巫谓当出帝皇。对山山石隆起，如雄鸡之冠，巫谓之鸡公山，前此凤之未王，殆以蜈蚣之颈微损，且受克制于鸡也。如果集瑶数百，负土碚石，积用数月之力而颈损者培，冠隆者平矣。凤乃大喜过望，俨然以王者自居，而巫亦传集远近瑶族赴桐朝贺。

灌属盐田源旧分五源，即少源、茶源、南江、盐塘、北江是也。五源旧隶瑶团，为清瑶秀才梁化龙所辖。民元间，团董姜鸿炳并少源、南江于汉团，五源乃去其二。去岁鸿炳子超民又请削其茶源，而瑶团遂以撤废。酒捐一项，盐塘、茶源、北江三源，前仅月征 50 毫，今只盐塘一源，加至 75 毫。盐塘屠捐，前仅月征 1060 文，今乃增至 70 毫，瑶民桐果市价每桶 3400 文，汉民凭势专利，抑价只付 2000 文，且恒不付。汉民袁春和遽以变告，而团瑶冲突以起。

这几节虽则极简单的记载中，却给我们看到许多有趣的问题。第一，我们可见他们自成团体的民族心理，和这种心理所表现的宗教形式。在我们虽可说是"妖巫谣言惑众"，但是在他们的信仰系统中却是凿凿有据的事实。现在我们对于他们的宗教信仰，虽尚不明了，但在别方面推测"妖巫"所编的预言，是有民族历史的根据，所以使它能"惑众"举事。尤其值得我们注意的则是"妖巫"在人民中的势力。在这简单的叙述中，使我又联想到通古斯的"萨满"。我们惟有明白这些原因才能免除这时起时伏的变端。若是多用武力镇压,在剿匪名义下大规模的减少他们的人口,既和政府所采取的优待同化政策相背,而且反而增强他们与汉人相对立的民族心理。

第二,我们应当注意的是经济关系。在这里使我记起 Peter Rivers 在他 *Clash of Cultures* 一书中所述英国对于热带属地的土人的保护政策的经济原因,在热带上白种人是住不惯的,但是热带的出产却是英国工业重要的材料,所以政策极力保护土人,希望他们人口增加,使他们能负开发热带的工作,使英国的经济得到合作的利益。在广西我们也遇到相同的情形。特种民族住的是高山,不是汉族所住得惯的地方,加以广西人口稀少,山地大量荒废,正可和他们密切合作,来加以开发。在经济上是一个易办之事,至少是应该尽量协助他们生产山区所能供给的材料。若能制定一个妥当的交易办法和传授他们新知识,得使他们从事生产工作,广西十几万特种人民,都能在广西的经济组织中成为生产者。比起用兵来镇压,当作匪徒来屠杀,一得一失,相差何远!

10月12日于赴象县之新广船中

在象县

从柳州到象县有柳江可通,坐小火轮12小时能达。我们12日上午11时离柳,当天晚上12时到达,路过运江时曾停留一小时。

柳州的市内交通比南宁更不便,除了私家汽车,和酒精厂特设的轻便有轨推车外,完全是步行和肩挑,行李运输之不方便,更甚于南宁。由柳州到象县的水道极老,曲折甚烈,近弯处,山壁峭立,竟疑无路。水流颇急,且河床不平,水花打旋,小船不易航行。

到象县正是半夜,月色千里,鸡犬声中抵埠。轮停江心,有渡船来接,但是为时已晚,仰望山顶城楼,已深睡紧闭,所以只能借宿在码头上的大帆船中,"不知今夜宿何处"的内地旅行,从此开始矣。

大藤瑶山在柳江之东,分隶于桂平南、蒙山、修仁、象县、武宣。十几年前,还是旅行隔绝,不受统治的区域。现在已经沟通,住在山中的瑶民,亦已受编制,加入全省行政系统,由旧有瑶头充作乡长村长,但实际上还是一个自足自治的区域。

我们预定由象县入山。隶属于象县的瑶区有两乡:东南乡和东北乡。东南乡有6村,东北乡有8村,共14村。今年春季县政府曾命令乡长报告所属户口及人口。这种报告的可靠程度如何虽不可知,但亦值得抄下,以示其村的大小。

东南乡

村名	户口	人口
古陈	53	248
大橙	40	198
六巷	63	279
门头	67	266
王桑	18	91
黄黔	31	155

东北乡

村名	户口	人口
龙华	36	203
江南	58	264
冲口	76	341
水绿	56	275
滴水	104	416
平道	85	429
桑柏	31	155
长洞	61	283
总计	779	3603

象县的总人口，据县长口述，最近报告是 12 万。据此瑶民为最少，只占 3%，瑶民人口的稀少，是一个极堪注意的现象。据说十几年前，为数比现在尚多，人口数量降落是很显著的。在两个力量不平均的民族接触时，弱小民族人口数量的降低是一个常见的事实。在热带的英属土人，如澳洲南端的达西门岛的土人在几代中完全绝迹。这种事实，曾有人用疾病及其他原因来解释，但是 Peter Rivers 则认为最重要的是文化压力，和史禄国教授之民族理论相符合。就是以现在我国所处的地位来论，人口压力日重，过剩的声浪日高，节育的传布日广，亦可视作和西方强大民族接触后的一种自然现象。

我们在进入大藤瑶区之前，在象县测量当地人民的体格。广西的人民，除了原有的土人外，大多数是中原和沿海诸省的移民，在体质上复杂的情形是可以预料的。所以我认为，要研究广西人类学，一定须以县或更小的区域作单位。这一次的研究计划就包括和瑶区附近的各县人体测量的工作。一方面可以借以知道这些区域中,移民来源的真相,一方面可以断定和瑶民混杂的程度。

在象县我们就开始工作。以前我们测量的多是限于一定的社会团体,不容易代表一般的情形。这次我们靠县政府和镇公所的帮助,得以沿街抽丁测验,一共测量132人。

除太老及20岁以下的16人外,共得116人。在离开象县前曾把这116人的体高和头形指数平均数及变量指数加以计算:

	平均数	变量指数
体高	162.88	5.00
头形指数	79.54	3.67

低体长头和高体长头极众,所以头形指数颇低。这两个平均数已经足以见到广西人体质和华北、华东甚至广东的相差甚大了。

入瑶山之后,通讯极感困难,住所和邮局相距有200余里,除了有便人带出外,无法可以投递,但是我们依旧愿意尽力设法,希望不使这通讯中断。

10月17日在象县东成利客栈

百丈村[1]

我们在象县县城结束了人体测量后,10月18日便动身赴

---

[1] 本文由王同惠执笔。——编者

大藤瑶山。瑶山距象县县城约有两天路程，合计百余里。山路崎岖，既没有水路，又没有公路，只能挑担坐轿步行。我们一早起身收拾齐备，等待出发，直到9点，挑夫才来，原来当天有一家出殡，全城只有他们这几个挑夫，所以必须等出完殡才来挑我们的东西。轿子两个人抬着，每顶轿子每天2元8角，每个挑行李的脚夫每天1元2角，他们每人可挑60斤，走70里路。辛苦是真辛苦，不过比起汽车运输，却不经济得多。汽车运输在广西本来已经算贵了，我们从南宁到柳州700里路，400斤行李，费洋37元8角，合每百斤行百里1元3角5分；这次一共有68里，行李300斤，费洋7元2角，合每百斤行百里3元5角，贵上一倍多。至于水路，坐上小火轮，旅客可随意带行李，不另加价，所以比起来，水路最便宜，人力运输最贵。

我们上道坐了轿，在全巷注目中出了县城，向西进发，天阴，微雨。孝通笑向我说："结婚时没叫你坐轿，今天补上罢。天还代你挂灯。"

广西人口极稀，行路上很少经过村落，走了约莫有20里光景，在10点55分到高巅，有100米高，山顶上有一所土房，一个老妇人在里面当炉，是一个专供行路客人憩息的地方。我们就休息了一会儿。再往前，尽是难走的山路，我的一顶轿，走得快，当先赶过了后面的轿子和挑夫很远，天雨旷野，绝无人迹。四顾只是荒山，真使人提心吊胆，想不到还有回到人群里的一天了。

第二天停留在横桥的一个竹林旁，也有一座卖水卖粥的土房。这时已经12点20分了，有一个挑夫落在后面，因为他所挑的比人家多十几斤重，所以落伍了，可见人力运输的限制是多么显著。后来换了一个挑夫，才再动身，已经1点50分了。2点20分到寺村镇。寺村镇一带水田青青，颇有江南风味。我们觉得广西的问题是在地多人少。人口略繁的寺村镇，就能开辟成一片很大的农场了。若是能输入大批人口，把广西的荒土都加开辟，广西一定能成一个很富的省。我们在寺村镇的乡公所里休息了一会儿。寺村离县城有50里，离我们的目的地百丈约18里，不过要翻过一座山，叫猪肉坑。

我坐的轿子，还是在先，5点10分便到了百丈。当轿子初到时，便被一群孩子包围住了。他们一边跟着轿子跑，一边口里嚷着，嚷着些什么，我可不懂。轿子停在乡公所门前，我那时已被大大小小的人密密重重围住了，小孩子们甚至伸头到轿子里面来看我，我急得没有地方可躲，离了人群固难受，进了人群更难受。

等了20分钟，我们的队伍才到齐。一同进了乡公所。广西的乡公所是"三位一体"的组织，是学校、民团和乡公所的集合体，校长就兼乡长和队长。我们一进屋，60余个小学生，就跟着进了屋。天既阴，又近晚，黑压压的只见满院满屋的人头。这时候我们因坐了一天的轿，又累又倦，进了一间办公室，是特为我们预备下的房间。打开行李，刚想在木板床上躺一下，猛抬头，看见窗棂外，梁头上，都是乌黑黑、好奇而静默的眼睛，弄得我们哭笑不得。内地旅行生活，毕竟是不舒服的，我们到处住不上三四天，又得赶路，行李也没得安息，天天翻腾，刚打开，不久就又得装束了。

在象县县城我们住的客栈是一座二层楼房，楼下是猪人同住的暗室，楼上是两间通房，里面摆了五六张木板床，神座、破桌、木柴、干菜、稻秸、什物，布满了灰尘，陈设在房里，男女客人无可分间。到了百丈，乡长招待殷勤，给了我们一间房，既没有猪，没有柴木，又没有男女杂客，所以我们很觉得愉快。几天来，换新地方，不能安睡。木板床，躺着不舒服的娇病，至今算是完全断根了。

第二天还是下雨，天气冷得好像北方的初冬气候，都穿了棉衣。孝通打算在这里再量一批人，所以打发轿夫回去了。这里的人不及县城里的人开通，怕是派来验身体征兵的，但是为好奇心所驱，愿意瞧瞧热闹，所以大家挤着在门外指手画脚的探听，等招待他们进来量时，却又畏缩不前，都悄悄溜走了。所以那天只量了17个人。

第二天是墟期，这里是三天一墟，就像北方的集一般。我们便到街上去看热闹。百丈村住户只有百余，但是一到墟期各地来的人有1000多。街上的住宅和有门面的店铺不很多，很多是临时造下来的棚屋，四边没有门墙，和普通城市里小菜场一般。百丈市场的组织很有系统，按照货物种类可以在地域上划分区域，布匹洋货、蔬菜、肉类、鸡鸭猫狗、药材、日用、柴火等都有一定的区域，各不相混，也是一幅小规模的区位分布图。

百丈离瑶区只有几十里，所以每逢墟期，就有瑶人来做买卖。我们在当地认识了一个开店的老年人，和瑶人颇有来往。他们有一个茶楼，瑶人常来坐息。我们就在这茶楼看见了五六个瑶人，有两个女人，背上还有一个小孩。他们是山子瑶，在瑶人中比较穷苦的一种。他们见了我们很和蔼，也懂官话。我们在南宁特种师资养成所第一次看见瑶人，但是他们着广西通行灰布中山装，说着官话，看不到瑶人的特质。这次才看见穿瑶装说瑶话的瑶人。

这一天我们又量了16个人，连昨天一共有33个人，除去4个未满20岁的，共有29人，平均体高163.50，平均头形指数是81.19，比县城中身体略长，头形略圆。相差只68里，体质上已经如是分别，广西人种之复杂可见了。

10月20日于百丈村乡公所

入瑶山

从百丈东南行25里，过枫木界顶，就到瑶区了。我们从9月18日到南宁以来，天天盼着入山，直到10月21日才到目的地。一个月来焦急的心绪可以想见了，也正因为姗姗来迟，才分外的觉得意味深厚了。

百丈虽然离瑶山不很远，可是普通人对于瑶山还是很隔膜的，到过瑶山的人也不多。所以在临行时，大家都来同我们说瑶山的路是怎样怎样的难走，怎样没有东西吃，从他们说话里听来，去瑶山简直是难似登青天，而瑶人简直是"野人"。

临行的前夜，我们烙了四张饼，煮了一锅鸡蛋，又唤了两顶轿，虽然人家向我们说轿是坐不得的，坐了太危险，但是我们还是觉得有一顶轿可以省些力。

那一天我们便打好了行李准备上道，但是挑夫和轿夫9点才来。所谓轿子比从象县来时所坐的更简单，只用两根竹竿绑住一个座椅，人坐在轿上，确有一种摇摇欲坠的恐怖。出百丈村东门行不到半里，就遇到一条约有20来丈宽的河，因为这河是从界岭流下，所以称为界岭河，河身极浅，普通只半公尺,水流极急,河底都是石块。我们就从桥上过去,桥是用石块堆成高出水面半公尺见方的十几个石柱,而两柱间又架上木排造成的。过桥之后,便沿着河走,起初还有路,后来只有田岸,再往前走,则只好在田中横越,那时正值秋收,所以尚不觉难走,近河,就在河边石子堆上慢慢地走,水顺着山势下流,每逢一曲,对水流的一边,就成了悬崖绝壁,无路可通。我们就得涉水到背水来的一边,这些地方连简单的桥都没有了,幸亏我们坐了轿不致打湿。涉了两次水后,到达凤凰岭,岭上细草如茵,一丛丛冬青树点缀得竟像一个人造的公园。山顶有一个卖粥供人休息的小棚,我们就停了一回。

过凤凰岭再曲折向东南沿山脚行,涉水四次,才到界顶山底,仰望看不到山顶,山势斜度极大,于是不得不舍轿步行了。山坡上时有稻田,真使人感觉到人力的伟大了。我们低着头,只知道一步一级地爬,好像是走着一个没有尽头的路程。直到500米的高处,突然看见挑夫们都坐着抽烟闲谈,才知道我们已到山顶了。休息片刻,风很大,怕着凉,就下山来,"上山容易下山难",上山只要努力上前,下山既要前进,又要步步能收脚,顺境何其难处也!我们愿意永远在上山的路上。

屡次颠扑滑跌,才得到山脚。山水细流,潺潺不息。我们就席石而坐,涉足清流,凉爽可喜,可是同惠的脚已在山道上擦破了。就轿再行,所经俱系峻恶难行之路,忽而缘峭壁,忽而过独木,下轿不止十余次,一路只觉得造物的着意真是无美不备,无奇不有了。我们都市的儿女们,对此惟有慨叹惊愕了。

王桑三日

从象县入瑶区，王桑是第一站。过界顶东南行 20 里就到。我们坐轿尚觉辛苦万分，路程之险在瑶区中算是有名的。其实全因为这险恶的山岭，我们在今日尚能在这地见到瑶人的村落。几千年来在汉人的压力之下辗转南迁，直到这些深山崇岭之中，瑶人才能维持他们的独立，没有这天险，哪里还有瑶区呢？

一路，我们但见山谷中一片片、一层层依着山势重重叠叠砌成一级级的稻田，见了使我想起幼时父亲从菲律宾带回的相片。苗、瑶是最能耕种的人民，所以 P. Wieger 认为苗名就出于"草田"耕种的原因。[1] 在山上种田，最大的困难就是灌溉。不能解决这问题，就谈不上种稻。他们却从祖宗传下了一个极巧的办法，用竹管半片，接上泉源，一直连到田里。很多人以为汉人在文化上一切都比苗、瑶为高，处处用着"开化"二字，叫他们什么都学汉人，连服装发髻都觉得不如汉人，谁知道在瑶山中可以使汉人学的地方还多着呢！若是这种简单轻便又经济的灌溉方法学得了，一定能使很多广西的荒山，成为有出产的熟地。

在一片鸡鸣声中，我们到了王桑，已近黄昏时节。村落是向西靠山而成。有竹篱和矮墙围着。土屋比邻，间以方形的谷仓，一层层的靠山房屋，远地里就可以窥见村落的全貌了。

王桑是花蓝瑶的村落，姓胡。在发式上可见他们的特点。男子从小就留着头发，在头顶向后挽成一个田螺形的头髻，再

---

[1] 见 Savina, Histoire des Miao，第 175 页引。

用一块白巾，沿额向后，在颈后打一结。女的，未成年的（15岁之前），梳两条辫，交叉盘在前额；成年的，则把头发，用猪油泡了，梳成一个"灯罩"式的头，一直罩到眼睛，发端挽到头顶，打一髻，再用一块白布罩下，一如护士所戴的帽。

花蓝瑶分布于王桑、门头、古浦、六巷、大橙。所说的言语各处相同，略有差别。有三大姓，蓝、胡、相。门头的花蓝瑶是姓胡。

我们到后就被引到村长的住宅，房子都用黄泥混着石子打成墙，用瓦或树皮作顶，再用竹子编成晒台，全村的房屋建筑的形式大致相同。进门南向，正屋西向，正屋前有一晒台。房屋多没有窗，屋东南角是煮东西的灶头，没有烟囱，所以满屋都熏得黑洞洞的。东北角放着锅子，打米的臼，和其他杂物。正中向门有木壁，中门放着香炉，祭供祖先的地方，但没有神位，下面就放着一长几，接着一方桌，我们就坐在方桌旁边。他们自己人起坐的地方是在西南角，堆着一堆火，大家就围着取暖、吸烟、谈笑。角里就铺着床，有1公尺高，用席作褥。西北角有的家里用板壁隔成一小屋亦作卧室。

我们到时，村长还在外工作未归，他的媳妇在那里煮饭给我们先到的挑夫们吃。挑夫毫不客气的大碗盛着，据说是不用花钱，因为瑶人到汉人家里亦可自由吃饭，这是民族的礼仪。

不久，在外工作的男女们都回来了。村里人都知道客到，带着米来问讯，客人所用的米是全村大家供给的。那时天已经黑了，他们没有灯，就用松木条燃着火取光。松木条就放在铁片或铁丝结的网上。松木燃着时，放出一种令人想到年景的香气。融融一室，主客欢笑，多年没有回过乡的我，在这种香气中,更觉得人情的深厚了。

我们自己煮了带来的香肠腊肉,他们温了酒,团坐一桌,主客倾杯,真是一见如故。依他们的风俗,要表示好感,就得两人在对方的手中,互相干杯。要做民族学研究工作的人,不会喝酒是不成的,史禄国先生已屡次劝过我学习。在一生人面前,不能畅怀豪饮,无形中就会主客之中造下一道心理上的隔膜和怀疑。这时我才感觉到喝酒的重要了。而且在半醉之中,交涉事情也容易获得同意。通古斯人因为断了酒,两年中没有讲成一件婚事。瑶人也是善饮的豪客,我是三杯见色,比他们差得远,幸有同行的张科员,量还好,尚可对付。他们喝的是自制的白酒,没有海甸的莲花白凶。

换过了杯,我们就开始猜拳。猜拳的一种玩艺流布真广。瑶人中普通男子都能猜三拳,他们的规矩是四次算一段落,四四十六次才结束。

王桑的瑶人男子都能说一些广西官话,所以我们在言语上,尚能粗粗达意。我们又学了几句瑶话,说得不很像,引得他们呵呵大笑。这晚上,我喝得有些醉意了。在醉意中,他们也明白我们的来意,并不是难为他们,并且允许我们测量他们的人体。

饭后,我们被领到一所新造的房屋里,比较考究,正屋的对面,隔一间道,有一个三门房的楼,楼下是猪、牛、鸡的卧室,上面南间就是我们的客房,因为这屋是新造的,所以有一个小窗,而且屋内没有生过火,不像正屋那样熏得像在烟囱里一般。中间出去就是晒台。每间大约有3米阔5米长。刚够我们两张床,瑶人很忌客人夫妇同居,是一种"他不"(taboo,即禁忌)。他们本来打算叫我和同惠分住两室,后来找不到地方，又经张科员向他们说明我们不破他们的规矩，才迁就过去。

那时已很晚，又是醉意倦人，我们不愿再架开带来的行军床，就在他们的木板上睡了。可是蚊虫臭虱，整整地闹了一夜。临睡时，瑶人男女挤了一屋，一定要看我们睡。什么东西，他们都觉得好，最受人赞许的是我们的两只长统靴。他们是不穿鞋的，从小就赤着脚在山上乱跑。虽是走惯了，但是受伤溃烂的很多。

第二天一早，就在梦中听见有节拍的砰砰声，同惠比我先醒，急忙去看，回来就叫醒我说一同去看他们舂米。原来瑶人的田太狭，收谷时不能像汉人一般在田里把谷子打下。他们是用特制的小刀把稻穗连谷秆一同割下来，扎成把，每把8斤，在晒台上晒干了，一起放在仓库内。每天早上煮饭时，临时打谷舂米。每家早上煮一锅饭一锅粥，粥是当早点，饭是用芭蕉叶包了带到田里去吃。他们不分男女，除了小孩和老人家，都是整天在山里工作：种田，砍树，打鸟，捕鱼，不回家来。所以他们不能不准备好一天的粮食，晚上回来，再煮一锅粥。在我们洗脸的时候，有一个由平南来的汉人，肩着袋，提着箱进门来。原来是做买卖的，他带了汉人的货物在瑶山中兜售。也就靠了这种商人沟通着瑶汉的交易。在百丈我们已看见三天一聚的墟，瑶人也有出山来赶墟的，但是路程遥远，往来就需两天工夫。工作紧张的瑶人，不能专靠"墟"的制度来采购汉人的货物，所以这种行脚商人在瑶山商业制度中是很重要的。他们是农夫，王桑全村就没有一个商店，也没一个瑶人是靠买卖生活的。农商的分工成了民族的分工。这个商人带着两种货物：一篮做酒用的酵母，一箱刺绣用的花线。后来我们又看见有商人带着火柴，吃的腐竹，有布匹和旧棉衣。我们还看见卖盐的，盐是瑶人仰给于汉人的一种重要日用品。瑶人没有自己的货币就用汉人的银毫，钞票不通用。我们在象县就换了银毫进山，所以没有遇到困难。

这天早上，因为村长已通知全村，叫他们聚会，所以有很多人等着没有出去做工，我们就向他们说要检查身体，借以知道瑶汉的差别和瑶人普通的疾病，下次好带药来。瑶山中没有新式的医生，虽则靠着天然的空气和日光，使他们不致发生许多都市中常有的疾病，但是疟疾、沙眼和疮疖却很普遍，对他们的工作影响很大。他们知道我们有药，都来讨取，所以对于人体测量并不十分拒绝。但是没有成年的，他们不愿受检，因为他们说被我们测量了就不能再长了。这一天我们量了11个人，全村壮丁不多，所以我们也算满意了。

自从我们入山以来，老是阴沉沉的天终日在云雾中，晴天在瑶山是例外。这也是他们能种稻的重要原因。但是天阴雾大，照相机失去效用。出发前，史先生就教我学画，水彩、铅笔和画图簿都带着，所以我就在王桑写生，画了一张房屋的外形。在民族学的研究中照片很有限制，远不如笔画便利，照相不能立刻把结果拿出来给人家看，鬼鬼祟祟的，在黑匣子里不知装什么鬼，更不知你摄的什么魂，自然容易引起人家的误会来。画图是大家懂得的，而且也可以当时在众人面前公开的画，问他们像不像。爱美是人的天性，他们一样的能欣赏你的画。要研究民族学，在实地观察中最重要的精神是坦白和诚实，坦白和诚实能赢得同情，也可以避免危险。

当时，他们看我画得很有趣，我就借此机会替一个小孩速写了一张，大人们非但不拒绝，而且叫小孩不要动，让我画，于是我又进一步替一个老年人画了一张侧影，以补充我人体测量的不足，并且可以表示他们的头饰。他看了很喜欢，还请我到他家里去，想请我吃饭。

抽烟也是一个获得友谊的方法。他们抽的是土烟，我带的是卷烟，味道自然比他们的强，每人敬他们一支，大家就笑逐颜开了。

这一天晚上，我们把行军床张起。从到广西以来总是在木板上过夜，虽然睡惯了，但是一睡到帆布上，简直像是登天，同惠嚷着，舒服死了，舒服死了。

第三天是10月23日，就离开王桑到门头去了。

10月30日于六巷

门头瑶村 ❶

我们在王桑住了一整天，第三天早晨9点钟便动身到门头去。据说门头距王桑有30里，但是各人估计不同，山路中距离确是不易计算的。

因为总是下着毛毛细雨，所以路上逢到黏土、青石处便滑得难受。村长送我们到村外，又替我们拔了一根竹竿做拐杖后，才分手回去。从王桑到门头的山势虽不及进王桑时来得险，但也够难走了，加上前次脚上的伤口还没有长上，所以异常辛苦。前面的瑶人挑着我们的行李轻松的一步紧跟一步的

---

❶ 本文由王同惠执笔。——编者

往前走去，不肯稍停。我们又不认识路，生怕走迷了，死在山里，也没人知道，只好紧紧地跟着，心里却千后悔，万后悔，不该到这种地方来。不多时候，前面忽然没有了去路。这时我们已被丢下，连前面挑夫的影子都看不见了，山是陡得站不住人，下面是十几丈的山谷。山水从山顶上泻下来挡着去路。四下里听不到半点人声，只有永远响不住的水声。这时我简直累晕了，想来想去，身到此境，前进既不易，后退也不行，抱怨别人更无济于事，只好坐在山石上停一会儿再说，约莫有10分钟光景，才气呼呼地把两只手抓住了块怪石，像狗一般的爬了过去。经过这一次打击，此后气更不壮了，每隔10分钟就得休息一下。这时已有12点钟，挑夫们早已到达门头了。在腰酸脚痛中奔着我们从未走过又不知目的地何在的路。幸亏山上只有这一条"大路"，所以不致走失。半路上遇见门头来的一队瑶人，都是背着猎枪去打鸟的。他们早就知道我们要上他们村去，所以很熟悉的向我们用官话打招呼。我们问他们路，他们就派了一个十五六岁的少年带领我们，还替我们背着水瓶和旅行袋，所以我们轻松得很多了。但是我那时早就累昏了，什么话也不想说，孝通还有余力同他问长问短，又在休息的时间，要他开一枪看看，并且把猎具都画上了。带我们的人，异常和气而且有礼貌。瑶人都是很有礼貌的，不只是对我们如此，他们自己彼此也都很和气。在王桑时，村长执着酒杯很骄傲地向我们说："不用怕丢东西，瑶人是晚上开着门睡觉的。也从没打架相骂的事。"这并不是说瑶人是没有财产观念的。我们亲眼见到一家的猪很凶地帮着主人驱逐邻家的猪来吃槽里的冷饭。

　　当我们于乱山缝里瞥见村落时，已经两点钟了。村落的形式和房屋的造法与王桑相同。门头瑶和王桑瑶是同系，他们都是花蓝瑶。不过门头的村落大些，人口较多。房屋靠山面向西南，村前就有一层层的稻田，时已深秋，稻熟满田作金黄色。乱石中流着泉水，雄鸡像对话般一答一应地叫着，我们坐在一块平面的石头上，一边喘气，一边欣赏这一幅自然的图画。两人头上都冒着热气，刚才的痛苦，不知消失在哪处云雾里了。

进村后，张科员和挑夫们都在山下，在一间村公所中等我们。村公所是兼着学校的差。教书的先生姓陈，是个汉人，他已几代住在瑶山中。在王桑据他们说亦有一家姓金的汉人。在瑶区中的汉人是受瑶人的统治，都是很苦，租着瑶人的地过活的。

姓陈的那位先生是个基督徒，所以满壁贴着基督教的挂图。他躺在床上，前天被毒蛇咬了脚，肿得可怕，还有点发烧。孝通就替他敷上药，用纱布包好了。谈了几句之后，村长就领我们去寻晚上过宿的地方。

后来我们挑定了他的家，在山顶，从晒台上望出去，风景绝佳。正屋外面好像是一个走廊，堆着杂物，有一堵短墙和晒台隔着，孝通的床就架在这里。进门处堆着柴，猪鸡满地，旁边和晒台横接着有一间小屋，黑洞洞的，刚容得下一只床。床头留着2尺余地，地上堆着一大堆灰，不知是做什么用的。

没有进瑶山之前，人家都向我说瑶人的房屋是如何如何的坏，而且臭得厉害。但是我们却没有这种印象，比了汉人的农村，即使不好一些，也不致较坏。每家都有一间正屋，一个谷仓，一间猪牛住的栏房，一两间小屋，一个晒台。比较好的就有两座正屋，很高大。猪和鸡虽则在进门处弄得很脏，但是有竹制的屏挡着正屋，不许它们乱入的。加以他们有很好的

"自来水"的设备，水的供给便利，洗东西也容易。

在田里我们已看见过他们用竹管导水的灌溉系统，同样的方法，他们从水源把水引到村里来，竹管一个接一个，围绕着全村，每家都可用竹管去接水到自己家里。这种方法和"自来水"的性质是相同的。

村长是一个年约50多岁的老人，家里还有老父、妻子和一个孙女一个孙子。他的女儿已出嫁。他的媳妇两年前已死了。我们到他家里时只有他和一个小孙儿在家，其余的都出去工作了。瑶人中男女一样在田里工作，男女的分工依我们观察只限于针线纺织一项，男子是不做的。打猎偏重于男子，但是女子也有出去打猎。做生意例如编木排则限于男子，领孩子除了母亲，祖父比任何人责任都大，自己的父亲倒没有祖父的亲密。原因是他们结婚生子的时候，正是担任着一家工作的主要角色，祖父年纪较大，正可在家领孩子了。

我们到门头时，该乡乡长之子蓝济君从六巷来接我们。他父亲是以前花蓝瑶的大团总。现在改称乡长，有一个传教士到瑶山，他就信奉了基督教，到桂林去受洗礼。也到过南宁，进特种师资养成所里念过书，所以汉化很深。能说通顺的官话，头发也剪了，穿了广西公务人员的灰布制服，简直看不出他是瑶人了。

这天晚上，村长请了蓝济君和我们几个人喝酒。他们的女人是不上席的。也和汉人一般每夹一回菜，必放下筷子向大家劝酒。也会猜拳，所以很热闹，我们在席上就问他们瑶人的婚姻，他们告诉我们说，瑶人订婚多在15岁以前，是"恋爱成功"的。但是也有小时候父母代为订下，蓝乡长自己就是父亲代他订的。指腹为婚的也有。但是最后的主权是在男子本人。

若是由父母代订，本人不满意就可随意解约，父母不能强制。

他们通婚的限制是同族和亲戚不能结婚。一族是包括他们认为同祖的后裔。同族之内不相通婚。有姻亲关系的三代之内不许通婚。妻子的选择是先就同团，花蓝瑶娶花蓝瑶，女子不够时，可以娶别的板瑶和山子。因为板瑶和山子没有田地，所以花蓝瑶不嫁女子给他们的。他们的姓和族并不相合，所以同姓不避婚姻。姻亲不能结婚，所以没有中表婚姻。兄死弟娶嫂、姊死姐丈娶内姨的婚姻在花蓝瑶中都没有的。

瑶人住在山地，一年的粮食多不够吃，不得不向山外去买。买东西，拿东西去卖，而他们的生产很少。树木虽多，但是没有水路的地方就不能往外运。野味只够自己吃，卖不了好多钱，所以他们不能不限制人口了。方法是每对夫妇只许生两个孩子，若是一男一女，便男娶女嫁，两女便一嫁一招赘，两男便一娶一出赘。生了两个孩子若再生子便请别人用绳勒死，或不给奶把小孩饿死，听说他们也有一种药可以吃了不再受孕。总之，他们总是使一家只有一对夫妇传下去，田地不致分散。瑶人中没有买卖田地之事，没有田的人，永远没有田地。譬如板瑶和山子，祖宗没有田地，他们便永远做花蓝瑶的佃户，没有做地主的时候。

次日（10月24日），我们就开始量人，但是门头村的组织较次，所以村长的号召力就小，来的人很不踊跃，只量了5个人。

我们和张科员住所相离较远，所以我们自己做东西吃。就在孝通的床头支了三块砖烧起火来煮东西。烧火是一件看若容易而其实很困难的事，住惯都市的人当然不会体悉到引火的困难。我们用着树枝作柴，一忽就灭。真活活的把我们焦急死。孝通说史先生曾说过在通古斯有一个人，不会引火，就活不下去，因为风大雪重，一定要起火取暖，而火之难着百倍于我们。但是经了一番麻烦，煮出来的东西却格外好吃。两人相对微笑，这才是甘苦！

这天天气很好，自从入瑶山以来，从未遇见过这样好的天气，总是阴沉沉的，周围高山都浸在云雾里，望去只是白茫茫的一片。有时候偶然在淡云中露出一些树木的模棱的外形来，但一忽儿就又收入云中了。孝通说，"不识庐山真面目"就是这种景象。

瑶人女子的上衣，在袖口和下沿都绣着花边。下午孝通坐在晒台上依了那小女孩的衣服来画他们的花样。不一会儿来了一个长得很美，行动又很风骚的瑶女，她看见画花样，就在怀里掏出一块还没绣完的衣袖来，真好功夫，满块都绣上了，和织的一般。孝通要借来画时，她却笑嘻嘻的收起来了。一扭头就在笑声中跑了。她穿着一双木屐，完全像日本人穿的一般。此后她每见我们，必做鬼脸逗我们。

晚饭后，我们又坐在晒台上喝茶，远山里的火把忽出忽没，一起一伏，好像鬼灯一般神秘。这是瑶人由山野里回来时打的火把，有时他们回来得稍晚一些，家人不放心，便站在晒台上遥望，呜呜地打哨，山里回来的人听见了也呜声相应。终天飘荡在山野里的游子，心还是系住在家里的。

次日，一早再继续量人，量了14个人，一共连昨天有19个人，得到这一点材料是不容易了。天又下雨，一连两天，所以到28日才离开门头，向六巷进行。

1935年10月31日于六巷

六　巷[1]

我们到六巷的第三天早晨，便到山下庙里去量人，由蓝济君召集。前一天晚上，张科员和孝通先到下面去对村人讲话，说明他们量人的用意。孝通说话，他们是不懂的，所以完全由张科员负责。张科员仍旧像在王桑、门头一样，说："我们量你们，是看你们有病没有，下次来好带药给你们。"孝通对这种类似欺骗的事，表示不赞成，他主张诚实坦白地说明用意，不过张既这样说了，就由他去吧。

那天晚上，他们回来得很晚，我自己先睡了。不一会儿，门响了一声，走进四个瑶妇来，一个是济君之妻，一个是媳，另一个是邻人，还有一个是板瑶，大概是做客来的。她们叽叽咕咕地向着我笑，我也报她们以微笑。她们看见我们的什么东西都觉得惊讶，到处翻腾，不过我并不害怕，因为知道瑶人是不拿人东西的。最后她们四个人唠叨了一会儿，大约怀疑我睡觉脱衣服不脱，所以她们来掀我的被窝。我怕冷，按着不许掀，她们便去拉我脚下的被窝，终于我的一只胳膊被拉出来了，她们知道我是穿着衣服睡，才住了手，把我弄得啼笑皆非，闭上眼睛不理她们，她们觉得没趣，这才走了。

第二天早晨，我们下去量人，济君跑了多少路，"呜呜"地叫了多少声，才来了5个人，其中还有1个板瑶。但同时庙前却聚集了许多女人小孩，带了剪稻器具，背了饭筐，在那里瞧热闹。过了一会儿，倾盆大雨下来了，这些人都躲到村门底下去避雨，凡量过的男子，都到庙里来避雨，未曾量过的不敢

---

[1] 本文由王同惠执笔。——编者

来。据说，他们不敢来的原因有两个，第一，孩子老婆怕男人量了会死的，第二，怕量了看他们身体好，把他们带走了。

欺人的事毕竟做不得的，他们每个人量过后，都要问孝通他有病没有，他的眼或牙若痛，便叫孝通替他医，也有的说他老婆或娘老（母亲）病了，请孝通到他家里去诊治。这一来，孝通为难不轻。并且他们又带着怀疑的意思，对济君说："为什么家里有病人，他们不量，偏要量不病的人。"张科员说的是每家来一个男人，那些在庙前看热闹的妇人孩子，我想大约是男人派来代表自己的。

我们量人所在的庙，现在改为国民基础学校了，经费每年200元，但是里面的神像，却还没有拆去，向门贴墙搭了一条长木板，离地约4尺高，板上横排起来，挤了36个泥塑的神像，挤得很紧，排起来正与屋宽相等。神像背上写着神名，据说是不准用手动的，我们总想去抄来，但总不敢去。那天量人时，因为等得太久，无聊得很，我便想去抄神名，因为庙里人太多，孝通谨慎，惟恐被他们看见了，所以打着英文对我说："Don't do anything"，但偷偷摸摸的，毕竟被我抄了七八个。又过了几天，孝通与张科员往大橙量人去了，我因为身体不好，所以没有去。次日我冒着险独自去抄神名，每抄两个时，便到门口去望望，看准近处没人时，再进去抄两个，如是五六次，36个神名都被我抄完了。抄时浑身打战，好像在偷东西一样，惟恐有人走来。抄完了，将小本塞在袋里，头也不敢回，赶紧跑了回去。上山时，两腿还有点发软。这些神像的来源和意义，我还没有弄清楚，先把神名抄在这里吧。

由左至右：判官、陈氏大奶、韦金身、龙氏、三官、韦天成、韦金龙、韦明大、韦大师老爷、李杜大王、王官、土主，韦金凤，□，朴氏，五谷，三界，晚雷土中官。

由右至左：判官，□，□，冯信，冯远，盘古皇，九吴，冯雨，吴大郎，□，进官，□，伏羲，冯古，神农，□，王氏二奶，□。

（注：有框的，都是背上没有写名的。）

孝通到大橙去了两夜，第三天回来，连衣服带被褥都湿得一塌糊涂。这条路连瑶人都说难走，回来第二天便病了。这天晚上，济君来看望他，想替他赶鬼，先叫孝通说他的病状，看看是否有鬼。孝通一说到恶心想吐时，济君便出去了。我连忙跟了出去看他做什么。他到正屋里端了一碗饭，拿着三支香，他的夫人后面跟了他，拿着几张火纸。他先到孝通床前，把饭放在地上，把香点着，告诉我，等他一出去，立刻要把门关上。他又把饭端起，拿了香便出去了。我照他说的急急把门关上，跟了他出去。他到外面把火纸点着，口里念叨着把饭泼在地上，将三根香插在纸灰后面，站起来很肯定地对我说："不要怕，明早就好了。"

第二天早晨，孝通果然见轻了。济君又来访问，他看见孝通精神好些了，快活得很，自觉做了一件慈善事业，救了一个人。他告诉我们那条路上死过80个人，都是民国十三年打强盗死的，那些鬼都变成山鬼，因为孝通是生人，所以跟了他来捣乱。他把饭放在孝通床前，是要引那鬼卜来，他一出去，我立刻要关门，是防止那鬼回来。他口里念叨的是："你把饭吃了去吧！不要再在这里作乱了！"把饭倒在地上是给那鬼吃的。他说人病了要吐时，就是有鬼，不吐没鬼。瑶人每家都有个道师，道师是男性，是世传的，他们可以赶鬼请鬼，所请的鬼是祖先，就是喊祖先来吃饭。所赶的鬼，是捣乱的鬼，家里若没有道师，便去请别家一个来，只要给他吃一餐酒，便算酬报了。

瑶山这几天也冷了，我们房里也生了火，方法还是支三块石头，拿些树枝点着。屋里没有窗，门开着嫌冷，猪鸡也都进来，关上门又嫌黑，结果是在门后生火，开一扇门，我们躲在关着的这扇门后向中，这样可以得暖兼得光。生火不是件容易的事，柴又太潮，所以不得不住地吹，一口气吹不着，便把烟喷到喉咙里了，一边眼里流着泪，一边按着胸口咳嗽，有时弄得心火上去多高，但是所生的火还是不肯着。一等火生着了，可就不舍得叫它灭了，一锅一锅的热水煮，一件一件的好东西洗，盆里罐里到处装的都是宝贝的开水。

瑶人的好奇心也很强，我们想研究他们，同时他们也想研究我们。那天我在正屋喊"孝通"，孝通在外面答应，于是惹动了这位蓝夫人的好奇心，她问济君我叫丈夫什么，济君讲给她听了。第二次我又进正屋时，她自己还在那里低着头，一边绣花，一边小声学我喊"号筒号筒"。

蓝夫人是一个很和蔼，很好说话的人，只可惜她不会讲官话，我又不会讲瑶话，所以她见了我，总是拉拉我，拍拍我，笑嘻嘻的不说话。昨天孝通又到别处去了，这次要去10天，因为济君会讲官话，同时和我又像很熟的朋友一般坦白肯讲，这种机会难得，所以留我在这里，10天内，把花蓝瑶的社会组织弄清楚。蓝夫人每次在孝通离去的第一个晚上，临睡时都要来看看我，她虽然不讲话（有时也和我讲瑶话，我和她讲官话，谁也不懂谁），但是站在我面前，向我笑笑，摸摸我，过一会儿便走了，去时还要把门给我关好。我明白她是来看看我平安不平安，闷不闷。

瑶人的贞操观念我还没有弄清楚，不过据我现在看，他们是没有贞操观念。我曾问过济君,他们娶来新妇要不要注意她是否处女,他答我说:"她和别人发生过性关系,我怎么能认出?"这一点可以证明他们不注意女人贞操的。过了一会儿,济君又对我说:"我在南宁时,看见有百十来个男学生,与50来个女学生在一个学校读书,到夜里男生大概都找女生去的。"我告诉他不然,他说:"那么你同费先生怎么结的婚?不许男的夜里去找女的,若是两情相好,怎样表示呢?"由这一点,可以证明瑶人男女如果是自由结婚,大约是男女两相悦后,立刻发生性关系,然后告知父母,再订婚。订婚后,便可以光明正大地发生性关系了。瑶人若是偷偷的发生性关系,都是在山里,不是在家里,看见人来了便跑开,别人看见后,也不觉得大惊小怪,连女子的本夫看见妻与别人通奸时,打她一顿,她若悔罪改过,仍然安居无事。

瑶人订婚的年龄,多在10岁至13岁,这都是由父母代定的。等女子至14岁能工作时,便每月有一日或两日三日到男家工作去,夜里间与未婚夫同床,未婚夫也可到女家去找未婚妻睡眠,因为他们年龄太小,很少有受孕的,等到十五六岁能受孕时便结婚了。瑶人结婚是很简单的,我想是因为婚前与婚后没有分别的缘故。但生第一子时,仪式却非常隆重,原因是婚后未生子时,夫妻关系与婚前一样的不稳固,一方要离婚时,只要给对方少许钱就行,并不受舆论制裁。等生子后,离婚就不容易了,虽然她所生的子,并不一定是丈夫的。

瑶人舅权很大,在亲属中地位最高。在生子满月后请酒时,舅父要演说,抱小孩出来给客人看的是舅母,替小孩起名的也是舅父。临去时,主人送舅父的肉最多,其他客人,平均每家4斤,舅父独得20斤。媳妇生子后死了,别家都送白布,只有她的弟兄送黑布。据说桂北三江县、古北县舅父的地位更高，舅父之子要娶姑母之女时，姑母不得拒绝，因为这是特定的婚姻。处女出嫁时，所得的聘金，不归父亲而归舅父，大藤瑶山却没有这种风俗。

11月13日于六巷

大橙之行

11月1日，由六巷赴大橙。大橙在六巷之东南，相去不过20里，但是一在山之阳，一在山之阴，往来须翻过一个高岭，这岭的高处超过2000米，绕道盘旋，至少有40多里崎岖的山路。这条路在瑶山中，是有名难行的，瑶人也不轻易往来，汉人到这地方的更少。同惠身体又不很舒服，所以单由我和张科员两人前往，由六巷瑶人阿勇挑行李向导。

阿勇是个很有趣的人。那天早上，他帮六巷的汉商杀猪，汉商请他喝酒，已喝得有七分醉意，一摇一摆的前进，使我想到鲁智深醉上山门时的情景。蒙古人醉了尚能骑马，瑶人醉了还是能在山路上飞一般的跑。

瑶人的男子没有不能喝三杯的，而阿勇又是爱酒似命。喝酒喝得老婆都跟了人，他现在是个单身汉。他的父亲自从他母亲死了，就到古浦去做"姑爷"，入赘是不能带田地去的，所以他就成了一家之主。他的老婆不喜欢他这一副豪气，另找了情人。男女找情人在瑶山本来是件普通的事。据阿勇自述，到现在不到30岁，已经有50个情人了。可是他自以为有个老婆不觉得有什么用处，因为他田都租给板瑶种了，每年可以拿1000斤谷子，不用费力；他又有很多的树木，每年出卖给汉人1000株，可以坐收120块钱，所以他很想在老婆身上敲一记竹杠。按瑶人的"石牌"法律，是不许通奸的，谁犯了要罚钱。可是有一个条件，就是须在通奸的时候，当场捉住，才能有效。因之阿勇就等他老婆和情人幽会的时候，请了朋友，四面上山去，把他老婆和情人捉住。这样他得到了120块钱，可畅畅快快地喝一年酒了。

我们一面走，一面和阿勇讲他恋爱的故事，不觉已爬过了几重山。到一个地方，后面正背着岭端两面有高山翼蔽，正对着对面的高山，而且有一条河蜿蜒而下。阿勇把担停下来，问我们这地方风水好不好，张科员就青龙白虎的说了一大堆，说是若把他父亲葬在这里，不发财就找他去。阿勇真的动了心，可是他说下面有人葬怎么办。我问他："这地是谁家的，你怎么能胡乱葬人呢？"他说谁都葬得。原来瑶人为了尊重死人，什么地方都可以葬，但是不能和人家的坟太近，也不能葬在人家的葬的上峰。

再往前走，山势愈来愈险，上山时还可勉力支持，下山时真是有如上天之难了。下山路是在山阴，古木参天，细竹遍地，这路终年不见太阳，阴湿湿的石块上都长着有1寸多长的青苔，不要说脚留不住，就是竹杖支下去，也是滑得树不牢。一百个小心，不见什么功，一个不小心，立刻见效，再加上已经走了三个钟头的路，两腿早已不能运用自如。于是前跌后滑，张科员在后面同我数，数到50次也数累了。我心里想，上妙峰山还愿，一步一拜也不过这个滋味，但是还愿是先收后付，我此来不知能得到多少材料，却又要先付后收，真是一件投机太大的生意了。

跌到后来,头部跌昏了嘴里不住说:"幸亏王先生没有同来,到这样真是回去又不是,向前又不肯,只有死在山凹里了。"好容易过了这高岭,路也渐平坦了。两山夹着一道河,沿着路滚滚不绝地流着,路两旁茂林修竹,真是个世外桃源,加以石山峥嵘,群峰耸立,景色之美,平生初见。

在河边我们看见许多将下水的木排。瑶山向外输出的主要商品,就是木材。大都是包给汉人去采伐,每株值1毛2分。亦有瑶人自己砍下运到河边由汉人下水运出的,所得到的钱是瑶汉平分。但是一个木排有二三十根木头,瑶人所得不过四五块钱罢了。

我们到大橙村已经三点半了,从九点半出发,路上刚费了6个钟头。入村时,全村静静的不见一人,只听得雄鸡不住的啼声,村景亦萧条得很。路边有一座已塌的废屋,张科员同我说,前30年这里还有几十家人,现在只剩20多家了。瑶人人口的衰落,可见一斑了。

村人因为都出去"剪禾"未归,我们只能在一家汉人的房屋里休息。这家汉人是由中平搬来,还只有两年。他们一面做些汉瑶的买卖,一面租瑶人的地开荒。家里有一个女人没有出门,就招待我们。这时我走得满身是汗,一停被风吹了,不住的打战,后来向主人讨了火,烤了一回,才舒服了一些。火真是初民的命根,所以每一个瑶人身上都带着一匣洋火,每家都有一个生火的地方,若是人可以离了火生活,也许就可以没有家庭了。

我们自己煮了饭,买了斤半酒,三人大喝起来,虽是吃着一些淡淡的肉,已是视作珍品了。天黑了,我靠在被袋上,席地躺着向火，那家的主人回来了就和我们闲谈。他说起瑶山租地的制度，汉人进山来都是来垦荒地。三年之内不用出租，过了三年每年要给地主1/5的收获。大橙已有两家汉人，汉人入山的数目逐渐增加，王桑、门头、六巷都有，都是做买卖和做佃户的。瑶人节制人口，所以人口愈来愈少，而汉人人口增加，几十年后，瑶山将另有一种局面了。现在汉人人数尚少，瑶人相待亦甚公平，有事全村开会时，汉人亦参加，至今就没有冲突的事发生。

到7点钟左右，村长从田里回来了，我们才上他家里去。房子的建筑，和六巷所见的相似，没有正屋前的走廊和露台。大门就开在正屋，大门外就是空地。灶头安在右边的一间小户里，所以正屋里比较干净得多，左边有一间小户，我们就睡在正屋里。

在瑶山里，秋尽冬初的时节，是田忙的当儿。全家连可以工作的孩子们，都整天在田里收谷。早上还有些黑就出门，晚上也要等夕阳下山了才挑了谷子回家。他们有工作，我们就不能工作。在六巷我已试过晚上量人，用电筒照着，没有什么困难，所以在大橙我们也只好晚上工作了。

大橙的村长，年纪不过30多岁，为人很和善，他是"上门"的。他的妻长得也很体面，而且很能干，在瑶山中是有名的。村长的哥哥是"石牌头"，所以在村里号召力很大。到了晚上，村长把全村人都召来了，男女小孩聚了一堂，男人们就围着火抽烟谈笑，我们向他们说，有药给他们，同时还要量他们的身体，下次会多带药来。成年的男子，一个个都很情愿的被量了，但是总数不过15个人。数目虽小，但是在瑶山中工作以来，这天的收获要算最大的了。代价也最大，平均每个人是栽跌四五次交换来的，还不算太贵罢！

第三天早上，我们就出发回六巷了。村长的妻，还有一个老祖母在家，她已经有70多岁，龙钟匍匐，初看真不顺眼，但是为人却极好，总是张着没有牙齿的嘴，向着我笑，说着瑶话要和我攀谈。那天早上看见我们装束行李，就走过来拉着我的手说"住一天去，住一天去"。我也紧紧地握着她的手，同她说，"明年再来，明年再来"。短短的几句话，竟使我发生了依依不舍的离情来。自来瑶人，我们总以为是"无可奈何的讨厌人"。听说我们要去了，总是很高兴。真心要留我们的，还是以这位老太太为初次。

村长的妻，和一个十七八岁的女儿，都穿了绣红花边的漂亮衣服，戴了银项圈，打扮得的确很美。村长挑了我们的行李，大家送出村门。人情依依，令人难舍。

11月21日于古陈

古浦的一夜

11月8日晨，由六巷出发，预算有一星期的行程，从古浦到对山的板瑶的冷冲和中苗，希望这一次的旅行回来，可以结束花蓝瑶和板瑶的测量了，并且还希望顺便到盆架去量山子。同惠还是留在六巷，因为她和济君感情很好，言语又通，乘这一星期可以结束花蓝瑶社会组织的调查。

出发之前，同惠替我把行李都收拾好了，到12时就和张科员及阿勇二人一同起身。从六巷到古浦是我们从门头来六巷的熟路，路亦平坦，虽是小病之后，并不觉得十分累。沿路我们去拜访蓝乡长的家墓。一排有七八个，正中一个是乡长的祖父。坟中放着一个储骨坛，用一块石板挡着，正面露着一些缝，这是瑶人的规矩，不准完全挡没的。所以我们在外面可以看见里面的坛。坟上堆土成馒头形，后面是靠山，馒头顶上树着一个已枯的树枝，树枝上还飘着白纸，这还是清明上坟时留下的遗迹。瑶人一家人并不一定要葬在一起的。乡长的墓是例外，普通都是分散的。每到清明节，子孙就分到各祖墓上去上祭，用鸡用酒，也要烧香烧纸。从前留下的古墓，一族人就得每家派一个代表去公祭。

一路我们谈谈话，同惠虽没有来，倒也不感寂寞。张科员同我说病中驱鬼的手续还没有完。他说依瑶人的规矩，病好了便得应约备三牲谢鬼，若是病好了不谢，鬼要和"中人"道师算账。这样说来瑶人的鬼比满洲人的鬼凶多了，满洲人病急了就乱许愿，病好了就不提，史禄国先生曾问他们怎么忘了回愿，他们说骗骗他就得了。

在六巷、门头、古浦三路的交叉处，有一个空场，大树阴下有一圈石头，是行人憩息之地，亦是开"石牌"会议之所。我们坐在那里休息，阿勇抽着烟和我们胡诌，他忽站着指着一块石头说："来，我指给你看"，他数着石头边上的齿形说："1，2……11，这是11个老人家，他们说定，谁要离婚，就得罚和这石头一般重的银子。"几天来，我们在六巷已明白了瑶人的"石牌"组织，但是总没有机会一见石牌的真相。据他们说，瑶人中有事就得开石牌头会议，议定了事，就叫汉人把这议决案刻上石牌，谁犯了石牌就由石牌头处罚。以前他们没有刻字的，就由到会的老人家在石上每人打一齿印，看见了这石头就记起了这法律。阿勇指给我看的,就是一块议决关于离婚事件的石牌。

到古浦时,有3点钟,村长出门剪禾未归,我们就在他家里烤火。天气很冷,使我疑心病又上身。

天黑了,村长才回来,领我们上他女婿家去住宿。女婿是甲长,房子新造,很大,但是墙上没有熏黑,而且家具很少,杂物上没有积着厚厚的尘土,令人感到还没有"成家"一般。

到他家的时候,围着火已有七八个人在那里,中间有两个汉人。一个是自称为"瑶山中没人不知道文理最通的人",很骄傲的烤着火问我"先生高姓,大名"。我很客气的一一回答他。第三句他问我"你有什么成绩?"我不很懂他的意思,一时无法回答,张科员在旁却看不过他的神气,代表我说:"他是博士。"他表示很老练的问:"是全国博士呢?是广西博士?"张科员更气了,就教训了他一顿。后来我们说是省政府派来的,他就说:"你们看见过省长么?"这一种汉人,是现在实际上担负着沟通汉瑶文化的人,瑶人都信任他们,他们却就在这里寄生,他们不欢迎新式的学校,因为他们用瑶人的钱来做"老师"的。张科员又说起许多汉人捣乱瑶汉关系的事,这种人才真是阻挡着政府开化政策的势力。

晚上我们是住在甲长家的堡楼里,堡楼的建筑有三层楼房高,有枪洞,是瑶人防匪的建筑。瑶山山势险恶,以前常有大帮土匪来作巢穴,顺便抢掠瑶人。曾有一次,瑶人联合起来和土匪作战。就在大橙的山里,打死了几十个土匪,自此瑶山很平安了。这种堡楼的设备亦不多见。

古浦是个新村,不过三四十年,人口很少,而且他们的田都离村很远，他们工作出发得极早，我们虽是赶天亮就起来，但是人都已散了，所以只量得3个人。这天上午，就离古浦向冷冲出发。

11月9日于古浦

板瑶（一）

古浦是我们调查花蓝瑶体质的最后一站。经王桑、门头、六巷、大橙，一共量53人。除一个年纪太老的人外，可用以分析的52人。我曾把这52人的体高及头形计算了一下，平均数：体高是159.29，头形指数是80.53。变异量：体高是44.73，头形指数是3.781。

11月9日晨我们就离开古浦，过一道河到对面古浦和六巷的山顶，就是板瑶区域的冷冲，地属桂平县界。

板瑶在瑶山中是被称为"弱小民族"的，因为他们入山的时期较长毛为迟，所有的地已经都被长毛占据了，所以他们只能以佃户资格租长毛的地来耕，长毛是瑶山的地主，包括花蓝、坳瑶和茶山三种。凡是有水道可以灌溉的地方，长毛都开了水田，由自己耕种，余下租给板瑶的是旱的山地，种着稻和其他杂粮。旱地的土薄，所以种了五六年就不能再种了。有的地方就种树，有的地方就荒着，每年放火烧一次，要等10多年才能恢复地力，因之板瑶不能在一地方作永长之计，五六年就搬一次家。而且旱地收成少，一家所占的地要大，不能聚居成较大的村落。板瑶的房屋都两三家四五家分散在山谷里，这一种村落的组织在自卫上很少力量，受人家进攻时，是很难抵抗的。

房子的建筑因为要便于搬场，所以不能和花蓝瑶一样用泥土打墙，用瓦盖顶，他们整个屋子都是用竹竿构成，屋顶是用粗竹破成两片凹凸相错，苦成一片。墙亦用竹编成，光线比土房亮得多。新造的很玲珑可爱，一如黄岗竹楼所记的景象。

我们所到的冷冲，一共只有三家。我们住在甲长家里。初入竹屋，颇感异趣。房屋内部都编竹作壁，卧室和起居工作的地方分开，对门有一个橱，是供奉祖先的地方。板瑶是穷得厉害，连青菜都没有，酒是不用说了。我们到时，家长又不在，只能饿着等。后来来了一个汉人，寄宿在甲长的邻屋，卖了一只鸡给我们，才能饱餐一顿。

这位汉人因为黄黔瑶汉争地的纠纷，寄居到这里来，见了我们就不住的申诉这一件事。起初他还以为我们是省政府派来解决这一件事的。我因为关心着瑶人的土地制度，和各族间的关系，所以就请他把这件事始末讲给我听。

黄黔是离冷冲大约有20多里的一个村子。在60代前是由坳瑶所居。但是水田极少，土地又不肥美，所以找到了古陈的地方之后，他们就合村都搬走了。余下的田地，都租给板瑶和汉人耕种。每年每个壮丁，从15岁起到60岁，要给古陈的坳瑶8毫钱，是一个人头税。此外还要给谷子作租金。在黄黔地方坳瑶曾造了几个庙，人虽搬走了，庙却留下要板瑶和汉人给他们供奉，因之划出1/3的田不用出租。这一种土地制度一直维持到现在。在平南县有一个张姓的汉人慢慢地从板瑶和汉人手中把这1/3的地买来了。借口说黄黔的地都是他的，逼着旧有的板瑶和汉人离开黄黔。古陈的坳瑶觉得事出离奇，因为瑶人有传下的石牌法律不准卖田，更不准让土地权流出到汉人的手中的，平南的汉人怎么能说黄黔的地是他的呢？同时引起了花蓝瑶和茶山瑶的同情，在金秀开了个石牌会议，甚至要用武力来争回黄黔的地方。当时省政府也派人来解决这纠纷，至今还没有个结果。可是黄黔一村却因之解散了。板瑶和汉人不能不到别处去流亡。我们所见的汉人就是流亡出来的一个。他眷恋着旧有的土地，还是梦想着能重在黄黔造一个村落。

在瑶山里当长毛佃户的板瑶，对于生活是没有保障的，因为长毛随时可以收回土地，不给他们种。六巷的韦校长曾同我们讲两件板瑶受压迫的事情。有一个长毛瑶到板瑶家里去收租，板瑶不在家，那天刚是该他倒霉，在外面丢了40多块钱。一到家，长毛瑶就冲着他说："你好。"板瑶刚想找一个人申诉一下他丢钱的事，就回答说："有什么好？"话还没有完，长毛瑶就伸手把他打了一个嘴巴。"贱东西，问你好还不是么？"板瑶立刻赔罪，罚了两只鸡才算完事。还有一家是长毛瑶乘板瑶不在家，去强奸板瑶的女子。板瑶回来了要想和他论理，他反说板瑶欠租，要收回田地。于是又得罚鸡认输。

租金也很高，1000斤谷子的收入要给6块到4块钱的租，1000斤谷值30元左右，所以租金抵收入的1/5。给钱给谷子之外，板瑶可以以人工来代租，每天一工算两毫钱，1000斤谷子就得二三十工。

在社会地位上板瑶亦是被长毛瑶所看不起的。阿男就满口"贱板瑶，贱板瑶"的，背地里称"他们是过山瑶，没有地的"。所以长毛瑶可以娶板瑶的女人，却绝不许长毛的女人嫁给板瑶的，"因为他们没有地"。"因为他们没有地"是长毛用以解释许多他们和板瑶不同的习俗。板瑶生多少儿女就养多少儿女，不行人口节制的。长毛瑶向我们说："这是因为他们没有地。"

我曾发生了一个疑问，板瑶和长毛为什么不争土地权呢？他们给我的回答是板瑶的村落太少，不能抵抗有组织的长毛。长毛是土屋，板瑶的竹屋怎么能交战呢？长毛瑶的口吻是："板瑶？不怕的。"在武力及社会经济上，无一处长毛不比板瑶强。但是板瑶并不是永久甘于雌伏的，他们的希望，就是有一天汉人能替他们抱不平。这种心理之下，他们极力汉化，在满清时，他们都留辫子，到了民国，剪发的人也比留发的人多了。

在冷冲的一天，我们没有工作，第二天就上中庙了。中庙是桂平瑶区归化乡的主村，人口较多，大约有十几家。所属四村合起来，也有五六十户。从冷冲到中庙要经过黄黔，我很想看看一个荒废了的村子的情景。到那里，简直看不出曾有人烟的地方，除了一家没有拆去的房屋，和一些倾斜的柱子外，都是荒草。剩下的一家是汉人，虽没有搬，可是萧条的景象，走进门，真觉得鬼气森森——只有半年，竟成这一片荒地！

就在黄黔的汉人家里，我们遇见中庙四民基础学校的蒙校长。他在前引路，我们一同来到中庙。

11 月 24 日于古陈

板瑶（二）

板瑶和长毛瑶在瑶山中所处社会和经济地位不同，对于汉化的态度因之亦异。长毛所希望的是现状的维持，设法能保持他们在瑶山中的特殊地位。他们除了盐之外，本来是可以自足。对于汉人总是取着"敬而远之"的态度。板瑶则希望他们有一天能自己有田，能在瑶山中和长毛平等，但是他们自知在既有的状态中是无法去和长毛争雄的，于是他们倾向于汉化。

因为这种态度的不同，政府在瑶山中所设的学校，在板瑶中较为发达得多。以中庙的学校为例，儿童班和成人班一共有六七十人，而且应板瑶的要求在上庙立了一个分校，明年在冷冲又要设分校。板瑶要孩子们念书，念明白了可以和长毛争地。这一点在民族学的理论上看来是很重要的。板瑶在社会经济上受同族的压迫，所以容易接受异族的文化。在文化上胜过了长毛时，社会经济的地位自然会发生改变。长毛对于板瑶的汉化热很存戒心，他们明白自己不是汉人的对手，和汉人发生冲突是不利的。以前长毛瑶还自夸山路峻恶，只要几块大石头就可阻住汉人入山了。现在每天有飞机飞过瑶山，峻恶的山路也是不中用了。张科员有时吓他们："哼，飞机来下一个蛋，你们一村就完了。"

在这种形势之下，最后的结果自然是长毛也极力汉化，但是目前，还很少长毛瑶看到这一点。他们用威吓手段，不许板瑶上学校。蒙校长就为我讲门头用武力解散瓦厂学校的事。在金秀开石牌会议时，他们就说板瑶上了学，我们就要没有地了，所以不准板瑶上学。长毛愈是这样压迫，板瑶愈觉得上学的希望可靠。

现在时期没有到，但是不久总有一天板瑶和长毛为了土地制度要发生一个正面的冲突。黄黔争地一案是件小事，到板瑶和长毛争地时，世外桃源的瑶山，恐怕不能安全了。

蒙校长在中庙四村已成了一个重要的领袖。他是一个具有热心的青年，同情于板瑶的处境，已屡次上文要政府规定一个瑶山中公平的土地制度。板瑶对他也极敬服，凡是蒙校长说的都得照办，这是"开化政策"最能实现的地方。可是在六巷就不然，学校有名无实，只有几个学生，还是整天不上课。这也不能十分怪校长的不负责任。在长毛中间，办学校本来是不受当地人民的欢迎的。在六巷我们几次传讯给村长，要他来会一面，他总是置之不答。后来在夜里我们去找他，他装着话不懂，和我们支吾，我们一点办法都没有。幸亏乡长的儿子，和我们去召集了一些人，测量了一下，总数不过十几个人。

在中庙所遇到的情形却不同了，我们到的第二天，蒙校长就叫人去传话给板瑶，凡是成年的男女都要来。一团团的围着我们已有20多人，我很起劲的把他们都量了，第三天早上，又来了十几个，一共量了36个，真是超过了我希望之外。

蒙校长搜集了许多关于板瑶历史的传说。据他说，板瑶是从青州到河南，经过五代，到宋朝才到广西，这是根据他们的"过山榜"的记载而说明的。过山榜上说是"皇照景定元年十二月二十一"给的。内中叙述板瑶的祖先是一只狗，名叫盘护。这时蛮人造反，有人说是在高辛氏时代，皇帝没有办法，下了一个命令，谁能得到蛮头的头的，就把公主嫁给他。盘护就设法把蛮头的头咬了下来，就给皇帝。皇帝一看是只狗，但是命令已出，不能反悔，就把一个宫女给它。盘护在殿上咬住了宫女不放，这样就成婚了。一共生了六男六女。后来由皇帝赐姓封号，过山榜就是他们南迁的护照。上面说是由会稽山来的，会稽山不知是不是现在在浙江的那个。板瑶的社会组织，因为时间太短，所以没有详细调查。但是我抽空把他们的亲属称谓记了下来，发现了一个极有趣的事实。比祖父，父亲，自身年龄小的，不论辈分，男性亲属都称Ju，女性亲属都称Mo，这里遗留着一种很清楚的纵分法。

12日我们离开中庙，蒙校长和我们一同到冷冲附近的新村，补充板瑶测量材料。板瑶是不行人口节制的，这一村全是村长的自家人。他有三个儿子都已成家，两个女儿招了女婿也成家了。入赘在板瑶中是极普通的。据他们说是出于经济的原因。板瑶娶一个媳妇要费1000斤猪肉，还要给女家24块钱，所以家里不是富有的就娶不起媳妇，儿子得嫁出去做姑爷了。入赘的手续简单，不用多费钱。当然，我们可以说这种经济情形还是起于以前是母方社会组织的原因。因为普通都是由男的上门，所以凡是要学汉人娶媳妇就得多费钱了。

在新村，我们又量了十几个人，加上在六巷和门头所量得的板瑶一共有48人。关于他们的头形和体高的结果是：

	平均数	变异量
体高	156.78	52.16
头形	78.62	3.106

板瑶和花蓝瑶有很重要的差别，平均体高差2.51，头形差1.91。在板瑶多体低长头分子，这是很值得注意的。若是板瑶是早期的海滨移民，则在古代东亚就有这种低体（约153）长头（77）的人种了。

11月25日于古陈

山子村盆架

板瑶在瑶山中已经算苦的了，但是和山子比，板瑶还要算不差的哩。我们没有到盆架之前，阿勇就说："我们得带些盐，山子是吃不起盐的。"这话未免太苛刻一些，但是在普通时候，山子常常淡食是真的。

板瑶虽不是地主，但是人口多，占地广，而且自成一个区域，所以才可以成一个独立的民族团体。山子人口少，杂处在花蓝瑶的地界里，而且很多是连地都没有，做花蓝瑶的散工。贫苦无助的情景，自然更甚于板瑶了。

盆架是在象县及桂平瑶区中最大的山子村，处于古浦和门头之间，属于门头的瑶头管辖。我们预先给门头的瑶头通讯，叫他替我们预备一个住宿的地方，但是瑶中传信是极困难的，我们到盆架时，信已不知传到哪里去了。幸亏在路上遇到盆架的村长，才不致受闭门羹。

从六巷出发以来，已经有六天，除了在中庙住了一天之外，天天在路上，而且都是一到就量人，次日早上再工作一会儿才动身，所以身体觉得异常疲乏。还是幸亏老天保佑，没有下雨，否则非病倒不成。进盆架时，天乌黑黑，大有雨意，瑶山中有六天连着晴爽是极不易遇见的。所以我们说，好了，下雨罢，雨尽大，明天我们总可以到六巷了。六巷好像是我们的家。

山子在盆架住的房屋，亦是土屋，设备和花蓝瑶相同。除了言语和服装上，山子已经被花蓝瑶同化了。在他们的工具及工作上，辨不出有山子的特性。这是一个正在消灭程度上的种族。

村长正在发冷，我们就给他药吃，冷居然住了。因之，他很感激我们。当晚来了四五个人，我就把他们测量了。我因为太累了，吃了饭就想睡，可是总是睡不着。蚊虫臭虫，闹得我真发急了。于是又起来烤火。山子并不行人口节制，可是人口依然稀少。可惜我们没有统计的材料，否则可以得到一个极有意思的民族学事实。这次从板瑶到山子，虽则短短的只有一星期工夫，但是已使我感觉到瑶山真是一个民族学研究最适宜的地方。可惜我们时间太短，不能在板瑶和山子中多住些日子。加上我们不会粤语，在这区域中不便工作，我们只能割爱了。

第二天早晨，一早我就起来，张科员因为身体不舒服，不能起身，只有我和阿勇两个人到一个冲要的露台上，等人走过就拉他们来量。这样我凑足了 10 个人。真是宝贵的材料，如此难得。量到第十个人，天下雨了。不能不停止工作。回到村长家里，张科员已勉强起床，于是吃了早饭，在微雨中还六巷了。

11 月 25 日于古陈

六巷（二）❶

孝通临行时，曾让我十来天内，把花蓝瑶社会组织没有明白的地方，都调查清楚了，等他回来后，我们便要结束花蓝瑶，到板瑶区域的古陈去了，所以我急着要找济君谈话。但是济君白天总是去剪禾或放羊，常不在家，我只能等到约莫有 5 点多钟，他回来后，才能和他一同烤火谈话。我一边织着毛衣，一边谈话，一连两个晚上，得到的材料真不少，很使我满意。第三天他回来得很晚，我怕他疲乏，不愿意谈话，所以没有去找他。我总是怕讨他的厌，使他把和我的谈话视作畏途，

---

❶ 本文由王同惠执笔。——编者

每次在谈话时,我常是很仔细地看他的脸色,看到有不愿回答或答不出的地方,我便扯到别的事上去,看见他打一个哈欠时,我立刻告辞出来。和他谈话,有时很困难,他的答语,时常是自相冲突的,所以我得远远兜他,一件事总得反复三四遍才觉得可靠。他不高兴或不懂我的问题,便"是呀,是呀"的胡乱回答我。他说以前有几个人到六巷去调查,当面拿着笔记本记录,一问一答的办法,我觉得很危险的。谁愿意考书一般的被人查问呢?

这一天我没有去同他谈话,心里不很痛快,好像一天空过了一般,我决定次日无论他回来多晚,我总得去找他谈话,所以老早我就煮了一碗菜,想等他回来时送他,乘便可以造一个谈话的机会。我自己吃了晚饭,便在正屋门口等他。心里盼望得很急,但是一直到天黑,还不见他的影子。后来打听他的儿子,才知道他们两夫妇到盆架收禾去了。因为路远,所以晚上就住在田里搭的茅屋里过夜,不回家了。我很失望的回房睡了。

第五天,一直到漆黑时候,他们俩才带了雇来的一个板瑶一同回家了。一进门,见了我就很亲热的说:"王先生闷了吧?我们昨天实在不能回来了。"我接着说:"我闷得很呀!你辛苦了吧?"就这样说着话,他便坐下来洗脚。瑶人每天一从田里回来,便要洗脚,每家都有两三个木盆,是由汉人做了卖给他们的。每人晚上回来都要洗脚,方法是在家里煮饭的那个人,要烧一锅水等着,他们回来了自己拿木盆打了一盆水,泡在水里一块白布手巾,先洗脸,再洗脚洗腿。洗完了,他们时常穿鞋子。布鞋、草鞋和日本式的小木屐都有。可是他们自己不会做鞋,都是向汉人买的。当济君洗脚时,我拿了一块洗衣服的肥皂给他用,接着又把昨天留下的那碗菜给他放在桌子上，他高兴极了。人性是相同的，谁都喜欢亲热的。他一边吃着饭，我一边和他闲谈。我是先预备了要问他的题目，可是一定先要用一刻多钟没目的的胡聊，讲得起劲了，就慢慢地引到题目上去："我总不明白，你们——"他就和我解释了，讲完了，我便接着"哦，原来如此，我们却和你们不同了，我们是——"人大都是有好奇心的，大家愿意知道一些和自己不同的风俗。这样大家觉得谈话一点也不呆板，一点也不讨厌，津津有味的一问一答，时光不觉得很快就过去了。我怕他累，所以就想告辞出来，可是他还没有尽兴，不让我走。

这一晚谈的是瑶人跳舞的事。花蓝瑶有三个时节要跳舞，第一个是"度斋"。度斋是瑶人的成丁礼，一个男子要成一个社会分子必须行这个礼节，大都是在15岁时候举行，度了斋才娶媳妇。入赘的男子，在岳父家行这个礼，所以是在婚后。度斋的作用，据他们说是在传道师，道师是一家的宗教领袖，可以赶鬼请鬼，可以和祖先往来。其实就是有当家长的资格了。凡是没有度过斋的男子，就要被社会所轻视，凡是重要的社会活动，如跳舞、祭祖、上庙等等，他都不能参加，甚至不能和度过斋的人同桌吃饭，他不是一个完全的社会分子。

度斋的手续是由家长出面替儿子或上门的姑爷筹备这礼节。他们要做一套道师的衣服，做一套新的被褥，搭一个两层高的床，有6尺多高。被度的人，就梳上成人的髻，忌食酒肉和盐。他只吃白饭，每天请人来家里教他跳舞，自己父亲是不教的。不跳舞时就躺在高床。再教他种种赶鬼请神的手续。凡是在16岁以下的度6天，满16岁的就得度9天。16岁以前认为较纯洁，16岁以后便不纯洁，因为他们懂得近女人了。妻已怀了孕之后，便不准再度了。

度到最后一天,这家就要请全村男女老少和别村的亲戚来吃酒,度斋的要表演跳舞。到夜里,他就躺在床上休息,凡是度过斋的男子们都可以进来跳舞,再要两个生有两个男孩的女人直直的坐在地上,其余女人都不得进屋,只能在门外瞧。到半夜里这家要预备酒肉饷客,度一个斋,总得五六百斤猪肉才够。

两村间青年男女发生恋爱的机会就在这时。一辈多情的青年,并不到房里去跳舞,到门外去陪女人们说笑。他们起初是眉目传情,继而男与男排起来,女与女排起来,分成两行,男的先唱:"你们贵客到我们这里来,我们没有什么东西给你们吃,招待你们真不周到——"女的接着唱:"你们这里好,地方好,风俗好,男女都好,又给我们预备酒肉,我们没有什么东西送给你们——"这样一说一答的唱,唱到半夜时,他们就提到婚姻的事了。男的唱:"我家院里有一棵树,我想替它找一个对,我看你们的那棵树很好,给我们配一对,多好!"女的便唱:"你们的院子太好了,我们那棵树不好,哪里配得上。"唱到情深处,他们就交换礼物,男的多半送给女的一只手镯,女的送给男的一条腰带或头巾。假设两情好得分不开时,就可避开众人,爬到山上去发生性的关系。济君指着房后的那个高峰,说"那上面都有人爬过"。

这种恋爱的机会,并不只是给未婚的男女,已婚男女也可享受。未婚的换过东西后,男家请一个媒人到女家去提亲,已婚的男女则可以常常到山里去幽会。在正妻之外男女去找个情人,是瑶山默认的社会制度,只要能和公开的家庭制度没有冲突时,可以并行不悖。有冲突的时候,这默认的制度就被视为非法的。

第二个跳舞的机会是游行。每三年他们要从庙里把甘王抬出来游行，每家抬一天。早晨把甘王抬到第一家，晚上要跳夜舞，情形和度斋相同。次日又抬到第二家，又跳一夜舞。譬如六巷有37家，就得跳37夜舞。抬甘王出来时，要游行全村，男的都穿道师的衣服。甘王由8个人抬，前面有一个带神兵的领着，后面妇女儿童跟着瞧热闹。这个带神兵的不是由大家公选的，乃是由甘王自己指定。每当甘王要出来游行时，村里总有一个人害着精神反常的病，往高山顶上乱爬，在家里就爬到桌上，还要胡乱打人。他们一见有这种人，就要请一个汉人的大师来看，若是就是甘王指定他带神兵，他在游行的时候便作带领，别的道师们听他指导，夜里疲乏时都回家去睡，只有他要陪着甘王不回家的。

关于甘王有一个传说：甘王幼时很懒惰，不肯在田里工作，家里人气死了，要打他。他出去看牛，牛看跑了，家里人又骂他。他可是有法术，一天他请朋友们大吃牛肉，吃完了把牛头牛尾插在泥里，自己去睡觉了。明天家里人问他要牛，他说都在门外。家里人出去一看，牛都在泥里，眼睛张着，尾巴动着，呜呜的叫，但是谁都拔不起来……后来他做官了，在皇帝那儿办事，可是他的老婆有孕了，婆婆就疑心她不贞洁，问她哪里来的孕。她说她丈夫每天晚上回来的，婆婆不信，她说可以把他穿来的鞋子作证。这天晚上她就把她丈夫的鞋藏过了一只。一早她丈夫要回去，找不着鞋，没有办法，只能叫天等一等亮，好让他用一只鞋走路。皇帝在京看看天要亮了忽而又黑，想来一定有妖人在作法，就上朝点名，这位甘王却还没有赶到，于是他就被皇帝杀了。

这一个故事，据孝通说在江苏也很流行。在南宁时，李方桂先生也替我们讲过类似的故事，说是瑶人的传说，在江苏不称甘王，而称"孟将老爷"。每三年也有一个大会，有什么灾荒就得请他出来游行。和瑶人的游行不知有什么关系。

第三个跳舞机会是每隔四五年或两三年他们要请汉人到庙里来吹打，他们要献祭跳舞。女子们不得进庙，只能在庙外看。瑶人永远不许女人进庙的，除了清明节上坟外，女子也不得祭祖。

瑶人庙里的神像一部分是由汉人处传来的，还有一部分是自己的，我曾问济君，哪一种人死了可以成神。他说凡是能变形的人，譬如他正在和你说着话，忽然变成一只老虎，忽然又变成一个女人等。请汉人的大师来看，他若说这人要成神了，那么他死后就塑一个像放在庙里。这些都是很古的事，他从来没有看过。

有一次，我和济君坐着一边烤火，一边喝茶。他看见我的壶是金色的，就问我这壶是不是金的。我说不是，金的太贵了，买不起。他说茶山瑶从前有一个女瑶头，她有一个金茶壶，放在桌子上，晚上一亮一亮的好像萤火虫，他父亲还见过。原来在宣统年间以前，瑶人和政府完全不发生关系的。在瑶山中，每村有两个瑶头，也称作石牌头，是大家公举的。宣统年间，政府派人到瑶山来把瑶人编成四团，指定四个大团总，所谓指定其实也就是把原有的瑶头加委罢了。民国二十三年又改作乡长制。名目虽然屡经改变，实际却仍然是石牌组织，所谓换汤不换药。石牌组织是有事由每村的石牌头开会，凡是石牌议决的，谁也要服从。石牌头是一村中"最明白"的人，既不世袭，又不投票选举，是自然领袖。所谓"有德者归之"就是这自然领袖产生的手续。他是一村的代表，由这些代表们议定的规则就是瑶山的法律。石牌头并不是社会中的特殊阶级，同普通人一般工作，又没有薪水，又没有税收，若是他解决了一件纠纷，两方服了就大家给他一些报酬。他的经济上并不一定比较人家为富的。蓝扶霄虽是六巷的大团总，但是他一年自己还种1000斤谷子的田，家里没有仆役，一天要走百余里的山路，和板瑶佃户们同桌吃酒，很起劲的谈话，一点没有"瑶王"的架子，有打仗时当头的须走在前面。济君曾向我说："什么事都得当先，这才使人心服。"人家不服了，或是办事"不明白"时，无形中他就失去头目的地位，因为人家都不去找他，去找比他"明白人"来办事了。孟子所谓"天与之，人与之"的政治态度，实在并不是一种纯粹的理想，事实上，我们在瑶山中就看到了。

大团总在瑶山是最高权力，他依法可以杀人，罚款。要受死刑的有：盗禾，拐卖人口，强盗和放蛊。放蛊是一种巫术，放蛊的人瘦瘦的脸色青青的，见了人也不招呼，心很毒，即使和他没有仇的，他也会毒害的。方法是凡和他一同吃饭，或吃了他的东西的，便面黄肌瘦，吃下去的东西都变虫。六巷曾有一次小牛肚里全长虫子死了，都是因为有人放蛊。凡是有放蛊的人危害社会时，道师有方法治他。道师请神请祖，放蛊的人便躺在床上，约莫有一点钟工夫，闭着眼不动也不能说话，然后起来，把受病的人都诊出来，应当请什么神，献什么祭，他的法就解了。现在据说六巷又有一个妇人快要杀了。这种放蛊的事情，在西南很多，我们在南宁就看见报上登载两件放蛊的事。究竟放蛊是件什么东西，我们不很明白，我们相信医学家是应当加以研究，不应以迷信两字了之。

盗禾是瑶山中的大事。谷子是瑶人生命所寄的粮食，但是田地离家都很远，不能把禾剪下来就保藏在家里。所以他们一定需要一种法律的保障，有了这保障大家觉得方便了。在瑶山中，当收禾的时候，随处田间、路旁都可以看见没有人管的禾把。不是自己的，就没人去动。普通若是有东西不想带在身上，就可以搁在路旁，旁边插一个树枝，就可保险没有人动了。我们也试过，没有遗失过。"路不拾遗，夜不闭户"，并不是不可能的理想！

济君的屋是已经汉化了，正屋分成三间，用墙隔开，其他花蓝瑶都是一间大屋不分间的。一进门，右边角上烧饭，左边角上烤火，靠墙就搭着两架床。我们总怀疑怎么能容得下一家人睡。问济君，他也不愿意同我直说，总是假装不懂。后来韦校长告诉了我实话。原来是公婆睡一架，子媳睡一架。若地方宽敞有余屋的，公婆就到外面小房去睡。媳妇生孩子时，公公不能在正屋里睡，丈夫则不避。客人来了，就在向门的方桌前面搭一架床。韦校长说，他做客时真难过，他们夫妇的行动和声音一点不加避讳。床又没有帐子遮盖，真没有办法，只好装着自己已经睡着。

11月24日于古陈

六巷（三）[1]

瑶人中冲突的事也是常有的。在瑶头时代，当两家有冲

---

[1] 本文由王同惠执笔。——编者

突时，就请本村的瑶头来解决。他若解决不了时，再请大瑶头（以前是金秀的女瑶头最大，她最能干，据说80个男人解决不了的事，她能解决）；若再解决不了，便去请众石牌来，有的甚至要请50个人来。要给他们预备酒肉，每个人还要给两毫钱。这50个人中有一个最能干的当头，要给他3块钱。吃完了酒，这家就要把自己的理由陈述给他们听。每述一件事，石牌在桌上放一截禾，听完了，他们就跑到对方家里去听讲，拿着这些禾截，帮助记忆。这样来回的跑了几次，如果没法解决的话，他们便回来对这家说，你们自己去打吧，我们办不了。于是两家都要请族人亲戚来保护。夜间不敢睡觉，惟恐对方来抓人。他们把门关上了，白天也不敢出去。但是另一方面自己又想去抓人。石牌的规矩是这样，所谓自己打，并不是真的交战，即使放枪也是空放，示示威罢了，不许真的向人打的。所谓打就是两方抓人，只要有一方把对方一个人抓住了，就算赢了，所争的事就胜利了。因为若是对方不认输，可以把他们的人治死，这种办法和绑票的性质很近。但是抓人也不是胡乱抓的，有一定的规定。去抓的一方不许动武器，只能用手拉；被抓的一方却可以用刀枪自卫。还有一个规定就是不许抓女人和15以下60以上的男子，只能抓壮丁。不过有时抓急了，把女人抓去也是有的。

在公布打架之后，若一方别村有亲戚，常在半夜搬去避难。一方可以防止被抓，一方又可设法抓人，勾心斗角，有时竟延长到两三年。我知道一个案子，六巷有两家打架，一家搬到门头去住，过了两年多，有一天早晨男人到田里去了，女人背着小孩在家里，房东因为不很舒服，没有出去，蒙着被在床上睡觉。六巷的仇家带了20多人，一直上门来，一见男人们都不在，就想抓女人，女人大叫一声，床上躺的房东醒来一看有人，拿起枪就开，打死了两个人，才把他们吓跑了。他们虽则也带着枪，但是不能还手，因为这是石牌的规矩。现在却不是这样了。两家冲突时，先要找村长，不能解决时去找乡长，乡长再解决不了，就去找县长，规定不许自己打架。但是最近我们又听见罗香和人家械斗，古陈也预备因黄黔的事用武。

花蓝瑶的田产分为三种，第一种是家产，凡是自己耕的都是靠河的水田。旱地都给板瑶、山子和汉人去种了。第二种是族产，为一族所公有。第三种是村产，村和族是没有水田的，都是旱地，有的租给板瑶，所得的租，分给全村或全族。济君族的公地，现在由一个汉人居住，这个汉人是在瑶山做生意的，汉人和板瑶没有地的，他们所烧的柴，都是由离村很远的地方砍来的。瑶山的地虽都有主，但是地主不到远地去砍柴，允许一辈没地的穷人，去砍柴。近村的就不能随意砍了。

花蓝瑶虽然没有买卖田地的事，却有当地的风俗。当一个人偷了东西或通奸，石牌要罚款时，他若没有钱，便要当地。但是当地必须先尽族人，族人没有人要时，才当给村人。当地不用地契，大家记住就是了。三年之后，地主可以赎回，他若赎不起，十年八年当出的也有。

他们夫妇离婚，若没有生子，或生子死了，提议的一方，要被罚24元。瑶头要抽1元到10元不等，其余分给众石牌。若是有孩子的，就要罚60元。被动的一方无论有无子女，都可敲对方的竹杠，二三十元至100元不等。若只生有一子，则归男方；两子则双方各分一个。女的再嫁时，把孩子留在母家，代为教养，无论他是男是女，大了都要替他或她找主嫁出。

新妇到门后，公婆及亲戚长辈是不给钱的。但是生了第一个孩子后，满月请酒，那天公婆要给媳妇的兄弟3块钱，因为他们养女受累了，现在她又生了孩子，该给女家一些报酬了。同样的，若是女家是招姑爷的，生了孩子，女家要给男家3块钱，小孩叫父亲的兄弟作舅父。凡是当舅舅的，在外甥满月时，要给两三元或四五元。这钱是媳妇的私房，其他亲戚所给孩子的钱，都归公婆收管。

他们的妇女十之七八都懂得堕胎的办法。她们堕胎并不很痛苦的。也有些蠢妇不懂得这个，济君的邻居就生了七八个孩子，都用凳子腿砸死的。

一个人自己若没有孩子，有的要别人一个男孩，替他娶媳妇，也有的要一个女孩，替她招姑爷。自己的儿子若死了，媳妇若没有生子，便替她招一个姑爷，年老无子，就替她要一个养子。同样的，若是招赘的，女儿死了，替姑爷再娶一个媳妇。所以瑶人的家庭，可说是一个经济的、社会的集团，并不一定是血统的集团。

瑶人对于贞操观念非常薄弱，所以生物的选择力很强。阿勇就已经有过50个情人，因为跳舞集合的机会，一个美貌健康的男子不知道可以生多少孩子。同时一个瘦弱的面貌不扬的男子，连自己的儿子都可以不是他自己生的，这是很合于优生的习俗。

花蓝瑶做菜的方法，我大略都学习了。肉食方面是猪肉和打来的鸟和鱼。猪肉把它腊起来，鸟和鱼是把它腌起来，方法是先把米炒焦，然后舂成粉，和上盐，把鸟和鱼生生地埋在里面，密封在坛子里，两个月后便可开坛吃了。每家每年能打二三百只鸟，新打来的也可以剥了毛烤熟了蘸盐水吃。青菜的做法是酸起来，先把菜剁碎，装在坛里，不加盐，用米汤或酒泡起来。密封坛口，七八天之后就可以吃了。瑶人因为很少有交易，所以他们的菜食都是大宗做好慢慢地吃的。至于炒肉炒菜普通人家是做不起的。济君的媳妇炒青菜时，我见她先用水煮，快熟时才加花生油和盐。我临走时还吃过他们一餐"八八"。第一天先把糯米弄潮，次日早晨舂成粉，用水和好，团成一个一个小球，在糖水里煮，其实和我们的元宵相同。还有一种做法，不团成球，而是团成圆饼在锅里煎，或是包在芭蕉叶里，用水煮。

11月21日我们动身到古陈去，一共住在六巷有25天。

11月25日于古陈

花蓝瑶社会组织

1935年，费孝通与新婚妻子王同惠一起进入广西金秀大瑶山展开民族志田野工作。王同惠在考察途中为救陷入虎阱的费孝通而意外身亡，费孝通1936年在病中整理完成了《花蓝瑶社会组织》，并于同年发表于吴文藻主持的《社会学丛刊》(商务印书馆出版)。吴文藻特为此撰写长篇导言，对费、王二人大瑶山考察的学术思路进行了详细陈述，并对其成果予以高度评价。另外，1987年《花蓝瑶社会组织》再版时，费先生特请胡起望先生撰文《花蓝瑶的亲属称谓》，对其中记音符号不够准确的亲属称谓加以校订。我们将吴、胡两位先生的文章一并附录于后，供读者参考。——编者

目 录

第一章 家庭（上）_ 69

第二章 家庭（中）_ 81

第三章 家庭（下）_ 93

第四章 亲 属 _ 104

第五章 村 落 _ 110

第六章 族团及族团间的关系 _ 122

编后记 _ 131

附录一 《花蓝瑶社会组织》导言 _ 136

附录二 花蓝瑶的亲属称谓 _ 148

第一章

家庭（上）

　　花蓝瑶中最基本的社会组织是家庭，土语称作 pia，就是房屋的意思。家庭是由一群长期同住在一起的人所组成。一家的人由生育（或收养）和婚姻而形成一个团体，同住在一所房屋里，维持共同的生活，并繁衍他们的种族。

　　一家人中的亲属关系，由生育（或收养）而产生的父 pe 母 ne 和子 toŋ 女 pei；由婚姻而产生的夫 gine 妇 giwo，及翁 goŋ 姑 wa 和媳妇 ni，或岳父 z'o 岳母 de 和女婿 we——这些是家庭中的基本亲属。父母和娶妇的儿子或招婿的女儿并不分居，所以一个家庭中可以包括几代的亲属。事实上，我们曾见一家有五代的亲属同居一屋。父亲上辈的男性尊长称 goŋ，若这种尊长有两代，则较少的称 goŋjoŋ，较长的称 goŋyö；女性称 wo，辈分的分别同男性，称 wojoŋ 及 woyö。

　　没有分居习俗的家庭，依我们想象，人数可以很多的了。但是花蓝瑶中却有一种限制人口数量的习俗，使一家的人数有一个相当的限度。他们限制人口的习俗就是规定每家每代只准留一对夫妇，因之每对夫妇只准留两个孩子：一个留在家里，一个嫁出去。

　　人口的限制并非自然的而系人工的。一对夫妇已有了两个活着的孩子之后，仍继续他们的性生活，也不用避妊的方法，所以为妻的仍有继续受孕的机会。于是他们的人口限制就不能不求之堕胎和杀婴了。花蓝瑶妇女十之八九都知道堕胎的方法，当发现初次月经停闭时，立刻吃药，所以对于妇女的健康并没有直接影响。不懂堕胎方法的妇女，他们称作"笨老婆"。这种笨老婆要受怀孕和生产的痛苦，等孩子落地后才用绳子绞死，或用凳脚砸死，或不喂奶饿死。我们知道有一个妇人曾杀死七八个婴孩。

但是有时花蓝瑶一家亦可有两个以上的孩子：譬如前两生的都是男，第三个若是女，这个孩子就可以留养。同样的，前两生的都是女，第三生若是男，这孩子亦可免于一死。若是前妻生了两个孩子，续弦可以生一个。但实际上因婴孩死亡率较高，这种有两个以上孩子的家庭是很少的。即使一家有了三个孩子，长大了亦只能留一个在家里。若是有一个孩子是男的，这男孩就留在家里娶媳妇，女的都出嫁。若都是男孩普遍都是把长子留在家里，其余的嫁出去做女婿。但是小的孩子若特别聪明能干亦可嫁大留小。若都是女孩，任意留一个在家招女婿，其余的嫁出去。因之一家即使有三个孩子，对于家庭的人数亦只能暂时增加，并不能借此绵延扩大。

这种限制人口习俗的起源已不可考，我们只得到一个传说，就是在100多年前有一家生了五个孩子，父亲死后，遗嘱把所有田地都传给长子，其余四个儿子一点都分不到手，因之怀恨在心，一天四个兄弟约好了把长兄谋杀了均分田地。长兄这时有一个儿子已经长大，立意要为父亲报仇，有一次设计成功，把他四个叔父都杀死了。这事闹大了。"石牌"开会议决从此规定每家每代只准留一对夫妇。这传说并不一定是历史事实，但是这习俗的起源并不很早，似属可信，因为花蓝瑶至今尚有宗族组织存在。宗族是由出自同一祖先的后裔组织而成，若是这种习俗起源早，宗族组织何从产生呢？还有一点可以注意的，就是这种习俗显然是对于现有瑶山处境的一种适应。瑶山水田面积有限，开田极难，人口数目当不能任其自然增加。传说中偏重土地问题不是没有理由的。就是至今当我们询问他们为什么不多留几个孩子时，他们总是回答说："瑶山田狭，养不起多人。"

这种习俗，不论它起源的迟早和发生的原因，目前已成了一种对于社会组织极有基本影响的习俗了，所以我们在叙述他们的社会组织时不能不优先提出。

家庭组织既以夫妇为基础，夫妇的结合自然是家庭组织的关键。婚姻是结合男女为夫妇的过程，同时亦借此种过程一家收认了一个新的分子。但是问题是在谁和谁能结合为夫妇。关于择偶的范围，花蓝瑶有严格习俗规定：

一、凡属同一宗族的男女不准通婚。

二、凡是有姻亲关系的亲属四代之内不准通婚。

最适宜于结婚的是同一族团而没有亲属关系的男女。但是花蓝瑶人口数目甚小，性分配不易平均，男多于女的现象时常发生，所以娶外族女子做妻的并不禁止。女子嫁给外族的虽亦不禁止，但事实上因言语，文化的乖隔，为数极少，在六巷一村我们知道只有两家把女孩嫁给邻族的古陈坳瑶。坳瑶和花蓝瑶还是同属于瑶山的地主阶级，地理上又近。至于和较远的邻族及隶属佃户阶级的过山瑶间的通婚事实是看不到的。

男女两造的年龄也时常是婚姻的自然限制。在花蓝瑶中夫妇年龄男比女大的并无限制；女比男大的则至多不得相差10岁。女比男大的事实是常见的，这是在性分配不均，及女子不外嫁的社会中所不能免的事实。

择偶主动者时常是男女当事人的父母，因为订婚的年龄平均总在10岁到13岁之间。在这时期男女当事人还谈不上自主的选择。同时我们也常听他们说："我们的子年纪还轻，没有同他定老婆哩"，或是"我们已经替女儿找到了姑爷了"。但是他们却又很坚定的说婚姻是自由的，父母管不得的。这两个似乎矛盾的说法，其实并不冲突，因为订婚和结婚是两件事。在幼年时代父母代定的未婚夫妇，将来不一定是结婚的对象，除非结婚当事人出于自主地同意于父母所选择的配偶。不过这一种可能的"不同意"因为有其他的习俗调适，并不成为常见的事实。这种调适的习俗包括以下我们所要叙述的两性关系。

花蓝瑶亦有指腹为婚的事，因为他们有限制人口的习俗，在生第二和第三个孩子时，为父母的总得考虑到嫁不出去的可能性，所以在落地时先得作一预算，和人家订一预约。但是这只是一种人口婚姻分配的估计，将来是否一定要这一对婴孩成为夫妇，那是另一问题。

订婚的手续是由主动方面请男性媒人一位到对方去说亲。这位媒人一定要"通道理的明白人"，会讲话，会背历史，而且要在社会上有名望。媒人衔了使命到对方的家里，把来意说明了，又加了许多好话来凑成这头婚事。其实，事先两亲家时常是已经得到同意的，所以媒人的职务并不十分重要。说定之后双方就送一些定仪如手镯，戒指，头巾之类。数量的多寡依两家经济情形而定。

订婚手续完成之后，被订的一方，姑娘或姑爷，到能做工的年龄，大约在14岁左右，就得到主订的一方去做工，每月一次或两三次。这是未婚夫妇的义务。做了工之后，这天晚上就可以和未婚对象同床发生性的关系。平时，苟其双方愿意时亦可自由到对方家里过夜。而且发生性关系的机会在瑶山中并不限于"过夜"。所以我们可以说在花蓝瑶中男女间"公开"的性关系从订婚时起就已经开始了。在这种"试婚"的过程中，很容易使男女双方发生很亲密的感情，父母所代定的也成了自己所属意的了。

在婚前和未婚对象以外的人发生性的关系并不视作"奸淫"，所以并不违犯"石牌规矩"，不受任何刑罚，只要这女人不是"笨老婆"就是了。花蓝瑶并没有"处女"的观念，他们并不明白处女和非处女生理上的区别。他们曾笑着向我们说："这怎么能知道呢？"但是花蓝瑶中并没有没有父亲的孩子。在生孩子之前男女一定要结婚的。

儿女若要求父母替他们解约，父母总是听从的。他们说："这有什么法子呢？这是他们自己的事。"解约的手续是由提出方面给对方 12 元赔偿费并退回饰物。若是对方不同意，就得请"石牌头"来办，结束了要给他一两元酬劳费。

在花蓝瑶中父系和母系的制度是同时并存的。男的可以在家娶媳妇 mowa，也可以上门做姑爷 louzoŋ。女的可以在家招姑爷，也可以出嫁做媳妇。但是如上节所说，一家若只有一个男孩，他总是留着娶媳妇的。他们没有留女孩在家招姑爷而把男孩嫁出去的例子。因之，这种情形使我们觉得在花蓝瑶中父系比母系为基本，甚至觉得母系制度的通行是因为他们有限制人口的习俗，这可视作一种后起的适应。

有时父系和母系合并，一家兼挑着两系。若是有一家只有一个男孩，另一家只有一个女孩，或是虽有两个女孩而一个已经出嫁了的，这一对男女结了婚之后，两系就暂时合并了。

这一对夫妇有时住在男家,有时住在女家。我们说这是暂时合并,因为到下一代若有两个孩子,就把他们分隶两系。这两个孩子若是一男一女:男的"顶"父系,女的"顶"母系。各自成家立业,分为两家。若这一代依旧只有一个孩子,这孩子仍兼祧两系,到再下一代才分系。

男女过了15岁就可以结婚了,但是也有比这年龄更小就结婚的。结婚的时期由婚姻主动的一方面所决定:娶媳妇的由男家决定,上门的由女家决定。决定了要举行婚礼就通知对方征求同意,然后挑一个"好日子"。"好日子"是有一定的,瑶人的长老都默记着哪一月要避哪一天的口诀,按着天干地支排定,也有请汉人择日的。

"好日子"选定之后,到那天媒人便到女家把新娘领到男家,若是上门的就由媒人把姑爷领到女家来。婚姻主动的一方要送给对方10斤到40斤猪肉和相等重量的酒。娶媳妇的还要给新娘一件绣花的衣服,穿着过门。男女两家分别在自己家里请几个亲近的客人一同喝酒。但这并不算"结婚酒"。被婚方面的父母和亲戚也不陪同新娘或新姑爷一同到主婚方面来。

在门头村富有的人家也有在结婚当天就请"结婚酒"的,但是当天不请"结婚酒"是花蓝瑶普通的习俗。女家陪送给新娘的东西,普通也不在结婚那天送来的。他们的理由是说"没有生孩子的夫妇是靠不住的"。

花蓝瑶结婚仪式中并没有拜天地。新娘或新姑爷由媒人接来之后,客人们喝酒庆祝,到晚上夫妇就同床。结婚两天新娘或新姑爷要回娘家,但是并不和他们新结婚的丈夫或妻子一同回去,只送到半路就分手了。在自己家里住了两三天,再回新家。隔两三天新夫妇才一同归宁。从结婚到生孩子的一个时期中，夫妇的生活还是和订婚以后的生活差不多。新娘或新姑爷大部分的时间是住在自己家里的。但是他们在自己家里的地位却改变了。他们被视作客人了。吃东西也不能做主要东要西，只能跟着人家有什么吃什么。他们也不能向自己的父母要布做衣服，做衣服的布是由婆家或岳家供给。

依石牌规矩，已婚的男女不准和夫妇以外的人发生性关系，这种性关系称作"奸淫"。犯奸淫的要受石牌的责罚，给12元充公。但是要成立这种罪名，必须在男女幽会时当场捉住。若是逢着手脚伶俐的情敌，捉不到手，即使眼见他逃跑，亦奈何他不得，除了回头把自己的妻子或丈夫痛打一顿之外，别无办法。对方若是屈服低头求饶也就算了。

在公开的婚姻制度之外，花蓝瑶还有一种"半公开"的情人制度。所谓"半公开"是指大家不足为奇而又不愿为外人知道的意思。情人制度和婚姻制度在实际生活上有同样的重要，二者有时平行，有时交叉，构成花蓝瑶两性生活的特具形态。所以在此我们不能不插叙这情人制度。

花蓝瑶的男女，不论已否订婚，情窦一开，就可自由地去找他或她的情人，土语作 no，以过他们的爱情及两性生活。在他们的社会生活中男女接触的机会极多。同村的日常可以见面，"社交公开"，没有人把男女私事看成了不得的，父母也不干涉子女的自由行动。异村的每逢村中有事，好像度斋，庙会等，亦时常有交际的机会。在这种盛会中，男女盛装，在空场上列队对唱：先唱些客气的套语，男女相悦的就开始弄情。男的唱："我家有棵树太孤单了，我想和它配个对。你们家里有棵树真好，若是搬到我们这里来，不是天作的一对么？"女子接着就唱："你们的院子太好了，我们的树太不成，哪里配得上呢?"这样一唱一答,情歌不绝,情意绵绵,唱到深处,"两棵树"就交换饰品了:男的给女的多是手镯等一类东西,女的给男的多是头巾腰带等一类东西。这些东西他们时常预备在身上,遇见机会时,不愁无物交换。这时若双方依依不舍,情不自禁,就可以"偷偷地"离开众人,一同到山上去幽会了。

这一对情人若都没有订婚,就可以自订"白头之好",回家央求父母去请媒人来完成必需的手续。若是各人已各有未婚对象,也可以回家要求解约重订。甚至已经结婚的,也可以回来离婚再娶。但是事实上,情人要成眷属需要解约,离婚等手续时,未免太麻烦。瑶山荒僻,不乏幽会之所,虽非眷属同样的可以继续他们的感情及两性生活。而且爱情有时而止,意断人散,没有任何社会手续要履行,较之婚姻制度更容易适应各人流动的感情生活。我们知道一个男人,据他自述已有过十几个情人,若是每次感情的变迁都需要一番费钱的手续,他早已不能继续生活了。

在这里我们可以提到花蓝瑶的坳瑶的情人制度,因为在坳瑶中情人制度更是发达,而且,依我们的忆度,也许是代表着在花蓝瑶旧有的形态。

花蓝瑶的情人制度是半公开的,尤是婚后情人间的性生活,时常不能获得妻子或丈夫的谅解,而引起在幽会时兜捉的趣剧。在"石牌"上规定着罚款,所以可以说情人制是"不合法"的。

在坳瑶中情人制是比较公开了。他们可以在情人家里幽会、过夜,只要情人的丈夫或妻子不在家里。即使"撞见"了也不会引起严重事件的。事实上,"撞见"的事不很多,因为大家于人方便就是方便自己。我们在晚上要去找人时,常发生困难，因为他们不在自己家里的时候多。男女在家幽会时就把门关了，丈夫或妻子回来，见这暗号，就很聪明的去找他们自己可以去的地方了。情人若是白天来帮工，这天晚上，他就可以"有权"同宿，正式的夫妇照规矩须借故出让。

从他们的性生活来看，在花蓝瑶中，婚姻只是一种"合法"的结合，"法外"的关系是社会所默认的，只要不太公开，谁都不愿来管闲事。因之，他们"生物上的父亲"和"社会上的父亲"并不一定是相合的了。凡是自己妻子所生的儿子就算是自己的儿子。这并不是说花蓝瑶不明白性交和生育的生理关系。他们曾向我们说，"孩子不一定是丈夫自己的"。但是这"不一定是自己的"事实，并不足以卸弃他为这孩子的"社会上的父亲"的责任，甚至，依我们的观察，并不影响父子间感情的关系。

这种情人制度在花蓝瑶的生物基础上却有重要的意义。在情人制度下社会中"性选择"的作用比在婚姻制度下为大。无论何人都可以得到一个婚姻上的配偶，但是却不一定能得到一个情人。一个人在一夫一妻制度下只能在一时间得到一个婚姻配偶，但是却不一定只有一个情人。因之，凡是在他们眼光中视为优秀强壮的男子，所有传种的机会比较被视为愚劣的男子为多。更因为有人口限制，优秀强壮的男子的后裔生存的机会也更较多。

情人制度还有一个很重要的影响，就是使他们对于家庭的要求偏重于它的经济作用。在一个家庭须同时满足经济及感情双方要求的社会组织中，时常因感情生活的不能满足，而引起家庭的破裂，因而影响到夫妇间经济合作的不能维持。一个人感情生活比较上是容易变迁的，而经济的共同生活却需要比较固定的合作。尤其是像在花蓝瑶一般的社会中，每一个人都须劳动才能维持生活的情形下，家庭组织的不稳固对于各人的经济生活会发生严重的结果。这种使各个人能在家庭组织之外去满足他们感情生活的情人制度，在维持家庭组织的固定性上，确有相当的功效。

但是这并不是说花蓝瑶家庭是极为固定而没有破裂的现象了。家庭破裂的现象表现在婚姻的解散中。婚姻的解散有两种：一是离婚，一是死亡。现先述离婚。

离婚在花蓝瑶中最大的原因是在娶来的媳妇或上门的姑爷不能尽责劳动；次要的原因是在感情的不和，而有另婚的企图；不守贞操并不常成为离婚的原因。离婚的主动者多是一家的家长，家长负责监督一家中各分子经济的分工。如果有不尽责的，全家就都受到影响，自然不能不为全家的生存计，提出适当的处置。在家长提出要儿子和媳妇或女儿与姑爷离婚时，儿女是不能拒绝的，即使他们两人间感情很好。婚姻当事人若不堪虐待，或另有情人想成眷属时，亦可提出离婚。

在没有生孩子时，夫妇若要离异，只要履行和解约一般的手续，提出方面给对方12元赔偿金就完事。若是已生了孩子的，离婚时就比较困难。若是双方都同意离婚，则双方共同担负给石牌60元的罚款。若是一方不愿意的，提出方面须把这件事提给族长。族长认为理由充足时，就代表向对方交涉。对方一面表示不愿离婚，一面谈判如欲离婚必须得若干赔偿费。交涉的结果决定了赔偿金的数目，大概在100元以下。

赔偿金数目的大小，倚于发生离婚的"把柄"的性质。由于劳动不尽责，所谓"懒惰"的原因而引起的离婚，被离的一方并不能要求巨额赔偿金，除非有孩子要带回去。若是提出者因为要另婚而离异的，被离者就可乘此机会"敲一笔竹杠"了。我们知道一个实例。有一个男子，性喜喝酒，时常深更半夜才回家。若是他的妻子不等候他，他就乘着酒兴痛打一顿。他的妻子就和她的情人商量要提出离婚，结果一共出了80元的赔偿金给那个男子，才把婚离了。

花蓝瑶虽有离婚的办法，虽有离婚的事实，但是并不是普遍的事，而且大家觉得是不好的。有一个关于离婚的传说，表示不慎重的离婚会惊动天怒。以前有一对夫妇告到族长那里要求离婚，虽则他们所提出的理由是不能成立的，但是族长贪了他们的酬劳费，所以给他们离了。第二天族长屋前两棵树忽然好好的都枯死了。他明白这是因为误判了离婚才引起的，所以立刻把酬劳费退回，不许这对夫妇离婚。事后，那两棵树果然全都复活了。

在门头、古浦、六巷，三个村的交叉路口，现在还有一块石头，石头上打着11个斧印，据他们对我们说，以前有11个老人在这里会议，议定不准随意离婚，凡是要离婚的须罚和这块石头一样重的银子。这里可见一般人民对离婚的态度了。

离婚之后，男女都可以自由再娶再嫁。社会上对于离过婚的男女并不加以歧视。若是离婚的夫妇已生孩子的，只有一个则留在婚姻主动家，若有两个则夫妇各得其一。被离的一方带这孩子回家，交给自己的兄弟去领养，长大了，不论男女都嫁出去。再嫁的妇女或再上门的姑爷是不带小孩的。

婚姻亦可因夫妇中一造死亡而破裂。未死的一方可自由续弦或再嫁，一如初婚。在花蓝瑶中并没有守节的观念，在他们的家庭组织中，男女都有很重要的事务，所以在一家中不能维持长期的寡妇和鳏夫。我们知道一个例子，有一个男子离婚之后没有再娶，他就不能健全地维持他的家庭。他把田租给人家，自己成了花蓝瑶中的"怪物"。又有一个例子，是妻子死后已有两年没有再娶，虽则因为还有母亲在家可以代替一部分已死者的责任，但是影响于这家的工作已很显著，使他们不能不做再娶的预备了。

有孩子的寡妇或鳏夫再嫁或再上门时不能把孩子带走，所以财产亦不能带走。若是寡妇或鳏夫不愿离家，可以招一个姑爷或娶一个媳妇进来。这样一家中两代亲属可以完全没有血统关系了。

花蓝瑶的婚姻是严格的一夫一妻制。在任何情形之下，一个男子不能同时有两个妻子，一个女子亦不能同时有两个丈夫。

第二章

家庭（中）

结婚的过程在花蓝瑶男女的夫妇生活上并不引起重要的变化，结婚的仪式也是很简单的。严格地说来，他们夫妇生活正式的开始是在产生第一个孩子之后。在结婚到产生第一个孩子的这一个时期中，男女两造还是在"试婚"的状态之中。在这时期中若发生离婚的事，所需履行的手续，和解约相同，因为这时期中的夫妇关系和未婚夫妇的关系并没有重要的改变。如上章所述，婚姻主动方面在结婚当日并不请"结婚酒"，被动方面亦不在那天把陪嫁的妆奁送出。双方都要等夫妇关系确定之后才补行。产生第一个孩子是夫妇关系确定的表示，所以在第一个孩子满月那天才举行盛大的结婚宴，要到这时候婚姻的仪式才完成。

结婚之后娶来的媳妇或上门的姑爷大半时间是在自己家里过的，直到怀了孕将要生产的时候，做媳妇的就得回到男家预备分娩，因为小孩不能生在外家的。在分娩的时候，女子的母亲要来接生，她的婆婆或邻舍的妇人亦可代替接生。在怀孕期间，她们并没有特别的禁忌，但是为了健康的关系，她们可以免除一些吃重的劳动。分娩的时候，她的丈夫要在旁边照料一切，并且服侍她。她的公公没有特殊的任务，除了回避她。若是他平时和儿媳一个户里睡的，在这时候须搬出去，睡在别处。孩子落地之后,他们就在族中请一个道师来祭祖。到第三朝上,孩子的外舅和外祖才来探望,探望时还带着一只鸡。道师在那天要领着产妇,产妇背上小孩,在门外绕地走一圈,再作法替她赶鬼。

生了孩子之后,产妇在前半月中不准吃盐,下半月能吃盐了,但还不准吃其他的菜,只吃白粥。这一个月里,产妇是不做工的,由丈夫服侍她。满了月才恢复常态。

孩子满月那天非但产妇恢复了常态的生理,而且她和丈夫亦自此开始入于一种持久的共同生活。在没有产生第一个孩子时,我们已经说过,在他们心理上认为这一对夫妇的婚姻关系是不固定的,因之他们把庆祝结婚的筵席和陪嫁的妆奁都延迟下来。就是在夫妇的实际生活上,因为断续的同居,亦没有大变未婚时代的状态,所以我们在上文中称这时还是在"试婚"期中。到了第一个孩子满了月,夫妇才脱离"试婚"期而入于常态的夫妇关系。在花蓝瑶中孩子被视作夫妇关系的基础。在叙述离婚时,我们已提到孩子在夫妇关系中的重要性。此外,在孩子满月的那天,他们要把这"新人"介绍给社会。这一天,对于他们既有这许多意义,自然不能不有一种表示而举行一种社会仪式了。

满月那天所举行的仪式,可分为三部分:第一是给孩子提名;第二是补请结婚酒;第三是请满月酒。

在满月前一天晚上,他们就要请亲家的族人到自己家里来,当晚预备了酒肉,挤了一堂,喝完了酒大家也不回家;睡到半夜,听见第一次鸡啼的时候,男家族里的一个道师,当着亲家客人的面,为这孩子提名。孩子的舅父在旁,若是所拟的名字有和亲家族里的人相同的,他就提出异议,重改一个名。

到了朝上，他们就摆上席面，大大的请酒，名义是结婚酒，虽则离结婚已经快有一年，或者隔得更久的了。我们在上文里叙述过，在结婚那天，亲家是不到场的。两亲家的族人正式见面喝酒，这还算第一次。这一次场面铺张极大，普通人家都有七八十个客人。喝酒时结婚的当事人并不上桌，由本族的族人做主陪客。本族的男女分席而坐，客人则男女不分坐。本族的女人不能喝酒，女客则可以畅饮。

宴会快完时，客人们就起来说许多好话，祝福这一对"新婚"夫妇。瑶人都是很会说话的，说话时都引着许多历史事实。一个"明白人"在社会上有名望的都要能默记着种种历史事实。所以在演说时，开头就要说"盘古开天辟地，才有人类……"

最后来说话的是媒人。他也是从盘古开天辟地说起，接着提到一个关于花蓝瑶婚俗的重要传说："我们是在明朝的时候，搬到这个地方。那时候同姓同村的男女是不准结婚的。可是到别村去娶老婆，寻姑爷，路又远，种种不便，那时有18年没有结婚的事。这样子实在不好，所以有明白人出来破了这规矩，现在同村同姓可以配合了。虽则如此说，这实在出于我们的不得已呀。"

在喝酒的时候，媳妇（或上门的姑爷）的母亲把带来一包陪嫁的东西打开，一件一件的点给客人看，有衣服，被服，背孩子的带，银的手镯和项圈等等。

结婚酒散后，客人并不回家，到下午接着吃满月酒。满月酒和结婚酒的分别只是在说话时偏重在恭维孩子方面罢了。

孩子的舅父是主客，他要起来说话："今天你夫妇生这孩子，已经有30天30夜了。你们办酒办肉，摆满了桌，请我们外家来喝酒；又请道师给孩子安名。给他取个好名字，把恶除去。以后他上岭不跌，下水不滑。今天请我们来吃饱吃腻。我们没有什么可以报答你们，只能祝这孩子，他日长大了有钱有米，刀满柜，谷满仓，牛满栅，猪满巷，鸡满栏。他日这孩子大过人，富过人，做道师会过人，说道理明白过人……种种都比人强……"

舅父说完了，给姑爷4毫或6毫银子，再敬他一杯酒。另外还要给孩子2元或4元。这钱是由媳妇自己存着。孩子的祖父母也要给孩子的舅父3元谢仪，并且说："你们把女儿辛辛苦苦养大了，给我们做媳妇。感谢你们，现在她已替我们生了个孩子了。"

舅父之后，客人们接着起来说许多好话，祝福这孩子。客人们尽欢而散。散时，主人要给每家送一块猪肉。舅父所得的肉最多，有20多斤重。其余每家平均四五斤。

以上所述的是生第一个孩子满月时候的仪式，第二个孩子满月时，并没有盛大的宴会，只聚几个亲近的族人吃一顿小酒罢了。

花蓝瑶孩子的哺乳期很长，从三年起一直可以延长到七年。但是孩子稍稍长大后，乳汁不过是食料中的一部分。我们看见一个3岁的孩子一面跟着他母亲要乳，一面吃着大人们所吃的饭和菜。所以极长的哺乳期的意义并不在孩子方面，而是在大人方面想借以减少受孕的机会。他们对于生育的频繁，除了延长哺乳期之外，尚有直接的限制。依他们的风俗，在生孩子之后两年之内不准再生孩子。若是在这时期中受了孕，除了初生的孩子死了，一定要堕胎。他们说：孩子来得太密了，对于大人及小孩双方都没有益处。

孩子生活100天左右，他们要替孩子剪一次发，到半年的时候再剪一次。这两次之后，他们就永远不再剪发了。在15岁之前男的把头发挽成一个髻，比成人的髻要简单得多；女的梳两条辫，从头后交叉绕过额前，再在头后结住。

没有结婚的少男少女，在家庭中并不被视作正式的劳动分子。但是他们并不是闲着，他们跟着大人各处去劳动，就在这种不被视作正式劳动，"耍着玩"的过程，他们学习着谋生的技术。我们看见三四岁的孩子也会早晚拿了谷子去喂鸡，六七岁的女孩也会拿了针线学做活，绣着很可观的花边。再大一些男孩们，掮着枪出去打鸟，田忙时稍长的男女孩子都下田帮工，晚上挑了"禾把"跟着大人回家。

到15岁左右，不论男女都要受一个成人的典礼。这时候男女生理开始成熟，在劳动上他们已可以担负吃重的任务，而且更重要的，是因性机能的发育，使他们生活发生许多孩童时没有的新形态。这种种生理变化影响于个人的社会生活极大，所以在这时候，孩子的父母要为他们举行一个仪式，把一个成了人的儿女，介绍到社会上去，让他可以享受成人的权利。

女子的成人礼比较简单。父母替她挑一个好日子，请一个会梳头的老年妇女来替她改梳成人妇女的髻。成人妇女的髻是把头发用大量的猪油膏成一个"发罩"盖到眼前而梳成的。发罩上再戴上一个白布做成和医院中看护头上所戴的帽相似的罩。这盖刚把头顶上的小发髻盖住。远望时，她的头发好像一顶黑绒白心的帽子，从我们看来，确是很美观的，不过梳头费时极多，而且不易洗濯。第一次所梳的头，在她们看来是一生幸福的预兆。所以她们一定要请手艺最好的妇人来梳拢。她家里更要办一席酒请梳头的妇人和亲近的族人来喝。

若是女子在15岁前就结婚，结婚那天就改梳成人妇女的发型。

男子的成人礼在花蓝瑶中是一个极隆重的仪式，亦是一个男子一生中极严重的关口。这种仪式称作"度斋"docen，普通一个男子是在13岁到15岁之间举行度斋的。若是一个男孩要留在家里娶媳妇的，就在自己的父母家里举行；若是要上门做姑爷的，则到岳父母家里去举行。到岳父母家里去举行势必在结婚之后，所以年龄上比较大些。

田忙过后，约在11月或12月的时候，有要度斋的孩子的父母或岳父母选定了一个好日子为他们的儿子或姑爷举行这种仪式。他们预先在家里搭了一个两层高的床；下层放着鼓和剑，上层铺着新的被褥，留着给度斋的孩子睡。他们又为他做了新衣服。度斋开始时，这孩子睡在高床上，不吃荤，不吃酒，不吃油，只能吃白饭。这样要五天，每天请了已度过斋的人来教他跳舞和其他一切做道师应有的知识。这时他梳上成人的髻，形状有如田螺。他若是还没有满15岁的，仪式过后仍可以梳孩子的头。

第五天晚上，全村的男女和邻村的亲戚都到他家里来。他家里要杀猪备酒。这一次宴会总共需费五六百斤猪肉。度斋的孩子这晚上在客人的面前表演跳舞。跳舞是花蓝瑶社会生活中重要的节目，每一个作为社会上的正式分子的男子都须学会跳舞，他才能参加种种重要的集会。这孩子表演过了，便躺在高床上休息。男客就跟着跳起舞来。妇女是不跳舞的，参观时也不能进屋，只能在门外看，除了两个都生过两个男孩，而且都活着的妇人坐在屋里。

跳舞时不但在门内有热闹的集会，在门外也是热闹非凡。多情的男子乘着女客们在门外观舞，就跟她们说笑起来。于是他们唱起歌来了，男女分了宾主对唱。本村的男子作主人先唱："你们贵客到来，我们招待不周，地方不好。"别村的女客接着唱："你们地方好，风俗好，人更好。酒肉多，待人好，我们没有什么报答你们。"他们眉目传情地唱起恋歌来，接着就是换物幽会。度斋成了花蓝瑶男女恋爱的好机会。这种跳舞和唱歌要继续三个晚上。

度斋普通是五天，若是受度的孩子已过 15 岁，就要度七天。若是一个男子的妻子受了孕而他尚没有度斋，他就永远不准再度了。

度斋的意义据他们说是使这孩子能做"道师"。道师是一家的宗教领袖，他可以赶鬼，招神，和祖先往来。他可以参加及主待各种社会仪式。凡是没有度过斋的男子就丧失了这种种能力，同时就不能成为一个完全的社会分子。他不能参加集会，甚至不能和度过斋的人同桌吃饭。

女人不生育虽可以成为离婚的理由，但是并不一定要离婚，因为在花蓝瑶中除了生育之外尚有别的办法可以得到儿子。本来，我们上章已叙述过，他们对于血统是并不重视的，即使由妻子所生的"儿子"，亦不一定是丈夫自己的，而且依我们的观察，父子间的感情，并不因血统的不同而发生隔膜。

不生育的夫妇却不能不想法得到一个儿女。在他们的家庭组织中每代至多是一对夫妇，但至少亦需有一对夫妇，不然这家庭就入丁反常的状态而将归于消灭了。在这一种最小的经济单位中，若缺少了一个分子，好像我们上述夫妇中有死亡的情形，这单位就不能健全活动，何况缺少一代呢？所以凡是结婚之后有几年不见生育的时候，他们不是提出离婚，也得去领一个养子了。

养子是向人家多余的孩子中讨一个来作为自己的孩子。养子的选择并没有一定的规律，普通总是在自己族里选择，但是在族外选择亦无不可。养子在家庭中的地位和亲子并无分别。

家庭分子组合的过程是结婚，生育和养子，家庭分子的解散是离婚和死亡。死亡不但是个人生命中的一件大事，亦是社会上的一件大事。人死了，死者在社会组织中的功能消灭了，于是社会需要一种善后的办法。在这一个关口上，我们又可以见到一套社会仪式了。

在花蓝瑶人的眼中，"生孩子"是一种重要的身份。这身份影响到丧礼中，使有孩子的人和没有孩子的人有了重大区别。没有孩子的人死了算作"短命人"，一死就要转生；有孩子的才算"长命人"，死了不是转生而是成仙的。

短命人死后没有什么隆重的仪式，把尸首装在棺材里，抬出去就埋在地里。这一类人最多是婴孩。婴孩死亡率据他们自认是很高的，但是我们没有统计来确定高到什么程度。若是杀婴及堕胎的数目加入由疾病及其他自然原因而死的婴孩数目中，则他们的婴孩死亡率一定极高的了。

长命人死时，仪式就隆重了。

若是死者是由婚姻关系而加入这家庭的分子，媳妇或姑爷，临死时一定要有自己家里的人在场，不然亲家可以来捣乱。在这里可以看见由婚姻关系而加入家庭的，仍带着是"外客"的性质，家庭分子的正宗是由生育或收养而加入的。在人将死的时候，他们就去通知亲家，虽则深更半夜，也不能耽搁。

人断了气，他们在地上铺一条席子，把死尸放在席子上。

若是人在晚上死的,则要等到次日朝上鸡啼时才放到席子上去。死者若是由婚姻关系而加入这家庭的,媳妇或姑爷,自己家里要送400斤酒,200斤猪肉,两只鸡和一块黑布。本族的人和亲戚,每家都要送一块白布,长度和人体相若。白布和黑布都裹在死人的身上。亲戚朋友都来吊孝哀哭。主人要替死者的小辈或同辈中年龄较死者为幼的男女,每人做一件白布的丧服,丧服是没有袖子的。男的头上来一块白布;女的把头发披下来,用白纸围着,耳环上也挂着白纸。长辈或同辈中较死者年龄为长者都不穿孝。

死者的家里杀鸡,杀猪;把猪头、鸡、酒等放在一个圆形的筐里,安在死人的头旁,亲戚及小辈都围在两旁哭。一边哭,一边唱着:"你死了,我们没有法子过了,没有人管我们了,我们得自己管自己了。"

次日下午,他们便把死尸装在棺材里去了。棺材是用6块板做成的一个长方形匣子。他们并不考究棺材的木料,虽则上等的木料是现存的。棺材放在门外,有一块白布从死人的床一直连到棺材里。棺材里有一个坛,米从白布上滚到这坛里去。这米是给死人"吃"的。一切都预备妥当后,死尸由他的儿子、媳妇或女儿、姑爷连席抬到棺材里。撤去白布,把棺材盖闭上。他们请了几个人把棺材抬到附近的山里去。家人和客人都跟着到山里。有名望的人若死了,送殡的人多至二三百人。他们带了刀、帽、伞等日用品放在棺材盖上,给死人"用"。靠着棺材搭一个棚,防风吹雨打。棺材时常就放在靠路的山坡上,所以过路的人都能看见,而且因为棺材的木料简陋,所以尸体腐烂时,沿路都能闻到。

从山里回来,主人要预备酒肉请客。抬棺材的人每人要给一斤猪肉。但是，凡是戴孝的都不能吃酒和肉。到第九天才由道师替他们开斋。开斋的方法是由道师拿一碗酒，一块肉，由长至幼给他们每人喝一口酒，吃一口肉。开了斋他们可以随意吃东西了。

第三天鸡叫的时候，约在半夜12点钟，道师要为死者上祭。道师常由族长担任。亲戚邻舍都在前一天晚上把祭物送来，有猪肉，鸡，酒，香，纸钱，芭蕉包等等。自己家里也预备了鸡和酒。上祭的地方就在死者睡的床上。在床上再搭高一层，中间靠壁处，放一树枝，枝上挂着白衣白纸。树枝的两旁边点着蜡烛，枝前摆着祭品。道师上祭时向死者说："你是那一天死的，我们多少人送你上山，你来吃这些东西罢。"这样祭了两个钟点才完。祭品用盐保存着等开斋之后吃。朝上七八点钟时，客人都来吃酒。客散时主人要送他们长方形的芭蕉包，每家10个。吃酒时主人不陪客，由族长代表招待。妇女们过了这一次上祭，披下的头发可以梳拢了。

第五天，第九天，第十三天，和第三天一般上祭，所以他们一共要上祭四次。13天之后，丧事才结束，戴孝的可以把白衣脱去，但是仍不能穿绣红花的衣服。

棺材在山上搁了三年，家人来举火烧尸。这一天又要办酒请客，这次规模比丧事时更大，一共总要四五百斤猪肉。客人们都送香烛和鸡来上祭。女婿去祭岳父时要用10多斤重的一只小猪。

若是富有的人家，不必等猪长大就能请客，火葬也可以提前举行。这种提前火葬的风俗也许是受邻族坳瑶的影响。

棺材烧了，烧剩的骨头捡出来，装在坛里，葬到山洞里去。坟是靠山，挖一个洞，坛子放入洞中，洞口用一块石板挡着，留出一些缝，所以在缝里时常可以看到这坛。穴上用泥堆成一个馒头形的顶，年久了泥就松下来，在他们是认为好兆。穴前辟一方空地，用石块排成一个桌子，和几个可坐的凳子，这是预备上祭用的。一家人不一定葬在一个地方。除了我们所见乡长的家墓在一起有七八个外，其余都是一个或两个零星地分葬在各处。

坟地的选择注重风水，这也许是受了汉人的影响，因为他们时常要请教汉人替他们看风水。看定了一块地方，不管是属于谁家的，都可以安葬。他们说因为要尊重老人家，所以不能干涉他的坟地的；但是有一个条件，就是不能离别家的坟太近，亦不能葬在人家的坟的上峰，因为这样会引起死人间的不和。

火葬之后，穿孝的人可以把素服脱去重穿绣着红花的衣服了。

每家到清明时节要上坟祭扫。一家人分开了去祭各地的坟。祭完了在坟上插一根树枝，树枝上挂着白纸。

有后嗣的人死了是成仙的，成了仙的祖先保护着自己的后嗣。每家成年的男子度过斋之后，都能和祖先相通。每次吃饭，有好菜时，譬如有客人来杀了只鸡，他就要呼祖先的名字，洒一点酒在台上，意思是请祖先来先享。逢着大雾侵屋，祖先就被惊动，家人要不安，于是他们要用三牲祭祖。

在每家对着正门正中的壁上有一个橱，或有一块板，上边供着三支香烛。这地方是祖神所在之处。他们并不设神位，也没有什么字迹。

每逢节期就要祭祖，花蓝瑶的节期是按汉历，正月初一，二月初七，三月清明，六月初六，七月十四，十二月三十。除清明之外都在家祭祖。

成了仙的祖先是由甘王雷王等所管辖。他们是正神,是人民的保护者。除了对于他们不敬,他们不常闹事的。所谓闹事就是家中发生疾病及其他不幸的事情。

正神之外有邪鬼,邪鬼常常和人民作乱。邪鬼中最凶的是山鬼。山鬼的来源不一,但是我们知道一个例子。在民国十三年大藤瑶山曾被汉人的土匪盘踞过,后来瑶人会合了军队,把这股土匪平了。在山里有很多被杀的土匪。他们就成了山鬼。若是有人撞见了就会生病,而且有一定的病状,就是呕吐。

花蓝瑶人生了病,有两种办法:一种是吃药,一种是问卦。但是这两种方法都不是花蓝瑶的特长,虽则每一个道师,其实就是家长,都知道这些技术来对付一家有不幸的事情发生。但是逢着有重要的事,他们要去请板瑶了,板瑶才是熟习巫术和医药的人。

问卦的方法是用两片竹板,称作 gu;和一把剑,约有20公分长,铁制的,柄上有五个铁圈,称作 silεη。竹板有阴阳两面,摔出去有三种配合。在这三种配合中瑶人就知道是哪种鬼在作祟,和怎样对付了。问卦时要点香,供米,烧纸。若是应验了,要杀鸡谢神。

第三章

家庭（下）

在以上两章中，我们已屡次指出花蓝瑶家庭组织最基本的功能是在它能形成一个经济活动的单位。本章将详述这种经济活动的情形。

花蓝瑶是以农业为他们经济的基础。他们居住的地域是象县的瑶山，山的高度在200公尺到2000公尺之间。气候和温带相当，但近热带，雨量较多。从气候上论这地域是极适宜于稻作物，但是山冈起伏，土层极薄，灌溉不易，所以大部分面积，并不能种稻。

可以种稻的区域只限于沿河的两岸。河是从东南向西北流。花蓝瑶的五个村就排列在河的西北岸。西北岸的山岭较高，所受雨水亦较多，山水由高处下流，汇合在山脚的河道里。花蓝瑶利用这山水用竹管引到田里。这种可以受山水灌溉的田，他们称作"田"，瑶语作 liŋ。田里可以种水稻。没有山水灌溉的山坡，已除去林木，可以种植的地方，他们称作"地"，瑶语作 la。在地里只能种旱稻，和其他玉米、粟子等旱作物。

水田的构造比较复杂。山坡斜度极大，要储水给养，必须依势筑成一层层的坝。田呈梯形。每层的面积宽度依山势而定，普通都很狭，平均宽度不过3公尺。每级的高度在70公分左右。在这种梯形的田层中，他们从水源用竹管及水沟导水入内，储水量可自由伸缩。这种田不但限制于水源可及的地方，而且需要很重大的筑坝工程。他们的命运靠人比靠天为多。雨量虽足，若是坝堤失修，水积不住，几天之内，可以使稻完全枯死。

花蓝瑶专种水稻，所有的旱地都"批"给板瑶、山子或汉人，所以我们对于旱地的耕种在此可以从略。

在这种生产的状态之下，显然不能以个人为独立的单位了。我们不是说家庭组织是出于这种工作上的需要而形成的，只是在这种不是个人可以独立谋生的经济状态下，家庭组织满足了多人合作的需要，而成了他们经济活动的单位。

一家耕种工作的开始是在每年4月（公历）的时候。他们第一步把田里的积水放了，用耙翻土。耙是一个1公尺见方的木框，下面有刺约20公分，刺插入土中，用牛拖着，土便跟着翻起来。没有牛的人家，就由人力拉耙。每一块田，要翻两次土。平时他们收集牛粪，把牛粪和了草烧成灰。土翻遍了，把这灰下在田里，作为肥料。然后他们修好了坝，把水放入。5月里，他们按照汉历播谷在秧田里。在秧田里谷发成苗，约需一个月才能分秧。分秧是女人的工作，他们说女人分秧，稻才茂盛。女人把秧在秧田里拔出土，递给男人分插在稻田里。每五六棵插在一起，每隔20公分左右一丛。

稻种在田里之后，第二步工作就是清除杂草。大概离插秧后20余天才开始。方法是用脚把杂草踏入土中。每块田要耘两次，这时已在七八月的时候了。九十月的时候主要的工作是在修坝。他们背上一个袋，袋里装着土，在各处坝旁巡视，发现缺漏的地方，立刻用土塞上。坝上有杂草也要用刀割去，因为草长大了，田鼠可以藏在里面吃稻。他们更要随时视察水道，有损坏的地方，须加修理。这些都是他们的命脉。11月时，稻熟了，他们就开始剪禾。他们的田是一层层地，而且很狭，所以不能像平地上的田一般，把稻割下来堆在田里，打了谷子运回仓库。他们用一种小刀把稻穗割下来，扎成了"禾把"。每把湿时有十几斤，干时重8斤。每天把剪下来的禾，挑回家中或堆在田里。陆续运回。每天每人可以剪100斤禾，小孩也可以剪30斤。若是田离家很远，他们就在田旁搭一间小屋，或造一仓库，夜里不用回家，剪完了禾，把禾堆在晒台上之后才回来。每家都有晒台和仓库。晒台多用竹竿编成，禾把收回，便放在晒台上。等禾把晒干了才收进仓库。仓库有的就造在住宅旁边，也有造在离住宅较远的地方。每个仓库可以藏1万斤禾把，仓内分了许多层，每层可以放100个禾把。禾把收藏之后，农事可说是结束了，为时在11月底或12月初。

每年每家可以收1000斤到6000斤的禾把。禾把上的谷子除了每天做粮食，做酒，喂猪和鸡之外，还要用以交换其他用具及人工，所以这是他们经济的基础。据他们说，他们靠田里的收获，可以自足了。以六巷为例，37家中有16家，自己家里出产的谷子不够用，而实际上，每年全村缺谷的总数不过四五千斤。100斤禾把可以有70斤左右的谷了，所以一村只缺两家的粮食。

田忙的时候，全家除了老人和小孩之外都出门去劳动。一早，天刚发白的时候，女的就起身舂米，预备早饭和晚饭的粮食。他们仓库里收藏着的是禾把，所以每天要临时舂米煮饭。隔夜从仓库里把下一天所需的禾把取出来，放在烤火处所悬的竹筐里。禾把经一夜的熏烤都很干了。明朝起来先用木槌把谷子从稻穗上打下来,然后舂。在正屋的角里,每家都有杵臼的设备。他们利用杠杆作用,靠地安一根横木,中间有一支点,脚踏上一头,那一头的槌就上下舂米。石臼是装在地里。臼边和地面相平。谷子要舂三遍,每遍用筛把糠秕筛去。新近也有人家从汉人处传入了磨和风车,所以舂一遍已够。舂米是女人的工作。若是家里只有一个女人,工作不开时,男人也帮助她舂。

每天早上,他们要煮一锅粥和一锅饭。出发劳动之前,大家吃一顿粥。饭是用芭蕉叶包了带到田里去吃。夫妇的饭装在一处,由妻子背在袋里,劳毕归来后,再煮一锅粥当晚饭。煮饭亦是女人的工作。

花蓝瑶的食料并不限于饭和粥,所以他们还要经营别的工作来获取其他食料。荤食方面的食料来源有家畜和渔猎。他们的家畜有三种,猪、鸡和牛。畜牛的目的并不在食料而是在耕地。但是若是所畜的牛有了病不能耕地,或竟死了,也宰了当食料的。富家有牛十几头,穷家甚至一头牛也没有。鸡有雌雄之别,雄鸡是养着报时的,所以普通不杀成年的雄鸡,雌鸡则以充食料为主。每家平均总有七八只大鸡。因为数目有限,所以不能随意杀鸡。杀鸡的时节是敬客和敬鬼。有时他们亦养鸭,但是因为在山上没有水流,鸭是不很普遍的。猪是花蓝瑶重要的家畜。每家总养着一两头猪,每个猪都有几百斤重。一家在短时期中决消费不了一头猪,所以一定要有请客的机会才杀猪,他们曾同我们说:"猪是养着娶媳妇的。"一家有杀猪的机会而所养的猪不够用时,可以向邻家借用。所以猪实际上是由各家养的,由全村共同消费的。

家畜之外的荤食是得自打猎和捕鱼。打猎和捕鱼普通都是男子的事,虽则据说女子也有出去打猎的,但是我们没有见过。瑶山里的动物有虎,山羊,野猫和鸟类。兽类比较少,最多的是鸟类,鸟类中最多的是一种候鸟,名叫雪雀。雪雀在秋末到瑶山,冬季才离山。10月11月是雪雀最多的时候。

打猎分设陷阱和枪打两种方法。普通都是用枪打的。每个男子都有一枝鸟枪,平时除了在田里工作,他们总是带着枪,系着火药和子弹。他们不肯放过一个可以获得食料的机会。

鸟枪是花蓝瑶自己匠人打的,但也有向板瑶买的。鸟枪平均有两公尺长,一根细长的铁管装在木的托柄上,后面有一个开关机。要用时,先把火药从枪口装入铁管,用一铁钉打结,然后从枪口放入散子和火药,再打一遍。铁管的后端有一小洞凸出。开枪时,在凸口上安一个小的铅皮帽,开关机弹簧一松,正打在铅皮帽上,相击发热,传入火药,把散子迫出枪口。他们射击的技术颇精,10月11月正值田忙的时候,但是每人每年可以打二三百只雪雀。有时,男子远出打猎,整夜不归。若打得野兽,肉可以作食料,皮可以出卖。鸟则都作食料,羽毛则烧去。

捕鱼的方法有钩钓和张网两种,但是瑶山多山地树林,溪流极浅,所以捕鱼没有打猎的普遍。鸟和鱼捉回来之后,多由妇女整理,洗干净后,和了米粉和盐,腌在坛里封紧,过两个月之后,便可以吃了。他们并不保存得很久。鸟也有洗净了就烤来吃的。

蔬菜中自己家里种的有青菜、青辣、白薯和倭瓜。青菜除了生煮外,尚有酸了然后吃的。酸的方法是把青菜加了米汤,封在坛里,过几天就取出来吃了。野生的蔬菜有竹笋,香菌,木耳等。这些蔬菜不单供养自己家里吃,也收集了卖给汉人。

在食品中花蓝瑶仰给于汉人的,主要是盐和油。他们常自夸:"即使和汉人断绝了,不过没有盐吃罢了。"但是现在事实上,自从汉商在瑶山中做买卖之后,单是食品也不只是盐一项从山外贩来的了。黄豆,腐竹一类东西,也成了瑶人日常的食品。

水的供给在山地居民是一个极重要的问题。他们有一种极简便而实用的"自来水"的设备。他们利用水的下流性,从水源一直用竹管引到家里,和灌溉水田的方法相同。家里的用水,有时和邻家合用一道竹管,亦有自用一道。

普通的食料之外,花蓝瑶的男人还有很大的消费,就是烟和酒。他们都有很大的酒量,而且一有机会就痛饮。每家自己酿酒。酿酒的方法是用米粉和了酵母制成酒饼。发酵之后用水泡了,加热,蒸漏得酒。普通人家每月酿30斤谷子的酒。每逢有客,每人一次饮两三斤不足为奇。烟叶本山亦有出产。他们把烟叶烤干了,卷了放在烟筒里抽。但自从丝烟输入后,他们都吸外来的烟了。

茶是花蓝瑶普通的饮料。本山亦有出产。

在用品方面,花蓝瑶已没有像在食品方面那样自足了。他们在用品方面最重要的火,已完全依赖于外来的火柴。我们没有见过其他取火的方法。他们每个人身上都带着铁制的火柴匣,保护着他们的火源。火在他们的重要是很切实的。尤其是在冬天,他们的衣服不足御寒,非有火不能取暖。他们所用的燃料是树木和竹竿。树木和竹竿是本山的产物。每家都有自己的山地长着树木和竹林。但是树木和竹竿要成为燃料，一定要经过相当时间的晒干才能用，一捆捆地运回家中。晚上用的光亦是由燃松木得来。

花蓝瑶在制作的技术上并不发达，除了制造鸟枪及刀的铁匠之外，没有其他专门的匠人。他们自己所能制造的只限于简单的竹器和木器。竹器多削青竹的外层编成，好像篮、筐之类。木器限于粗糙的储水器，用整块的木料挖成。比较复杂的用具，好像桶、柜子等，都请汉人来做。铁锅等须到附近的市集上去购买。

纺织在花蓝瑶中是妇女的工作。本山出产棉花。织成了布之后，用本山所出产的蓝靛染色，所以花蓝瑶所穿的衣服，只有白的和蓝的两种。一家所织的布，据他们说是够一家所需的衣料。若有丧事，他们就不能自给，须向山外去买了。妇女的衣服两袖和下沿绣着各式的花样。绣花用的丝线是向汉人买的。每个女人每年平均要 2 元 4 毫的丝线，一共 3 两重。

缝纫的方法：凡是两块布接缝的地方，他们都用布边。他们的布匹的阔度很小，约 20 公分。上衣不开领圈，穿上时，前后都呈尖形。靠头因容易损坏加一层托肩。衣服不用扣，也没有纽，对襟重叠，有带拦腰结住。上衣长度下端齐膝。男女衣服制法相同，只是男衣不绣花。下衣制法同汉人。头上，女的戴一白布罩称 gijo；男的用一块头巾围在额上，拖到后颈结住称 pomen，头巾两端都绣着蓝色的花边。他们脚上，普通都不穿鞋袜的。天冷时用一块布裹脚，穿一双草鞋。他们不知如何结鞋，所以都向汉人买的。晚上洗过脚后，女的时常穿一双木屐，和日本人穿的相同。

从他们的经济生活上看，花蓝瑶的家庭虽则在大体上说是可以自足的，但是仰给于山外汉人的地方还是很多。于是他们不能不有一种交换这些输入品的东西。输出的主要商品是木材。花蓝瑶经营这些实业有两种方法：一是把林木包给汉人。由汉人到山里去采伐，运到河边，编成木排，顺水运出瑶山。每株给树主1毫2分的代价。一种是由瑶人自己伐木编运，每个木排约有25根，运出后可以卖7元左右，事实上，包给汉人的方法较为普遍，因为瑶人不善于伐木。除了木材之外，尚有小宗的输出品，好像兽皮、香菌等等。

花蓝瑶每家自成一户，住一所房屋。一所房屋普通是包括一间正屋，一间贮水的小屋，一两间安杂用品或兼充卧室的厢房，一个晒台，一个仓库，一两间牛栏和猪圈。

正屋有10公尺至20公尺宽，五六公尺高，6至10公尺深。每间正屋可分为左右中三部分。每部分的功用不同，中间部分是扇门，正中靠壁有一个大木橱，或有一块板横在墙上，这是供祖先的地方。上层供着三个香炉，下层靠壁或靠橱贴着名片日历等纸张。橱里放着各种杂物。橱下或横木下有一张方桌，是吃饭的地方。

右边部分是厨房。靠里面的墙有两个灶，没有烟囱。靠右边的墙是舂米的地方，有杵臼的设备。由右边一个小门出去是贮水的小屋，水是从墙外由竹管接入。

左边部分是卧室。床离地有十几公分高，床上有席和被。普通一家有两三张床，沿着墙排列。近门的角里是烤火的地方。地上挖一凹，木材搁在上边烧。火的上边搭一层板，搁杂物，更挂着一个铁丝篮，作烤禾之用。

这是正屋的大概情形。也有各种变异的式样。卧室的一部分有用板壁分作一间小房，与外隔开。厨房一部分也有把贮水的小房扩大，把灶移出正屋。

晒台和厢房的位置变化很大，有一种是衔着正屋，屋檐相接，另起一座两层楼的房屋，但是两层的总高度和正屋相同，所以每层的高度不过正屋的一半。下层是牛栏和猪圈，上层是放杂物的厢房，正中向外是晒台。有一种形式是把厢房移在正屋的左边，有小门和正屋相通。晒台移在仓库前，便于晒谷。

仓库有和正屋连着的，也有和正屋距离很远，甚至在田边或村外的。牛栏有时也在正屋附近的家园外另造小屋。每家都有一些空地种蔬菜等东西。在六巷每家都用竹篱围着。在门头空地较少，竹篱也不多见。

花蓝瑶普通是一家人都睡在一间屋里的。夫妇同床。有孩子的女人领着孩子另睡。孩子到了两三岁，有的跟祖母睡的。若是正屋里有另外小房的，父母和儿媳就分开两房睡。有

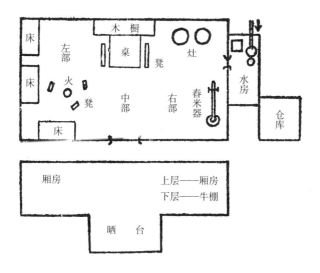

客人来时，临时搭床同在屋里睡。若是媳妇或女儿生孩子时，公公或父亲就要搬出正屋，在厢房里过夜。

家庭是花蓝瑶经济的分工和合作的单位。一家所收入的，属于这单位的全体，所以家庭中大部分的东西是全家人所公有的。但是家中各分子并不是没有属于个人的东西；例如，任何个人去人家帮工时所得到的报酬，他可以自由使用。媳妇或女婿由娘家得来的东西亦可任意支配。公有的财产由家中负责当家的人管理，普通是由家长当家，男女均可，但年纪太老了不管家务。

一家财产的继承亦以家庭为范围。我们可以说他们财产大多属于"抽象的家庭"，并不属于家庭中实际的各分子。任何分子脱离这"家庭"时，不论是死亡或婚嫁，他就要丧失支配及使用这一家的财产。陪嫁的东西和礼物的意义是相同的。任何一分子加入这家庭就享有这家的财产权。家庭中各分子是暂时的，可以在各种方式之下加入或离出，但是抽象的家庭是比较永久的，财产就跟着得到永久的附着体。田地是生活的重要资源，所以他们在可能范围中，要防止田地权的离出这家庭。田地是不准买卖的，至多把它押出去，暂时把田地权转移给家庭之外的人。花蓝瑶有人口限制的习俗，所以财产不会因人口增加而分散。

若是一家的人都死了，这家即归于灭亡。但是花蓝瑶还是要设法来持续这家庭的寿命，方法是由族长出来指定一个同族的孩子做承继人。若是只有一个女儿而招来的女婿又是他自己家里的承继人，这两家的财产便暂时合并，到第二或第三代重新分开。但是，事实上家庭的灭亡并不是没有的，因为从他们记忆中，自从他们定居于现在的地域以来，户数已大有减少。他们又说以前各家的田地常不足自给。因之，我们可以推想，在一家灭亡之后，若是所有的财产并不能维持这家庭的持续，这财产就并入近族，不另立嗣了。同样的，若是由婚姻而两家合并后，财产减少不足再维持两个独立的家庭时，他们也不再把后嗣分成两家了。我们在六巷就知道有一家，现在已汇集了三家的财产，将来是否要分为三家，犹未可知。

第四章

亲　属

花蓝瑶的人口限制的习俗起源并不很古,我们在上章已经说过,他们现在还记得一家有几个兄弟的时代。这些同出于一祖的后裔,至今仍团结成一较家庭为大的血缘组织。他们称这种组织作 zoŋ,我们可称作宗族。这种宗族组织现有的性质和普通所谓氏族或 clan 不同。普通的氏族是一种外婚的单位,而花蓝瑶的宗族只是外婚单位的一部分。他们不相通婚的范围除同宗之外尚包括四代之内的姻亲。这种外婚单位可称作亲属。

花蓝瑶中,同宗的亲属都属同姓,但是同姓的不一定同宗。姓和宗族及外婚单位都不相印合的。这也许是后起的现象。依他们的传说,在明朝初入大藤瑶山时,他们曾有同姓不婚的习俗,如我们在上章所说,在结婚酒席上媒人还要解释破坏这种习俗的不得已的苦衷。最初移居时,也许是以"同姓的宗族"为单位,所以至今同村的都属同姓。在大藤瑶山中,各村的距离很远,婚姻不便,所以据他们的传说曾有一时在18年之内没有婚嫁的事,后来才规定以亲属为外婚单位。依我们的臆度,就在这时期,姓,宗族,及外婚单位开始分离而成不同的实体了。姓的实体的变迁我们在下章还要讲到。宗族组织虽然现在还保存,但是一方有亲属组织,一方有村落组织,从它的功能上论,已入于衰微的过程中。

亲属包括宗亲和姻亲。宗亲是由生育及收养而产生，姻亲是由婚姻而产生。花蓝瑶的婚姻并不单是男女个人的结合，而亦是男女两家的结合。婚姻对方四代之内的亲属都包括在不能通婚的外婚单位之中。但是甲家的姻亲，并非同宗乙家的姻亲。乙家的分子可以自由和同宗甲家的姻亲通姻。于是花蓝瑶的外婚单位并不是固定的某某几家所形成的，而是以一家及一代为主体而计算的。

宗族是亲属中的固定部分，姻亲是亲属中的流动部分。这一种有流动性的外婚单位解决了花蓝瑶的通婚问题。

在亲属中各人的关系不同，相互的责任和义务有亲疏之别。这种亲疏的关系表现于他们所用的亲属称谓制度中，所以我们必须先述他们的亲属称谓制度。称谓有两种：一种是直接称谓，一种是间接称谓。直接称谓是亲属见面时所用的称谓；间接称谓是向第三者说及时所用的称谓。我们所要叙述的是直接称谓，间接称谓用括弧附在旁边。

I 生于本宗族者

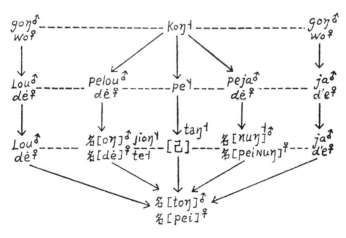

花蓝瑶的称谓制度中,并不因称呼者的性别而分别的。在下列表中"己"是不分性别的。凡在称呼者"己"的左面的系较称呼者年龄长大的亲属;右面的系较幼的。箭号表示生育或收养的关系。×号表示结婚的关系。♂号表示男性。♀号表示女性。……号表示同辈。

我们虽不知道称谓制度的历史,但是从现有的称谓制度中看去,家庭和宗族已很明显有了分别,这是反映着现有的社

Ⅱ 嫁于本宗族之男子(上门的姑爷)

goŋ------goŋ------goŋ

Lou------pe------ja

Lou------[己]------ja

n'oŋ

Ⅲ 嫁于本宗族之女子(媳妇)

wo------wo------we

ʒo------ne------dɛ
↓
ʒo------[己]------dɛ

ni

Ⅳ 属于母亲的宗族者

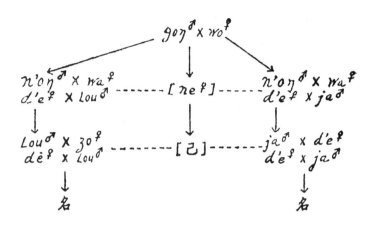

Ⅴ 属于本人之配偶的家者

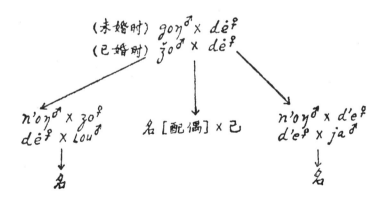

Ⅵ 娶本宗族之女子为媳者同 2
Ⅶ 娶本宗族之男子为姑爷者同 3

会组织中家庭里最基本亦最亲密的团体。父亲的嫡亲兄弟，在结婚前是属于同一家庭组织的，不用 lou 或 jo 而加一 pe 在这些称谓的前面。但是在女性方面却没有这种区别，在他们社会组织中，妇女的地位并没有男子的显著。

在本宗族的亲属中，还有一点值得注意的就是在比己长一辈的及和己同辈在称谓上没有辈分的差别，而只有长幼行序的区分。在丧服中我们曾见到穿孝的包括同辈行序较幼及小辈的亲属，因之我们疑心现有的称谓制度之前曾有一种长幼两分法的制度。长幼两分法是把所有亲属分作两类，一类包括长辈及同辈行序较长者，一类包括小辈及同辈行序较少者。用 ja 和 d'e 来称同族的弟妹，我们疑心是借用女儿所用的称谓，是一种后起的变化。

姻亲亲属和宗族亲属的称谓已表现着混合的趋势。在姻亲中特有的称谓只有 z'o 和 n'oŋ 两个。这混合的趋势也许是反映着现有社会组织中姻亲和宗亲合成外婚单位的现象。

花蓝瑶的宗族组织，因人口限制，已没有扩大的可能，但是却有缩小的机会。若是一家没有后代，田地又不多，同族的人又受经济的压迫，就不领养子来承继，把他们的田地并入他家，于是这一宗族就减少了一家。现在在六巷村上一共有六宗，都姓蓝，最大的有八家，最小只有三家。同宗的人都住在一村。一宗族有一族长。族长是以才能为标准，由同宗所拥戴的，并不选举，并非世袭，亦不一定是年纪最老的。凡是见识明白，能为族中断事，肯负责任的，在族中有事时，大家就找他办事，他就自然地成为一族的代表人了。

族长的职务，我们在叙述家庭时已经附带的说过。同宗的各家如有纠纷，好像离婚等事，族长是第一个受理解决的人。他可以不准同族的人离婚，他又可以做要求离婚者的代表去向对方交涉。族里有丧事时，族长要主持排场，招待客人。他亦是一族中最有能力的道师，在生孩子，满月等仪式中，他是重要的角色。若族中有孤儿寡妇，他要负责供养和代办婚嫁等事，还要代他们管理财产，收领养子。

族长要管理一族的公地。花蓝瑶每族都有公地，但是没有水田，水田都属私田。公地上的树木，同族人都能去砍，成材的出卖后，所得的钱分给各家。也有把公地租给汉人，板瑶或山子去造屋或耕种，每年请全族人吃几次酒，或每杀一只猪给多少肉。

每家虽有私田和地，可以自由管理，但是每逢有抵押的必要时，同宗的人有优先权，他不愿意田地流出宗族之外。抵押的规矩是抵押者须在三年之后，才能用钱赎回，并不取利。

姻亲关系在花蓝瑶是很密切的。他们父系和母系并行，所以亲家的关系更近。依他们的风俗，出嫁的女儿或上门儿子婚后到生第一个孩子时，住在自己家里的时候极多。就是生了孩子，也是常常回家。同村的，回家的时候更多。孩子的舅父母也常到外甥家来。岳父家有事时女婿便去帮忙。孩子取名字时，要得到舅父的同意，而且还要送舅父 3 块钱的重礼，第三天他要来探望孩子，参加道师祭神。离了婚的妇女，若有孩子带回家，便由舅父教养，因为妇女再嫁时不能带孩子去的。在离婚中所得到的赔偿亦归舅父支配。

亲属虽实际上是有规律的团体，但是因为它的流动性，我们不易发现它组织的外形。它的功能并不限于规律婚姻，亲属的团结力极强，逢着发生社会纠纷时，亲属是一个争斗团体，最显著的是在发生械斗的时候。我们在下章还要详述。

第五章

村　落

村落是一群家庭同住在一地方而产生的社会组织。但是在花蓝瑶中，村落组织也有相当的血缘基础。同村的人都属同姓。姓若是血缘关系的符号，他们同村的人民，可说是出于同一祖先的了。事实上却并不是这样简单。我们在上章已经说过，当花蓝瑶定居在现在的地域时，他们也许是以同姓的宗族为移民的单位，后来，因为新的处境和旧有同姓不婚的习俗不能调适，所以他们外婚的范围由姓而变成亲属。这样变更之后，姓就失去了它规律婚姻的作用。但是在同村同姓的事实上它却获得新的意义，姓和有地域性的村落组织发生了关系。依我们的分析，甚至凡是由别处搬入的别姓到了一个村落中居住，常在各种方式之下，改姓所住村落人民的姓。在六巷附近从前有一姓相的小村，在几十年前并入了六巷，但是现在六巷已没有姓相的了。

花蓝瑶一共有三个姓：胡、相、蓝；五个村：王桑、门头、古浦、大橙和六巷。王桑、门头的居民姓胡；古浦，大橙的居民姓相；六巷的居民姓蓝。

花蓝瑶的村落在形态上是集中的。瑶山中房屋的分布有两种形态：一种是分散的，一种是集中的。分散的形态就是同属一村的住宅零星地分布在各处，集中的形态就是一村几十家住宅都比邻集中在一个或两个地方。全村的住宅集中在一个地方的可称为单形，分为两个地方的可称为复形。王桑、门头是单形村；六巷、大橙是复形村；古浦有形成复形村的趋势。

村落的形态是受制于住民的作业。耕种山地的，每隔十几年，土地生产能力消耗到没有赢余时，必须另觅耕地，他们的住宅也得跟着迁移，所以不能有永久的村落。而且山地产量少，每家所需的面积大，加上了住宅的移动性，村落的形态不能成为集中的了。花蓝瑶，如我们上文所述，是专耕水田的。水田依靠着较有永久性的灌溉制度，而且灌溉和肥料维持着水田的生产力，不致在短期中消耗完尽，因之耕水田的人可以有永久的住宅，亦因之可以有永久的村址。住宅既不随时随地而迁移，于是他们可以集中居住以进行种种如自卫等需要较多人口的社会事务了。永久集中形的村落亦缘是形成。

但是，同时在这种集中势力的背面，却还有一种分散的势力在活动。这分散的势力中最重要的是工作场所和住宅的距离。这分合的两种势力的平衡，形成了现有花蓝瑶社区的区位组织。我们手上没有详确的统计，所以不能把这区位组织加以详细的描写。但是这问题是值得加以继续研究的。

花蓝瑶的人口在象县政府有一个统计，但是我们并不知道统计是怎样得到的。据我们询问当地各村头目所得到关于各村的家数，却和上述的统计大有出入。

	各村头目自述数	象县政府的家数统计
王桑	14	18
门头	28	67
古浦	11	?
大橙	24	40
六巷	37	63

我们没有机会得到他们的人口确切数，但是他们每家的人数有一定的限制——每代一对夫妇；每户平均以三代计算，一共6人。根据这个数目以估计花蓝瑶的人口，一共114家，当有684人。诸村中以六巷的37家为最多；以古浦11家为最少。

在平均只有130人的村落里，社会分工势必受极大的限制。所以在花蓝瑶的社会中，每家的生活几乎是完全相同的。每家都需要耕地自给。全村的生产总额并没有剩余来供给脱离耕地生活的家庭，实际上就很难发生以耕地以外的职业来谋生的事实。除了六巷之外，其他的村落没有一家商店，也没有一家制作工匠。六巷因为拥有200以上的人口，所以能维持一家由汉人主持的商店，及几家半耕半工的制作工匠。

但是，我们在上章中已叙述过，他们生活的资料并不是完全由一家自给的，所以他们不能不有一种互通有无的制度。货物的缺乏起于两个原因：一是虽有生产，但不够消费；二是根本不生产。在一家需要的消费量超过了他们自己所能生产的时候，他们普通的方法是向邻里亲朋借贷。譬如他们的猪：每家所养的猪在数量上是受制于每家所剩余的食料，普通不能超过两头。但是在需要消费猪肉的时候，如婚、丧、度斋等等，时常自家所养的不足应用，于是就得向亲朋借取。在权利的转移上讲，这是一种借贷的方式。若从整个社会经济机构上来看，是一种私家豢养，公共消费的办法。家庭的单位不能在一时消费一只猪，同时他们又没有以村落为单位的豢养制度，所以发生现在的办法，亦可说是出于人口过少，不能维持一普通的商业制度的适应方式。

不只是货物可以向多余的人家借贷，人工亦可借贷。一家要盖房屋时，自己家里的人工不够用，又没有专门出卖劳力的人，于是在另一种方式之下去得到全村人的帮工了。他们的习俗是由主人请客，把造屋的计划告诉大家，大都在农闲的时节，闲暇的人工就自愿地集中来完成一所房屋。在劳动时，主人预备了饭请做工的人吃，房屋造成了，再杀猪请一次客。

瑶人的借贷是不取利的，实是一种以习俗为保证的保险制度。任何人在需要社会的帮忙时，可以申诉而得到所需。同时，任何人在他人需要帮忙时，凡能力所及的都有出力的义务。这样各个家庭虽然自成一个经济的单位，仍可经营一家能力所及之外的事业，这样形成了花蓝瑶村落的经济结构。

因为他们没有专门化分工组织，各家庭所需及所能，双方都没有悬殊的差别，又因为人口少，所以这种经济和义务的交流中并不需要特殊帮助记忆的媒介物，因之不用货币计算。以造屋为例，每家所需要的房屋在质量双方都是相若，若每20年需要重造一次，则每家在20年中可以收回自己在帮人造屋时所付出的劳动了。

借贷制度之外，他们还有交换制度。这种交换制度多见于他们和汉人的交易中。在上文中我们已说过瑶山中有很多货物根本须依赖山外汉人的供给。汉人在瑶山中贩卖货物有两种方法：一种是开设固定的商店，一种是行脚商人。固定的商店是那些汉人在村旁借地造屋，从山外运入货物，囤积在店里，由瑶人去零购。但是要依靠经商来维持一家的生活，因买客的稀少，和销售的迟缓，是不可能的，所以他们一定要经营其他的工作，商业实在只是一种副业。

行脚商人为数较多，他们由山外挑了货物入山，按户兜售。有时，他们以物换物，好像以盐来换取瑶人的兽皮、香菌等。但是买卖双方不一定都有对方愿意接受的物品,譬如木材是瑶山的出口大宗,但是木材商人并不贩盐或其他瑶人所需要的日用品,贩盐及其他日用品的并不愿运木材,于是这种交易中需要一种货币了。这种交易既多是在瑶汉之间,所以他们用汉人的货币——银毫。

汉瑶之间还有一项重要的经济关系,同时又调适着瑶山中的村落组织,就是制作工业。瑶山中既不能有专门的分工制度,在制作技术上没有练习及发达的机会。但是,他们是和制作技术较精的汉人邻居,在日用品上,他们已不能甘心使用粗陋的土产,于是他们除了到山外市集上去购买外,尚有请汉人匠工入山制作的办法。譬如以木桶论,每家需要三个,而每个木桶可用五年计算,全村25家,在五年中只需要75个木桶,这很小的数目自然不能维持一个去做木桶的匠人。他们若到山外去买,运输既不便,木料又比瑶山贵,所以最经济的办法莫若请一个短期的匠人入山制作了。那些汉人的商店时常经营着种种制作工业,好像做鞋子等等。

在花蓝瑶中,惟一的制作工业是做鸟枪的铁匠。但是我们所见只有六巷的一家。门头村民所用的鸟枪是向汉人或板瑶去买来的。六巷那一家铁匠依旧种田;农业是花蓝瑶的主要工作。

花蓝瑶村落虽只有一二百人口,但是要使每一个人都能安全地生活,不发生相互间的冲突,也不能不有一种公守的行为规范,和维持这行为规范的制裁制度。

花蓝瑶的制裁制度是称作"石牌"。石牌的来源是这样:凡逢着社会上有争执时,一地方的老年人便在一个公共场所集会,讨论应当怎样解决这争执。等他们商量出了一个判决之后，这判决就成了以后类似事件的解决法。为了怕大家口说无凭，他们又没有文字可以记录，所以各人用刀在一块石头上打一个印。这是石牌的最早的方式。我们在六巷，古浦，门头三村的交叉路上，还看见这种石牌，在叙述离婚的时候我们已提过。

没有文字的石牌的内容仍只能由记忆来留传，究竟不很方便，所以后来有刻着汉字的石牌了。在六巷至今尚遗留着一块"老石牌"，上面刻着"□光十八年六月廿六日"的字样，依我们的猜想是道光时代所立，当西历1838年。所刻字迹已很模糊，大致是规定不准破坏水沟和不准买卖田地的法律，若是违犯的要罚银若干两。

民国十九年，他们又立了一块新石牌，牌文比较清楚，我们可以抄在下面：

```
立　字据保卫众村人丁岁在庚午六月初三日起议开会议法律
费猪肉六千斤安法治吾村坊奸嫖博赌洋烟主偷盗这非事一切
解□各宜照料修身为后但敢某人不尊照料再有行为如何好色
非事准十二月罚重十六大元洗罪
　　一条不奸淫
　　二条不偷盗扶秀扶斜　　十二扶斜扶全一条八目
□□□丁
　　六□头蓝扶芋扶照　　蓝扶所扶义仝□政
　　三条不可禁□扶全　　瑶目扶太扶全蓝致君手书
　　四条不可偷禾扶照
中华民国十九年六月初三日立此存照
```

依上抄的石牌看，具名的6个头12个目都是姓蓝，显明这石牌是只限六巷一村，所以我们可以说石牌最小的范围是村落。这6头12目并不包括全村的壮丁，亦不包括每家的家长，所以只是一村中一部分有地位的人所共立。但是事实上参加石牌会议时，却并不限于具名的一部分人，对于所争执的问题有兴趣的人都可参加，都可说话。只是说话最有影响的，肯负责任的只有一部分有地位的"老年人"罢了。他们在没有人反对之下成立了判决，这判决称作石牌规矩。每次开石牌会议时并不都摆酒刻石，普通有任何关于全村的事，瑶头只须呜呜的高呼报告全村人，愿意参加的人就聚在广场上讨论。要逢到有巨宗罚款的时候，才把这罚款买了猪请全村人吃，有余款再刻石。在石牌上所刻的也并不限于这次议决的新法律。他们乘这个机会把他们基本的法律都刻了上去。事实上他们的法律还是存贮在各人的记忆中，石牌不过是一种象征而已。

他们的争执并不都由石牌会议来解决的。石牌会议不过解决争端最后方式的一种。普通，发生争执的当事人只把争端申诉于"石牌头人"，要等当事人不肯接受石牌头人的判决时才召集石牌会议。石牌会议的判决是否有强制的权力要看争执的性质。一种是有强制权力的，包括一切有危害社会或个人的争端；一种是没有强制权力的，包括一切土地界限上的争端。

第一部分中尚可分为轻重两类，要受死刑处决的，和只受罚金处理的。前者包括三种行为：强盗；通汉诱拐；放蛊。

强盗是指强抢人家的财产。在他们所谓强盗的罪名中却包括"偷窃"禾把。我们在上文中已叙述过他们的禾把是散放在田间或露放在离家很远的露台上的，若是对于偷窃禾把没有一种严厉的刑罚，他们重要的食料就失去了保障。

通汉诱拐亦是瑶人所痛恨的。瑶人的势力限于瑶山，瑶山之外住着的是比他们强的汉族。他们一出门实际上受不到汉族法律的保障，武力申诉又不易得胜。山外汉人也利用他们这种弱点，设法诱拐瑶妇，贩卖取利。但是汉人想诱拐瑶妇不能不买通瑶人作内线，这种"瑶奸"若被瑶人发觉了就要受严厉的制裁，不加宽宥。

放蛊是一种巫术，据他们说，"放蛊的人很毒，脸青青的，见了人也不招呼。凡是同他们一同吃东西的，一下喉就变虫。最受害的是牛。曾有一次六巷的牛全都给弄死了。"瑶人发现有放蛊的事实之后，被视为放蛊的人要受死刑。我们没有机会亲见这种放蛊的人和事，也不知道所用之巫术是什么样的，依我们的臆度蛊毒也许是一种传染病，或甚至是一种社会中的心理危机，而且所谓蛊毒也许包括很多不同的疾症。无论如何，这一种"心很毒"的反常者是不能容许在瑶人社会中的。

自从花蓝瑶受编之后，他们不能自由杀人，所有死罪的案件理应交到象县县政府去办理。受编至今为时尚短，花蓝瑶中尚没有发生死罪的案件，所以我们不知道假使发生后，他们是否交到象县政府去，若交去之后，这案件是否依着瑶人的法律办，还是依着广西通行的法律办。这二者并不是相同的，冲突不易避免。

只受罚金处理的罪名，包括：杀人；奸淫；离婚；偷窃。

杀人并不受死刑的处决，被杀的若是男子，则凶手要被罚360元；若是女子，罚240元。这并不是说花蓝瑶可以随意杀人，刚是相反，因为花蓝瑶普通不随意杀人，所以杀人的刑罚较轻。凡是引起杀人的大概有两种原因，一种争风吃醋为爱情而凶杀，一种是社会所公认为解决纠纷最后办法的械斗。这些自己先有了不是，及死者和凶手大家相等的死的可能的情形中杀人的，在他们看来，没有受死刑的理由。但是为了死者的家属所受的损失，所以规定罚金赔偿。

奸淫只限于通奸时被人捉住的，犯奸淫的要罚10多元充公。偷窃，除禾把外，不分轻重，把原物寻回，再罚60元。

凡土地界限的争执等事，石牌只处于仲裁地位。当事人双方谈判不能解决时，就去请教瑶头。瑶头听取了双方的理由，提出一个解决办法。若有一方不愿接受，瑶头就把这事提交石牌会议。这会议有时越出村落范围之外，全瑶山的各村人都派人来参加。若是这种大石牌的议决仍是不能为双方所接受，石牌就声明："我们办不了，你自己去打罢。"于是双方开始械斗。

发生械斗的原因是家庭间的冲突，因为家庭是土地的所有者，但是争斗活动的团体却是亲属。当石牌宣布械斗后，当事人的亲属就合作起来进攻和守卫。若是一家有亲戚在别村时，时常把他们接去避难。械斗的方法有类于"绑票"。甲乙两家都想法向对方去捉人。捉到对方的人，必须是当事人的家属，亲属不在内，可以任意凌辱，甚至于死。被捉的家人在这时不能不委曲求全去讨人，承认一切条件，纠纷也从此解决。但是捉人时有许多规定：第一，不许捉女人、老人和儿童；第二，在捉时不准用武器；第三，被捉方面可以用武器自卫。双方都想捉人，又都怕被捉，亲属们一方要设计进攻，一方要守卫有被捉危险的壮丁，勾心斗角，有时竟延长至两三年不得解决。

在六巷，我们知道一个实例。甲乙两家因为争地，拒绝一切调解，开始械斗。甲方避到门头亲戚家去，到了两年多，乙家聚了10多个亲属到门头来捉人。这天刚巧甲家的壮丁都出门了，只有一女人和一个孩子在家，他们的亲戚有病蒙着被躺在床上。乙家的人一进门，见没有男子，一时性急，想来捉那女人。那女人大声叫喊，惊醒了那卧病的亲戚。他拿起枪就开，一连打死了三个人。乙家的人不能动武，所以只好白受牺牲地退了出来。

石牌的狭义虽是指那刻着法律的石牌，但是在他们的实际应用中却是指整个的法制和行政制度，甚至指着负行政责任的头目，这些头目他们就称"石牌头人"，或简称"石牌"。头目的产生是由于人民拥戴。村里有了纠纷，当事人相持不决，于是要去请第三者出来说句公道话，这第三者一定要是个"明白人"，他要能记着过去的事例，又要能迎合当时一般人的公意，同时又要是一个肯管别人家事情的人。若是村中有这样一个人，凡是有纠纷，大家去找他时，这人就成了这村的头目。若是他办不了事，说话不明白，当事人不能悦服，就去找旁人，到没有人去请教他时，他就失去了头目的地位了。所以一村中并没有终身或世袭的头目，头目是根据人才，自然选择出来的。同时在村中办事并不是只有一个头目。有能力管事，肯管事，有事给他管的，他就是头目。当头目的并没有薪水。在解决了一件争端，在罚金中他可以拿到一部分，但是为数很小。花蓝瑶中最重要的领袖，普通被称为瑶王的，依然要自己耕地，他的经济生活一些也没有超出于一般情形之下。

自从民国十九年广西省政府颁布了各县苗瑶户编制通则之后，花蓝瑶不久就受编了。每村都有一个由政府名义委任的村长。这村长是由政府依实际领袖加委，或由人民"选举"，因之上述的那种以拥戴为去就的制度受了牵制。幸亏名义上的村长虽有名，仍没有什么权力来利用这名义。在"户编制度"

之外，仍有头目制度。名义村长之外，仍有实际村长。而一切村务的运行，仍靠着他们原有的头目制度。

村落亦是他们的自卫组织。在集中形式的村落，绕村围着石墙或竹篱，晚上把村门关上了，可以防御野兽及敌人的袭击。他们的房屋都没有窗的，据他们所说的理由是在防备敌人由窗里向内开枪。还有人家造了堡垒，四面关断了，可以在高处抵抗敌人。村里逢到有和敌人发生战争的时候，他们通知全村，年幼的孩子，妇女和老年人搬了贵重的财产到山的深处去躲避，少壮的男子都要出来受瑶头指挥作战。他们武器除了佩刀之外，有鸟枪和新式的快枪。民国十三年曾和广西省政府会剿盘踞在山里的土匪，一共把土匪杀死了100多人。那次大剿之后，瑶中从没有受过匪患。

村落之间，发生争执最多的是地界问题，常以械斗为解决的办法，尤其在不同族团的村落间是如此。

每村都有一座或两座庙。很多的村落活动就以庙为中心。庙里所供的神，名目很多。例如在六巷的庙里供着36个神像，神像有注着名字的，我们抄在下面，没有名字的从阙：

由左至右：判官，陈氏大奶，韦金身，龙氏，三官，韦天成，韦金龙，韦明大，韦大师老爷，李杜大王，王官，土主，韦金凤，□，朴氏，五谷，三界，晚雷土中官。

自右至左：判官，□，□，冯信，冯远，盘古皇，九吴，冯雨，吴大郎，□，进官，□，伏羲，冯古，神农，□，王氏二奶，□。

在这些神名中，我们可以看到没有一个是瑶人自己的姓，显然多数是从汉人那里传入。在诸神中最受瑶民信奉的是甘王（疑由右至左第十八）及雷王。甘王相传是个汉人，后来得了法术，成了神仙，有求必应。雷王是司雨的神，每逢天旱就要求他。

平时，每年全村的人民要上庙四次：二月初九，六月初六，七月十四和十二月三十。七月和十二月两次要杀三只猪来祭庙。每次由三家负责，每家各供一猪。每猪至少要有70斤重。祭完了，庙主把猪肉分给各家，他们自己因为管理庙务，每年多得4斤。若是所供的猪比70斤重，余下的由本主带回。这样每逢重要的节期，全村每家都有肉可吃了。

每隔两年，全村各家都要请一次甘王到家。请甘王是在农闲的时候举行。每家请一夜。譬如六巷有37家，每次全村要闹37夜。请甘王时，就把甘王的神像抬出庙，全村游行一次，然后请到家里。全村的男子都穿了道师的装束，跟在甘王后面，甘王由八个人抬着。前面有一个"带神兵"的领导。带神兵的是这种仪式中的主师。他并不是由人民公推，而是由"甘王自己指派的"。据他们说在请甘王的仪式举行之前，若是有人突然生起病来，发狂一般，老是向高处爬，这人是被甘王选派带神兵了。他领着众人在甘王神前跳舞。请甘王到家的主人要预备酒肉请客，一般闹到半夜才散。带神兵的晚上陪着甘王睡。抬轿的可以得到5斤猪肉，道师们24斤。

每隔四五年或两三年，瑶人要请汉人在庙里吹打，他们献祭跳舞。在一切庙会中，女子是不准进庙的，只能站在空场中看热闹。

第六章

族团及族团间的关系

我们以上所叙述的是以花蓝瑶为范围的，因为花蓝瑶的人民有相同的言语和文化，自认为出于一源，具有团体意识，并且在相当例外之下实行内婚。这种团体相当于史禄国教授Prof. S. M. Shirokogoroff所谓ethnical unit。Ethnical unit我们可译作族团。族团是以文化，语言，团体意识，及内婚范围为基础而形成的团体，但是文化，语言，团体意识及内婚范围是流动的，永远在变迁之中，它们的变迁是以族团间的关系为枢纽。史教授曾以两种动向来解释这种变迁：一是向心动向，一是离心动向。在一族团所受外族压力强烈时，向心动向较胜于离心动向，则内部的文化和语言趋于统一，团体意识增强，内婚范围显明，因为这样才能增进该族团的向外抗力，以维持原有的族团间的关系网。在外在压力减轻时，离心动向渐趋强烈，内部文化，语言，团体意识及内婚范围，因处境殊异，而发生分离状态，至其极，导致旧有族团的分裂，新族团的形成。事实上，因族团间关系不易达到一个平衡的状态，固定的族团单位很少成立，我们所能观察的只是在族团关系网中，族团单位分合的历程而已，这样的历程史教授称作ethnos（详论见史教授所著 *Psycho-mental Complex of Tungus*，1936，第一章）。

若从族团分合的历程上来观察花蓝瑶的处境,我们又得到了很多可以叙述的事实。但是在叙述族团分合的历程时,我们不能不观察到和花蓝瑶有关的其他族团。

和花蓝瑶因地理上的比邻而相互发生关系的族团,有汉人、坳瑶、茶山瑶、滴水花蓝瑶(这是在滴水地方的花蓝瑶,虽然名目上和我们所叙述的花蓝瑶相同,而且也许在历史上有很密切的关系,但是在文化,言语上已不相同,他们互相不认为同属一个族团,亦不通婚,所以我们加上滴水二字以资分别)、板瑶和山子。

花蓝瑶、坳瑶、茶山瑶、滴水花蓝瑶、板瑶和山子都自称是瑶人。他们的来源并不相同。譬如花蓝瑶自称来自贵州,板瑶却自称来自东方。他们的文化,语言随处有异,但是有一端是相同的,就是和汉人对抗。在和汉人对抗下,他们诸族团间发生了一种向心动向,这动向若推行到底就把他们的文化,语言统一,使他们忘却各个别的族名,而互相通婚,在这情形之下"瑶族"才正式成为一个族团的名字。在上述的六个单位中,山子在名称上还没有显明的加上瑶字,虽则在汉人的口中我们听见过山子瑶的称呼,但是事实上山子瑶的名称还没有完全成立。这是可见这向心动向还是很弱。

这种形成"瑶族"的向心动向是起于汉族的压力。汉族对于这许多非汉族团的压迫已有很长的历史。在这里我们并不想把这很长的历史加以详述。单从他们传统的仇汉心理,已经足以见到他们的祖先所受汉族的压力了。但是自从他们定居于现在大藤瑶山的区域以来,和汉人已获得相当族团间的调适。这调适状态的表示就是花蓝瑶几百年来在文化及土地上所呈现着的平静形势。我们若去分析这调适的条件,最显著的是人口的停滞和降落。板瑶和山子的人口情形我们下面还要解释,其他四个有人口限制习俗的族团,人口停滞和降落是很明白的事实。以我们所调查的花蓝瑶为例,在他们记忆中还保留着人口降落的实数。

	现有家数	入山时的家数	减少数目
王桑	14	23	9
门头	28	42	14
古浦	11	21	10
大橙	24	32	8
六巷	37	60	23
总计	114	178	64

据他们说,入山至今大约有30代,每代以20年计算,一共只有600年。在这600年中,他们的人口一共减少了原有总数的35%。人口降落的机构我们在上文中已讲过,造成这事实的重要原因是在土地的无由扩张,这可以说是一种消极的适应。在这种消极的适应之下,他们可以不必去和强族争抗以扩张土地来维持他们的文化水准了。

瑶汉关系的调适的条件,一方固然在瑶人方面,但是瑶人单方面的让步是不够的,所以我们还得顾到汉人方面的情形。我们虽没有详细调查邻近汉人的人口密度和土地生产力,但是就我们所得的印象言,觉得在汉人居住区域中像瑶区一般地理状态下的土地尚没有加以利用。在这情形下,入山来和瑶人争地似乎不很经济。但是,最近这调适的状态已发生了摇动。在板瑶区域的黄黔村已发生很严重的汉瑶争地的事件,同时汉人入山耕地的不但常见于板瑶地域,而且花蓝瑶及坳瑶区域中亦常见。我们问他们为什么入山耕地,他们回答是:"山外地太少了,这里还可以开田。"这种谈话,比统计更直接可以见到汉瑶人口土地比例相对情形了。

在族团间关系比较平衡调适的时节，合作的关系常较冲突的关系为显著。合作关系中最易见到的是经济上的交易。瑶人，如我们所述的花蓝瑶，经济上虽近于自足，但是有许多东西是仰给于山外的。而且汉人生产技术较为发达，生产的费用较省，出品质地较优，常使瑶人仰给汉人的日用品增加，譬如布匹，瑶人文化中本有自织的技术，但是因输入品的便宜，已使很多地方的瑶人，例如六巷，购用汉人所织的布匹。此外，因汉人文化较高，在汉瑶接触中，使瑶人见到许多喜用而自己不会制造的日用品，好像鞋、木桶之类。在与日俱增的通商中，汉瑶已不能维持隔绝的形势，反之，他们实已发生分工交易的关系了。瑶人要用汉货，不能不输出土产，大宗是木材和自然的采集物。

由通商的关系上，瑶人需要很多文化上的新调适，最明显的是要学语言，文字来做交往的媒介。在目前，花蓝瑶的男子几乎都能听及讲日用的邻近区域的汉语。而且还有少数的人能看及写汉字。要维持交易，在瑶山中不能不维持着相当数目的汉商，和传授语言，文字及其他必需知识的"老师"。这种老师是由瑶人自己拿钱来请的，除了供给膳宿之外，还要给相当金钱上的酬报。

族团关系的网络不但联结着邻近的单位，就是地理上不相连接的族团也会发生强烈的影响。我们要了解汉瑶关系的近态和趋势，不能不顾到汉族的处境。汉族在近百年来所受外族的压力日益增大，这压力的增加，不免发生强烈的向心力，不但在汉族的内部在语言，文化，意识逐渐统一，而且使汉族对许多被它包围着的非汉族团采取强烈的同化作用。在瑶山中我们就可以看到这种作用的明显表示。这作用在瑶人口中称作"开化我们",在汉族方面,以广西省政府所代表的,称作"特种民族的教育问题"。所谓"开化我们"和"特种民族的教育"不过是汉化过程的两方面的看法,其实就是汉族同化瑶人,使瑶人不再成为许多独立的族团而成为汉族的一部分,就是汉族间的向心动向所引起的现象。这汉化过程所采取的步骤有两方面:一方面是行政上的"编户",一方面是文化上的"教育"。编户就是行政上把瑶区编入和汉区同一的系统中,受省政府的节制,教育是输入汉族的文字和文化。

在这过程之下,瑶人逢着了一个新的局面,汉族已结束了以前"互不侵犯"的态度,开始在文化上予以一种强烈的侵入。这是和两个族团因人口或土地问题所引起的冲突不同,这不能视着普通族团间的冲突,而是一个由外族压力下所产生诸族团并合成一族团的向心动向所引起的语言,文化,意识等各方面统一的现象。但是如我们以上所述,瑶人并不是同属一个族团,"瑶族"至今尚未成立,而且许多非汉族团所处的境地不同,对于汉化的反应自然不会一律,在叙述他们不同的反应之先,我们不能不先把在大藤瑶山中的诸族的关系一述。

在大藤瑶山中的诸族团,入山的时间有先后的不同,先入山的占据了这区域,成了这瑶山的地主,后入山的因为该地已经被人占据,于是成了租地生活的佃户。我们不知道瑶山的详细历史,尤其关于诸族团移殖时的情形,但是依据现在汉人个别入山租田的情形中,使我们猜想这辈现在瑶山中做佃户的诸族团当他们移入时是出于很小的单位,所以他们不能和已有组织的地主族团争瑶山的地权。

地主族团是包括花蓝瑶、坳瑶、茶山瑶和滴水花蓝瑶。

他们因为经济地位的相似,不但有平等的地位,而且有一种形成一个族团的动向,他们有一共同的名称作"长毛"。"长毛"依他们解释是因为他们的男子都留着头发的原因,实际上就等于说"地主"。但是这四个地主族团,因言语及文化上的殊异,离心动向甚于向心动向,所以至今长毛还不能成为一个族团。在团体意识及内婚范围上却已呈沟通的形势。

这四个长毛族团,因为利益相同,很早在族团间就有一种联盟的组织。在清朝时,因为有汉人的盗匪盘踞山内,他们曾协助政府把盗匪肃清,名义上受清朝的封号,组织成四个团练,用团总所在地作名称——六巷,罗香,金秀和滴水。六巷是花蓝,罗香是坳瑶,金秀是茶山及滴水是花蓝。这四个团练各有团总一人,四个团总中以最能干的做首领。在行政上这四个长毛族团已取得极密切的联络,而且有重要的事,就举行大石牌。大石牌是包括四团的头目,70多村,一百几十人。在去年,因广西政府推行特种民族教育政策,他们曾召集过这种会议。

在瑶山中当佃户的有板瑶和山子及少数汉人。他们在团练的组织里是没有地位的,但是板瑶和山子因人数较多,而且文化,语言的特异,团体意识的存在,亦自成为族团。这些经济地位相同的族团,和"长毛"相对,亦有专门的名称就是"过山瑶"。过山瑶不能有土地权,而且所耕的都是山地,没有水田,因之不易有集中和永久的村落。他们用容易迁移的竹料造屋,分散在各地,在自卫上处于不利地位。长毛握着土地权,随时可以收回土地,所以过山瑶的经济基础永远不能稳固。他们每年要向长毛纳租和服役,在他们的收获中要分一部分给长毛,加以所耕的是山地,所以生活程度较之长毛自然低落了。

在这种殊异的状态下,长毛和过山瑶在心理上也有很大的差别。长毛是积极,负责,而且倔强;过山瑶是听命,服从而且能忍耐。过山瑶的那种心理对于他们的生存有很大的价值。事实上他们是常受长毛欺侮的。我们曾知道两件事,第一件是一个长毛强奸了板瑶的妇女,给丈夫撞见了,反而惹动了长毛的忿怒,加以殴打,要他退租,后来还是那板瑶求了情,才算了事。第二件是板瑶因很平常的事,在言语上触怒了一个长毛,结果赔了一笔款子。他们没有力量来反抗长毛,所以只有养成一种顺服听命的心理。这心理对于他们的文化有很大的影响。板瑶没有限制人口的习俗,他们是听命的。他们宁愿有很高的婴孩死亡率和很低的生活程度,不愿接受人口限制的习俗。但是他们的勤劳和耐苦,及逐渐增加的人口数量却给长毛一种很严重的压力。长毛出租土地的数量逐渐增加,甚至有的把水田都租给他们。这是新近的事实,我们知道六巷有一个例子,有一个男子,离了婚,没有子女,也不再娶,把所有的田地都批给了板瑶,每年坐收 1000 斤谷子的租。长毛族团若露示任何弱点,这辈过山瑶就不放松的侵入了一步。自从广西省政府推行了特种民族教育政策之后,情形更加复杂了。

过山瑶永远没有忘记,他们是没有土地,也永远在希望有一天他们能耕自己所有的土地。他们在族团的关系网络中,明白除非他们能得到汉族的助力,这希望不易达到,所以他们对于汉族的同化运动是欢迎的。就是在清朝,他们的男子已跟着留辫子,到了民国,又跟着剪辫子。在他们男子的服饰上已极端汉化。广西省政府的特种民族教育在板瑶区域也一往无阻的顺利进行,非但儿童入学,成年的也愿学习汉文。而且,现在所输入的汉族思想是民族平等,耕者有其田等等概念。正合他们的需要。从"特种民族教育"中,他们希望着有解决他们土地问题的一天。事实上,目前他们已开始收回土地权及抗租运动,和长毛冲突的时候,已经不远了。

长毛对于汉族文化本来没有反抗的必要,就是在"特种民族教育"政策推行之前,他们已自动地请老师来教汉文和输入汉族文化,但是"特种民族教育"和瑶山土地问题发生关系之后,情形却不同了。长毛在现有状态之下是处于有利地位,他们不愿有任何不利于他们的变迁。他们要维持地主的地位。曾有一个长毛向我们说:"哼,板瑶——板瑶怎样能有田——做他。"板瑶要有田,在长毛瑶看来是不可能的。

在这种情形之下,长毛自然不能不考虑到"开化我们"会引起的结果。究竟"特种民族教育"和土地问题有什么关系呢?各人的处境不同,各人的眼光不同,考虑的结论自然也不同。为了这问题,长毛在去年就召集了一个大石牌。茶山瑶是大藤瑶山中最富有,人口最多,能力最足的族团,自信力也强,他们对于"开化我们"认为是不必要的。"我们不要开化"。于是他们拒绝受编,拒绝开学校,并且进行联络坳瑶和花蓝瑶破坏过山瑶区域中政府所立的学校。花蓝瑶和坳瑶和汉族往来较多,而且实力较弱,认为拒绝开化所引起汉瑶间的裂痕对于瑶人是不利的。同时,他们认为特种民族教育中,并不包含解决瑶山土地问题的意义,他们不同意茶山瑶的态度,且很快的受编了。

大石牌会议不但没有得到四个长毛族团的一致行动,反而发生了内部的分歧。甚至于同一族团中也起了裂痕。最初是门头村的花蓝瑶用武力解散了附近的板瑶学校,拆毁了校舍,而且声称凡是要读书的板瑶不准耕他们的地。于是引起了汉瑶间的冲突。政府派人来干涉他们的行动,别村的花蓝瑶也不满意门头瑶人的单独行动。在这双重压迫下,门头的花蓝瑶就停止了他们的活动。

茶山瑶却没有受到门头花蓝瑶所受的内外双方的压迫,所以还企图着以武力来贯彻他们的主张。他们要出兵来攻击"附汉"的坳瑶。"附汉"是叛徒,违反了传统的石牌规矩。坳瑶于是申诉于政府,要求实力的保障,所以并不改变他们的态度。这一种冲突正在酝酿中。

在上述的情形中,我们可以见到一个很复杂的族团间的关系网络。在这种网络中族团单位永远是在流动中。但是依现有状态而论,比较明显的族团单位,以言语,文化,团体意识,内婚范围为区别的基础,是花蓝、坳瑶、茶山、滴水花蓝、板瑶、山子等名称所包括的团体。这些族团间因经济地位的相同和相异,又发生了一种向心动向,有形成所谓"长毛瑶族"及"过山瑶族"的可能。若是汉族向他们的压力增加,长毛和过山间又可发生一种向心动向以形成一整个的"瑶族"。但是因汉族受外族的压力,在形成一更大的"中华民族"的向心动向下,对于诸瑶族团采取了很强的同化作用。这作用所引起诸族团的反应,因处境的特异亦不一致,但是有一点是无疑的,就是在这同化作用之下,诸族团原有的文化遗产及其社会组织在最近的将来会发生激烈的变化。这个变化正是民族学最好的研究题材,而我们希望我们在本书中所叙述的社会组织能做以后研究者的根据。

编后记

我完全没有预想到这一本《花蓝瑶社会组织》的专刊是会在我半麻木的心情中编成的。同惠死后，我曾打定主意把我们两人一同埋葬在瑶山里，但是不知老天存什么心，屡次把我从死中拖出来，一直到现在，正似一个自己打不醒的噩梦！虽则现在离我们分手的日子已经多过了我们那一段短促的结婚生活，但是一闭眼，一切可怕的事，还好像就在目前，我还是没有力量来追述这事的经过。愿我的朋友们原谅我，让这一幕悲剧在人间沉没了罢。

我拖着半残废的身体，拖着我爱妻的尸首，从瑶山里出来，"为什么我们到瑶山去呢？"我要回答这问题。

我们是两个学生，是念社会学的学生。现在中国念社会学的学生免不了有一种苦闷。这种苦闷有两方面：一是苦于在书本上，在课堂里，得不到认识中国社会的机会；一是关于现在一般论中国社会的人缺乏正确观念，不去认识，话愈多而视听愈乱。我和同惠常在这苦闷中讨论，因为我们已受了相当社会学理论的训练，觉得我们应当走到实地里去，希望能为一般受着同样苦闷的人找一条出路，换言之，想为研究社会的人提供一个观点，为要认识中国社会的人贡献一点材料。

我们所要贡献的是什么观点呢？简单说来，就是我们认为文化组织中各部分间具有微妙的搭配，在这搭配中的各部分并没有自身的价值，只有在这搭配里才有它的功能，所以要批评文化的任何部分，不能不先理清这个网络，认识它们所有相对的功能，然后才能拾得要处。这一种似乎很抽象的话，却正是处于目前中国文化激变中的人所最易忽略的。现在所有种种社会运动，老实说，是在拆搭配。旧有的搭配因处境的变迁固然要拆解重搭，但是拆的目的是在重搭，拆了要搭得拢才对。拆时自然该看一看所拆的件头在整个机构中有什么功能，拆了有什么可以配得上。大轮船的确快，在水滩上搁了浅，却比什么都难动。

当然谁也不能否认现在中国人生活太苦，病那末重，谁都有些手忙脚乱。其实这痛苦的由来是在整个文化的处境变迁，并不是任何一个部分都有意作怪。你激动了感情，那一部分应该打倒，那一部分必须拆毁，但是愈是一部分一部分的打倒，一部分一部分的拆毁，这整个的机械却愈来愈是周转不灵，生活也愈是不可终日。在我们看来，上述的一个观点似乎是很需要的了。在这观点下，谩骂要变成体恤，感情要变成理智，盲动要变成计划。我们亦明白要等研究清楚才动手，似乎太慢太迂，但是有病求艾，若是中国文化有再度调适的一天，这一个观念是不能不有的。

这一个观点是我们从书本上获得，从老师们的口中传授，从我们有限的观察中证实，而且由我们的判断中认为至少是一个研究文化，认识中国社会最好的工具。但是我们亦明白要把这观点贡献给人家，给人家采用，抽象的说明是没有用的，只有由我们自身作则，做一个实例。树立一个实例证明了这种观点的用处，自然会使人家共同乐用。谁不想改造中国，又谁不想要明了一些实况？一个观点证明有用时，谁不愿采取。

但是一个生长在某一文化中的人,好像鱼在水中,很不容易得到一个客观的态度。在研究自己的心理状态时,自省法最是难用,所以"结构派"的学者要练习参禅般的受严格训练。

研究本身的文化亦是须要一番训练。训练的方法就是多观察几个和自身不同的文化结构。譬如说:一个生长在100年前中国文化中的人,根本就不会对"孝"字发生问题,于是根本就不会懂得"孝"在文化中真正的作用。"由之"的是不会"知之"的。若是这时有机会到澳洲去看见有一种土人到父母年老时就杀了来充饥时,"孝"的意义和方式自然地成了问题,有要求解答的机会了。因之我们觉得要研究和批评中国文化的人,最好多得到一些比较的材料。

还有一种研究中国文化的困难,就是它的复杂性,不但地域上有不同文化形式的存在,就是在一个形式中,内容亦极错综。

又正值激变之中,若不受相当训练,一时极难着手。在这种种困难之下,使我们想到边境上比较简单的社区中去,开始我们的工作。

同时,边境社区的研究材料本身是认识中国文化的一部分极重的材料。现在遗留在边境上的非汉族团,他们的文化结构,并不是和我们汉族本部文化毫不相关的。他们不但保存着我们历史的人民和文化,而且,即在日前,在族团的接触中相互发生极深刻的影响。这里供给着不单是民族学的材料,亦是社会史的一个门径。至于这些材料对于实际边疆问题的重要性,更不待我们申说了。

这时,刚好广西省政府有研究"特种民族"的需要,所以我们就决定结了婚同去。在文化研究中,女子有许多特殊方便的地方。这是人情之常,觉得女子是不可畏,而且容易亲近的。文化研究需要亲切的观察,女子常能得到男子所调查不到的材料。虽则明知女子在生活上会受到比男子更困苦的遭遇,但是我们为这一点雄心所驱,决定不顾一切的走入了瑶山。

我们在瑶山中的工作,真使人兴奋,我们已忘却了一切生活上的困苦,夜卧土屋,日吃淡饭,但是我们有希望,有成绩。一直到我们遇难,一死一伤,三个月中,我们老是在极快乐的工作中过活。在遇难前一日,我的妻还是笑着向我说,"我们出去了会追慕现在的生活的"。

本来,任何事业不能不以勇敢者的生命来作基础的。传说烧一窑瓷器,也得抛一个小孩在里面。我妻的死,在我私人的立场之外来看,并不能作为一件太悲惨的事。人孰无死,尼采所谓,只怕死不以其时。同惠可以无愧此一生,我只是羡慕她。

我在此也得附带声明,瑶山并不都是陷阱,更不是一个可怕的地狱。瑶山是充满着友爱的桃源!我们的不幸,是我们自己的失误,所以希望我们这次不幸并不成为他人"前车之鉴",使大家裹足不前。我们只希望同情于我们的朋友能不住地在这道路上走,使中国文化能得到一个正确的路径。

我既不死,朋友们一路把我接了出来。我为了同惠的爱,为了朋友的期望,在我伤情略愈,可以起坐的时候,我就开始根据同惠在瑶山所搜集的材料编这一本研究专刊。这一点决不足报答同惠的万一,我相信,她是爱我,不期望着报答的,所以这只是想略慰我心,使我稍轻自己的罪孽罢了。

我相信同惠一定能原谅我,要我在这个哭笑不是的心境里,在这个颠沛流离的旅途中,写成一个满意的报告,是不可能的。只是为我私人的原因，所以把它发刊行世，恕我这一种仓忙紊乱的笔调。

本刊的前三章是在广州柔济医院的病房中写成的，我要感谢我的二姊，她不但替我照顾了医事，还给我写作的鼓励。我伤愈后本应即刻去安葬同惠，幸亏有华节的帮忙，替我负责办理了我这一桩最不敢亲视的怕事。又因他能替我办理葬事，使我可以回沪再治我余伤，及整理这部未完的稿子。在船上，在亲戚的客房中，我又写下了第四第五两章。在上海我遇见了老友薛君文雄，靠了他，我能把印刷这书的事务交出，独自返平。在北平，我得到了师友的安慰和督促，使我有勇气把全稿结束，我应特别感谢我的老师吴文藻先生，他不但自始至终协助及指导我们的工作，并以最真挚的同情来恢复我重入人世的勇气。他更为我写这本书的导言。没有他，我相信，这一本书不会有写成的机会的。

1936年6月，北平

附录一

《花蓝瑶社会组织》导言

吴文藻

这是一本广西象县东南乡花蓝瑶社会组织研究专刊,可以说是用我们所谓"功能法"来实地考察一个非汉族团的文化的某一方面的一点收获。这种工作,我们曾用一个新名词来表述,称作"社区研究"。我们虽已屡次作文阐述社区研究的意义和功用❶,介绍社区研究的近今趋势❷,并且还讨论社区研究的实行计划❸,但常苦于没有这种专门研究专刊的实例,可以贡献给对于社区研究有兴趣的同志。现在王同惠女士费了她的生命给我们立下了社区研究的基石,给我们留下了一个宝贵的成就,社区研究有了这一实例,将来继续工作自然比较容易了。我自然极愿意在这专刊之前作这一导言,一则代编者追述使他痛心的研究经过,并且借此机会把上述几篇关于社区研究的文字,择要录下,以备读者的参考,再愿略述非汉族团的调查和研究对于我们国家前途的重要性。

---

❶ 吴文藻,《现代社区实地研究的意义和功用》,《北平晨报》1935年1月9日《社会研究》第66期。

❷ 吴文藻,《社区的意义与社区研究的近今趋势》,《社会学刊》第5卷第1期,第7—20页。

❸ 吴文藻,《中国社区研究计划的商榷》,天津《益世报》1936年5月6日《社会研究》复刊第1期。

一

我得识王同惠女士，是在民国二十三年的秋季，我的"文化人类学"的班里。二十四年春她又上了我的"家族制度"班。从她在班里所写的报告和论文，以及课外和我的谈话里，我发现她是一个肯用思想，而且是对于学问发生了真正兴趣的青年。等到我们接触多了以后，我更发现她不但思想超越，为学勤奋，而且在语言上又有绝对的天才，她在我班里曾译过许让神父（Le P. L. Schram）所著的《甘肃土人的婚姻》一书（译稿在蜜月中整理完成）；那时她的法文还不过有三年程度，这成绩真是可以使人惊异。

民国二十四年八月，她和费孝通由志同道合的同学，进而结为终身同工的伴侣。我们都为他们欢喜，以为这种婚姻，最理想，最美满。他们在蜜月中便应广西省政府的特约出发去研究"特种民族"。行前我们有过多次谈话，大家都是很热烈，很兴奋。我们都认为要充分了解中国，必须研究中国全部，包括许多非汉民族在内，如能从非汉民族的社会生活上，先下手研究，则回到汉族本部时，必可有较客观的观点，同时这种国内不同的社区类型的比较，于了解民族文化上有极大的用处，我们互相珍重勉励着便分手了。行后常常得到他们的《桂行通讯》和报告，字里行间充满了快乐，勇敢，新颖，惊奇的印象，读完了总使我兴奋。社会人类学在中国还是一门正在萌芽的学问，一向没有引起国内学者的注意。我自己数年来在悄悄地埋头研究，常有独学无友，孤陋寡闻之感。这一对"能说能做"的小夫妻，真鼓起了我不少勇气。

他们是9月18日到广西的南宁，当即开始和省政府接洽研究方案，并且就在当地测量特种民族教育师资训练所的苗瑶学生的体质。双十节到了象县，又进行人体测量工作，18日开始入大藤瑶山。因为社区研究需要较长时期住定的实地观察，而体质测量又不能不到各村去就地工作，所以由王桑，过门头，到六巷之后，同惠就住下专门担任社会组织的研究，而孝通则分访各村从事测量工作。11月24日他们离开花蓝瑶区域到坳瑶区域的古陈。本来，依他们的计划在坳瑶工作一月，可以到金秀的茶山瑶区域，预计到本年2月可以把大藤瑶山的长毛瑶研究完毕。此后同惠便回到北平，继续在燕京大学做研究工作。谁料竟在12月由古陈赴罗运的道上发生了惨剧。

由古陈至罗运的一段山路，极其曲折险峻，而和他们同行的向导，又先行不候，以致他们走迷了路，误入一带竹林之中。林中阴黑，他们摸索着走近一片竹篱，有一似门的设备。以为是已到了近村，孝通入内探身视察，不料那是一个瑶人设下的虎阱！机关一踏，木石齐下，把孝通压住。在万千惊乱之中，同惠奋不顾身的把石块逐一移开，但孝通足部已受重伤，不能起立。同惠又赶紧出林呼援。临行她还再三的安慰孝通，便匆匆的走了。她从此一去不返，孝通独自在荒林寒夜中痛苦战栗地过了一夜。次日天刚破晓，便忍痛向外爬行，至薄暮时分，才遇见瑶人，负返邻村。孝通一面住下，一面恳请瑶人四出搜寻，到第七天才在急流的山涧中，发现了同惠的遗体。她已为工作牺牲了，距她与孝通结婚之期才108日。

我们正在北平盼望他们工作圆满成功回来的时候，突然接到这不幸的消息，使我精神上受了重大的打击。我不但不知道所以慰孝通，也不知所以自慰。我们这些幼稚的子民，正在努力的从各方面来救护这衰颓的祖国，这一支从社会人类学阵线上出发的生力军,刚刚临阵,便遭天厄,怎能不使人为工作灰心,为祖国绝望?

孝通真镇定,真勇敢,他在给我的信末说:"同惠既为我而死,我不能尽保护之职,理当殉节;但屡次求死不果,当系同惠在天之灵,尚欲留我之生以尽未了之责,兹当勉力视息人间,以身许国,使同惠之名,永垂不朽。"这几句话何等沉痛,何等正大,又何等理智?读信至此,使我忍不住流下了悲哀钦佩的热泪。

同惠是死了,在研究民族社会生活中,女考察员的地位,是极重要的,因为家庭内部生活的种种,是必须由女考察员来做局内的研究。同惠是现在中国做民族考察研究的第一个女子,而且在瑶山的考察中,她充分发挥了语言的天才,她竟为研究而牺牲了,后起尚未有人,这损失是不能计算的。

同惠是死了,然而孝通还在她的永远的灵感中活着,我们这一班研究社会人类学的人,也要在她永远的灵感中继续奋斗,并希望这灵感能鼓舞起无数青年,来加入,来填满这社会人类学的阵线。

现在孝通已经在病床上,在旅行中,把同惠所得关于研究花蓝瑶社会组织的材料,整理成篇,贡献于读者。我愿意读者能珍视这一点收获,因为这是一个青年用性命换来的成绩。

二

在这专刊的本身,编者因为行文的严谨,限于叙述性质,对于社区研究的意义没有阐发,但是为了普通读者的方便起见，我愿意在导言中代为一述。

在没有谈到社区研究以前，先将社区研究的意义稍加解释。社区一词是英文 community 的译名，在这里是和"社会"相对而称的。我们要从社区着眼，来观察社会，了解社会，所以造出这个新名词，用新名词有一个好处，即不致被人附会。简单说，社会是描述集合生活的抽象概念，是一切复杂的社会关系全部体系之总称；而社区乃是一地人民实际生活的具体表词，有实质的基础，自然容易加以观察和叙述。在社会学文献中，这两个名词当然还有许多别种用法，但是在这里，都是专以上述的分别为标准的。

社区既指一地人民的实际生活而言，至少包括下列三个要素：（一）人民；（二）人民所居处的地域；（三）人民生活的方式，或是文化。

社会组织是社区第三要素，即是文化中的一部分。文化是社区研究的核心，文化最简单的定义可说是某一社区内居民所形成的生活方式；所谓生活方式系指居民在其生活各方面活动的结果形成的一定结构，文化也可以说是一个民族应付环境——物质的、概念的、社会的和精神的环境——的总成绩。文化可以分为四方面：一、物质文化，是顺应物质环境的结果；二、象征文化，或称"语言文字"，系表示动作或传递思想的媒介；三、社会文化，亦可简称"社会组织"，其作用在于调适人与人之间的关系，乃应付社会环境的结果；四、精神文化，有时仅称为"宗教"，其实还有美术，科学与哲学，也须包括在内，因为他们同是应付精神环境的产品。

这样的分法，完全是为了解剖文化而拟定的，并不就是文化实体本身。实际上，文化是一个有机的整体，发生作用时不是局部的，乃是全部的，当然不容加以人为的机械的分割。文化实体固然是整个的，但是为了研究的方便起见，我们又不能不从这个复杂整体中之某一局部，例如物质文化，语言文字，社会组织，宗教美术之类，来做一方面的研究，以观察其间的相互关系。譬如本专刊是以社会组织为轨迹的，它一方面要顾到社会组织和物质条件，语文，以及宗教等观念界的纵横错综的关系，一面亦须描述社会组织和人口与土地相互影响的实况。选择一个代表区域，只取社会文化的某一方面，来做整个的，精密的观察，乃是社区研究上较好的入手方法。

社区本是文化在时间上和地域上的一个历史的和地理的范围，大体是就文化的地域性言，文化一面固有其地域性，一面尚有其时间性的认识，较之地域性的认识尤为重要，因为文化原为历史的产物。社区生活如果离开了时代背景就无法了解。我们所说的社区研究特别着重由实地观察入手，因而这社区必须是现代社区，所以说社区研究乃是现代社区的实地研究。

直接观察社区，有两种说法：一是社会调查，一是社会学研究。二者的目的和方法是不同的。社会调查大都以叙述社区实况为主体，对于事实存在的原因，以及社区各部相关的意义，是不加深究的。社会学研究，则不但要描写事实，记录事实，还要说明事实，解释事实。所以我们也可以说社会调查只是社会生活的见闻和搜集，而社会学研究乃是依据事实的考察，来证验社会学的理论，或"试用的假设"的。

社会调查家叙述事实的范围，大都限于一社区内的物质状况，例如实业，工资，居住卫生，生活程度之类。至于该社区所流行的传统，标准，价值，意见，以及信仰等，多置之不问。而社会学家考察一社区时,除了描写经济生活和技术制度之外,还要关心民风,礼俗,典章,制度,以及民族的精神和理想。他们尤重视各部分间的连锁关系,以及部分与整体间所有的有机关系或交感历程。

我们所说的社会学研究法,主要的就是功能方法论。这种方法论的主旨,乃是"以实地研究始,而以实地研究终";"理论必须根据事实,事实必须符合理论"。在实地研究以试验这方法论时,应注意的纲领如下:

一、在一个特殊社区之内,社会生活的各方面都密切的相互关联而成一个整体。在研究任何一方面时,必须研究其他各方面的关系。因此,研究一个社会中的经济生活,若不同时考虑它和家族或氏族组织,宗教,以及社会制裁等的相互关系,就不能完全明了它的经济方面。这样就是说,每一种社会活动,都有它的功能,而且只在发现它的功能时,才能了解它的意义。在研究任何"风俗"或"信仰"的功能时,必须把社区看做一个统一的体系,然后来定它在这整个社会生活中所占的地位。

二、一个社区的社会生活基础,便是一个特殊的社会结构,亦就是由个人联成为一个集体的一组社会关系,所以社会的绵续,社会生活的绵续,必须依赖社会结构的绵续。

三、社会功能和社会结构二者合并起来,就是社会体系。这概念包含两方面,一方面是外界的适应。社会体系乃是一个结构,其中含有某数量的人口,在一个特殊自然环境中,获得他们的物质需要的供给;另一方面是内部的完整。社会体系靠着个人利益的和谐联合与调适而将各个人连成一体。社会组织就是这个完整的产物,或说它的本身就是这个完整。任何社会活动的功能，就是它对于适应或完整的贡献。

在此不妨附带声明一点。就是：根据实地观察的社会学研究法与根据文献档案的历史研究法，二者是相成的。有重大的科学价值的社会学研究，必须是一个时间上的研究。因为可由观察得到的一切社会现象，总是历史上演变而来的结果。例如我们研究眼前中国某一区内的亲族制度，我们决不能忽略了这制度在过去数千年来发展的大势，也不能漠视这制度在该社区内有关历史地理背景的题材。又如欲实地考察民风礼俗之时，我们必须参考一切有关礼仪习俗的历史文件，以资比较。所以我们认为历史的与功能的两种研究，应该相辅而行。

三

末了，略述非汉族团的实地考察在社区研究上的特殊意义，以及此种实地考察对于中华民族国家前途的重要性。

先说考察非汉族团在社区研究上的意义：我们以为欲彻底明了中国现代社会的真相和全相，除了研究汉族在边陲的移民社区，在内地的农村社区，在沿海的都市社区，和在海外的华侨社区外，必须迅速的同时研究中国境内各种非汉族团的地方社区；因为满、蒙、回、藏以及西南诸土著民族，均为构成中华民族的分子，在过去和现在，均占有极重要的地位，自应列入整个社区研究和国家建设计划范围之内。现在东北已非我有，西北则危在旦夕，我们势不得不从西南民族的实地考察做起。又若纯从实地考察的训练步骤来说，从西南民族做起，也有种种便利。譬如：

一、我们之所谓功能的研究，乃是以比较的观点为工具的。大凡一个人永远只在一种文化环境之下过活，很不容易得到一个比较的观点；如没有比较的观点，就不容易发现问题之所在，更谈不到深刻的分析。比较社会学家对于文化论所以能有独特的贡献，也就是因为这一点。所以我们若要训练一个实地研究员，使他获得比较的观点，莫如让他先去考察一个和他本族具有最悠久亦最深长的历史关系，而同时却仍保有他在体质上，语言上及文化上不同的特性的非汉族团。编者所拣定的广西象县东南乡的花蓝瑶，便是这样一个非汉族团。他们而且单从花蓝瑶的社会组织一方面来考察，这亦是社区研究惟一较好的方法。

二、若就社会文化的复杂性而言，西南非汉族团所过的生活，自较其他非汉族团朴质而简单。在应用比较法以研究非汉族团的时候，必须是先从研究较简单的社区入手。在一个极简单的族团中，人口稀少，土地狭窄，生活技能鄙陋，因而在文化上，亦常呈一种较紧凑的现象。这种文化上高度的"有机的统一性"，非内地较大的村落社区所可比拟的。这种社会各部的相关性和一贯性，都可以由"局内观察"得来。我们看过这本花蓝瑶的社会组织以后，就不能不承认该族社会组织的严密，文化配搭的细致。试一设想，这样的社会一旦陷入危机，不但族团内的各个人不能维持他原有的生活，便是整个社会亦将随之而动摇瓦解。例如本专刊内所述，由于外婚范围和村落组织不相调适，曾经引起婚姻停顿多年的事情。这种人性与社会组织间由相互影响而形成的局势，惟有在简单而紧凑的文化中，才会得到显著的表现。而用功能法来观察这样的社会形态，尤有莫大的便利。

研究非汉族团所得的材料，不但在学术上有极大的价值，就是在中华民族立国的基础上，亦将有它实际的效用。科学研究虽非专以应用为目的；而并非专为应用的研究，往往于无意之中，能有重要的应用价值。并且每一科学，在它草创的时候，如能适应国家及社会实际的急需，常能得到迅速发展的机会，所以实用性的研究是科学所不可忽视的。何况我国眼前所处的特殊环境，更需要吾人特别注重有关国家及社会最迫切的实际问题的研究。编者有鉴于应用人类学的重要，所以在末一章讨论族团间的关系时，曾暗示了边省政府对付"特种民族"应取何种政策的实际问题。兹专就这实际问题的重要性，稍加申释，以唤起国人的注意。

我们汉人都得承认，民国虽已成立25年，而离"民族国家"建设完成之期尚远。在中国境内，许多非汉族团和汉族迄未打成一片，彼此常处于歧视的地位，在名义上虽为"五族共和"（西南诸土著民族是弃之度外的），在事实上，各族间却远没有形成一个大一统的"族团意识"，这是无可掩饰的。在海禁未开以前，汉族在东亚大陆上，本处于领袖族团的地位，它拥有最多的人口，最大的领土，和最高的文化。势力所及，在满清武力统治之下，形成了一个政治上的大帝国。当这"大帝国"的向心动向，尚没有把许多复杂分子在语言，文化和意识形态上形成一个大族团单位的时候，已与欧美及日本等强有力的族团发生了直接的接触。在这接触日益密切的处境下，强邻因有扩张领土或霸占商场的野心，遂不惜利用我们各族间的隔膜，来分裂我们的国家，阻碍我们形成统一族团意识的进程。自外蒙独立，"满洲国"成立以来，四围的非汉族团，都已迅速的开始了离心的倾向，使我们本来希企的各族一统的大事业，遇到了空前的险阻，而国内的民族问题亦一天一天的尖锐化了。

在这局势之下，虽已有了所谓"到边疆去"的运动，但是这运动还只是一个口号，一种希望。"到边疆去"，不是一件容易的事。最困难的一点，即是我们根本不明了非汉族团的生活实况。在没有相当了解以前，侈言"到边疆去"、"同化政策"……乃至"特种民族教育政策"，都是不切实际之谈，就以本专刊最后一章内所显示的大藤瑶山中族团关系复杂的情形来说，我们已可以知道边省长官在实行开化或特种教育政策时所会引起怎样的一套纠纷的问题了。

普通说来，当一个低级文化与一个高级文化相遇的时候（这里所谓"高""低"，系叙述的名词，并不包含价值观念在内），常常会发生几种实际问题，如人口问题，土地问题和宗教问题等。试以花蓝瑶为例：第一，人口降落的现象，是很显明的（约在600年中，减少原有人口35%）。编者曾详述花蓝瑶以及其他长毛瑶，自入山以后如何因土地限制而引起家庭破裂，又如何为预防家庭破裂而限制人口增加。将来如果研究其他正受或将受汉化的瑶族时，或者还会发现另一种现象，即是土人因为不能适应汉族移民所造成的新的社会环境，而逐渐绝灭。这就是澳，非，美洲土著族团与西洋文明接触以后所遭遇的窘境。

第二，土地问题的严重化。譬如上面所说的，因土地与人口不能维持均衡，人口于是降落。惟一补救之法，即是限制汉人入山耕地，多给他们保留耕种的土地。又如长毛瑶与过山瑶因移殖先后的不同，而引起了地主与佃户间的阶级冲突。这种族团间的冲突，直接影响了族团结构本身。此种土地问题正在急遽的演进中，需要地方政府予以妥善解决。

第三，在文化形态上，反映了人地比例不相称时的一个征兆，便是巫术神话的发达。例如板瑶处于佃户的地位，常受地主长毛瑶的压迫，在物质世界既得不到满足，惟有从想象世界去求安慰，因而宗教美术的"精神文化"较为发达。据说，在长毛瑶中，如遇重大的疾病或事故发生时，要去请板瑶来招神问卦。这样可见足衣足食的长毛瑶也有仰求于他们的佃户的地方。这例子告诉我们：一个族团大多数人在社会和经济生活上失调，因而呈现心理紧张状态的时候，就会在精神生活上来设法弥补，以求解脱的。这亦是已受近代文明影响的未开化民族中所常见的现象。

以上不过专就花蓝瑶的范围随举数例而已，如在其他非汉族团中进行实地调查，亦会发现类似的问题的。由此可知政府当局在没有规定对付非汉民族的一般政策以前，在各民族中先须进行大量的社会学调查。同惠这本花蓝瑶的社会组织研究专刊，只是开了端绪罢了。这种实地研究专刊加多以后，可以增进我们对于非汉民族的实际生活的认识。有了充分的认识，再来规定初步的具体方案，然后逐步予以推行，随时加以修正，或者可以发生相当的实效，产生较合意的结果。广西当局励精图治，凡有兴举都开风气之先。这种果敢有为的精神，是值得为其他边省政府效法的。最后，甚愿乘此机会感谢广西省政府在过去一年间给予孝通、同惠在研究上的种种优待和便利！

1936 年 6 月 7 日

附录二
花蓝瑶的亲属称谓

胡起望

费孝通按：原稿第四章亲属篇里所附亲属称谓表格，当时所用记音符号不够正确，并不合通行标准，所以特请中央民族学院胡起望同志，根据现场调查加以校订，用国际音标改写，并发表他的补充意见。原稿保存原样，以此作为附录。

1987年4月

花蓝瑶是瑶族中的一部分，人数不多，集中居住在广西金秀瑶族自治县南部的六巷一带的12个村寨。在30年代，金秀瑶族自治县还没有成立，当时称作大瑶山地区，尚分属附近几个县所管辖。花蓝瑶居住的六巷一带当时属于象县的南乡，而自治县是在解放以后的1951年才正式建立起来的。

花蓝瑶自称"穷咧"，意思是居住在山上的人，主要有蓝、胡、侯、冯、相五姓，他们的语言与苗语相接近。据花蓝瑶群众的传说，他们的祖先是从贵州古州（今贵州榕江一带）迁来的。离开原籍以后，全族人分乘18只大船沿都柳江顺流而下，途经柳州等地。在一河道弯曲，水流湍急，险滩密布的地段，半数船只倾覆，剩下的族人只能在象州，武宣，桂平沿岸一带登岸。曾住在象州七里、下里、马鞍山、梧桐、江西等地。后因参加明代大藤峡瑶民起义失败，在官军追杀下，被迫分成多路，经象州的大乐、中平以及罗运外围，从大瑶山的西南与东南方面进入大瑶山腹地。现在花蓝瑶的家中还记载有迁入大瑶山以来祖先的姓名，一般可上溯14至18代，说明他们进入大瑶山已有约400年的历史。

花蓝瑶都是一夫一妻制的家庭，过去男女少年在十一二岁时就由父母择配，以铜钱百文，衣服一套，银饰（手镯或项圈）一件作为聘礼，表示已经订婚。此后每逢节日，娶方要给嫁方送些糍粑之类的礼物，嫁方则带儿女去娶方家吃一顿饭，以表明双方的关系。当儿女长大，不满意已订婚约时，也可以解除，但必须向对方赔偿铜钱3000文（后改3个或6个银元）。

花蓝瑶结婚的年龄比较早，一般在16岁左右就举行婚礼。由于结婚早，双方很少了解，所以离婚的较多。据在门头村的调查（1957），51个已婚男子中，结婚1次的仅19人，其他有的结婚2次（21人），有的结婚3次（10人），还有1人竟先后结婚达9次之多。在61个已婚女子中，结婚1次的才20人，其余有的结婚2次（29人），有的结婚3次（11人），有的结婚4次（1人）。由于婚姻的不稳定，所以结婚仪式往往比较简单，一般只要在婚期前一天由媒人带白米，酢肉，烧酒各8斤，在嫁方吃一顿饭后，就可将新人带回。新人入门时，娶方的家长要外出回避，新婚夫妇同坐一条长凳，一起喝酒一杯，婚礼即告完成。照例不宴请宾客，只要用少量酒肉请媒人和接亲的人吃一餐。婚后，如有一方感到不满意，便可提出离婚。提出的一方只要赔偿对方一二千个铜钱或一二十个银元。直到第一个子女生育后，意味着婚姻已经比较稳固，在子女满月时，才大办酒席，宴请宾朋亲友。具有庆贺孩子满月以及宣告婚姻缔结、家庭组成的双重意义。在大瑶山中部的龙华、南州、六团、丈二等村的花蓝瑶，则没有生子女满月后大办酒席的习惯，在结婚时要送的聘礼较多，婚姻关系也比较稳固。

花蓝瑶的亲属称谓对父系上下三代亲属都有一定的称谓（祖父称"koŋ˧"，可能是受汉语"公"的影响），妻子对于丈夫家上下平辈的称呼，都与丈夫相同（见夫系亲属称谓表），而丈夫对于妻子家的父（岳父）母（岳母）兄弟（妻舅）则与妻子所称的不同（见妻系亲属称谓表），反映出他们主要是一夫一妻制的父系家庭。在父系亲属称谓中可以看出，兄与伯父；姐与姑母；嫂嫂与儿媳；丈夫与丈婿；孙子与孙女；弟媳与妹妹等称呼都是相同的，这可能说明了如下的几种情况：（一）尊称：例如将哥哥、姐姐喊成与伯父、姑母一样，将儿媳与女婿喊成和嫂嫂、丈夫一样，这是将哥哥、姐姐的称呼按自己子女的地位来称谓的结果，而对于从外姓而来的下一辈，即对儿媳与女婿，又采用了平辈的称呼。（二）因隔代距离较远而含糊称呼：例如孙子与孙女因系属第三代，距离较远，所以都统称为孙。（三）亲切：例如将弟媳与妹妹称作同一称呼等等。

从母系与妻系的亲属称谓中也可以看出，妻兄弟（妻舅）姐（妻姐）妹（妻妹）和母亲的兄弟（母舅）姐（大姨母）妹（小姨母）的称呼是完全一样的，而岳父，岳母的称谓则和外祖父（母之父）外祖母（母之母）是完全一样的，由此可见花蓝瑶人在对妻系的家庭成员中，完全采用了对待母系家庭成员的称呼，即全部使用升了一辈的称呼，即用自己的子女的称谓来称呼妻系家庭中的成员，造成了母系称谓与妻系称谓完全相同的情况。只有在岳父、母没有儿子的情况时，才使用不同于"外祖父""外祖母"的称谓，而单用"tsau˧"和"tai˧"，这很

父系亲属称谓表

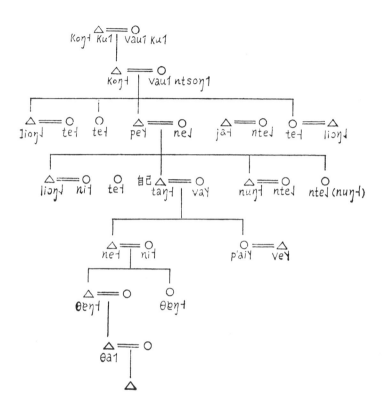

夫系亲属称谓表

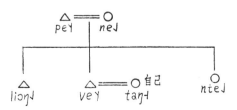

母系亲属称谓表

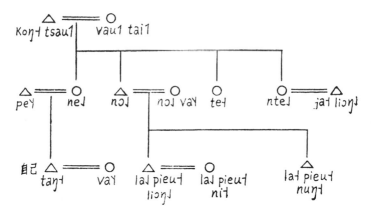

妻系亲属称谓表

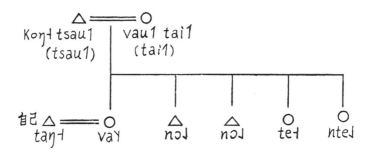

可能是因在这个时候的女婿，又起着儿子的作用，所以才改用了与外祖父、外祖母不同的称呼。

在花蓝瑶语中，亲兄弟姐妹与堂兄弟姐妹之间没有不同的称呼。对于姨表或姑表兄弟姐妹一概都在兄弟姐妹之前加"lalpieu˧"的称呼。从"lalpieu˧"的发音看来，显而易见是汉语"老表"的借入。由此可见，对于由姻亲关系而发展的亲属概念，是受到汉族的影响而产生的，但还没有发展到姨表与姑表的区别。

在花蓝瑶亲属称谓中，用得较多的称谓有"te˧"与"nte˧"两个。"te˧"表示的含义有姐姐、大姨（妻姐）、大姨母（母之姐）、姑母（父之姐）。而"nte˧"表示的含义竟包括有妹妹、小姨（妻妹）、小姨母（母之妹）、叔母（父之弟之妻）与儿媳妇（儿子之妻）等等。即对自己之姐妹，妻子之姐妹，母亲之姐妹，父亲之姐妹等等都是一样的称呼。这种对自己的姐妹及妻方，母方与父方姐妹用同一称谓的称呼，反映了在以男子为中心的社会里，对于妇女亲属称谓的简略。

本文中所指出的在母系与妻系的亲属称谓中，对妻系的家庭成员全部使用升了一辈的称呼，即用自己的子女的称谓来称呼妻系家庭中成员的情况，完全证实了王同惠在《花蓝瑶社会组织》中所说的"我们疑心是借用儿女所用的称谓"的推论，是完全正确的。

亲属称谓的研究只是婚姻、家庭与人际关系研究中的一个侧面，要全面地了解花蓝瑶的家庭社会与亲属关系，还必须辅之于其他方面的调查研究和必要的典型个案，因时间的限制，本文仅就亲属称谓方面作一点记录、分析。

花蓝瑶社会组织

发展为少数民族服务的文艺工作

在访问西南各少数民族的工作中，我们深切体会到文艺工作是宣传民族政策最有效的方法。少数民族和我们语言不同，很多还没有自己的文字，所以讲话和文字宣传都有困难，而文艺工作却可以从形象和感情上把我们的政策交代给少数民族的群众。而且少数民族大多是极爱好文艺活动的，尤其是歌舞是他们日常生活中不可缺少的一部分，所以通过他们熟习的形式很容易接受我们的意思。

但是，我们也必须承认各地文艺工作者对于这项工作做得是不够的，为了民族工作必须很快地展开，所以我想向文艺工作者发出呼吁，并根据半年来在贵州少数民族中工作的体会，对于怎样发展为少数民族服务的文艺工作这个问题提出几点来讨论讨论，虽则我自己对于文艺工作是个外行。

如果我们承认各地文艺工作者对于为少数民族服务的工作做得是不够的话，我们首先得分析一下造成这个情况的原因何在。基本上说，这是因为我们各地文艺工作者面向人民大众，决心以文艺来为他们服务，大部还没有太长的历史。过去在顽固的封建势力之下，文艺工作者服务的对象并不是人民大众，而是封建地主和官僚资产阶级。在那个时代自然谈不到为少数民族的人民大众去服务了。少数民族中绝大多数是农民，即使有小量的地主，他们也养不起一辈汉族的文艺工作者去为他们服务。过去这种文艺工作者如果注意到少数民族,也只是想搜集一些怪僻的题材去满足封建地主和少数资产阶级的好奇心,或者甚至用作宣传大民族主义的材料,决不是为少数民族服务的。这就说明了:只有把立场问题搞清楚之后,文艺工作者确立了为人民服务的观点之后,才能谈得到发展为少数民族服务的文艺工作。

但是当我们一般的文艺工作者已经接受了文艺是应当为人民服务的思想之后,服务于少数民族的文艺工作是不是就会很顺利的发展起来呢?我觉得其间还有困难需要我们克服的。有些文艺工作者可能认为我们不必特别提出为少数民族服务的口号,只要我们的文艺的确是为劳动人民服务,自然可以推行到少数民族中去的。为什么我认为这种思想是可能存在的呢?那是因为我们在其他民族工作上已经发现这种忽视民族区别的作风。而且这种作风也已经成了民族工作的障碍。在发展为少数民族服务的文艺工作时,因之也可能会碰着这种障碍的。具体的说:就是可能有人认为汉族人民所接受的文艺,加以必要的翻译,必然能为少数民族所接受,而且必然会发生同样的效果,因之,不必特别提出为少数民族服务的文艺。我们所需要的只是把我们已有的文艺作品,推到少数民族地区去,就可以为少数民族服务了。

这种不承认民族区别的思想是不正确的。民族的区别是客观存在的事实,不但语言文字不相同,而且经济基础,社会形态,以及民族感情都有区别。这些区别是由于不同的历史条件所造成的。所以主观上抹煞这种区别是不正确的。

客观存在着的民族区别为什么会有人不承认它呢?为什么我们主观上会不能反映这个客观存在的事实呢?歪曲和遮盖

一个事实必然有其社会的原因。让我们在这方面分析一下。我们所谓不承认民族区别，并不是真的认为在人类中没有不同语言文字，经济基础，社会形态及民族感情所构成的不同集团，而是不肯承认其他民族的平等存在，不肯承认民族区别的合法性罢了。只承认自己的民族是惟一合法的，从而认为是高尚的，优秀的；凡是不同于自己的民族就成了非法的，下等的，不应当存在的了。这种思想就是大民族主义。

这种思想怎么会发生的呢？几千年来的封建统治者对于我们境内各少数民族一直是进行侵害的。过去的一部历史充满着大民族侵害小民族，小民族反抗大民族的记载。封建统治者侵害小民族是为了要扩大他们剥削的范围，使更多的劳动人民为他们所奴役。大民族主义是用来支持他们侵害小民族行为的思想，它的作用就在离间各民族的劳动人民，使他们可以利用大民族的人民去为他们的目的服务。

蒋介石继承了历代封建帝王及军阀的反动统治，在他的《中国之命运》中就公开的宣传大民族主义，否认中国是一个多民族的国家，提出中华民族是一个的口号。这就是要剥夺中国境内各少数民族合法的存在和平等的权利，使他可以进行对少数民族残酷的剥削。

不承认民族区别的合法性，引起的不是民族的团结，不是加强各民族友爱合作，相反的，是引起民族之间的仇恨和隔阂。小民族受到了大民族的侵害和压迫必然要发生反抗，反抗遭到更大的压迫和屠杀，小民族虽则一时可以被屈服，但是仇恨是永久的。以贵州说，少数民族的反抗在历史上没有断过："三十年一次小反，六十年一次大反。"在少数民族地区现在还遗留着无数英雄故事和反抗的故迹。同时，我们和少数民族同胞稍一接触，就可以明白，对汉族的隔阂是历史性的，对汉族的怀疑和不信任，至今还是存在着，于是在少数民族中发生了狭隘民族主义。这种狭隘民族主义是小民族反抗大民族主义的产物，所以基本上是由大民族主义所引起的。不承认民族区别的合法性，结果就是这部惨痛的民族冲突的历史。所以，这种思想不但不正确，而且是有害的。因之，我们要为少数民族服务，首先要承认民族区别，决不应当忽视民族特点。

我已经说过所谓不承认民族区别其实只是不承认民族区别的合法性罢了。歧视小民族，认为小民族是不文明的，是野蛮的。这样自然不值得我们去向他们学习了。在发展为少数民族服务的文艺工作时，因之也可能碰着第二个困难，就是把少数民族看成是没有文艺的。我们要以文艺去服务于他们，只有把我们这一套搬去。因之发生了有如西洋传教士那一种作风。自己高高在上，用着教训的口吻，恩赐的态度来"服务"于少数民族。口口声声是教育他们，拯救他们；凡是遇到群众不接受"教育"或"拯救"时，就会发生"不识好人心""不受抬举"的心理。进而"为了他们好"强制要人接受，犯了我们切忌的命令主义。当然，在文艺工作中不致像在其他工作中一般产生严重的结果，但是我们可以预料的，就是这样做法，也永远不可能达到为少数民族服务的目的。

我们怎样以文艺工作去服务于少数民族呢？这就是为少数民族服务的文艺的内容和形式问题。让我们先谈一谈内容问题。为少数民族服务的文艺工作者的任务首先是通过文艺工作来宣传我们的民族政策。主要是团结各民族，尤其是消除少数民族在过去历史中所遗留下来对汉族的仇恨。其次是要启发少数民族的觉悟，在自觉自愿的基础上进行有利于各民族的团结和发展的社会改革。

民族团结工作有两方面：一方面是向汉族的群众进行反对大民族主义的宣传，另一方面是向少数民族宣传我们新民主主义各民族平等、友爱、互助的政策。这样也就会逐渐的消灭存在于少数民族中的狭隘民族主义。向大民族主义作斗争，也就是向狭隘民族主义作斗争，因为狭隘民族主义的根源就是大民族主义。

过去为封建统治服务的文艺工作者曾经通过了他们的文艺活动，把少数民族描写成不文明的野蛮人。现在我们必须消灭这种坏影响。把少数民族的许多美德，实事求是的介绍给各民族的群众。少数民族是具有许多美德的。比如苗族同胞的爱劳动和爱民族就给我极深的印象。除了极少数已经汉化了的地主外，苗族同胞普遍的从事劳动，不脱离生产，都是做"活路"的。

有一天傍晚，我在黄平郊外眺望：对面山坡底下出现了一个妇女和一个孩子挑柴回家。远远望去，那矫健的阔步，轻捷的动作，好像毫不费劲的依着曲折的山径，那么快的越过了山顶。我好像听得她很骄傲的向我说："在你是高山，在我是平地。"是的，我领会了，如果没有这爱劳动的美德，我们的苗胞哪里还会在这样长，这样重的压迫下屹立至今呢？他们民族小，抵抗不住残暴的侵略者，他们只有上山，就是这个妇女这个孩子所表现的阔步，保存他们的民族。在山上，一片荒坡，他们又靠了一双手，把这贫瘠的石山开成良田。我们听到可泣可歌的故事太多了。有一个被汉人地主苛刻剥削的苗胞，偷偷地每天晚上，在黑暗里爬上山开荒。他沉痛的为我叙述了怎样因为过分的疲乏半夜里昏倒在田里；但是他很骄傲的说：

最后还是开出了一片良田。后来地主又逼他"投庄",他想走,可舍不得这块田。他哭了。这样能劳动,爱劳动的人民永远是值得我们尊敬的。

他们热爱自己的民族。他们虽则弱小,但是永远不肯投降。在炉山县的凯里,一次座谈会上,有一位60多岁的苗胞,因为太激动了,站起来唱了一节《反歌》。这《反歌》是叙述咸丰、同治年间18年的反抗民族侵略战争的故事:苗族的领袖被满清的军队捉住了,用酷刑逼他屈服,把头盖骨削去,加油点了灯。问他:"要不要反了?"他很从容的答复:"压迫我们一天,我们就反抗一天。"这《反歌》过去只在隆重的仪式里歌唱,是一种民族教育。那天晚上,在洋溢着民族团结的空气中,他引声高歌,表示民族压迫已经结束,从此是一家人了。他的歌声还没有完,在座的许多苗族老年人,低头哭了起来。全场肃静,我深刻体会到热爱民族的高贵感情。

发扬少数民族的美德,使我们能在感情上确立平等的观念。在这基础上才能更痛彻的觉悟到过去压迫弱小民族的大民族主义的丑恶和罪过。大民族主义者的手段是先歪曲事实,把小民族说成了禽兽,使大民族里的人民丧失对其他民族中被压迫人民的阶级感情。因之,我们也得从恢复对兄弟民族亲切的友爱,才能揭破大民族主义的阴谋。

少数民族仇视和怀疑汉族有着极长的历史根源,决不是一番话、一夕谈可以改变过来的。少数民族同胞告诉我们,他们从小父母就用"客家来了"来唬吓孩子。"石头不能做枕头,汉人不能做朋友。"这种历史的教训在过去是有事实作基础的。我们做民族工作的人,必须深切的体会这种感情,而且应当同情他们。也就是因为有着这种感情上的隔阂,所以我们要在民族团结上做工作。破除民族间感情上的隔阂是一切民族工作的前提。在这个工作上，文艺工作者有很多服务的机会。通过文艺的活动，我们可以把新的亲切的感情传达给少数民族，其效果比了讲话和说理可以更大。这是我们这次访问的经验。当我们访问团的同志化装了苗族妇女上台唱苗歌和跳苗舞时，苗族的观众立刻表示了无限的兴奋。在民族团结舞中，我们有各民族的舞蹈。有一次台下一位苗胞看见台上跳苗舞的同志没有戴项圈，她立刻摘下自己的银链，要我们送上台去加在那位同志的项上。她这样做，是因为她感觉到台上的同志代表着自己，一定要以自己最美的装束出现在民族的行列里。每次我们向苗族妇女借衣服来化装时，她们一定要亲自来替我们的同志装扮。还有一次，在湾水，苗胞送了一顶凤冠给我们，我们由一位穿了苗服的同志去接受，当众把凤冠戴在头上，台下的苗胞群众乐得直鼓掌。后来向我们表示，我们真是一家人，平等了。这许多事实给我们很大的启发，就是通过文艺来表示民族平等的感情，比我们在台上喊一千遍口号，效果大得多。这不但说明了文艺工作是宣传民族政策的有效工具，而且也说明了我们为少数民族服务的文艺工作必须要受政策的指导。

我们对于文艺工作者的要求，不但要通过文艺工作去破除民族仇恨和隔阂，促进团结，建立友爱合作的感情，而且还希望能启发少数民族的觉悟，使他们能自觉自愿的进行社会改革。但是要做这件工作时，必须有充分的理论武装，不然，就不但不能收效，而且可以引起相反的结果。

我们的中华人民共和国是一个多民族所组成的大家庭。这大家庭中的兄弟民族，由于过去历史上大民族残酷的压迫和剥削小民族的结果，在政治、经济、文化、教育各方面造下了极不平衡的情况。我们这个大家庭要好好的建设起来，要从农业国变为工业国，要从半封建半殖民地的社会，经过新民主主义的阶段，进入社会主义的社会，绝不能坐视我们少数民族的兄弟们长期的滞留在半原始性的社会阶段上。局部的建设，局部的发展是不应当，也是不可能的。所以，少数民族的社会必须在汉族人民的帮助下很快的发展起来。我们要帮助少数民族的，也就在帮他们创造使他们可以很快发展的条件。要社会发展必须进行适当的社会改革，这是肯定的。但是怎样去帮助他们，却不是个简单的问题。我们在访问工作中一路上遇到许多干部同志和少数民族中的积极分子问我们：为什么中央所颁布的许多有关社会改革的法令，总是拖着一条"本法不适用于少数民族地区"的规定。我们也遇到不少少数民族同胞要求我们请中央人民政府下令禁止这样，禁止那样。当我们说有关少数民族社会制度及风俗习惯的事我们不能干涉时，也有质问我们这是不是要少数民族永远这样落后？我们怎样答复呢？谈到为少数民族服务的文艺工作，这问题也存在的。既然负有帮助少数民族发展其社会的任务，在文艺的内容里，对于社会改革应当取什么态度呢？

在帮助少数民族进行社会改革的工作上，我们很容易遇到两种不正确的思想：第一种是发生在汉族的干部里的包办代替的思想，第二种是发生在少数民族积极分子中的急于改革的思想。少数民族的社会各方面的落后是事实。在少数民族地区工作的干部，如果带着大民族主义思想的残余，就很可能不考虑民族区别，把适合于汉族社会所进行的改革，不加区别的搬到少数民族地区中去。"提他们一把""良药苦口""等他们觉悟不知道要什么时候哩。"——他们觉得只要自己的动机好，为少数民族人民大众谋利益，就可以了。于是想借政府的权力，包办代替的进行社会改革。少数民族中的积极分子看到自己民族的落后，心里很难过，也很焦急，"恨不得一天之内就追上汉人"。有一次我们向一位在政府里工作的少数民族同胞问他自己民族的情况。他半吞半吐的很不好意思启口。"太落后了。"接着，是要求政府帮助少数民族把那些难于出口的"坏风俗"下令禁止。他很不满意于我们主张宗教信仰的自由，因为"一自由，少数民族的迷信就没法取消了"。

这两种思想是和我们的民族政策相抵触的。我们认为少数民族的社会改革一定要在自觉自愿的基础上由本民族自己来进行。所以，在共同纲领中规定了各少数民族均有"保持或改革其风俗习惯及宗教信仰的自由"。为什么呢？是不是要少数民族停止在落后的水平上呢？当然不是的。相反的，这才是帮助少数民族发展的必要条件。首先我们要明白，少数民族并不是一个，而是有许多。各个少数民族的社会性质并不是一样的。因之，各民族在同一时间，所需要的社会改革是不相同的。如果我们不从具体情况出发，一律根据我们自己的需要用政治权力推行一致的改革，就容易与少数民族的群众脱离，使群众和执行改革的政府对立起来，引起民族隔阂，反而阻碍了少数民族社会的发展。所以，包办代替的命令主义在民族工作中引起的错误，可以比在其他工作中更为严重。

但是，我们是不是袖手旁观，等待少数民族社会自己发展起来呢？又不然。我们是要加以帮助的，帮助他们觉悟起来。我们必须根据他们已有觉悟的程度，启发他们提高和巩固。比如，他们的人民大众受着封建的压迫，我们就得善于启发他们的阶级觉悟；他们实行着早婚制度的地区，我们就要善于向他们传播生理发育的常识。通过文艺工作，我们是有很多事情可做的。

在一定的少数民族中进行一定的启发工作，必须根据具体情况出发，依该少数民族社会发展的阶段，并且在加强民族团结的总方针下进行。这并不是件简单的工作，因为，如果我们犯了教条主义，不顾情况，生硬的依我们主观的愿望强制少数民族"吃药"，必然会违反民族团结的总方针的。比如说：我们到一个尚是神权统治的少数民族中去，一开始就宣传无神论，那必然会犯错误的。当然，马列主义者是不承认有神的。无神论本身是科学的。我们也相信社会继续发展下去，有神论是会消灭的。但是，在这个时候，在那种少数民族中，以汉族的文艺工作者的身份，去宣传无神论，所得到的结果，不是帮助他们社会的发展，而是引起民族纠纷，反而阻碍了他们社会的发展，也就是对该少数民族人民大众有损害的行为。但是，我们对此是不是袖手旁观呢？不然，我们应当在他们自愿接受的条件下，输入科学，如医药卫生，帮助他们解决疾病的痛苦；输入生产技术，帮助他们发展经济；这样才能创造改革神权社会性质的条件。社会改革是性急不得的，但是又必须依具体情况加以启发和酝酿的。文艺工作的任务就在进行适合于一定社会条件的启发和酝酿工作，只有这样才能真正有效的服务于少数民族。

因之，一个要为少数民族服务的文艺工作者，必须能掌握民族政策，熟悉所要服务的少数民族的社会情况，在马列主义理论的指导之下进行工作，所以必须克服轻视政治学习的错误思想。

为少数民族服务的文艺形式必须是民族性的，就是必须通过少数民族自己所熟悉的形式去表现的。我们不应当停留在"我们表演给你们看"的阶段上,而是要以"从少数民族中来回到少数民族中去"的原则来帮助少数民族发展他们自己的文艺活动。因之,为少数民族服务的文艺,基本上,必须是少数民族形式的。我们汉族的文艺工作者要能帮助少数民族发展这种文艺,首先必须向少数民族学习,这是"从少数民族中来"的一部分,然后经过加工和提高,重又"回到少数民族中去"。

一个民族的文艺形式,基本上决定于它的经济基础和社会形态。因之,各个少数民族所有的文艺是不一定相同的。以贵州说,苗族和仲家(布依)族的文艺形式就有区别。在仲家族里我看到了玩龙灯,踩高跷,跳狮子,地戏等活动,他们的乐器和歌曲也有很多是吸收汉族的。但是在苗族里,主要的却不是这些。

苗族主要的文艺活动是人人皆唱,人人皆跳的歌和舞。他们的文艺活动也更密切地结合着他们的生活。一个不会唱歌,不会跳舞的人,在他们的社会里有如我们不会说话的哑巴和不会走路的跛子,不可能在社会里得到健全生活的。唱歌和跳舞是男女讲恋爱时必需的工具。他们的青年们以歌舞来认识异性,选择配偶。这种活动就叫"摇马郎"。所以如果不会唱歌,不会跳舞,就不容易得到满意的爱人。他们在社交的场合中也不能没有歌舞。欢迎和欢送客人就得唱歌,喝酒又得唱歌。凡在节日的群众集会上,各村男女盛装歌舞,互相竞赛。在田间劳动,在路上挑担,到处有歌可唱。因之,很多人一提到苗族,就很容易联想起他们的歌舞来。

这种文艺是配合着他们爱好劳动的生活。人人劳动,人人歌舞。男女都劳动,男女也比较平等,保持着男女社交自由和婚姻自由，和我们封建性极强的旧社会刚相对照。在我们的封建社会中，男女受着礼教的束缚，授受不亲，自然不可能发生以歌舞来接触异性的方式。在一部分封建势力比较强的仲家族中，一方面发生了媒妁之言的早婚制度，另一方面却还没有放弃一定限度内的自由社交，以歌唱来结识异性的"赶表"；结果引起了种种纠纷，抢亲及械斗等破坏社会团结的行为。这是一个很好的例子，说明了社会形态和文艺形式是密切结合着的。

苗族那种群众性的文艺活动，缺乏固定的形式。因为人人皆唱，人人皆舞，同一调子，各人可以各唱，形式上很难标准化。他们的歌唱又是富于语言性的，要唱什么就可以唱什么。真是"即景生情，即情生词"。歌词大多是临时编的。比如，在一次招待会上，一位苗族妇女，举起酒盅要我喝酒，毫不思索的唱："团长你翻山越岭来此地，不为金来不为银，为的是我们苗家要翻身，山高来水长比不得你的恩。"（译意）我是不能喝酒的，只是端在嘴上"意思意思"，可是她却不放松，接着就唱："满满斟了一杯酒，端给团长表心情，团长样样都很好，就是喝酒不像个团长。"（译意）她们就是这样可以一直依着情况的发展往下唱，唱起马郎歌来可以唱一天。调子是一个，内容却一直在发展。

从形式上去看苗族的歌舞是很简单的，因为它还保持着原始性，配合于用简单工具劳动的农业经济阶段。原始的形式虽则简单，但是因为密切的配合着生活，其内容是丰富和生动的，正如毛主席所说的："人民生活中本来存在着文学艺术的矿藏，这是自然形态的东西，是粗糙的东西，但也是最生动，最丰富，最基本的东西，它们使一切加工形态的文学艺术相形见绌，它们是一切加工形态的文学艺术的取之不尽，用之不竭的惟一的源泉。"

苗族的文艺还接近于自然形态，只是粗糙加工的原始形态。他们还没有发生演员和观众的区别，大家是演员，大家是观众。在一个广场上，可以围上许多小圈子，跳舞的人停下来就站着看别人跳，看一忽，有兴致，加入队伍就可以跳。我们看见过他们的"跳场"，此起彼伏，一群群，一团团，无始无终，要停就停，要跳就跳。这和我们舞台上有组织的表演完全不同。因之，要把苗族歌舞搬上舞台就很困难。他们的歌舞，一旦脱离了活生生的现实生活，留下来的只剩了很简单的形式，观众也就难于体会到他们文艺的特点了。

这里发生了一个问题，我们是否要通过这种简单的文艺形式去服务于少数民族呢？有一种意见认为原有的形式过于简单，要发展为少数民族服务的文艺，必须介绍比较复杂的形式。比如，在这种群众性的歌舞中，主要是抒情的，很少表现情节的能力，所以苗族至今还没有发生戏剧。他们没有文字，所以也没有小说。他们虽则有史诗，好像我上面提到的《反歌》，但是并不普遍。这样简单的形式是不容易表现比较复杂的生活内容的，所以必须把新形式介绍进去。这个意见是有理由的。但是要提高他们的文艺形式却并不是搬运我们这一套进去就可以为他们所接受的。现在大部分少数民族的人民还是经营着自给自足的农业经济，但是剥削和压迫他们的反动统治一旦打倒，靠他们的劳动，生活必然会富足起来。生活随即复杂，那些原始性的文艺形式也就会满足不了他们的要求了。我们帮助他们在这方面发展起来是很应当的。但是新的形式却必须从他们原有的基础上提高起来，从他们原有基础中优良的一面发展起来。而不是放弃旧的,全盘接受新的。我们必须承认他们原有基础中有着很可宝贵的成分。比如苗族文艺的普及及群众性,那正是我们自己文艺所缺乏的。苗族不必经过我们汉族过去所走的那一段弯路,就可以从原有基础上提高起来。从原有基础上去提高也许比我们自己文艺的改造更容易见效。这正和他们的经济发展一样。他们曾长期被汉族封建势力所统治,大部分人民成了汉族地主的佃户,但也因之本民族中封建势力不易壮大,在民族性格上保持了爱好劳动,合作互助,男女平等,婚姻自由等美德。汉族封建势力打垮之后,他们这些美德也正是他们经济迅速向前发展的优良基础。

因之,我们要帮助少数民族发展他们的文艺,必然先得向他们原有的文艺学习,也就是说,要"回到少数民族中去",必先"从少数民族中来"。

我们可以相信,少数民族的经济发展了,必然会不满足于他们原有文艺的形式,必然会要求提高的。我们必须根据他们自身的要求,把他们所需要的介绍给他们,以减少他们发展上的困难。这才是"帮助"而不是"给人药吃"。我们并不是要他们汉化了才算是"提高"。我们也可以相信,从他们原有基础上提高起来的文艺,决不会完全相同于我们汉族的文艺。他们要在他们的文艺里表现他们的民族性格。我们应该欢迎每一个少数民族,蓬蓬勃勃的发展其民族文艺,这样才使我们这个多民族的大家庭的文化内容更为丰富,更为结实。

1951 年 4 月 8 日改写

兄弟民族在贵州

一、千山万水访兄弟

毛泽东的旗帜插到什么地方,什么地方就是欢跃,就是幸福,就是光明。我们真是荣幸,有机会在这面旗帜的光辉下,爬过了山,涉过了水,握着了我们民族大家庭里千万个兄弟姊妹的手。从他们兴奋鼓舞的脸,感激动人的泪,欢欣忘情的跳跃,日以继夜的歌唱里,我们更深刻的认识到,尽管语言不同,服装有别,尽管相隔着千山万水,尽管几千年来受尽了敌人的挑拨离间,甚至曾经流血残杀,但是只要把平等团结的民族政策,明白交代清楚,千万群众只有一个呼声:"毛主席万岁!"我们在响彻山谷,震荡回复的欢呼中,也总是好像听见了在天安门前毛主席的声音:"同志们万岁!"声声相应,心心相印,脉脉相通。那一种伟大的场合,消融了累积凝固已久的民族隔阂和仇恨,扭转了历史,展开了民族友爱合作的新页。

我们的祖国真是伟大,真是一个大家庭。虽则现在我们还不知道一共有多少民族,总数可能在 100 以上,汉族之外各民族的人口可能要占总数的 1/10,所分布地域也可能到全国 2/3。这决不是偶然的:我们是拥有最悠久历史的国家。东亚大陆上无数具有自己发展历史的民族，经过几千年来的分合交流，汇成今天这一个统一的中华人民共和国——人类历史稀有的伟业！

但是，在中华人民共和国成立之前，这个民族大家庭中却没有过过一天和睦的日子。现在拥有9/10人口的汉族很早就发展了封建主义。封建统治者不但对本族农民进行剥削和压迫，对于兄弟民族更是残暴：屠杀和奴役，写满全部历史。并且为了便于对兄弟民族的剥削和劫掠，他们更制造出各种光怪离奇的传说，把已经被迫退入边区山地的兄弟民族同胞们描写成低能和野蛮，非但宣传"非我族类，其心必异"，而且用了各式各样带有侮辱性的称号，加上犬旁，在汉族的群众中培养歧视兄弟民族的感情，使汉族的群众不关心兄弟民族被压迫的痛苦。这个反动统治借此可以更肆无忌惮的对兄弟民族进行野蛮的、非人道的掠夺。

汉族的封建统治者对兄弟民族的压迫是利用了民族的名义来进行的，因之，被压迫的兄弟民族也常常受其愚弄，认为所有汉族都不是好人。"石头不能做枕头，汉人不能做朋友。"——这句话很普遍流行在云贵两省的兄弟民族中。"毛主席是苗家，红军是红苗。"我们初听到这种说法时，还不很明白他们的意思，经过说明，他们接下去是半信半疑的惊叹："汉人中也会有爱护我们苗家的么？"这时我们才明白了过去这段历史所造下的民族隔阂实在是不小。

中国人民的解放在民族关系上起了根本的变化。汉族中的反动统治阶级被打倒了。这也就是说压在兄弟民族身上的石头被搬下来了。靠劳动生产来丰富自己生活的人民大众是不必也不会去剥削别人，因而也不会容许政治上对其他民族的劳动人民加以压迫的。民族间的友爱合作在社会本质上起了变化之后才有可能。中国人民的解放使我们中华人民共和国境内各民族从此可以一律平等，实行团结互助了。

汉族反动统治者的被打倒主要是出于汉族人民的力量。虽则在革命事业中有着很多兄弟民族同胞的参加，但是广大的兄弟民族群众，由于长期的被压迫和处于偏僻的地区，并不能构成解放运动中的主力，革命的经验较少；而且又因为历史性民族隔阂的存在，在短时期内不容易很快的认识到民族关系上已经发生本质上的变化。但是如果兄弟民族同胞在感情上不能深刻的反映出这个变化，如果民族隔阂依然存在，共同纲领中所规定的民族工作在推行时也必然会碰到阻碍。因之，在这种情况下，我们急迫需要把民族平等团结的政策，深入的宣传到兄弟民族的人民大众中去。中央访问团出发到各兄弟民族区域进行访问的基本任务就是这个。

去年7月我参加了中央访问团第三分团，派到贵州去进行工作。在贵州一共工作了六个半月。这六个半月在我个人来说实在是上了一堂内容十分丰富的民族课。我深切体会到了理论必须联系实际，只是这一点也已经足够说"不虚此行"了。但是民族情况的复杂，加上了时间的短促，这次工作只能说是学习的开端，所得到的了解不但很浅，而且也必然是片面的。很多朋友要我写一些介绍贵州兄弟民族的情况，我一方面承认这是我的责任，我应当把我们已经知道的关于贵州兄弟民族的情况告诉许多没有机会直接去访问的朋友们，但另一方面我却很踌躇，生怕我认识不够，甚至有错误。最后我虽则勉强答应了，但是必须先声明这只是抛砖引玉的用意。

我们首先遇到的困难就是由于民族隔阂所引起的民族隔膜。我自己对于贵州民族情况，在访问之前可说是一无所知。我在行前曾向到过贵州的朋友们请教过。有一位朋友听说我要去贵州访问苗族同胞，很关心的叮嘱我："千万不要吃苗家的东西，更要提防她们碰你的身体。"他说："因为苗家是会放蛊的，受了毒就回不来。"这种完全没有事实根据的传说会使我这位朋友这样认真的叮嘱我，只说明了一件事实：就是过去反动统治者生怕兄弟民族接近了，团结起来反抗他，不惜千方百计造出种种谣言来离间阻挠。也正因为受到了这类阻挠，以致过去我们对于兄弟民族的情况实在太不了解了。

譬如说："贵州有哪些民族？"这一个最基本的问题罢。一直到现在我们还是不能正确的答复。在访问前，我只知道贵州有苗族，后来才知道贵州苗族只占兄弟民族人口总数的一半左右。我们到了贵阳和许多朋友谈话，普通总是说：贵州兄弟民族有苗、彝、回三种，后来才知道包括在"彝族"中的就有许多自认为自成民族的单位。到现在我们可以列举的民族名称已经在30个以上。当我们更进一步的了解，这个问题也更为复杂：自认是一个民族的人，在不同的地区可以有不同的名称，甲地通用的名称在乙地却可以认为是带有侮辱性的。这种现象必须从历史的背景去了解，而历史材料却又常常是很难得到的。

再以最基本的人口数量问题来说：我们最初去查伪内政部的统计，贵州兄弟民族仅120万人，占全人口的11%强。后来和若干兄弟民族的同胞讨论这问题，他们给我们的估计是占全省人口的60%—70%，在600万人以上。各族人数估计差额最大的相差有十倍。

这些事实告诉我们：我们对于各兄弟民族实际情况知道得实在太少，甚至可以说太不了解了。因之，我们还得"从头学起"。直接访问是"从头学起"最好的方法。民族之间的相互了解是打破民族隔阂的必要前提。这六个半月的访问工作只做到了"知所不知"，时间太短了是我们访问团同志们共同的感觉。所以这只能算是学习的开始。

基本上，贵州是一个多民族的杂居地区。依我们的估计，汉族占多数，约占60%—70%。兄弟民族是少数，总数在400万人左右。民族种类还没有正确数目，据已经知道的名称在30种以上。其中以苗、仲（有的地区称土家、水户等，本族语称"布依"）、侗、水、彝和回人数较多。这许多民族基本上是杂居的。他们共同居住在一个地区之内。以县单位来说，现在已经没有单一兄弟民族聚居的区域。聚居程度最高的县区，如台江、雷山，仍有5%左右的汉族居住在内。纯粹由单一兄弟民族聚居的情况要到乡村级区域里才能看到。这种情况和西南靠边疆的区域不同，那是因为从全国范围来看，贵州是兄弟民族地区和汉族地区接触的边缘地带。汉族在历史上从中原向边区扩张，兄弟民族逐步向边区移动，依靠贵州这多山的自然条件，才部分的站住了脚，保存到今天。但是汉族的势力不断伸张，深入内地，占领了点线，在这区域的政治及经济上握有统治的权力。这样，形成了贵州多民族杂居、汉族统治的基本情况。

贵州各民族虽则基本上是杂居的，但是那几个主要的民族在分布上还是各有其中心的地区。以全省范围来说：黔北，乌江以北已很少兄弟民族。黔东，清水江流域及苗岭山脉是以苗族为主，中心地区在台江、雷山一带，在这个中心地区，苗族人口现在还占 80% 左右。黔南，东部是侗家（以黎平为中心）、水家（以荔波为中心）的分布地区，靠近广西的地带还有僮（壮）家（中心在广西）；西部盘江流域主要是仲家的分布区，以册亨、望谟为中心。黔西，从毕节向西，原是彝族的地区，人口并不占多数，但是在过去是居统治地位的。贵州的回族大多是清末从云南因杜文秀起义失败后移入的，分散在黔西南主要交通线的城镇及其附近。

由于贵州是兄弟民族和汉族接触的内缘，所以在历史上民族战争特别频繁，其中尤其是苗族首当其冲。在战争中，队伍的流动和人口的流徙，使各民族在大部分地区相互混杂，甚至一村一寨之中可以有好几个民族。分散最广的是苗族，除了上述中心区外，不但零星的分散在贵州各地，而且深入云南和缅甸。

此外还有许多人口比较少的小民族。这些小民族又可以分为两类：一类是比上述各兄弟民族更早在贵州居住的民族，也可能是西南的土著民族，如偑佬❶、土佬、木佬等。他们经长期和多重的民族压迫，现在所存已经很少了，但分布地区却很广，也很零星。一类是早年入侵的汉族军队，很多就驻扎在各军事据点，称作军屯；他们回不了家乡，有许多娶了兄弟民族的妇女，就在这山国里成家立业，经长期同化，后来移入的汉族就不认他们作汉族了。因之，现在一般把他们列入了"少数民族"中。这些"民族"各地有不同的名称，如堡子、南京人、穿青、里民子等等。

---

❶ 偑佬系亿佬。——编者

贵州的兄弟民族既是这样多，分布又这样广，我们在六个半月的时间中，并不能遍访各地各族；只能有重点的进行工作，黔东一路以镇远为止，黔南一路以贞丰为止，黔西一路以威宁为止。每路都挑了一县由一部分同志作比较深入的访问，对苗、仲、彝三个主要兄弟民族进行了初步的调查研究。其他如侗家、水家、僮家等民族都没有机会去访问。因之，我们对于贵州兄弟民族的情况的了解是不够全面的。在以下几篇介绍贵州兄弟民族情况的短文中，只希望能引起读者们对于民族问题的关切，和对民族工作的重视罢了。

二、血泪话当初

山愈上愈陡，路愈走愈滑，我下了马加入了步行的队伍。香炉山下，破庙栏边，喘着气，坐了下来。一位小同志却愈走愈有劲。看见我这情景，笑着说：

"我有了个体会了。"

"什么体会？"

"兄弟民族就在爬山竞赛中获得生存的。汉族的反动统治就像你一样，爬到这里，气喘了，不再过去了。山里边也就成了兄弟民族的生存空间。你不相信，再往里爬，准是我们兄弟民族住的地方。"

"还有体会没有了？"

"有，"小同志高兴地继续说："我早发现了个规律：老是坐汽车，就不会停在兄弟民族的村寨里。向山里走，走到脚上起了泡，包你住到他们家里。"

"你喜欢爬山么？"

"爬爬也有趣，但是我愈走愈想起家乡，回去走在平原上一定会更觉得舒服。山，看看是美的，不平凡；整天要上上下下才不是好玩哩。"小同志在我旁边坐了下来，摸摸下面的石头，体会又来了："你看，这里全是些石块块，包谷（玉蜀黍）长得这样瘦，真是亏他们的，石缝里还要下种。哪里能和我们家乡比。"

等了一忽，他忽然想起了一个问题："团长，他们说他们的祖先就住在我们家乡，我们还是他们的老乡哩。你说这是真的么？"

说来也真是惭愧，像我这样在大学里教书的人，对于刚才那位小同志所提出的问题，实在答不上来。我从小学到大学上过不少历史课，除了隐约还记得"三苗""三危"这几个字之外，关于西南许多兄弟民族的历史简直什么也说不出来。好像自从上古以后，这些民族就在"历史"上被取消了。谁还想得到在这"历史"之外，几千年来在这广阔地区上，几百几千万人，在用血和泪写下了一部那位小同志所说的"爬山竞赛"的惨痛历史呢？

快过年的时候，我们的队伍在毕节工作，有位同志在书店里买到了《学习》3卷1期。大家抢着要看范文澜先生的《中华民族的发展》。那位小同志也特别高兴，这里有着他的答案："东夷族最先开发了沿海地区，苗族、瑶族最先开发了长江、珠江和闽江流域……彝族和西南各族最先开发了西南地区。""苗族曾在湖北、湖南、江西地区建立一个大国。彝族中哀牢族曾在云南建立南诏国。"

从现在贵州兄弟民族分布的情形看还可以见到一些符合这历史过程的线索来。苗族的中心区在清水江流域，但是在东北的松桃一带还有苗族区，而且和湘西的苗族区相连，过去很可能是和清水江流域连成一块，早年从湖南来的。贵州苗族区中心可能就在乌江流域。后来汉族的势力从四川南下，又从湖南西进，把他们冲成两段。乌江以北现在已很少兄弟民族，只在遵义山里还有苗族几千人。

贵州的苗族分布最广，黔东、黔西和黔南都可以见到他们。但是除黔东的苗族中心区，和在西南兴仁区一部分外，他们凡是和其他兄弟民族杂居的地方大多是住在"高坡"上，就是在很高的山上的。俗话说："苗家住山头，仲家住水头，客家（汉人）住街头"就是指这个情况。苗族零零星星的，几家，几十家，就这样散居在中心区以外各地，一直到云南和缅甸。这些大都是从原来的中心区流亡出来的。在解放前国民党的残酷统治下，为了逃避拉兵，这种向高山上的迁移运动，一直没有断过。苗族从中原到西南从平地到高山移动的历史趋向是比较清楚的。

有问题的是现在一般俗称"夷族"的仲家、水家、侗家、僮家。它们和历史记载上的"东夷族"有什么关系却不易肯定。名称上的相同并不是有力的证据。但是从他们语言系统上说，和苗族是不同的。苗族所说的话和瑶族相通，同属苗瑶语系；而"夷族"所说的，不论仲、水、侗、僮，均属洞台语系，也就是普通所谓"泰语系"。说泰语系话的，除了贵州的"夷族"外，还有许多民族：广西的僮族，云南的泰族僰族（俗称摆夷）等，以及东南亚的泰族。从整个分布情况来看他们是亚洲东南沿海区的民族。因之使我们有这样一种猜测：这些民族有可能是从东亚大陆沿海受了汉族的压力而向南搬来的。如果我们进一步从他们风俗习惯及传说中去研究,还可能得到更多的启发。

彝族的历史比较"苗""夷"的传说更可靠些,因为彝族在过去有较完整的政治组织,有上层的统治人物,有些还有家谱。他们是开发西南的老民族。彝族现在的中心是在川、康、滇、黔接界处的大小凉山。贵州的西部(乌江上游的鸭池河以西毕节专区一带)只是彝族的边区。在元明时代,这地区的彝族被封建帝王并入了他的统治范围,当地的统治阶级被封为土司。汉族的封建势力逐步侵入,到了满清中叶,改土归流。民国的军阀时代又进行兼并,国民党继承大汉族主义,再加压迫。以贵州来说,到现在只在赫章、威宁那个在地图上凸出的角上还有10万左右的彝人。

这样说来,贵州现在人数较多的"苗"和"夷"两个兄弟民族都是从外面迁移来的。汉族的入黔还在他们之后。在他们之前,这个地区除了西部的彝族可能是土著之外,是哪种人居住的呢?愈往远推,我们的知识也愈少。我们在贵州所接触到的民族中,有一些小民族,零星的散居在各地,有若干现象暗示他们可能是原来的西南土著民族。比如僚(原用仡)佬就是一例。现在贵州大学所在地的"花溪",在抗战前还称作"花僚佬",但是现在这地方一个僚佬族的同胞都没有了,除了汉人外,只有仲家和苗家,原有的地名却还纪念着本地原有的居民。又如仲家聚居的扁担山(在镇宁、郎岱、关岭接界处)附近还有一个僚佬的寨子。他们有一种称"吃新"的风俗,就是新谷成熟后,他们有权利可以在仲家所种的田里,沿田岸采谷一筐回家祭祖。这也可能是表示他们的祖先原是这地方主人

兄弟民族在贵州　　**177**

的意思。僆佬族散布很广，在湖南和云南都有他们的人，但是很零星，已经濒于灭亡了。有人认为"佬"族就是古书上所记载西南民族的"僚族"。在贵州除了僆佬外，还有土佬、木佬，但是他们是否和僆佬相通，我们不敢肯定。

贵州是个多山地区，多山的自然条件使弱小民族得以保存。像水浪一样，一次又一次从多方面来的移民，积聚在这交通不便的山旮旯里。年代久了，同一民族的人，各自发展他们的方言、服装和风俗习惯，又形成各个分族，好像苗族中有青苗、红苗、白苗等等。泰语系的民族已经分化到各自成"家"，不再认为同族了。

我们说"苗""夷"都是外边来的，都是从肥沃的平原迁移到这山国里来的，而且有许多又从小盆地里迁到了山顶上的，统而言之是从好地方搬到坏地方的。如果不是出于不得已，他们怎会走上这条路？谈起这当初的事，兄弟民族的伤心话是说不完的。

在黄平县城附近有一个古迹，名称就叫"杀人洞"。这里有个传说：在咸丰年间，满清的皇帝派了兵到黄平，召集苗人来听圣旨。各处来的苗人都要上这一个山坡。清兵就埋伏在坡后，来一个杀一个。杀了就把尸首丢在一个山窝里。这个山窝底下有一个洞，流出一股水。人的血染红了这股水，慢慢的流到山坡外。后来的苗人看见了水里淌着血，知道不妙，回身就走，把村寨里留下的妇女孩子都集合了，逃到十几里之外一个绝壁上的山洞里，上下都得用绳子吊，这样才逃出虎口。后来的苗家都是这洞里的妇女传下来的——我们去看过这个杀人洞。这个传说虽则不一定完全是事实，但是咸丰年间，满清的封建帝王屠杀兄弟民族却是有记载的历史。

《贵州通志》上的记载摘要如下：咸丰四年（1854）官府勒缴金银、粮米。苗族张秀眉等起义于清江、台拱（即现在的台江）、丹江、八寨（即现在的丹寨）等处，与太平军取得联系，石达开组织苗汉联军，统一指挥，兵力直达黔东、黔南。清廷利用田兴恕以苗制苗。同治时，苗族领袖严大五、巴大肚进兵各地，虽获局部胜利，但由于川楚清兵纷纷涌入，清兵大量诱降和收买苗族上层，同治十一年（1872）斗争失败，余众退入雷公山。咸丰战役中苗族死亡的数目没有估计，但是其他几次战役却还可以找到一些数字。雍正四年（1726）牛皮大箐（即雷公山）之役，被张广泗所屠杀的苗族："斩首万余级，苗人饿死四十余万。"据《圣武记》此役"共毁除千有二百二十四寨，赦免三百八十八寨，阵斩万有七千六百有奇，俘两万五千有奇，获铳炮四万六千五百有奇，刀矛弓弩标甲十四万八千有奇，宥其半俘，收其叛产，设九卫，屯田养兵戍之。"

其他兄弟民族的遭遇也是类似的。嘉庆二年（1797）的盘江暴动是当时被称为"濮民"主动（可能就是现在的仲家），志书载："大军攻阿俸贼，千余匿八角洞，火熟之，悉毙。""俘馘以万计。""党洞西当文两贼巢，斩级千，俘两千六百，烧毙万余。"

对兄弟民族的屠杀是历代帝王一贯的压迫手段，在史书上记下来的只是其中规模比较大的战役，而且也是很简略的。兄弟民族自己却是铭心刻骨的记着这些仇恨。在炉山凯里的一个晚上，我们举行了一个座谈会。会快结束时有一位60多岁的苗家老人站起来唱了一支歌。他的音调深沉激动，愈唱情绪也愈高，全场肃静，很多在座的苗家老人，跟着流眼泪。我座旁的苗胞告诉我：这是《反歌》。《反歌》的内容是叙述苗族领袖怎样起义，怎样鼓励群众，怎样进军，后来怎样失败。最后是他们的领袖被汉官捉住了，逼他投降，把他的头颅打开，灌了油，烧，问他苗族今后反不反了。他说："汉人欺侮我们一天，我们就反一天。"——这《反歌》从来不唱给汉人听的，只是老年人在一定场合下用来教育青年的。这晚上，这位老者破了例，因为他说：从此苗汉是一家人了，汉人不会再欺侮苗家，苗家也不会再造反了。所以他可以把这《反歌》唱给毛主席派来的人听了。他最后还唱了一段歌颂毛主席的歌，可惜我不懂苗话，没法记下来。

这段血泪斑斑的历史，究竟谁应当负责呢？也就是说：谁压迫了兄弟民族？谁是兄弟民族的敌人？在座谈会里经过了大家的诉苦，这个问题总是要提出来的。很普遍的答复是汉族压迫了兄弟民族。但是有人就怀疑了："毛主席也是汉人怎么不压迫我们，还要帮助我们呢？"这样，这问题就谈开了。于是有人往下想了："为什么汉人要压迫我们少数民族呢？压迫了有什么好处呢？"——"当然有，把我们的田占了，牛也抢了，要我们的钱。"——"谁占了我们的田？谁在享福？客家（汉人）的乾人（穷人）没有得到什么好处，得到好处的还不是那些做官的和那些地主？"——"那些做官的和那些地主没有兵就霸占不了我们的田，他们养了兵来镇我们，杀我们，把我们赶走了，土地变成他们的了。"——"是呀！我们开荒，开熟了，这些家伙又来了，说地是他们的，不上租就不许种，派了枪兵来吓我们。"——"国民党就是这些做官的和这些地主们的，拉我们兵，派我们款。客家的乾人还不是和我们苗家一样苦？"——敌友就这样逐步分出来了。

压迫和屠杀兄弟民族并不是为了他们语言说得不同，或是服装不同，而是为了封建帝王所代表的地主阶级要扩大他们的剥削对象，用武力去劫夺兄弟民族的土地，强迫他们劳动。屠杀压迫是为了具体的经济利益。汉族的农民在压迫和屠杀兄弟民族这一件事中是得不到利益的，不但没有利益而且还受到损害。封建帝王和地主阶级自己并没有上战线去和"蛮夷"拼命。上战线去拼命的还是汉族的农民，拿钱出来养这些兵的又是汉族的农民。这些士兵，在这气候不同，疾病蔓延的"蛮荒"地区进军，死亡是很容易的。战争完了，兄弟民族被屠杀了，汉族出征的农民也死的死，伤的伤了，没有死伤的长期被派驻在堡屯（军事据点）上，有很多就同化在兄弟民族中，有很多就成了我在前面所提到的被各民族所遗弃的人物。农民还是农民。但是那些做官的却立了"功"，赏了土地，成了地主，剥削了兄弟民族的农民，拿出一部分去报酬代表他们利益的帝王。这些才是兄弟民族的敌人，也就是要向这血泪斑斑的历史负责的冤头债主。

汉族的人民在这里完全没有责任么？那也不然。我们的祖先和我们中间有很多人在过去不但不同情兄弟民族的灾难，不坚决反对自己的反动统治者去进行那种野蛮的行动，甚至还歧视兄弟民族，开口"苗子"，闭口"猓猡"地侮辱他们。这些都是因为阶级觉悟不够，受了反动统治的麻醉和欺骗的结果。我们要明白，"广大的中国疆域，"正如范文澜先生所说的，"不是哪一个民族所能独立开发出来的，她是许多已经消失了的和现时正在发展的各民族合力开发，经数千年的艰苦斗争，才逐步建立起这个伟大的中国来。""中华各族的劳动者既然是中国的创造者，中国当然是属于他们的，他们当然是中国历史真正的主人翁。"过去大汉族主义把共同创造祖国的兄弟民族排斥在同胞之外，加以歧视和侮辱，是完全错误的。凡是犯这个错误的就也应当负责的。

现在造成这部血泪斑斑的历史的主犯已经打倒，因而国内的民族关系发生了根本变化；从民族间压迫和被压迫的关系，转变成了平等互助的关系了。和中华人民共和国一起开始的新的民族史已经在我们眼前展开，幸福和光明已代替了过去的灾难和黑暗。让我们为它变得更美满而努力罢。

三、劳动的苗家

苗岭山脉的北面，流着一条清水江，是沅江的上游。清水江从它的水色得的名：碧绿的一股水，蜿蜒曲折，奔流在万山丛中。从黄平的重安江和麻江的下司场往西，都可以通航浅底尖头的小驳船。从这里离开公路进去，就可到苗族聚居的区域。贵州第一个成立民族自治区的凯里就在这清水江畔。在地图上，把炉山、台江、雷山、丹寨四个县城作为四点，用铅笔画成一个四方形，这个四方形就是贵州苗族的中心区，里面的山地大部住着苗家，虽则商业中心的市镇上，照例是住着汉人。从全区人口数量上说，苗族要占80%左右。在这中心区四周是苗、汉及其他民族的杂居区，所占百分比不等。此外零星的苗家寨子或少数居民，分散在其他民族的聚居区内，范围很广，不限于贵州。贵州苗族总人口在200万左右。在数量及历史上看，苗族是西南的一个重要的少数民族。

我们在苗区访问了40天,从龙里起到镇远止,其中又在黄平和炉山离开公路线,深入苗族聚居的湾水、谷陇、凯里等地区。一路上看到:凡是山坳里,山水能灌溉得到的地方,一层层地筑着梯田;山坡上凡是土比较厚的地方,一片片种着包谷。山地有高低,山坡有阴阳,作物成熟得有迟早。我们经过时稻田有一部分已经收割,一部分正在收割,还有一部分没有熟。正在收割的田里,就可以看到成群的苗家男女忙着工作。苗家的男子,和汉人在表面上已不容易分辨,但是妇女在服装上却还充分保持她们的民族形式:头上扎着帕子,两袖和衣襟上绣着花边的上衣,下面是百裥长裙,赤着脚。从头帕到长裙都是深紫色——这是被称为"长裙黑苗"的装束。

这里必须插一段说明:贵州苗族内部又有很多名称,主要分:黑、白、红、青、花五种。这些名称是根据他们妇女服色来区别的。黑苗穿的是一种深紫色的衣服,远望去是黑黝黝的,所以称黑苗。他们分布在黔东一带。白苗妇女的裙子上有一圈是白色的,分布在黔中。红苗在黔东北松桃一带,我们没有去。青苗穿青布衣裙,在贵阳附近。花苗的男女都披着绣着花纹的衣肩,在黔西的赫章、威宁一带。各种苗中还有分别:比如凯里附近的舟溪也是黑苗,但穿短裙,裙子刚过膝,下腿另有绑腿,称作"短裙"。在龙里一带还有些苗家妇女背上挂着贝壳作装饰,称作"海𧟰苗";有些头上梳个髻子,称作"纠纠苗"。此外又有以他们住处称呼的,如"高坡苗"。像这类名称很多,这是山岭阻隔,经济分割,互不往来,各地方的苗家住久了,发展了各自的特点,在风俗习惯和方言上有了若干区别。但是所有的区别并没有掩盖他们基本上共同的民族特点。

一般的说,苗家妇女的服装还很少受汉族的影响,我们只在贵阳和镇远遇到过穿汉装的苗家妇女。苗家妇女服装上最明显的特点是穿裙子，而汉人却穿裤子。在国民党反动统治时代，在场坝上（市集上）常常发生"挑裙子"的侮辱行为。杨森在贵州当政时又推行剪发改装的同化政策。派了兵在街上守着，看见苗家妇女就强迫把她们头发剪短，把裙子剪破，还要敲一笔"改装费"。这样把苗家妇女吓得不敢上街。妇女怕改装，男子怕拉兵。那一个黑暗时期，街上很少看到苗家，城乡就这样被隔离了。

苗家妇女对她们的服装特别宝贵，因为这是她们从小一针一线长期劳动的结果。普通都是自己种了棉花，纺了纱，织了布，染了色，绣了花，费了多少年的精力才完成的（不出棉花的地方就种麻。一丝丝的抽成线，织成麻布）——劳动的苗家妇女很少是穿不上衣服的，普通都有一套绣了花的衣服。她们从七八岁起就学会绣花了。我们常看见这些女娃娃靠在母亲脚边，坐在矮凳上一针针的绣着花纹。她们"反面绣花正面看"，既不打样，又不画线，任手绣去，整齐美丽，真使我们不容易相信是"儿童手工"。她们这样努力，几年后有了漂亮的衣裙，就可以穿了自己的"作品"在"马郎坡"上和青年男子唱歌谈情。手工巧，花样新，是得到情人夸奖的主题。每逢节日有群众集会时，盛装起来，排着队"公开展览"她们的艺术品。哪一个村子里出了个手工巧的姑娘，名声远播，一村都觉得光荣。别村的青年男子慕名的都要来马郎坡上结识这"绣花英雄"，她们可以从此挑选她们最合意的郎君。

苗家妇女这样重视她们的服装，而蒋介石杨森这些反动魔王却偏偏不准各民族保存她们自己的风俗习惯，这是她们最痛恨的。我们宣传了"尊重各民族风俗习惯"的政策，而且根据共同纲领说明了保持或改革风俗习惯是各民族的自由后，苗家妇女特别高兴，纷纷向我们控诉杨森逼她们剪发改装的压迫。我们把丝线送给她们时说："你们绣花绣得好，我们特地从北京带了丝线来送给你们，望你们绣出更美的花来。"她们感激得两手颤动地说："毛主席真体贴我们，毛主席想得真周到。"我在施秉和贞丰时，曾到各村子里挨户访问。临走时把针线拿出来塞在苗家妇女的手里。她们总是急急忙忙到房里去，找出块花袖子或是花条条，一定要我带回去给毛主席，说："毛主席喜欢我们的绣花。"在群众大会上，这类的礼物收到得真不少。有一次在凯里欢乐会上，苗家妇女围着我们女同志们的手风琴唱歌，唱得高兴，就把花条条结在女同志们身上，个个都挂满了一身。这是妇女们最亲密的礼物，往常是只送给情人的。

一到苗族区，最深的印象就是劳动。我常和同志们说：要学习劳动观点的，最好到这里来上一课。苗家妇女不但从劳动里自己解决穿的问题，更提高到了艺术的水平，而且也参加耕种，和男子们一起，从劳动里来解决吃的问题。在苗族中，很少找得到吃闲饭的人，就是孩子也往往参加劳动。我有一天在施秉桥头散步，就遇着好几个还不满10岁的男孩子，各自挑着一挑柴，从山上下来，好正经，活像个成年人。我挡住了他们，说笑一会儿，自己试一试这挑柴，分量真是不轻。在凯里，也遇着过一个孩子背了一袋米上山，我们有一位同志向他说："我来替你背吧！"上了山，拍拍肩头，呼了一口气，"看不出这孩子能背这样重"——他们从小就在锻炼。只要看他们的一双脚，在乱石山路上，在冰雪里，大踏步的前进，普通连草鞋都不穿。

苗家男女普遍的劳动，就是有土地的，甚至有多余土地出租的，也不脱离劳动，因之，除了个别的地主外，至多是半地主式富农。比如黄平的谷陇区4100户，占人口95%的苗族，没有地主，仅有半地主式富农10户和富农50户，中农占大多数并占土地的大部分。又如该县黄飘乡蒙加寨，中贫农占全部土地的2/3。苗族农民大多数是自耕农兼少量土地租入者，所租入的土地大多属汉人地主。

苗族内部的租佃关系和汉苗之间的租佃关系在剥削程度上也有区别。苗族内部平常都是活租制，只有很少是定租制，一般没有押金。租额一般是平分，极少数有在分租前抽10%上粮。除了帮地主少量的无偿劳动外，并没有其他残酷的超经济剥削。因为普遍劳动，有土地的人，不出租自己也可以耕种，所以常有因照顾无地亲友而出租土地的情况。黄平县东坡乡吴姓地主，13个佃户中就有6个是亲戚。

苗族内部地主阶级不多，是一个重要特点。这个特点怎样形成的呢？在这里我们得重复提一提他们的历史了。苗族所处的地位正在和汉族接触的边缘。历代封建帝王向西南少数民族侵略的根据地是四川和湖南。而苗族正首当其冲。封建帝王的侵略目的是夺取土地，所谓开疆辟土。对于比较远的区域还可以羁縻一下，"以夷制夷"的间接加以统治，满足于"岁岁来朝，年年进贡"。但是对于靠近其中心区域的地带却不然，最彻底的是把少数民族杀完、赶完，占领其已经开辟了的土地，租给本族的农民，进行剥削。如果劳动力不够，就要利用少数民族农民的劳动力，并在政治上加以直接统治。苗族过去几千年碰着的就是这两种手段。他们在平原地区遭屠杀"征剿"，退入了贵州的山地。但是汉族封建势力还是跟着进来，占领军事根据地的堡和屯，更依着经济力的伸张，控制了点和线。凡是军事势力所达得到的地方，派了汉官，占有了原来是苗族开垦出来的土地，又把土地出租给苗族农民，进行残酷的剥削，租额高至四六分以上（地主得六，佃户得四），又有送礼、送新及极苛刻的无偿劳动。苗家男女不甘受这样剥削的就逃到山上去开垦。山地开熟了，汉族地主又出来硬说这山是他的，非认租不成。他们有势力，汉官就是这批人，一不对劲就捉进衙门里去，死了也没有人敢说话。于是不得不"投庄认主"。

汉族地主倚仗势力霸占田地，靠剥削过日子，不劳动，生活也必然逐渐腐化。而苗家农民克勤克俭，虽则在重重剥削和压迫之下，部分的还能劳动发家。日子久了，苗家的经济力逐渐上升。腐化了的汉族地主把土地卖给了上升的苗家。苗家势力也一步步下了山。在苗族聚居的边缘地区就可以看得出这现象来：黄平的东坡乡苗家现在已占有全乡土地的63%，清朝雍正年间，这里的土地全为汉族统治者所有。在《黄平州志》上记载着雍正五年"乱苗平"的结果："苗田之上者，尽属军屯；余之田皆山头地角，水易湿而旱易干。"该乡十里桥的老虎坳寨周围1000多挑田在20年前还是上下井湾汉人周家所有，现在除了20多挑外，全属苗家的了。据我们调查，该乡汉人地主在过去几十年中保有土地不出卖的只有黄姓一家。汉人地主的衰落和苗家农民的上升是很显然的趋势。这是很容易理解的：劳动者上升，不劳动者没落。

但是民族压迫阻碍了这趋势的发展下去。当苗家农民经济势力上升到一定程度，有力量来反抗当地汉族封建势力的压迫时，提出了政治要求，也就发生了武装起义。当地的封建势力就用"平苗乱"的口实动用官兵来"征剿"。经过一度战争后，苗族又被屠杀，土地又被霸占。这样构成了苗族经济在封建中国历史上不断遭受破坏以至恢复成长的循环过程。贵州流行着一句话："苗族三十年一次小反，六十年一次大反。"这周期性的民族战争是有其经济基础的。

苗家的生产工具和汉族并没有什么差别。他们在利用畜力这一点还超过当地汉族农民。普通的农家都养牛，而且有养好几头的。他们重视畜力的经济价值已反映到他们的文化和宗教生活里。在苗族中普遍通行"牛打架"（斗牛）的集体娱乐。为了欢迎我们访问团，他们曾在不同的地方举行过好几次大规模的"牛打架"。打胜的牛要挂红，也是一村的光荣。人死的时候，他们的风俗是一定要杀头牛，在死后的世界里好有牛来替死者背罪。这也是反映着在活人世界里利用畜力代替人力劳动的事实。在宗教仪式中用牛是很普通的。

但是为什么在苗族中地主这样少？这里我们看到了民族界线了。从经济结构的整体来看，这个区域已进入了封建主义的阶段，但是因为汉族封建势力罩住了苗族，汉人地主有着政治权力（就是军队，衙门和监狱）压迫着苗族，使苗族本身不易生长出地主阶级。这好像中国在强大帝国主义的经济政治势力下资本主义不易生长是一样的。从民族的范围来说，苗族本身封建势力是薄弱的，但并不是说苗族的经济没有进入封建主义阶段。苗族经济是贵州经济的构成部分，只是这部分是封建社会中被压迫的一部分。汉族的封建势力是这个经济的统治势力，所以民族关系在这方面说就是阶级关系。汉族封建统治者有两只手，一只手压在汉族农民身上，一只手压在兄弟民族身上。汉族农民和兄弟民族农民虽被同一个敌人压着，但是因为民族的隔阂，和经济上的分离，在过去他们并没有充分认识到共同的利害，一直要到民族隔阂消灭之后，他们才容易觉悟，发生阶级友爱的关系，这种友爱关系是民族平等的基础。这也说明了过去民族的斗争本质上就是阶级斗争。很明显的，只有把压在兄弟民族身上的这个汉族封建统治消灭了，民族的仇恨才能消灭，民族的友爱团结才能实现。

由于汉族封建势力的侵入，阻遏了苗族本身封建势力的生长，苗族社会上层结构的文化方面也就不像汉族那样的到处受到封建主义的束缚。在封建社会中，劳动是被贱视的，但是苗家却热爱劳动。又由于热爱劳动，他们群众性的文艺活动得到了丰富的泉源。苗族的特点是爱唱歌，爱跳舞。这种健康的文艺活动只有在和劳动密切结合的条件下才有可能。

一提到苗家，谁也不会不联想到他们美丽的服装，活跃的舞蹈，动人的歌唱。"到处是歌声"决不是一句过分的话。我有一次被一位苗家妇女硬邀去吃饭。刚坐下，歌声就开始了。主人唱了一曲，客人就得喝一杯。客人唱了一曲，主人也得喝一杯。唱来唱去，一直唱到席散——这是酒歌。送客出门，又得唱别歌。在路上走，唱山歌。在马郎坡上，唱情歌。歌的种类说不完。他们并不像我们，学会了《东方红》就只会唱《东方红》。而是即景生情，即情生词。一个调子临时填词，用来代替谈话。因之，一唱可以唱上半天，一天，甚至几天，几晚。

他们的唱歌和社交是分不开的，一个不会唱歌的人在苗族里会失去他社会活动的能力，好比我们的哑巴。我在上面已经提到过几次"马郎坡",这是青年男女公开自由社交的草坪。每个村子有一片山坡作这个用处。青年男女公开自由社交的活动称作"摇马郎"。农闲时节,青年男子成群结队的,从一村到一村去"摇马郎"。他们到了一个村子就在马郎坡上嘘嘘作声,该村的少女(没有结婚的)盛装出迎。双方开始唱歌。在唱歌里谈起爱情来。一次又一次,一年又一年,双方情意相投了,就可以谈婚事。双方的父母在原则上是不能干涉的。这种婚姻制度曾被"礼教熏心"的汉人视作"野蛮"的表示,实际正表示了他们文化中封建主义的薄弱,还保存着男女自由婚姻的制度。在这种婚姻制度中,一个不会唱歌的人也就很难找到如意的配偶。因之,人人会唱并不是件难于理解的事了。

每当在歌舞热闹的集会上,我面对着活泼可爱的苗家群众,发现了自己这一身封建气息。我要唱,不入调;要舞,又动不起来:像是一个嗓子被棉花塞住,手脚被绳子捆住的囚犯。我感觉到痛苦。一个曾贱视劳动的人,应得的惩罚。人是喜欢活的,我们团里的同志们在和苗家兄弟们接触中一致的感觉到自己不够"活"。感谢苗家兄弟启发了我们:"只有劳动,才有生命。"

苗家在几千年的民族压迫下奋斗以求生存。他们在求生存的斗争中获得了主要的经验,用最简单的一句话来说:劳动就是生命。如果不是靠这法宝,在荒山上开出良田来,在石山上长出粮食来,今天哪里还会有苗家?我们充分的相信,就凭这法宝,劳动的苗族,一旦得到了平等,有自由去发展他们已经有着很好基础的经济和文化时,他们必然会在我们这大家族中放出异彩,丰富我们全国人民的生活。

劳动是可贵的,苗家是可爱的。

四、仲家，团结起来

当我写下这题目，笔就停住了。"仲家"这个名称是不是妥当呢？让我先就这个问题说一说。关于兄弟民族的名称，我们一般是用过去汉族对各民族的称呼，可以说是各族的"汉名"。这些汉名并不很正确的，因为一个汉名中可能包括好几个民族，一个民族在各地又可能有几个不同的汉名。过去汉人忽视各族的分别，常用一个名字来指一切自己民族以外的人，好比"洋人"就是一例。贵州日常用语中的"苗"字有时就是这类的笼统称呼。《黔苗图说》里列举82种苗族，包括了贵州所有的兄弟民族。汉人和贵州的兄弟民族接触复杂了，有了区别的需要，于是又发生了一种两分法："非苗即夷。"苗族以外的兄弟民族都称"夷"族。这样一分之后，苗族是划出来了，而其他各兄弟民族的汉名却依旧是一篇糊涂账，因为被包括在"夷"族之内的有着好几个自己认为是不同的民族。

"夷"这个汉名是历史上早就用了的旧字，如"东夷""西南夷"等等，原来也是一个笼统的名称。滇、康一带俗称"倮倮"的民族也用这个汉名。后来因为这个字在过去常和"狄"字相联，又在大民族主义下联系上了轻视的感情，所以他们改写为"彝"。贵州本来包括在"夷"族内的俗称"倮倮"的民族跟着得到了新的汉名。可是贵州被包括在"夷"族中的其他民族称什么好呢？

彝族划分出去后，剩下来的那些曾包括在"夷"族里的人在不同地区里，还有不同的地方性的汉名：贵阳一带称仲家，贵定一带称土家，兴仁一带称水户，荔波一带有两种，一种本地，一种水家；黎平称侗家，靠近广西边境的称僮家。这许多名称所指的人所说的话却都属洞台语系。因之他们在历史上可能是出于同一民族的。但是现在侗家、水家和僮家各自认为是独立的民族了，而仲家、土家、水户、本地等却都自称Pu-yi，认为是一个民族。这些自称Pu-yi的人在贵州一共约有160万左右，分布在盘江流域，是贵州的一个重要民族，但是却缺乏一个统称的汉名。我在这里称他们作"仲家"，显然是不太妥当的，因为原来这名称并不包括全部Pu-yi，而且这字以往曾用犬旁，还留着一些兄弟民族不喜欢的感情，所以最好还是用他们自称的名字。如果汉字拉丁化了，问题也就简单了，用Pu-yi就成；但是现在我们还得找两个汉字来译音。我们又不敢轻易杜撰，只有希望将来他们自己能在代表会上通过决定。在还没有公认的汉名前，暂时依旧有的用法称作"仲家"，这是不得已。

仲家的中心区在靠近广西的边境，册亨、望谟，我们没有去，我们只访问了贵阳到贞丰这一条路线。在镇宁、郎岱、关岭交界处的仲家聚居区——扁担山，曾做了短期的重点了解。说起扁担山，传说就多了。在过去好像是"化外之区"，进去了就不太容易出来。军阀时代军队进去都会吃亏，杨森打进了扁担山引以为是一件大事。这是反动统治时代的情况。解放后情况也变了。我们访问团进去时曾受到空前热烈的欢迎，群众大会的人数超过了1万，歌舞了几天。

扁担山是仲家分布区域靠边的一个聚居区，虽则在各方面可能比较突出一些，但是也能代表仲家这个民族的特点。一般来说，仲家并不像苗家那样被打击得"老鸦无松桩，苗家无地方"。他们并没有四处逃亡，而在一处就站住一处，占有水田，不上高山。他们还守得住一个地方，脚头还是能立得定。这是由于仲家历史上的遭遇比苗家好一些。在地理分布上看，仲家是在贵州的西南部；他们的东北住着苗族，再过去才是湖南和四川。如果汉族封建势力向贵州的扩张主要是从湖南和四川来的话，仲家还有着个缓冲，要等苗族挡了一阵之后才到仲家地区。咸丰年间苗族起义，有一支军队退入兴仁的仲家区，得以保存；到现在该区还有他们的后裔，除了头帕外，妇女的衣饰和黄平、炉山的苗族一模一样。他们在该区也种水田，和仲家经济地位相同。从此可以看到这地区过去所受汉族封建统治势力武装的压力是较轻的。

在这个较安定的环境和较肥沃的水田基础上，仲家不但大部保有其土地，而且他们的农业经济中也发生了封建主义。本族有了地主阶级，土地也比较地更为集中。据我们的调查，仲家聚居的镇宁星拱乡凹子寨人口中13%的地主富农，占有土地65%；阁老乡倮佬坟人口27%的地主富农，占有土地70%。晴隆县是兄弟民族占60%的杂居区，全县仲家地主在30市石以上的约有70家，而彝族地主只有1或2家，苗族则全是中贫农。靠近仲家中心区的贞丰，兄弟民族人口占70%，仲家地主有86户，富农689户；苗族地主只有7户，富农122户。在个别地区仲家地主数目甚至超过汉人，如镇宁五区本寨十一保汉人地主富农30户，仲家地主富农108户；马场乡第八保，汉人60户中，1户地主，4户富农，而仲家70户中就有4户地主，50户富农。

仲家社会中阶级分化的程度很明显的比苗族为高。不但如此，苗家少数地主及半地主式富农对本族农民的剥削比较轻，而仲家却不然。本民族内部的租佃关系与其他民族间的租佃关系并无差异，甚至有人反映："自己人更凶。"仲家租佃剥削一般是四六（地主得六成，佃户得四成）或平分，也有三七，甚至高到二八分的。名义上是平分的，实际上常要农民先代地主上粮，所以还是四六分。此外更有各种超经济剥削：如"佃牛讨猪"（替地主无偿喂牛和养猪），送礼也要规定在契约上，最为严重的是无偿劳动，"随传随到"。郎岱有人租种了两斗种子的田，一年帮地主做工多至100天。因之，地主往往把土地零星出租，多几门佃户，使他们可以靠无偿劳动来耕种大片不出租的土地。农忙时佃户还得"先主后私"，把地主地上的工作做齐了再种自己租来的地——是劳役地租的性质。

仲家地主阶级的发生在过去民族关系上起了一定的作用。这个阶级为了自己的剥削利益，对于外来的压力是不愿反抗的。如果他们坚持民族立场，要进行反抗就必须发动他们所剥削的农民站起来。农民一旦站起来了，他们的剥削地位就站不稳了。而且如果反抗失败了，他们的土地也就会被汉族的封建统治者夺去。民族战争中胜败都对他们无利。对他们最有利的莫如妥协。妥协后，汉族封建统治者对他们的需索还可以转嫁到本族农民身上去。

仲家中有了这一种人物，汉族封建统治者在他武力不足彻底控制时，也就利用他们对仲家进行间接剥削和间接统治了。间接统治对于汉族封建统治者也比较方便，如果像在苗区一般直接统治，就会面对富有反抗性的农民，"小反大反"不断发生。间接统治的区域里这种反抗就不多。但同时封建统治者对于他们利用的工具并不是很放心的。他们之间虽则互相利用来各自保持其剥削利益，但是矛盾是存在的，你多了就是我少。所以封建统治者又得施展伎俩，分化仲家的内部，用甲制乙，用乙制甲。由于上述种种原因，仲家社会里发生了两种突出的现象：一是仲家上层和汉族封建统治者的联系，一是宗派斗争。

仲家的上层倚靠汉族封建统治者维持其阶级利益，他们压迫本族内部的权力是外来的。一个仲家地主如果不附着汉族封建集团中的当权派，不但地位站不稳，甚至财产都保不住。在国民党的统治下，仲家上层就有很多参加这个反动集团，伪国大的贵州少数民族代表也出在仲家。去年反动势力武装暴动，仲家的上层有一部分当了匪。正因为如此，我们发动了群众，清剿土匪之后，那一部分仲家人民的公敌也大多已经肃清，使仲家社会本质上起了变化。

宗派斗争在仲家是一个严重的问题。我们所访问的各县都有这种情况，不但上层，就是农民和孩子都分着派别。宗派斗争基本上是汉族封建统治者对兄弟民族"分而治之"的手段所造成的。形成的经过简单说来是如此：汉族封建统治者利用该族上层作统治的工具，凡是被利用的人在当地就有了权势，他可以包庇一部分人和欺压另一部分人。具体说，比如国民党要拉兵派款，命令仲家的乡保长去执行，乡保长可以决定拉谁和派谁。仲家的老百姓想免于被拉被派就得投靠乡保长求其庇护。乡保长得到了这些人的好处，把兵款拉派到另外那些人头上。另外那些人就得想法去找其他有势力的人来庇护，甚至出钱帮助他去活动，争夺乡保长。国民党受了贿赂，换了乡保长。新的乡保长一上任就向另外那一派拉兵派款。这样轮流报复，双方愈来愈仇恨，成了势不两立的宗派。

在这里很清楚可以看到：引起宗派斗争主要的原因是在

汉族封建统治者所加予这民族的剥削和压迫。不团结起来反抗这压力,灾难是脱不了的。但是他们却这样东推西推,分裂成了宗派,得到利益的是当乡保长的上层和国民党封建统治者;人民大众在宗派斗争中毫无好处,而且更多了一层剥削。不但如此,宗派斗争分裂了民族,团结受到阻碍,使封建统治者坐得更稳。这是多令人痛心的事!

我们在镇宁把这道理讲给了仲家同胞们听,他们很感动的说:"国民党就是要挑拨我们闹不团结,只有共产党才真是要我们好,我们不团结,就不能翻身。"

还有一个造成仲家内部不团结的原因是他们的婚姻制度。他们的婚姻制度一方面已出现了封建性的包办方式,但是另一方面他们的风俗里却仍保存着男女恋爱的自由。这两方面是矛盾的,因之常常引起纠纷,加强了宗派分裂。

现在仲家男女的婚姻都是由父母包办的。儿女还没有成年时,经过媒妁之言,履行订婚、纳八字那一套汉族在封建时代所熟悉的手续。但是结婚之后,女的却并不住到男家去,还是留在女家,叫做"坐家"。经过一个时期,男家请人设法乘女方不备,用一个"甲壳"戴在她的头上。戴上了"甲壳",女的才住到男家去,夫妇才同居。女的一般总是想尽方法逃避和抵抗这个"甲壳",所以多少要经过强制作用才戴得上去,有些不愿意的,甚至闹到自杀的程度。为什么她们不愿意就范呢?那是因为仲家的风俗中还保留着和苗家"摇马郎"相近的"赶表"。在赶场(如华北的赶集)时,青年男女(不论已否订婚,以及"坐家"中的新姑娘),排着一小队一小队的互相找对象。对象找定了,通过第三者的传达,双方同意后,就溜出场坝,到山坡田间去唱歌谈情。仲家的"赶表"没有苗家的"摇马郎"那样公开。"摇马郎"并不与婚姻制度相矛盾,而是进入婚姻关系的过程。"赶表"却不然,青年男女很早都是已订了婚的,而"赶表"的对象又不是未婚的夫妻,如果因"赶表"而发生了爱情就会引起婚姻的纠纷。所以女方的父兄丈夫都不准妇女去"赶表",但是青年人却不肯放弃这自由恋爱的机会。女的结了婚,千方百计设法延长"坐家",男的有了心爱的对象,而对方又是已订了婚或结了婚的,只有进行"抢婚"。据镇宁仲家自己的估计,由抢婚造成婚姻事实的占婚姻总数10%—12%。访问团在扁担山的时期中,曾遇到过两次因"赶表"而发生冲突的事件。我们也知道有一个抢婚事件牵涉了五个村子,引起长期的纠纷。

仲家的同胞们对这种婚姻制度很多认为是必须改革的。现在封建主义的影响已经逐步在消灭中,怎样去改革这种引起民族内部不团结的制度的意见也容易取得一致了。

仲家是个勇敢、不甘屈服的民族。汉族的封建统治者对它硬干不成,却采取了分化的恶劣手段。仲家虽则在表面上还保持了一部分土地,还保持了一部分政权,而实际上人民大众受到重重剥削,生活和其他被压迫的兄弟民族一样痛苦,一样悲惨。现在汉族封建统治者已经打倒,挑拨离间和分裂兄弟民族的主犯已经消灭,仲家内部必然会团结起来了。

仲家同胞们,团结起来!让我们为你们光明的前途而欢呼!

五、乌撒的余留

长江上游的金沙江,直贯西康,滚滚南下,过了大雪山和玉龙山脉,转向东流,又曲向东北,形成一个大弯折;到四川的宜宾才汇合了岷江,奔流东去。这一段万马奔腾的巨川,划开了西康、云南、四川三省边界。这大弯折北岸的凉山里住着彝族。凉山腹地的彝族,一直没有被封建帝王所征服过;但是,汉族封建势力对他们的压力却也从来没有撤退过,而且曾像尖刀一样从中心插入这大弯折的地区,开出一条从西昌到会理的走廊。走廊以东是四川的雷马屏峨区(包括雷波、马边、屏山、峨边),走廊以西是云南的华永宁区(包括华坪、永胜、宁蒗)。雷马屏峨只是东区彝族的一个中心;从这中心一直向东南展开,经云南的永善、昭通,到贵州的威宁、赫章、毕节。这个地区里,彝族人口有150万左右,但是在贵州的彝族只有约10万人,所以这只是彝族区域的一个小角,已经不占重要地位。

但是在历史上,现在已成为彝族边区的这一个小角,过去是相当重要的。川南、云、贵、康南一带在宋代是乌蒙王的封地。明代分为东川、乌撒、乌蒙、芒部、禄肇、水西等部。明太祖进军这区域时曾告诉部下说:这区的"诸夷种类皆出于罗维,厥后子姓蕃衍,各立疆场,乃异其名"。经过战争,被征服的"即用原官授之",成为土司。在现在贵州毕节专区境内(当时属四川)的彝族土司主要有三:永宁(扯勒)土司,从四川叙永到毕节北部;水西土司,包括黔西、大定,及乌撒土司,从毕节西部到威宁。这三个土司和川滇的乌蒙、沾益土司"境土相连,复以世戚亲厚"。"无事则互起争端,有事则相救援"。他们形成了当时彝族的一个重要根据地(引语俱见《明史·四川土司列传》)。

贵州的这几个彝族土司实力比较雄厚,乌撒土司"富盛甲诸部";永宁土司在明末曾占重庆,围成都;水西女土司奢香曾见过朱元璋,并修筑道路,沟通黔滇。但是因为他们太靠近四川,又是处在入滇要道上,所以从明末到清康熙,逐一的改土归流,彝族在这区的统治势力被打击或消灭了。永宁和水西区彝族所余人口已很稀少,到现在只有乌撒区还有一部分余留。

我们从贵阳,渡过鸭池河西进,正是顺着彝族后退的路线,一路上看到毕节以东和毕节以西这两个相当于原有水西和乌撒地区在社会经济上表现出很显著的区别。这个区别也表现了这地区社会经济发展过程的两个时期。水西区受汉族影响深,已经和内地汉人区相同,而乌撒区却还保留着初期封建的残余。我想分两篇来介绍彝族社会发展的过程。

贵州的彝族在历史上有一个相当长的土司时期。水西彝族据说在蜀汉时已经内附,其他各部分,除了凉山中心区外,陆续受汉族帝王的加封,到明代都立为土司,一直到明末和清代才一个个改土归流。土司制度究竟是什么意思呢? 简单的说,是封建帝王在少数民族区域利用世袭的官员来统治少数民族的政治制度。这些官员主要是少数民族原有的统治阶级,但亦有是征服该区的汉人。

在历史上有许多民族在不同时期曾向中国的封建帝王称臣纳贡;好大喜功的帝王也常常对这些藩邦加封一定的称号。这些却并不能都说是土司。严格的说,土司制度要到明代才有一定的章法，应用于西南各少数民族。土司制度主要是利用各民族原有的政治基础，进行统治和剥削。《明史》上说得很清楚："分别司郡州县，额以赋役，听我驱调……其道在于羁縻彼大姓，相擅世积威约，而必假我爵禄，宠之名号，乃易为统摄，故奔走惟命。"土司的名称很多，如宣慰司、宣抚司、招讨司、安抚司、长官司等。他们都直接隶属于帝王，这样把少数民族原有的政治体系分裂，使他们不能统一起来；再用种种手段，唆使其摩擦，使他们不能团结起来；更调用他们的兵，互相战争，使他们相互仇恨起来。各个土司对帝王都有称臣纳贡的义务，好像水西土司在一定时期要进贡多少马匹。至于各民族本身的社会形态，封建帝王是不管的，所以这个制度只是在政治上把少数民族降为附属的被统治地位，在经济上加一重剥削。因之，土司制度本身并不能说明它社会经济的内容。它只是在原有社会经济基础加上一层和封建帝王的政治和经济的关系罢了。

但是土司制度对于少数民族社会发展却有一定的影响。这个制度使少数民族中原有的统治阶级得到了一个靠山。一方面整个民族受到了压迫，而另一方面该族的统治者靠了帝王的加封，也就是支持、巩固了他们对其本民族人民的统治和剥削的地位。因之，被剥削的少数民族人民大众的枷锁不但更多一层，而且更牢固一度，使该民族社会发展多了一个阻碍，也就成为少数民族社会经济停滞的原因之一。

土司制度是封建帝王剥削和压迫少数民族的第一步，这一步还承认各民族自己原有的政权，间接加以统治。当一个帝国的武力式微时，天高皇帝远，鞭长莫及，少数民族还能保持其政治上的半独立性，但是封建帝王的民族压迫政策并不会停留在土司制度的阶段。当其控制边区的武力足够时,间接统治变为直接统治,也就是历史上所称的"改土归流"——土是指土官,流是指流官,就是随时可以调动的汉官。改土归流是从承认民族区别而变为否定民族区别,也就是消灭少数民族,进行同化政策的开始。民族压迫更深一层。

贵州彝族的三个大土司中的永宁土司在明末时为了被调兵出征,发生反抗,失败之后,官职被废;彝族人民被屠杀的屠杀,逃亡的逃亡,叙永一带的土地也就放弃了。奢氏后裔,改姓余、杨、禄,有一部分寄居在水西土司境内。

水西和乌撒两土司最初是被吴三桂奏请废除,后来吴三桂反抗清廷,他们就起来报复,有了"功",清廷又恢复了他们的官职,但是解除了他们的实权。到康熙三十七年,借口无嗣承袭,再令废止。到现在已有280多年了。

土司制度的废止,改土归流,更进一步破坏了彝族原来比较完整的政治组织,封建帝王在名义上直接统治了这个地区的彝族。但是这个政治上的变动在社会经济上所引起一系列的变动却是逐渐的。过去近300年的历史,在这个地区,正是彝族原有社会形态交替给封建形态的过程,到解放之前还没有结束。

改土归流的前后贵州彝族社会形态是怎样的呢?现在我们还不能肯定的答复这问题。在威宁我们曾和若干黑彝的知识分子开过调查会,又和现存土目的后人讨论过这个问题。我们从他们得到的了解可以简单说一说:

黑彝原是这地区的统治阶级,在他们的统治下有白彝以及其他民族,包括汉族的农民。彝族中的黑白彝,相互不通婚。土地都属黑彝，白彝和其他民族原来是没有土地的。黑彝中势力强大的被封为土司，他们是主要的土地所有者。土司被废止后，土司的土地分属于土目（土司的属官），亦称"官家"。土目原来的数目很多，以水西土司区来说就有48"则溪"，120"祃衣"，1200"掖所"。土目主要是黑彝，也有极少数当通译的汉人。

现在的黑彝并不全是"官家"。"官家"的数目已经不多。据说这是由于土目间斗争残杀，兼并和绝嗣的结果。最初土目间土地并不买卖的，但是如果把哪个土目的后人都杀绝了，胜利的一方就可以占领其土地。汉官不但不禁止这种行为，而且从中煽动。因之，在威宁一带，土目间的战争在解放前还不断发生。在这有类于"春秋"时代群雄割据的天下，每个土皇帝式的大土目自己有武装，有工事。在"衙门"附近周围住着他亲信的"白彝"，这些属户有当兵出力的义务，儿女中有被土目看中的可以调到衙门里来服役，土目女儿出嫁还可以把她们陪嫁。此外是许多"佃户"，种他土地的各族农民，除了一定租额外，随时可以派款。甚至每年有种种一定的纳献。这些土目实际上是继承了土司的统治者，在偏僻山区里是生杀予夺的专制君王。这类官家解放前在威宁的边区上还有，但是解放后他们大都当了匪，现在死的死，逃的逃，我们已经没有机会去实地调查了。

从现在保留着的官家经济，我们希望还可能看到土司时代的一般情况。所以我们派出了一个小组到毕节北部川滇黔交界处作了一次重点调查。这个被调查的典型村，大部分土地还是属于土目后人的官家，就是在一家所有的土地上还可以实行着多种不同的土地关系。分析起来，有些是有类于封建庄园制的性质，有些是已和汉人地区通行的封建租佃制一般。我们可以先说一说那种比较早期的形式。

在这里我们看到的那种早期的形式在当地称作"粮户地"，又称"大顶""安约"等。这是永佃性的：农民世世代代做官家的"粮户"，官家对他们有广泛的权利。粮户地的租额比较轻，只是产量的 1/10 到 1/5，称作"官粮谷子"。主要剥削不在这"官粮"上，而是以加押为名义的献纳，称"大顶"或"顶银"。凡官家有婚丧事故，承袭换主，或是粮户死绝了，家族上门管业，都要"加顶"。此外还有一种剥削名目叫"份租"，一定土地上附加的物租，如"鸡份""猪份""羊份"等，现在都折银交纳。交租外，粮户还要无偿劳动，叫"办官差"，如喂牲口、修房子、帮活路、抬滑竿。"随唤随到"，不到就要被打，甚至打死。

这些名目如"租""押""顶"等等都是后来安上去的，从它们的本质上看是土司时代的残余，它们实际是握有政治权力的"官家"对人民征收的田赋（所谓官粮）、摊派（所谓加押）、税款（所谓份租）及徭役（所谓办官差）。官家对粮户是统治者对被统治者的关系。在封建政治下，地租和税收本质上是一个东西，这里是很明显的。官家对粮户最主要的剥削是无偿劳动，他们自己经营的土地是由粮户来劳动的（这种情形在该村已不多，因为官家自己经营的土地已很少）。粮户所得到的一份土地其实并不是"出租"给他们，所以称"官粮"而不称"地租"；这只是利用土地把"粮户"们束缚起来，以保证官家有足够的劳动力。但是"粮户"并不是奴隶，因为已经不是官家买卖的对象。官家之间可以争夺土地，夺得了土地，也就夺得了粮户，人是从地不从主的。这是以劳役地租为主的封建初期庄园制的性质。

在威宁现在的黑彝地主（并非官家）也保留着类似的土地制度。我们曾和当地的若干地主家庭出身的黑彝知识分子讨论过这问题。他们告诉我们他们家里的情形：他们的父母部分劳动，主要劳动者是"帮工"。"帮工"是白彝，也有其他民族。帮工的全家，男女老少都住在他们家里，和他们父母在一起吃饭。另外给帮工一块土地叫"私房"，这块土地上的出产属于他们。"私房"地较小的，有些还给一定的衣服。有几家"帮工"已经帮了几代了，"帮工"的儿女长大了还是"帮工"。有几家黑彝租土地的目的，也有把土地出租给别人。但是黑彝不做"帮工"，穷苦的可以住到亲戚家去，以客人的身份从事劳动——这种以"私房"来剥削劳动的情形在威宁还相当多。

我们又找白彝来谈。他告诉我们一件事：有一家黑彝的"私房"逃了（他称"帮工"作"私房"），怪他的岳父出的主意，敲去了1斗5升包谷和300块小洋。我就问他："'私房'能不能辞退不干？"他的答复是："全家跑几百里才捉不回来。捉回来就会打死。"

"私房"和"粮户"性质基本上是相同的。他们没有支配自己劳动力的权利，地主可以任意打骂，甚至处死他们，但并不是可以自由买卖的财产。他们多少有一些属于自己的生产工具，和可以自己经营的小块土地，但是并没有完全的自己的经济，吃和穿都可以部分的由地主供给。这种初期封建主义可能是贵州彝族进入土司时代已经发展到的社会阶段。

说到这里还有两个问题：一是初期封建之前彝族的社会形态是怎样的？二是改土归流，彝族和汉族的封建主义接触后发生了些什么变化?这两个问题我想留到下一篇再讨论了。

六、一章活的社会发展史

我们在贵州彝族区的访问工作,在时间上说是最局促了,只有20多天;但是路程最长,情况最复杂。这一路工作,对我个人来说,却是一次最大的学习。解放后,我曾在清华上大课,讲社会发展史,最苦是缺乏我们自己本国的材料。我们固然可以从历史上引用一些,但是讲来听来都觉得不够亲切,没有感性的知识。这次去访问彝族,我们才读了一部分活的社会发展史。当然,第一章"原始共产主义"已经没有了,第四章"资本主义"也可以不必再写。在贵州彝族里读到的主要是"封建制度"那一章。再往西,进入大小凉山还可以读到"奴隶占有制度"的半章。可惜我们的访问工作是依省界分工的,所以我自己并没有进入大小凉山,关于这地区的情况是间接从一二分团同志们那里听来的。

当我们翻读这部分活的社会发展史时,心里是很痛苦的。我们常想:为什么在我们同胞中还有这部分兄弟到现在还停留在我们几千年前已经走过的阶段上呢?

回想当年,唐、宋时代,彝族在西南还是个统治民族(南诏大蒙国及后来的大理国的统治者据一部分史学家的意见是彝族,但亦有不同意的),川、康、滇、黔边境又有相当强盛的彝族部落。但是经过元、明、清三代封建帝王的压迫结果,现在只在封锁状态下的凉山里保留着惟一没有被征服的彝族部分。就在这被封锁的山里,我们见到了还在利用奴隶劳动的制度。凉山彝族一直到解放之前，山内外戒备森严，往来不易。如果过去他们不和山外尽可能的隔绝，他们也不可能不像其他地区的彝族一般逐渐衰亡了。在这荒凉的山区里，他们的社会又怎能发展起来呢？因之，我们必须认清，民族压迫，和不断的冲突、劫掠和屠杀是彝族社会停滞的一个重要原因。现在民族压迫消灭了，彝族社会可以容易顺利的发展起来了，而且在民族平等和汉族的帮助之下，发展的速率也一定能很快的。

凉山彝族现在是半奴隶半封建的社会。他们分为黑彝和白彝两种，也是两个阶级。黑彝是统治阶级，白彝是被统治阶级，在被统治阶级中还有娃子与非娃子之别。非娃子就直称白彝或百姓。娃子又分两种，一是普通娃子称百姓娃子，一是家娃子。家娃子才是完全的奴隶。

统治阶级的黑彝占有土地，不参加主要劳动，专搞政治和军事。被统治的白彝是生产劳动者。非娃子的白彝有些地区可以向黑彝买少量土地。黑白彝的阶级起源有这样一种说法：彝族在晋代分东爨西爨两部分。隋唐时东爨称南诏（诏即部落），又称蒙舍诏，或乌蛮；西爨有五诏称白蛮。乌蛮从事游牧，白蛮从事农业。后来游牧的彝人征服了农业的彝人，把战争的俘虏作为奴隶。乌蛮现称黑彝，白蛮现称白彝。

这种说法认为彝族先有黑白彝之别，后来本族间发生战争，被俘的沦为奴隶。但当时这个区域原是多民族接触的地方，民族间的战争也有俘虏，这些俘虏也成了黑彝的奴隶，成为白彝。直到解放前，黑彝经常向其他民族抢人来当娃子。

初从别的民族里抢来的奴隶，心里是不服的，如果要剥削他们的劳动，就得加以强迫和监视。所以他们得住在主人家里，在监视下听着主人的命令做工，叫作"家娃子"。家娃子服役年代久了，表现忠实可靠，由主人为他们婚配，分出去住，给他一小片土地去自己经营，成了"百姓娃子"。百姓娃子积了银子可以向主人赎身，成为"百姓"，也就是非娃子的普通白彝。

凉山彝族社会中的奴隶占有部分就指利用娃子的劳动来生产的经济。家娃子的人身直接由主人占有，担负家庭及农业劳动，劳动果实完全归主人所有，他们的生活由主人供给，完全是奴隶的性质。百姓娃子和家娃子不同的是在他们向主人领有一块土地，一份牲畜和工具，成了家，有了自己的经济，通过劳役和实物地租的方式被主人剥削，从这一方面说，他们已进入了初期封建，但是他们并没有脱离奴隶身份。他们和家娃子一般可以被主人任意出卖，打死了并不赔偿银子，不算一回事，而且他们所生的子女仍须送给黑彝当家娃子，也可以出卖。这两种娃子都是主人的财产，随时可以变成银子来使用的。百姓娃子是娃子转成百姓的过渡身份，也代表奴隶占有制发展到封建制度的过渡阶段。百姓娃子有了自己的经济，在生产上比家娃子要积极些，而且主人也不必加以监督，因之，在经济上说是提高了一步。事实上，黑彝进行剥削也主要采用这种较高的方式。据一分团同志在一个区域的典型调查，百姓娃子和家娃子的比例是10∶1.5左右。

再进一步就是非娃子的白彝了。一个娃子大约须出300两银子给主人才能赎身成为白彝。这个价格是相当高的，决不是一个娃子一生所能累积起来的，所以常常要经过几代的努力才有希望。百姓和娃子的不同是在获得了人身的自由；劳役地租较轻，住得远的平时不常被地主叫来使唤；而且可以私有土地和买娃子来使用；如果被黑彝打死也可以要求赔款。他们对地主所交的实物地租及摊派献纳则和百姓娃子相同。他们和地主的生产关系已是封建性质了。但是在凉山中，这封建性的土地关系在数量上，以我们已知道的地区说，比例较小，只占娃子的1/4。这个区域中娃子较多的原因可能是靠近汉人区，抢娃子比较容易。在腹地，据未证实的材料，娃子较少。因之，我们可以见到民族间的冲突的确影响了彝族社会的发展，因为如果民族间冲突消灭了，娃子的来源断绝了，娃子逐渐成为百姓；奴隶占有制也就可以从减少到消灭了。

凉山彝族是以百姓娃子为主要生产者，所以他们的社会是从奴隶占有制进入初期封建制度的过渡形态。贵州乌撒区（威宁、赫章）的彝族，西部是以劳役地租方式为主，东部是以实物地租方式为主；水西区（大定、黔西）的彝族大多已成了汉人地主的佃户，缴纳实物地租，但是仍有较重无偿劳动的剥削。在发展过程上看，这几个地区的变化是很相衔接的；但是历史上，乌撒及水西土司区的彝族早年曾否有过类似于凉山彝族的奴隶占有制，据现有材料看还不能作断。

凉山在明代属建昌卫。建昌卫在隋唐时为嶲州，"至德初，没于土番。贞元中收复。懿宗时为蒙诏所据，改建昌府，以乌白二蛮实之。元至元间置建昌路，又立啰啰斯宣慰司以统之"（见《明史·四川土司列传》）。因之，当彝族强盛时，这里还是边区，是从土番手上夺来之后才移民进去的。后来南诏灭亡，川、滇、黔的彝族土司区也式微了，凉山才成为彝族的中心。凉山彝族奴隶占有制是保存着原来社会形态，抑是因经常民族战争获得了俘虏之后才发生的制度，现在还很难作结论。以贵州彝族来说，我们还没有看到或听到过"抢娃子"的遗迹。即使早年曾有过奴隶占有制，很久就已经进入封建初期的阶段。所以在贵州彝族中主要的发展过程是封建制度本身的变化。

贵州最西的威宁，西北边境靠着云南的彝良和昭通，有10多个乡，土地大部分在土目手上。这是贵州土目势力占优势的地区。在这个地区里还保存着初期封建的庄园制。威宁靠东的部分主要是黑彝地主的势力。除了少数回民外，其他民族很少有土地的。向东到赫章，土目势力已经式微，握有土地的主要是黑彝地主，但汉族地主已开始抬头，因之在解放前，这地区是彝汉两族地主斗争仇杀的场合。毕节除了北部边区还有土目势力外，大部分已是汉族地主的势力，大定和黔西土目已近于消灭，那里的彝族已不分黑白，大多已成汉族地主的佃户。从鸭池河向西，很清楚地看到汉族势力伸张的方向和深度。

初期封建的破坏主要是由于土地流到了市场上来。在官家手上的土地依传统是不出卖的，所以过去土司想兼并别家的土地只有谋害对方，绝嗣了去承继；或是出兵去抢。土司之间争产夺地的记载在史书上也很多的。几千官家，到解放前只余几十个，兼并之烈，可以想见。但是土地如果只在土司中夺来夺去，在社会形态上还是变不了什么的。土地离开官家的手主要是在改土归流，彝族失去了政权之后。彝族官家没有了政权的保障，汉官的手就伸进来了。

汉官利用政治势力强迫彝族官家出卖土地的典型例子是继续了15年的"禄产案"。20多年前水西土司区还有一个大土目禄雅山。他家经过了长期的兼并，成了当地最大的地主。那时军阀周西成在贵州当政，看中了这个土目的财产，就利用当地汉人地主和禄氏的斗争，把他父子拘到贵阳。据说禄氏为了赎身，曾用了大帮驴马，背了银子上贵阳。后来禄雅山在狱内自杀，判决禄氏土地充公，以地价1/3变卖；仅汉人地主李氏一家，即买了三四个乡的土地，黔西一县，周西成收集地价大洋40万元。周死了，毛光翔执政，又强迫佃户出款买地，出了款，地还是拿不到。这样在不同的军阀手上敲诈了五六次，到吴匪鼎昌当政才全部变卖出去。经过这个"禄产案"，水西区的官家也被搞完了。

类似于禄产案的事情过去是常常发生的。因之有一位官家的后人曾向我们说：土官哪里当得，在汉官手下能保全性命已经不差了。边区的官家实际上是用武力把他们的土地保存下来的。汉族反动统治阶级和彝族官家间的争夺土地是民族间武装斗争的主要原因，也是造成民族仇恨的来源。

另一种原因使官家出卖土地的是出于官家自身的腐化。土目间不断的仇杀，毁坏财产，破坏生产；又得经常警备，需要武器，甚至有设立小型兵工厂的，费用浩大。再加上商品输入，引诱骄纵惯的官家养成奢侈的生活。鸦片风行后，又多了一项嗜好。他们固然常用摊派来剥削农奴，但这是有限的；生产力这样低，又不出产大量商品作物的农民，哪里来银子和货币供给土目们的挥霍呢？结果官家只有出卖土地了。

土地流入市场，发生了非官家的地主。在乌撒区培养出了一批新兴的黑彝地主（在赫章也有少数白彝地主），有一部分还部分采用劳役地租方式。在水西区汉人势力大，土地也就流入了汉人地主手上。汉人地主得到了土地，用他们所熟习的封建方式来剥削农民，就是以实物地租为主的方式。地租以平分为最低限度。这地区的汉人地主受到当地彝族通行劳役地租的影响，在分租外常常增加额外的剥削和无偿劳动。这个影响一直要达到黔西南一带，无偿劳动成了农民惨重的担负。

实物地租的剥削比劳役地租提高了一步，对农民说，租额比较的有了个规定，不致随时来要钱要东西，没有一点保障；无偿劳动也比较少了些，而且在必要时还可以退租，他们可以比较自由地经营自己的土地和手工业。对地主说，固定的租额加多了，自己可以完全脱离农业经营，甚至住到市镇里去；又因为可以自由拔佃，挑换更能被剥削的佃户。由于这些缘故，官家的土地上也逐渐采用实物地租来代替劳役地租。我在前文所提到川、滇、黔边界那个村子里，同一官家土地上有着不同的土地制度。原来在土司时代传下来的农奴还是照旧交"官粮"和"办官差"，但是后来的农民却不再做"粮户"了。他们是"见种平分"，并在定租时交定额押金，称"小顶"。有些官家还要佃户替他交"皇粮"（粮赋），称"倒印"。大体上和汉人地区的封建地主的剥削是相同的，只是在无偿劳动上比较多，那是受了传统制度的影响。

威宁的黑彝地主，在前文已提到的，也是部分的保留着称"私房"的劳役地租。但同时，同一家也有把土地出租，收取实物地租。因之，乌撒区彝族土地制度到解放之前还是从初期封建的劳役地租形式提高到实物地租形式的过渡形态。在水西区劳役地租已经少见而以实物地租为主要形式了。但不论哪一区，我们还没有发现货币地租。这个地区农产品还是以粮食为主，而且因交通不发达，运输困难，所以农产商品化的程度很低，货币地租在这种情况下是不易发生的，这也说明了这地区资本主义生产还不发达。

社会是向着幸福和光明发展的，一个社会停顿在较原始的社会阶段上就说明了这地区的人民是停留在困苦的境地里。毕节专区是贵州最贫困的地区，其中尤以威宁、赫章为甚。我们去年12月去访问时，正逢严寒，一路冰凌，真是"水晶世界玻璃路"。这个在贵州范围内地势最高，天气最冷的地区，却正是花纱布匹最缺的地区。在城市街头看到完全光身子的孩子是不足为奇的。我们开会放电影，会场上还有光身披些蓑衣的男女。冬天主要的粮食是洋芋。他们整天烤着火，饿了就烤几个洋芋当一顿饭吃。威宁七个来开会的苗族代表中没有一个有足够一年吃的粮食，人人要亏一两个月；有一半每年要淡食几个月。草海附近一区10个保中，因为遭了水淹，只有1/5的人家有粮食够吃到来春，2/5那时已经没有粮食了。生产低，剥削重，生活苦——是这地区人民大众（不论哪个民族）的一般现象。

过去反动统治者最初用土司制度对这地区各兄弟民族的人民进行双重剥削；改土归流之后，又煽动官家火拼兼并，连年战争，民无宁日。赫章彝汉地主的武装斗争继续了五六年，死亡在5000以上，间接被害的还不在其内。彝族和其他民族的人民有不少是在各族上层的斗争中被屠杀、被赶跑的。到现在，水西区彝族已接近消灭，乌撒区也日见式微。如果没有中国共产党领导人民推翻了反动统治者，更在解放后清剿了当地的土匪，贵州彝族的前途也只有继续走上消灭的道路。现在各民族都得到了解放，而这地区兄弟民族的翻身，成果最大。解放后，劳役地租和任意摊派，事实上已经大部分取消了。反动的土目当了匪的已经肃清，开明的正在自动进行减租。在民族压迫下，彝族社会停滞了几百年，现在这压迫已经消除，该是彝族奋发飞跃前进的时候了。

七、少数中的少数

这是我介绍贵州兄弟民族情况的最后一篇。在前面四篇中我只讲了一些关于苗、仲、彝三族的情况。这三族人数比较多，余下的除了水家、侗家各有20万人，回族有10万左右（各种估计的数字相差极大）以外，其他一共不过十几万人；但是名称却有很多，据我们所知道的已超过30种。每一种人有的不过几千，有的不过一两万。说他们是民族，似乎很勉强，但不是民族，又是什么？他们不但自己觉得和其他集团不同，别人也不把他们看成同族。他们零零星星的分布在各地，即使是名称相同，还可能语言不通。因之，一谈到这些小民族，情况也就复杂了。

这一幅复杂的民族画面并不是不能理解的。贵州这个山区在很早的时候，苗、仲等民族移入之前，就有人住着。他们的社会发展很可能处于比当时外来的民族还要低级些的阶段。汉族在中原向南扩张，把原在平原地区的苗、仲等民族向山里赶。他们进入贵州，把原在山区的人挤得乱跑。汉族跟着进来，再一挤。你推我，我推你，站得住的推开了别人，站不住的又得往更深的山里跑。于是不同的民族在分布上就夹杂了起来。同一民族分散了，很久不相往来，各自发展它的特点，话也不通了，名称也变了，也就不再相认了。不同民族混在一起，交流、通婚又可以合成一个集团。经过了分散，打乱，交杂等等过程，民族情况愈来愈复杂。

这许多小民族大体上可以分出两大类：一类是早就居住在贵州的古老民族；一类是各民族（包括汉族）的混合民族，现在被他们父母民族所遗弃了的。

这些小民族有他们共同的特点：就是如果不加以照顾和帮助，他们会走上由衰而亡的道路了。他们人数少，又零星杂居在其他民族占多数的区域里，谁都可以欺侮他们，所受到的民族压迫是多重的。比如黄平的僿兜就常受苗家的气。有一次座谈会上苗族同胞曾自己检讨大民族主义，因为苗族对僿兜也加以歧视和压迫的。在多重压迫下，他们生活特别穷困，在安顺的座谈会上邀来了一位僿佬代表，披上一件不知哪里借来的长袍，裤子都没有，冷得直发抖。小民族的同胞们一般没有土地，给其他民族的地主当佃户，受着严重的剥削。没有土地又租不着土地的，只能出卖苦力；黄平、安顺等市镇上挑水的很多是这样的小民族的妇女。经济压迫下没有机会学文化，他们的文化程度也很低；尤其是那些跑到了高坡上偏僻地方居住的，怕被人欺侮，不敢外出，在贫瘠的山地上终年劳动，过着原始的生活。他们分散得很零星，又互不往来，因之语言也分歧。杂居在其他民族中的，因为经济上依赖其他民族，自己的语言也逐步丧失了，有些甚至已经不再能说原有的语言了。我们想了解僿佬的语言，要找个能说这话的人已经很困难，很多人说祖上还会说，老年人还记得，现在年轻人不说这话了。

这些在衰亡中的小民族是民族压迫的牺牲者，我们必须照顾和帮助他们。至于那些被父母民族遗弃的小集团，比如南京人，里民子等等，原是汉族和其他兄弟民族混合的结果，没有理由看成是许多新的民族的。他们大多说汉语，穿汉装，并没有民族的特点。他们现在被认为是"少数民族"的原因是在过去汉族不认他们是子孙，加以歧视和压迫。汉族同胞对他们应当及早负责认领还族。至于那些古老的民族，受苦最长最深，受了伤，要他们自力更生是有很大困难的。他们人数既少，有些躲在山顶上过着非人的生活，在民族友爱互助的原则下，我们不应当坐视不理的。各民族应当联合起来具体的给他们帮助，恢复他们和各民族平等的生活机会。

我们在贵州知道了有这一类小民族之后，曾特别注意他们，在黄平时派出了一组专程下乡去访问㑩佬。但是我们在这方面所做的工作还是很有限的。那些零星杂居在其他民族区的小民族同胞，常常住在很偏僻的山地里，甚至被人遗忘了的。他们也不常出来，因之我们和他们见面的机会不多；就是出来参加了我们召集的各种集会，交谈上也有很多困难。安顺座谈会上那位㑩佬代表，上了台，一句话也没有说，足足哭了几分钟。因此，我们对他们的情况了解得很不够。㑩兜在小民族中还算是人数比较多的，而且在黄平还有个小小的聚居区，我们可以先说说他们的情况。

黄平和炉山一带的㑩兜（旧用"犵"，后改"仡"，又改"㑩"）共约5000多人，分散在各地；但在黄平枫香寨有100多家聚居在一起，再加上附近黄飘乡的㑩兜，这个地区有25个寨子，分属两乡。四围是苗家，在每个乡里都是少数，受人欺侮。他们的经济情况比苗家更穷困。绝大多数是汉人或苗家的佃户。生活最好的一家，九口人也只有百多挑地。

㑩兜社会的特点是在他们还保留着氏族制度。但是这种制度并不是原始公社性质，因为他们不但已有私有财产，而且租地耕种，已经进入封建社会，只是他们本族的社会组织却还是依据血缘关系，由族长来统治。这个聚居区总的领袖是他们的总族长。在他之下有个副总族长。各寨有族长，再下还有房长。这是一个血缘组织。他们掌握家法：包括继承、婚姻和祭祀。

㑩兜的婚姻和周围的苗家不同，称作"背带亲"。小孩生下几个月或几年，父母就要替他们找对象，把婚订了。有的甚至指腹为婚，儿女没有下地，他们的终身大事已经被决定了。男的到20岁，女的到16岁左右才结婚。同时，㑩兜的青年男女也和苗家一般可以"摇马郎"，自由社交和谈恋爱。这可能是受了苗家的影响，不是原有的风俗，因为这是和家长权力的制度不合的，事实上也时常因之引起婚姻纠纷。族长们用权力来维护家长决定的婚姻关系，如果要离婚，主动提出的那一方要赔偿对方43两银子。生活很穷困的㑩兜怎样拿得出这笔钱来呢？所以等于不准离婚。我们遇到㑩兜的青年，常常向我们提出改革这种父母包办婚姻的要求。

㑩兜的宗教是祖先崇拜，也就是用来支持家长权力的意识形态。在总族长的下面有一个宗教机构：教主、鼓主、鬼师和乐师。教主掌握家谱，鼓主供奉神鼓，鬼师占卜吉凶和治病，乐师管理六笙和舞蹈。神鼓是一个木鼓，保存在总族长家里。人死了，要请教主举行仪式，把死者的灵魂导入神鼓，所以神鼓是祖先的祠堂，也是祖先崇拜的象征。教主能背诵族里的家谱，肯定每一个人在血缘组织中的身份。人死了，他的名字记入这个口头传记的家谱里。

每年春冬两季他们要举行"跳鼓舞"的典礼，打牛大祭三天，对象是葬在鼓里的祖先。举行典礼时要跳舞作乐，所以称之为跳鼓葬（在贵州苗族中也通行一种盛大的集会，每过一定年数，要举行"吃牯脏"。届时要打牛，跳舞。"吃牯脏"的起源已经不知道，这个名称是只指集会中要打牛吃牛肉和内脏，显然不是这仪式的主题所在。我们在僈兜中见到了"跳鼓葬"的仪式，不免联想起"吃牯脏"来，很可能原意是"鼓葬"，后来讹传成了"牯脏"。是否苗族在原来居住这地方的老民族中传得了这种风俗，我们在这里不敢作断语）。"跳鼓葬"是祖先崇拜的宗教仪式，是氏族制度中的一个构成部分，因为家长权力是要上层结构的意识形态去维护它的。

黄平的僈兜现在说的话已经多和苗家相同，因之有人认为他们是属于苗瑶语系，并且认为是苗族的一部分。但是我们知道一个人数太少，生活上要依赖于一个较大民族的弱小民族，他们的语言很容易受到较大民族的影响，所以从语言上来确定他们的民族来源是有困难的。另有一部分历史学家的看法：僈兜是僚族的后代。僚族是早年在西南的一个重要民族。旧书用"獠"字，这"獠"字的意义是打猎，可能因为这个民族是打猎而得义。广韵上"獠"字有两种读法：知卯切 tsau 和卢皓切 lao。从 tsau 音转成 tou，就是"兜"（同样的转音例如：缀——掇，者——都）。族名发音时可能原来就联上亻乞（读作革），所以现称僈兜。从 lao 音转成 lou，写成"佬"。现在贵州和其他地方还有佬族，也联上亻乞，现称僈佬。"僈佬"一词在宋代书籍上已经见到（朱辅：《溪蛮丛笑》），明代的书上又有称"犵獠"（罗曰䌹：《咸宾录》及田汝成：《行边记闻》）。清代的书上有把"犵""獠"通用（《大清一统志》）。其他史书上还有"犵狑""猗獠""犵獩""犵獴"等写法。原来这些族名是先有音，后有字的，不同的人在不同时代写成不同的汉名是很可能的。这些可能就是一个民族，都是以革音开始，联上"獠"的不同读法。

㑩兜究竟是和苗族相近还是和㑩佬相近这个问题现在还不易得出结论来。他们自己是坚决不承认是苗族的，因为苗族常常欺侮㑩兜，他们之间也有着民族的隔阂。但是他们和㑩佬即使是同出于僚族，现在语言已不相通，很多风俗习惯也联不上了。要等将来研究更深入了，这个问题才能得到解决。

㑩兜这个名称除了炉山、黄平这一带外，别处很少听到，但㑩佬却分布得很广，湘西、贵州、广西和云南都有。以贵州说，据已经知道有㑩佬的地方，包括黔东的黄平、炉山，黔西南的普定、郎岱、安顺、镇宁、关岭；黔西的大定、织金。零星分布的区域还要广。这样广又这样散的分布情况就说明了这是个比较古老的民族。苗家和仲家大都承认㑩佬比他们早。有些地方，如镇宁扁担山，贵筑的花溪，还传说这些地方原来是㑩佬的，镇宁现在还实行"吃新"的风俗。关于这些我在第二篇里已经提过了。

㑩佬的情况一般比㑩兜更穷困。我们所见到的㑩佬大多已丧失了他们的民族特点。他们过去在重重压迫下日趋于消灭。在大定方家坪据说还有几个㑩佬的村子，在解放后曾发生过受骗称帝的事件。他们文化低落，地方闭塞，生活痛苦，所以很容易被落后及反动势力所利用。这说明了我们对于这些处于水深火热中的小兄弟们是必须特别注意而加以帮助的。

㑩佬的祖先是旧书上所称的僚族，这说法是比较可靠的。僚族在西南曾占有过重要地位。一说他们是起源于川陕边境，在纪元前5世纪时南迁，汉代已到贵州和广西，唐代在云南也有关于他们的记载。宋代西南各省，从湖南一直到海边都有他们的踪迹。宋以后川中僚族大减，但是元代马可波罗所记的秃剌蛮在黔西还有着很多的市镇，商业发达，很富足（秃剌蛮Toloman一说即仡佬。T和C通，C和K通，即Kolo，而且《元史》载"土僚"在昭通之东，叙府之南，就是马可波罗见到秃剌蛮的地方）。元之后，史籍上有关僚族的记载就少了，大概已经走上了被打被逐的下坡路，逐渐消亡下去了。现在贵州僳佬总数不过几千人，而且大多被其他民族同化了。我们想找几个僳佬来学习他们的语言都很困难。但是历史材料中还保留着一些有关僳佬的特殊风俗：最突出的是披袍、凿牙、崖葬、铜鼓、坐月等。

披袍是指他们特有的服装，亦称桶裙或僳佬裙："裙幅两头缝断，自足而入。"（《溪蛮丛笑》）"衣长仅尺余，上披以袍。袍方而阔，洞其中，从头笼下，前短后长，左右无袖。"（《贵州通志》）它的形式有些像我们的运动衣，从头上套下去的。但是他们现在已没有这种袍了。有人认为蜡花是他们创始的。蜡染是一种印花布，先用蜡在布上画了花纹，然后染色，把蜡洗去，留下白花。现在僳兜中蜡花布是用得很普遍的。

凿牙是指他们把门牙打去，这是一种仪式，仪式的意义所传不同，有的说是成年礼，有的说是婚礼，也有的说是用来伴葬父母的。在僳佬中还有一支称"打牙僳佬"。但是我们所见到的僳佬并不缺齿。

崖葬是人死了，"殓以棺而不葬，置岩穴间，或临大河，不施蔽盖"（《贵州通志》）。要经过一个时期才把尸骨捡起，埋在石砌的坟里。这种风俗也已经丧失。有些老年人据说还记得听说过有这风俗。很多尸骨葬在一起的情形，现在还有遗迹可见，称"僚佬坟"。

特别值得我们注意的是关于铜鼓的风俗。铜鼓是现在贵州苗、仲等族很重视的一种乐器。在他们欢迎我们访问团大会上常打铜鼓跳舞。他们把铜鼓吊在三杈木上，一面用木槌打鼓，另一面不住的用木桶摇动，使鼓里的空气更复杂的流转，声音荡漾，更觉得洪亮。但是这些铜鼓却并不是苗家或仲家自己铸成的，都是挖地时在土里挖出来的。从四川一直到广西，各地出土的铜鼓为数很多，因之曾引起考古学家、人类学家的注意。一般的传说是诸葛亮南征时留下的，又有说是马援所铸。那是因为后人在土里发掘得了铜鼓，不知来历，不相信兄弟民族有铸造这富于艺术的铜器的能力，又要夸大汉族的武功，因之附会成这种说法。其实，这样笨重的铜鼓，直径有一二尺，高又近尺，重二三十斤，对于山地里行军是不适宜的。何况汉族并无此铜鼓，马援、诸葛亮没有理由创造这种不适用的"军用品"到山区里去打仗的。

《汉书·马援传》注引《广州记》有："岭南二十余郡，'俚''僚'炼铜为鼓……其俗尊有鼓者，号为都老，群情推服。"这段史料很有启发作用。首先是说铜鼓是"俚""僚"所创造的。但是为什么僚族要铸鼓呢？我们可以推测的是先有木鼓，木鼓在社会生活里具有突出的重要性，才结合铸铜的知识，制造铜鼓。铜鼓的规模以及它花纹的细致和考究，在生产力没有太高的时代，决不是私人的玩具，也不太可能像现在苗、仲单是用做伴舞的乐器。最容易想象的，它是结合了当时权力的祭器。所以"尊有鼓者"和有鼓者又有特别的称号的记载是值得我们注意的。我们在其他书上还读到："南蛮酋首之家，皆有此鼓也。"（《太平广记》）"黔南言溪峒夷僚疾病，击铜鼓沙锣以祈神鬼。"(《宋史》)汉族征服了僚族就要强迫他们缴出铜鼓:"南征夷僚……所获不可胜计,献大铜鼓。"(《陈书》)"克寨六十余……得诸葛铜鼓九十三。阿大泣曰:鼓声宏者为上,可易千牛;次者七八百。得鼓二三,便可僭号称王。击鼓山岭,群蛮毕集,今已矣。"(《明史》)

读了这些史料,读者如果结合了上一节关于仡兜氏族制度及神鼓的叙述,可能会和我们一样把铜鼓的起源联上现在还看得到的风俗了。算是一种推想和猜测也可以:"僚"族曾以神鼓的宗教信仰来支持他们族长(都老)的权力,神鼓因之成了宗族的象征。有了铸铜的知识时,造出铜鼓。在战争中,敌人要缴他们的铜鼓,表示屈服,所以他们在失败时,人走了,铜鼓就埋在地下。后来其他民族占了这地方,铜鼓被掘了出来,不知道有什么用,只成为普通的乐器了。我们这猜测如果能被今后的研究证实的话,可以从此了解到仡佬族的祖先不但地域分布得很广,他们的社会形态很早已发展到氏族组织。再和我在前面所叙述的彝族社会形态连起来,那部社会发展史更为完整了一些。

在研究仡佬早年的社会形态时,坐月的风俗也是值得注意的。坐月也称产公,在人类学里称 couvade。"广西太平府,僚妇生子,经三日,便澡身于溪河。其夫乃拥衾抱子,坐于寝榻。卧起饮食,皆须其妇扶持之。稍不卫护,生疾,一如孕妇。名曰产公,而妻反无所苦。"(《子不语》)这一种风俗在世界各处已发现不少。据一部分人类学家的意见,这是母系社会转变为父系社会过渡期间发生的风俗。这风俗的意义是做父亲的用了这象征性分娩的行为来否定母亲和子女的系统,确立自己和子女的系统。这种风俗因之和氏族社会有密切关联的。将来史料更多，加上他们的传说和其他风俗，可能见到他们早期更原始的社会的遗留。

关于仡佬的历史现在还不免多属猜测性质。我把这些似乎很牵强的推想都写了下来，目的只在指出这里有很多问题是值得研究的。

八、后记

以上七篇对于贵州兄弟民族情况的介绍是我从贵州访问归来后写成的，3月中旬起，拉拉牵牵，断断续续的写到6月中旬止。如果没有《新观察》的编者按时的催稿，连这几篇也不一定能写成。在我著作生活中，这几篇是写得最仓促，也是最不畅达了，为的是经常被其他工作打断，没有一篇是一气写成的。这是件很苦的事。

但是另一方面，这几篇得到朋友们的帮助却最多。首先，大部分材料是从访问团同志们那里得来的，写成了又经常得到许多同志的批评和指正。在编辑这本小册时又有许多同志替我画图和整理照片。如果要分别举出姓名来道谢，就得把访问团第三分团全体的名单印出来了。这本小册其实是由我执笔的集体创作，只是因为其中有许多意见，尤其是有关历史部分，是我个人的，而且恐怕还是有问题的，所以应当由我个人来负责。

这七篇只是我原定计划中的前一部分，接着我本来打算再分开专题如政权建设、贸易、教育、文艺等来谈谈在贵州所见到的若干有关兄弟民族政治、经济、文教建设的问题。但是刚写完这七篇，又准备去中南继续访问工作，只能停笔，先把这一部分编出来，其他的留下等将来再说。

这七篇曾在《新观察》连续发表过，但是有不少错字，有些是原稿上就错的，也有些是排错的。还有一些地方，发表后我觉得应当修正的。在编辑时都曾校订了一遍。

由于我实在没有足够时间充分考核材料和考虑问题，这七篇中难免会有错误。我诚恳的希望读者，特别是兄弟民族的读者，多多批评，使我们对贵州兄弟民族的情况能有更正确的了解。

我参加访问团八个月的工作是十分愉快的，不但和贵州兄弟民族同胞们结下了深厚的友谊，和贵州各地工作同志们间也树下了不会遗忘的亲密感情。至于访问团的同志们，我们已成了手足一般，只要一想起他们，就会使我奋发，使我对工作更有信心和勇气。让我把这本小册献给他们，作为半年多共同工作的纪念。

1951年6月16日于中央民族学院

关于广西壮族历史的初步推考

广西有一种人自称为土人,或本地人,分布很广,除了东南角靠近广东的10多个县外,没有一个县没有土人。从桂林到南宁的铁路线以西,土人在乡村中占主要地位,百色专区境内,土人占人口总数80%左右。以广西全省说约有600万土人,占全省人口1/3。他们说土话,土话是广西通行的语言之一,在西部是民间的主要语言。会说土话的并不只土人,许多被称为客人的外来汉人也学会了这种话。土话又称壮语,依语言学的分类,和汉语同属汉藏语系,但是并不属于同一语族。壮语是黔台语族台语支中的一个分支。这是说壮语并不是汉语的一个方言,在文法结构及发音上都有相当重要的区别。说土话的土人中有部分承认是壮人,如桂北地区,特别是边地,如龙胜、三江一带和苗、瑶、侗杂居同被视作少数民族的地区。在土人占多数,社会地位较高,又有苗、瑶等人杂居地区,土人不承认自己和苗、瑶同属少数民族,而认为是"说壮语的汉人"。

广西的土人用他们的土话自称"布越伊"(Puyuei)或"布依"(Pu-yi)。"布"在壮语中是"人"的意思,布越伊即越伊人。他们又有若干支系:柳州一带自称"布壮",龙胜一带自称"布叶伊"(亦称浑叶伊 hun-yiei),百色专区都安一带自称"布依",田阳一带自称"布纳",西隆一带自称"布友伊"。

这些自称"布越伊"的人虽则有一部分自己说是汉人，但是和外面去的汉人是承认有区别的；外面去的汉人称作客人或客家。因之，事实上我们可以认为布越伊是一个民族集团，至于最好用什么名称，还是问题。因为他们所说的话，一般常称作壮话，所以我们在此姑称为壮族。

壮族是中国南方的一个人数较多的少数民族，但关于这个民族的历史却知道得不多。我想提出一些材料和意见，希望对民族史有研究的同志们能多给我们些帮助，使我们对这个民族有更进一步的了解。

一

壮族自称"越伊"人，使我们联想到古代东南沿海的"于越"人。广西的壮族可能就是这古代民族余留到现在的一部分。

自称"于越"的民族，在有历史记载之前已经定居于东南沿海一带；最北到达浙江。"越在蛮夷，少康之后，地远国小。春秋之初，未通上国。国史既微，略无世系，故纪年称为于粤子。"[1] 据当时的传说："禹周行天下，还归大越，登茅山，以朝四方群臣，封有功，爵有德，崩而葬焉。至少康，恐禹迹宗庙祭祀之绝，乃封其庶子于越，号曰无余。"[2] "少康其少子号曰于越，越国之称始此。"[3] "无余都会稽山南故越城是

---

[1] 见《史记》。
[2] 见《史记》。
[3] 见《史记》。

也。"❶《竹书纪年》所称"于粤子"是指一种人,民族的名称。《吴越春秋》所称"于越"是指地名,传说中禹所葬的地方,茅山,据裴骃《集解》:"禹冢在山阴县会稽山上,会稽山本名苗山。"❷ 会稽在今浙江北部。《会稽记》所称"於越"是该民族的始祖名。合起来说明浙江北部在当时住着一种於越人。古书上,越和粤一直是通用的,因为都是用汉字来记音,当时为了要更近于该民族自己的发音,所以还带一"於"音。"於越"和"越伊"发音是很相近的。

到纪元前5世纪末,这个民族的势力渐长,和他们北面的汉族发生战争,纪元前4世纪初,在勾践的领导下战胜了吴国,自己称王,他们的势力一直达到淮河流域。"当是时,越兵横行于江淮东,诸侯毕贺,号称霸王。"❸ 大约有200年,被楚国所击败。"越以此散,诸族子孙争立,或为王、或为君,滨于江南海上。服朝于楚,后七世至闽君摇,佐诸侯平秦。汉高祖复以摇为越王,以奉越后。东越闽君皆其后也。"

秦末汉初,纪元前二三世纪,越族分布在今浙江、江西、福建、广东、广西和安南一带。在地理上,这地带是在南岭山脉之南和之东。南岭山脉西起四川、云南交界处,东经贵州,又沿湖南、江西南境,复东北延至绍兴、宁波一带,划分长江和粤江两大流域。川岳连绵,交通阻隔,汉族兵力是在纪元前200多年时才开始越过这山脉。秦始皇"又使尉佗逾五岭攻百越"。❹ 汉初,五岭山脉以北,今湖南、江西,当时长沙国境

---

❶ 见《史记》。
❷ 见《史记》。
❸ 见《史记》。
❹ 见《史记》。

内还是"其半蛮夷"。❶这个山脉,在江西和广东交界处称大庾,最西称越岭,都可能是以当时居住的族名来称呼的。其中的都庞,据郦道元注,作"部龙"❷,与现今"布侬"音近,可能亦有联系。

五岭之东南几全系越地:福建一带是闽粤和东粤。"闽粤王无诸及粤东海王摇,其先皆粤王勾践之后也。秦并天下废为君长,以其地为闽中郡(纪元前221年),及诸侯畔秦,无诸、摇率粤归番阳令吴芮,所谓番君者也。"——"番"音 Pu 指越族言,可能与今称"布"有关——"无诸、摇帅粤人佐汉……五年复立无诸为闽粤王,王闽中故地……孝惠三年……立摇为东海王,都东瓯,世号曰东瓯王"。后来闽粤和东瓯战,东瓯求救于汉,"汉兵未至,闽粤引兵去,东粤(粤与瓯通)请举国徙中国,乃悉与众处江淮之间"(约在纪元前143年)。闽粤又去打南粤,内部生变,汉立无诸孙繇君丑为粤繇王。纪元前110年汉又发兵,把东粤和闽粤的人"徙处江淮之间,东粤地遂虚"。❸

广东的越族在秦末汉初,在汉人赵佗的领导下建立了南粤国,纪元前195年汉朝承认了这一事实。那时南粤的都城称番禺(亦有以此普称该地区)。"颜师古注:番音普安反,禺音隅。"❹Pu-yu 和壮族自称相同。其地称越。南粤之西是西瓯,"颜师古注:西瓯即骆越也。宋祁注:瓯於口反,骆越种

---

❶ 《前汉书》,第95卷。
❷ 《水经注》,第39卷。
❸ 《汉书》,第95卷。
❹ 《汉书》,第95卷。

也"。❶当在广西越南一带,和福建的东粤都称瓯,地隔几千里而自称相同。这许多同属越族的部落被总称为百粤。"百"可能亦系译音,是 Pu-yueh。百粤之地一直要包括现在广西百色专区的田阳。"田州古百粤地"。❷广西在汉代即置郁林郡,左江亦称郁江,也就是现在壮族聚居的中心区。现在的南宁旧称邕。郁和邕的音均与"越""伊"相近。

纪元前 1 世纪汉灭南粤,广西越族的苍梧王跟着降了汉,越南的瓯骆 40 余万人也降了,到此,越族在政治上受到了汉族封建帝王的统治。但是越族人口较多的地方,汉族封建统治势力压迫下,反抗不断发生。后汉初年,交趾越族在征氏姊妹的领导下,占领了岭外 60 余城,公元 43 年汉光武遣马援远征,越族失败,"援所过辄为郡县治城郭,寰渠灌溉,以利其民。条奏越律与汉律驳者十余事。与越人申明旧制以约束之。自后骆越奉行马将军故事"。❸可见该地人民还称越族。

汉以后,在中国境内,官方已经很少把越族看成"蛮夷"。《唐书》所载"南蛮"列传中川、黔、桂一带主要是"獠"。但在西南有一个称附国的是汉西南夷的后代,其东部有嘉良夷,其南有簿缘夷。❹簿缘夷与现在壮族自称相同。在桂西有一种被称为"西原蛮"的,他们分黄、韦、周、侬等姓。这几个姓到现在还是壮族的大姓。这几姓在 8 世纪中曾称王,合起来有 20 万人,占地数千里。❺到宋代,郁江上游的"广源州蛮"侬

---

❶ 《汉书》,第 95 卷。
❷ 《明史》,第 318 卷。
❸ 《后汉书》,第 54 卷。
❹ 《唐书》,第 222 卷下。
❺ 《唐书》,第 222 卷下。

智高在11世纪建立南天国，曾从广西出击，一直到广州，宋派狄青出征，侬氏败，走大理国。现在广西西部靠近云南地区的壮人自称"布侬"，系"布伊"的一支。云南西部和广西龙川一带有侬人，自称侬智高之后。

壮人这个名称在正史上要到《元史》才见，但是宋代笔记中已有，如，范成大《桂海虞衡志》："庆远南丹溪洞之人呼曰獞。"朱辅《溪蛮丛笑》："五溪蛮皆槃瓠种也。聚落区分，名亦随异。今有五：曰苗、曰瑶、曰獠、曰獞、曰犵狫，风声习气，大抵相似。"《元史》称"撞"。《兵志》："广西两江道宣慰司都元帅撞兵屯田。成宗大德二年（1298年）黄圣许叛，逃之交趾，遗弃水田五百四十五顷七亩，部民有吕瑛者，言募牧、兰等处及融、庆溪洞徭撞民丁于上浪、忠州诸处，开屯耕种。"❶《林兴祖传》："至正八年（1348年）特旨迁为道州路总管，行至城外，撞贼已迫其后，相去仅二十里。"❷这样看来，"撞人"是在湖南南部和广西北部。广西南部的土人不包括在"撞人"中，如势力较大的韦氏，即称韦番。推想当时自称"布越伊"的人还没有统一的汉名，而根据他们所接受的汉姓或支派的自称来分别称呼。我们现在调查柳州一带的土人自称"布壮"，当时的"撞"，可能就是指这种人。但是到了明代，"獞"和"猺"并举为广西民族的总称了；如《明史·广西土司列传》

开始就说："广西猺、獞居多。盘万岭之中，当三江之险，六十三山倚为巢穴，三十六源踞其腹心。其散布于桂林、柳州、庆远、平乐诸郡县者，所在蔓衍；而田州、泗城之属尤称强悍，

---

❶ 《元史》，第100卷。
❷ 《元史》，第192卷。

种类滋繁，莫可枚举。蛮势之众，与滇为埒。"❶在当时的记载中，"洞"和"獞"常常混同不分的，主要是黄、韦、覃、岑等姓。这些姓还是现在广西土人中的大姓。

我们在这里所抄录的史料并不是全面的，但是已足够说明现在广西自称"布越伊"的人，在这地区已有很长的历史，是当地的土著民族。这民族在2000年前分布地区比现在更广，主要在南岭山脉之南，沿海伸张到浙江北部。在2000多年中，沿海地区的越族没有退走的，已融合在汉民族里面。这个民族和汉民族的关系是很深的，而且是组成现在汉民族的一部分。但是他们中间还有一部分仍旧保持他们民族的语言，而且还用相当于早年自称的族名来称呼自己的民族，虽则也已经有一部分现在自认为是"说壮话的汉族"了。

二

这个民族自称为"布越伊"是什么意义呢？一般广西的壮人已不能答复这问题，我们在龙胜龙脊村工作时，王辅世同志搜集到该地壮族叙述民族来历的酒歌中有两句：

Kung Rin Kung Pu Yiei（一公为壮公）
公　一　公　壮

Yiei Na Kau Pion Nguan（耙田到日中）
耙　田　到　半　日

---

❶ 《明史·广西土司列传》，第317卷。

第一句的 Pu Yiei 是指壮人，第二句的 Yiei 是指耙，一种耕田的农具。两字念起来前者是降调"叶伊"，后者是平调"耶伊"。现在壮人虽则不知道"叶伊"的意义，但"叶伊"和"耶伊"音同而调稍异，可能原是一字。歌中尚有 Pu 字在"叶伊"前，而现在该地壮人已自称"Hun Yiei"（可能系受自称 Gum 的侗族的影响）。Pu Yiei 可能是较古的称呼。所以 Pu Yiei 可以译耙人，即是用耙来耕地的人。

我们回到北京，把这个意义报告给很多同志们听。清华大学陈梦家教授根据他考古学的研究在他给我们的信上提出下面的意见：

"承告广西壮族自称为 Yiei，以为是'于越'的对音；又据龙胜县龙脊村壮族叙史酒歌中，'于越'是'耙'地之'耙'。查纪元前 3 世纪的《竹书纪年》称越王为'於粤子'，纪元前 4 世纪的《左传》以及较早的《春秋经》称'于越'或'越'。越国所铸的剑（纪元前四五世纪）上的汉文作'戉'。商代铜器中的戉作凸等的形状是从石器的⊠发展而来的。铜器的戉是兵器，是从农具锄地用的石器变来的。吴越很古以铸剑名，这些民族之用青铜，至迟在春秋之世。"

以上所述，说明石制农器之戉如何变为青铜制兵器之戉，又说明越国之越本应作戉。这样也许可以助证壮族自称的"於越伊"与"于越"在古壮歌中的"耙"义相联系。我们还需寻找其他的例证来证明壮族与越族的关系。这种假定建立在一个尚不很确定的基础上，即是我国东南沿海（包括江、浙、闽、粤、桂一带）当新石器时代，曾经有一种土著民族。这种民族就其汉化了的一部而言，就是历史上的越族，就其在现在尚保持其民族特点者而言，或许即是今日的壮族。

龙胜壮族称耙为"耶伊",从而推测壮族自称"布叶伊"是指用耙耕田的人。这种推测并不只是因为声音相同,而且是合于他们的经济特点,因为壮族一般都是以水稻为主要作物的。他们傍水而居,有些地方因之称他们作"水户",原因是在他们种水稻。就是靠山很近的壮族,也并不上坡去发展杂粮,除非实在不得已才经营旱地。这个特点可以用来区别于苗、瑶。不但广西的壮族具此特点,和壮族属于同一语系的贵州仲家和云南傣(僰)族也是如此。更使我们觉得有意义的是云南傣族自称 Tai,而 Tai 的意义也是"犁"❶,和龙胜壮族自称"耶伊"相同。我们因此想到,"壮""仲"等音可能从"种"音得来的。

水稻起源地一般认为是东南亚,但是究系哪个民族的发明,还没有定论。我们且不说越族有可能是水稻发明者。但是在我们中国说,早年越族所居住的地区也正是我们很早就种植水稻的地区。《越绝书》:"摇城,稻田三百顷,在邑东南,肥饶水绝。"❷《史记》所引《地理志》:会稽山"上有禹井、禹祠,相传以为下有群鸟耘田者也"。❸ 所指耘田是否系水稻固不敢断言,但是种植水稻的民族,对于水的需要一定特别大;历史上把越族称作禹之后,很可能是说禹是这个民族所崇拜的神话人物。会稽山上还有象征着这"水利之神"的坟和祠堂。

另一个可能发明或在中国传播水稻的民族是苗族。但是我们在贵州曾得到一些材料说明,进入贵州的一部分苗族早年

---

❶ 江应梁:《摆彝的生活文化》,第 266 页。
❷ 见《史记》。
❸ 见《史记》。

并不知道种水田的。炉山的苗族还记得一种传说，当他们到这个地方时，这地方住着木佬（佬系僚，亦属台语系民族），苗族把木佬赶走后，不会种田，没有办法，不得不用了70个苗人去换7个木佬来教他们种田。直到现在种稻时一定要等木佬下了种，苗人才下种。另外有一个村子请来了两家木佬，每家苗人都要出谷子给他们，指导大家种水稻，解放之后还是这样。这些材料固然并不能概括一切苗族，但也是值得注意的事实。现在苗族在贵州和广西虽则也种水稻，但大都是以种杂粮为主，因为他们大都住在山地。

三

从语言方面来看，这个问题也有一些材料表示现在的壮族和曾经居住在东南沿海一带的古代居民是有渊源的（以下所引的主要根据罗常培先生在中央民族事务委员会所做《关于国内各民族语言问题的报告》）。

壮语是汉藏语系黔台语族（以前称侗台语族）台族支的一个分支。这个分支中包括广西的壮族，贵州的仲家以及仡佬、土佬、木佬等，云南南部的沙人，广东海南岛北部几县的黎族。这种语言的特征之一是有声调，而且四声各依声母的清浊分阴阳，成为八声。汉语的趋向是浊音的清音化，但吴语和湘语还保持着浊音。壮语的特征之二是元音的长短分做不同的音位。这在汉语中只有粤语有此现象。壮语的特征之三是有韵尾辅音，汉语中只有粤语、闽语有此现象，瑶语亦同。这些事实表示吴、湘、粤、闽的几种汉语方言中还保留着壮语的影响。

这影响可能说明在这些早年曾为越族所居住的地区，有一部分越人已和汉族融合，但仍部分保留了原来民族的语言特征，特别是发音的习惯。同时也助证了现在的壮族和古代曾居住在东南沿海诸省的越族在语言上是相同的。

四

语言系统相同的人并不一定属于一个民族，同一语系的人可以因历史条件形成不同的民族。但是从语言的同异上也可以追溯到各民族在历史上的关系来。

和广西壮族同属一个语言分支的贵州仲家，自称"布伊"Pu-Yi，和壮族相同，而且壮和仲在发音上差别也很小。比较可靠的史料也说明，仲家是从广西进入贵州的。《贵州通志》："独家五代时楚王马殷（公元930年）自邕管迁来。"《明史》："狆贼乃粤西猺獞，流入黔中，自贵阳抵滇，人以三万计，砦以千四百七十计，分即为民，合即为盗。"❶ 在地理分布上，黔仲和桂壮到现在还是连接的。仲家的中心是在贵州的罗甸、册亨、伤僙，即黔南盘江流域；隔江就是广西的西隆，我们曾去访问过。西隆的土人亦自称"布伊"，风俗习惯大体也相同。贵州仲家和广西壮族一般是傍水靠山而居，过去的地位是在汉族之下，苗、瑶之上，他们的社会经济形态也相同。只是因为交通不便，来往少了，有了不同的汉名，成了两个民族单位。将来交通方便之后，他们很可能会合在一起的。

---

❶ 《明史·张鹤鸣传》，第257卷。

仡佬、土佬、木佬现在人数都已经很少，散居在湘、黔、桂、滇一带。我在介绍贵州少数民族情况时曾称他们为"少数中的少数"。佬在古书上作"獠"。上面我们已提到，唐史关于"南蛮"的记载多称"獠"。当时僚族分布在川、黔、桂一带。我曾推测他们是铜鼓的制造者。这种铜鼓分布极广，南方一直到安南。据上面所提到的越国很早就有铸铜的知识，而且以铸剑得名。《后汉书·马援传》记着他远征交趾时："得骆越铜鼓，乃铸为马式。"又引《广州记》："援到交趾，立铜柱为汉之极界也。"他搜集了越兵的武器来铸成铜柱。僚和越是有联系的。《新唐书·褚遂良传》："帝大怒，命引去。武氏从幄后呼曰：'何不扑杀此獠！'"❶遂良是杭州钱塘人，而称他为"獠"，可能当时是可以用"獠"来称"越"的。

台语支除壮语外，还有一个分支是台语。大部分在国境以外：阿含语曾流行于阿萨密，现在已将消灭；坎地和掸语（僰语或摆彝语）流行于缅甸和云南西部；暹语和牢语流行于泰国和越南；吕语流行于云南南部；泰、侬、土等语流行于越南、广西南部和云南南部。这个系统的民族是中南亚的主要居民。我们在西南滇、桂国境上住着的也大多是这个语系的民族。广西龙州区的侬人、偏人、云南的傣人和僰人都自称 Tai。他们也都是种植水稻的民族。在地理分布上看得出一个形势，就是他们环绕着云南的东、西、南三个方面，形成一个大的凹字。这凹字中间的缺口住着彝语系统民族，其分布从西康往南一直到达云南和越南的边境。这个系统的民族曾经在隋唐时建立过相当强大的南诏国。他西北面挡住了藏语系民族，东面挡住了

---

❶ 《新唐书·褚遂良传》，第 105 卷。

壮语系民族。但在西部与南部却被台语系民族所挡住了。

和壮语同属黔台语族的黔水语支包括湘、桂、黔接界处的侗族和贵州南部的水家、莫家、傣僙等。水家自称"布水"，和壮族可能是很近的，因为在贵州、广西都有一部分仲、壮族被称为水户。侗族人数较多，三省合起来要在50万以上，这个民族就住在这三省接界处，并没有散居到其他地方去。在史书上称"洞"，常和僮相通用或联用。侗自称Gum，Gum在壮语中是"洞"的意思。黔字古音就是Gum，广东人还有这样读法。贵州称黔，广西的左江也称过黔江，现在还有黔江。他们可能是古代越族的一支，早先就住在黔南、桂北和湘西一带。但是为什么称"洞"呢？"洞"并不是普通的山洞，而是围在四面山峰中的一片较平的地，比一般所谓"盆地"要小一些，写作"峒"字比较恰当。这种地形在湘、桂、黔边区最普通，所以很可能是指住在这种山峒一带的人。这一带是森林地带，著名的榕江就在这地区里。侗族社会经济形态和壮族相似，也是傍水靠山而居，除种水稻外就以水运为生，特别是以放木排为专长。他们文化颇高，尤其是建筑很发达，有宫殿式的桥梁和鼓楼。

最后可以讲一讲史书上常和壮相并提的瑶。瑶在语言上是属苗瑶语族，同属汉藏语系。瑶族的问题比较复杂，因为同称为瑶的许多部族，在语言、风俗习惯上可以有很多的差别。有些说着和汉族古语相似的语言，也有说着和壮语相似的语言。这是由于瑶族很分散，大多居住在高山上，四围都是其他民族，而且他们的传说中都记载着长期的流动、迁移，所以受到其他民族的影响很深。另一方面汉人对于很多住在粤、湘、桂一带山顶上的少数民族，不加辨别统称为瑶，于是被称为瑶族的人中间很可能有着原来不同的民族成分了。由于苗族与瑶族语言相近，一般可认为他们之间的关系比较密切。苗族与瑶族在现在分布上表现不同的情况是：苗族还有比较大的聚居区，一在湘黔边境，一在贵州东南雷公山区。在这两个聚居区内，有着比较肥沃的水田，生活水平较高。瑶族分散在湘南、粤北和广西各地，一般都住高山，最大的聚居区不过两三万人，而且区内也常被高山分割，往来不便。他们以种杂粮为主，生活最苦。

苗、瑶的历史我们知道得很少。在上面叙述古代越族的历史时，有几处接触到了苗、瑶。古代传说中的会稽山原名苗山，又作茅山。这个传说可能是指越族曾和苗族在这一带冲突过，越族得胜了，改变苗山的名称来纪念这战功，而把这战功记在他们民族传说中的英雄禹的身上。如果这个推测是事实，则当时苗族已在长江下游，被越族挡住了他们东向的路线。

另外值得我们注意的是"闽越"这个名称。闽古音是门，man。苗族至今自称为 mon。粤东海王摇称东瓯，而现在的瑶族自称 Yiu，似乎又相近。汉立粤繇王，繇音摇。这些和瑶族是否有关是值得推考的。苗族与瑶族在早期可能是相同的。但是后来迁移路线不同，经过长期的分隔各自不同了。瑶族西移的路线大概是依南岭山脉，因为走的是山路，所以人口比较分散，力量单薄，不能把当地原有的民族赶走，只能在山上开荒，因此得到过山瑶的名称。而另一方面，苗族西走的路线是经过比较肥沃的地区，从湖南进入贵州，使他们还能保持比较大的集团，而且有足够力量把原在黔东南的僚族赶走，而占据其地。

瑶族和古代的越族及近代的壮族一直靠得很近。越族和壮族大体上在南岭山脉之南,南岭山脉正是瑶族的地区,所以他们常相接触,瑶壮因之常常并提。

1951 年 12 月 12 日

西南兄弟民族的歌舞

想起这一年多来我在各地访问过的兄弟民族,我首先想起了他们的歌和舞:

在炉山,一个满天星斗的夜里,我们被几个苗家的妇女紧紧的握着手,执着火把,一路送我们回去。我们话虽则说不太通,但是感觉到亲切体贴,因为她们的歌声把我们的感情扣得这样紧,语言已成为多余。她们从我们到她们家里喝酒时开始,你唱我唱,一直没有停;到了送行,歌声也更响亮了。我过去从没有参加过这样和洽舒畅的酒会,茅草屋里,围坐在一张矮桌四周,桌上热腾腾的大碗肉和菜,背后是一堆经常不熄的柴火,送来暖气;主人举着碗,唱起酒歌;唱完一首,把满碗的酒端到客人的嘴边,没有等客人说话,一倾手,酒就灌到嘴里了。接着是客人的歌声,客人碗里的酒也灌入了主人的嘴里。笑声夹杂在歌声里,一片热情,一场欢乐。送出门来,主人拉着客人,一面走,一面唱,一直送到你家里,站着还要唱。从月亮在东山头唱起唱到月亮到西山头。

怎么会有这样多的歌,唱个不完呢?并不稀奇,我们遇见了亲切的朋友,话不是一样说不完么?他们以歌代话,也就是用歌唱来谈天。这一点我们起初还不很明白,后来才知道。他们只有现成的调子,没有现成的歌词。歌词是必须临时编的。想表达什么就唱什么,所以是等于说话。比如有一位苗家老太太到区政府看见了毛主席的相片，顺着她的感情就唱起来：

> 噢！你看哪！
> 毛主席，好福相，
> 红光满面多健康，
> 两眼有神看得远，
> 替我苗家作主张。

他们的歌是随口而来，尽兴而止。感情不来也就没有什么可唱。有时候，他们会很窘，比如我们要他们唱支情歌给我们听，他们没法唱，原因很简单，没有对象。又有时候，我们在会场上听到他们唱的歌太好了，会后约他们来录音，音是录下了，味儿却不同。对着机器唱歌可能是活受罪。

他们最普通的方式是"对歌"，就是互相对答式的歌唱。在龙胜的一个晚会上，我们邀一位侗族的妇女当众唱了一曲，她还没有唱完，观众里就有一个男子突然高声接下去。那位妇女侧耳听着，那歌声刚完，她又接上了。于是一个接一个，全场的精神都带动了起来。如果不是考虑到还有其他节目，这样可以一直对上一夜。有的地方两个村子对歌，轮班休息，一直对下去，对到哪一方对不下去为止。对不下去的就算输了。输了还要请酒。那天会上这位妇女是个有名的能手，对答得真快，聚精会神的越唱越有劲。

不论在苗家，仲家，或侗家，男男女女都得能唱一下；不像我们，不会唱歌，生活上不会有什么大的损失。在他们，不会唱歌就吃不开。以贵州苗家说，青年男女得通过唱歌去结交异性。每年农忙完了,青年男子就结队到别的村子里去"摇马郎"。每到一个村子,就在村外的马郎坡上,嘘嘘的吹哨子。村里的姑娘们,盛装出迎,唱起歌来,男的对唱。唱得投机,各找对象谈情;谈情也是用唱歌的方式来谈的。嗓子好,词儿新鲜,感情热烈的也就容易找着对象。所以我常说:像我这类唱不上歌的人,如果是苗家的话,连老婆也会找不到的。

我们找他们做向导,一起在路上走,他们兴致来了,就一路唱山歌。有一次我们和一位县长在一起,向导就唱县长,唱他怎样替老百姓办事,又打趣他骑马骑不好,翻下鞍子啃黄土。唱得大家合不拢嘴。他们抬头看见山上有姑娘在耙地,就高声向她们唱起来,上面姑娘住了手,笑着和他们打招呼。他们的生活多轻松愉快。他们生长在旷野的山区,辛勤劳动,愉快生活,跳得起,唱得响。傍晚,火把从各条山路上向村子里集中回来,嘹亮的歌声,在山坳里震荡回复,使人感觉到安详健康,和大自然这样密切融洽,生命真可爱!

我又不能不想起他们的舞蹈:在贞丰,我被围在欢迎我们的群众里,几个男子吹着芦笙,两个妇女端起旁边两个小板凳,按着节拍,跳起舞来,"一起跳呀!"我也就卷入了这舞浪中。步伐似乎并不复杂,一、二、三、跳,是四拍。可是这劲儿可凶,一批一批的人被卷进去,不像我们的交际舞,听着音乐,默然的两个两个的跳;而是群众性的,热闹的,你跳,我跳,大家跳,像是有传染性似的。很多人都跳了起来。谁要停就停,人家还是在跳,停一息,还可以再跳。和他们唱歌一般,舞蹈是感情有节奏的流露。

这种群众性的舞蹈大多是在节日群众集会上举行的。虽则是群众性,随时可开始,随时可停止,但是一般说还是很有秩序的。在苗家,大多是男子吹乐器,边吹边舞,女子排成行,按着节奏跳。如果从步伐来看似乎是很简单,变化也不多,但是因为是群众性的,所以参加的人,越跳越有劲,月夜可以跳上一夜都不停。

在爱好歌舞的兄弟民族中,歌舞是和群众接近的最好方式。这是我们的经验。比如在龙胜的一次宴会上,他们开始唱酒歌来歌颂毛主席时,我也接口对了一首,嗓子不用说是不太像个歌,词儿他们也不全懂;但是当我端着酒,这样一唱,大家欢腾起来,一个接一个地唱开了。我想如果我也是个歌唱的能手,宣传的效果会多大呢?后来我常常鼓励我们文艺组的同志们,跟他们唱,对不上,唱唱也好。舞蹈也是如此,当我们访问团的同志和他们拉着手一起跳的时候,大家才真的感觉是一家人了。

访问团的文艺组对宣传民族政策和促进民族间友爱团结是起了很大作用的。在语言不通或不太通的群众中要传达感情和思想,用讲话的方式是很别扭的。因之,我们不能不着重用形象、动作、音乐等文艺形式来帮助我们的宣传。最成功的是通过他们熟习的文艺形式。最初,我们带去了一些节目,主要是汉族的歌舞。在兄弟民族中表演时,他们很喜欢。问为什么喜欢呢?说是新鲜,没有看见过,红红绿绿地穿得美。但是唱些什么却不明白,只是很好听。有些像《东方红》等一类歌曲在兄弟民族中已经有很多青年和儿童们会唱,唱得也很入调,可是有一次我在三江,问几个侗家姑娘,《东方红》是什么意思,她们笑了,就没有人对她们讲过,只是这声音好听。后来,我们文艺组学会了他们的歌,用他们自己唱的词,穿了他们的服装，上台一唱，群众的反应就不同了。比如我们在贵州龙里搜集到杨老太在农代会上唱的歌，加以整理编制，回到贵阳在省农代会上唱出时，每唱一句，下面就一阵像雷一般的掌声。唱完了，全场轰了起来。"好呀，这是我们的呀！一点不差呀！我们回去得办好农民协会呀！"

又像我们的《民族团结舞》，包含有各个民族的舞蹈。在贵州镇远表演时，苗族舞刚上场，坐在我身边的一位苗家妇女，一看台上的苗家没有戴银项圈，立刻把自己的项圈摘下来递给我，示意要我送上台去，她很急的样子。我明白她的意思：因为她觉得台上在表演的苗家就是她自己，一定要以最美的姿态出现在群众的面前。我就跳上台去当场把银圈加在演员的项上，她和其他的苗家，高兴得拼命鼓掌。当台上各民族联合在一起跳时，他们也感觉到自己参加了这温暖的大家庭。舞完了他们拉着我的手不放；台上的感情流到了他们的手上，也热烈的传到了我的手上。

我们在广西大瑶山帮助瑶山里各个派系订立了团结公约，立下了新石牌。原来瑶山里有两种瑶族，一种先来的，自称长毛瑶，占有了山、地；一种后来的，称过山瑶，没有土地。受反动派挑拨，两派间意见很深，过山瑶开垦、吃水都没有自由。解放后，人民政府领导他们团结起来，宣传民族平等，开了代表会，两派协商，取得了人家的同意，过山瑶开垦种地得到了自由，立了团结公约，用他们民族原有的形式，刻在石牌上，称作新石牌。我们访问团参加了这"盘古开天地"以来没有过的团结大会。为了要扩大影响，巩固这公约，在几天里我们的文艺组编下了一个短的歌舞剧，在大瑶山里，一路表演。山内大多数的群众都见到了。"从此要团结了，瑶汉一家亲，瑶族兄弟要友爱。"这种教育胜过了几百遍的演讲。因为他们"看见了"新石牌是怎样订立的，领会了订立时的感情内容。

这些经验说明了：文艺是可以，也应当为人民服务。当文艺和群众真正结合时，也发生了力量，为人民带来了幸福。

1952年1月1日

对于宪法草案有关民族问题基本规定的一些体会

一、统一的多民族国家

中华人民共和国是统一的多民族的国家。这是宪法草案在总纲中对于我们国家的民族结构的一条基本规定。一方面指出我们不是单一民族国家,而是多民族国家;一方面又指出这多民族所构成的国家不是分裂的而是统一的。

在我们国家的领土上居住着许多民族,不是几个民族,而是几十个民族。从我们现在已有的历史知识来说,最迟在50万年前我国的土地上已经住着原始人类;1万年左右进入新石器时代,各地方所发现的古代器物,已表现出有不同的类型,同时也表现出这些不同类型的器物相互的交流和影响。在最早的文字记载中,已可以看到当时聚族而居的人们组成着不同的集团,而且有不同的名称。历史记载中不断出现关于这些集团的流动、交战和混合。我们现在对于中国各民族的历史和他们在历史时期中相互的关系还没有足够的系统知识。但是我国的土地上历来就住着许多语言不同、文化有别、各有其心理特征的民族集团是可以肯定的。我们的中华人民共和国是在这个多民族的历史基础上建立起来的。

国民党反动派曾经企图否认过这个事实,把我们国内的许多民族说成是许多"宗族"或支派。他们这种违反历史的理论是想替他们的大民族主义作辩护，目的是在加深对少数民族的剥削和压迫，进而想消灭各少数民族。这是反动的理论，和事实不符合的。

多民族国家里各民族相互关系是国家生活中的重要部分。我们过去几千年的历史记载中也足够说明民族关系的复杂和严重。自从社会上产生了阶级，一直到阶级消灭，在这一段时期中，民族关系具有两个矛盾的方面：一方面是各民族人民之间经济和文化的交流，相互吸收先进的经验，来丰富自己的生活，在经济上日渐形成相互依赖和贸迁有无的亲密关系。这是促成每一个民族发展的重要因素，而且也是各族人民建立起兄弟般友谊的基础。另一方面，是各民族的剥削阶级，除了对本民族人民进行剥削外，总是要向其他民族扩张他们剥削的范围，他们要采取各种手段，包括战争，去征服其他民族。这样引起了被侵略的民族人民的反抗，而且也发生了各民族统治阶级间的矛盾。各民族的统治阶级利用这些矛盾，歪曲成民族矛盾，燃烧起民族主义的狂热，隐藏民族内部的阶级矛盾，破坏各民族人民间的团结，更利用本民族人民的力量去进行各民族统治阶级间的斗争。当然，各民族统治阶级的策略，并不是一贯顺利的。各民族内部的阶级矛盾的存在，被压迫的人民，在进行斗争中，同样是常常联合各民族的人民，向共同敌人进攻的，因而加强了各民族人民间的团结。但是剥削阶级的统治存在一天，他们对于民族间的挑拨和离间也一直不会停止，民族间的隔阂和歧视也不会根本消灭。民族关系的根本改变必须要到剥削阶级的统治被消灭后才能实现。工人阶级所领导的国家的形成，民族之间才不会再有压迫，民族平等的时代才能开始。斯大林说："资本主义的存在，没有民族的压迫，是不可

思议的；同样，社会主义的存在，没有被压迫民族的解放，没有民族的自由，也是不可思议的。"❶

我国的历史证实了马克思列宁主义的真理。在我们过去几千年中，各民族用自己辛勤的劳动发展了生产，创造了各民族的历史和文化，对我们伟大祖国的缔造都有重要的贡献。各民族经济上的合作，文化上的交流，和多次共同抵抗外来的侵略，特别是在中国共产党领导下的民族民主革命运动中，已经长期地亲密的结合在一起。这是我们这个包括着许多民族的国家获得统一的历史基础。

二、自由平等的民族大家庭

我们这个统一的多民族国家是建立在自由平等的民族关系之上的，因此我们的国家是一个自由平等的民族大家庭。我们各民族能团结成这样一个自由平等的民族大家庭，是由于我们是一个以工人阶级为领导的、以工农联盟为基础的人民民主国家。工人阶级是以自己的劳动来创造自己的生活的，他们不对任何人进行剥削，而且反对剥削，要消灭剥削的。因此，他们是国际主义的实行者，对各民族的人民只有互助合作的关系，不会发生侵略压迫的关系。我们中国人民在工人阶级先锋队中国共产党领导下，取得了人民革命的伟大胜利，才有可能结束历史上曾长期存在的民族压迫的制度。我们宪法草案总纲的第一条是保证民族平等的最基本的条文。

---

❶ 斯大林：《马克思主义与民族、殖民地问题》，人民出版社版，第139页。

我们的宪法的特点之一，和苏联的宪法相同的，就是具有深刻的国际主义性质。民族一律平等是我们宪法所持的出发点。这个出发点，正如斯大林论苏联宪法草案所说的："是认为一切民族和种族，不管它们过去和现在状况如何，不管它们强弱怎样，都应在社会所有一切经济生活、社会生活、国家生活及文化生活方面，享有同等的权利。"❶

民族平等关系在我们新中国已经建立起来了。但是我们必须承认这种关系还是一种新建立的关系，在时间上说，还是比较短的。在这种平等关系建立之前有着长时期民族压迫的历史，历代的反动统治者进行大民族主义和地方民族主义的宣传，挑拨各民族人民间的感情，造成仇恨和隔阂。这些反动思想的残余，不是在短时期内可以完全肃清的。宪法草案在序言中着重提出了反对大民族主义和地方民族主义的原则，那是完全有必要的。

大民族主义和地方民族主义是什么呢？1951年在中央人民政府民族事务委员会扩大会议上，李维汉主任委员曾经作了说明。他说："大民族主义残余，首先是大汉族主义残余（此外还有在一个地区内占有多数民族地位的某些少数民族中的大民族主义残余）的特点为：歧视或轻视少数民族，忽视或蔑视少数民族的民族特点和民族形式。由此产生政策上的急性病，冒险主义；作风上的强迫命令，包办代替。"地方民族主义就是狭隘民族主义。共同纲领曾经用狭隘民族主义这个名词，宪法草案采用了国际通用的名词，地方民族主义，二者的实质是相同的。地方民族主义的"特点是：保守与排外，看不见祖国的伟大和进步事物，看不见本民族的前途，安于现状，故步自

---

❶《列宁主义问题》，莫斯科中文版，第682页。

封，阻碍自己民族的前进"。❶

克服这些反动思想的残余，主要是加强爱国主义和国际主义相结合的教育。在过去几年中，许多民族地区的汉族干部带头批判了大汉族主义思想，批判了独断专行、包办代替的作风，很快地感动了少数民族干部，他们也随着批判了保守排外的地方民族主义思想，加强了民族团结。这种自我教育和自我改造的方法事实证明是有很好的效果的。

我们不应当忽视，帝国主义还存在，蒋介石匪帮还没有完全消灭，各民族内部也还可能有帝国主义和蒋匪帮的爪牙。这些各民族人民的公敌处心积虑，要破坏我们民族间的团结。为了保卫我们这个自由平等的大家庭，我们必须提高警惕。宪法草案规定了，"禁止对任何民族的歧视和压迫，禁止破坏各民族团结的行为"。这是保卫我们民族大家庭必要的措施。

三、发展语言文字的自由

在封建阶级或是资产阶级所统治的国家里，被他们所征服的民族不但被视为劣等民族，在政治上、社会上得不到平等的地位，而且使用自己民族的语言文字的自由都没有。被压迫的民族人民在公开场合下说自己民族的语言会遭到禁止和侮辱。他们如果有文字的话也不能得到公开的使用，更谈不到用自己民族的语言文字来印刷出版和教育自己的人民。他们和统治民族交际的时候，必须用统治民族的语言文字；在学校里必

---

❶ 《民族政策文献汇编》，人民出版社版，第93页。

须学习统治民族的语言文字；在法庭上更是必须用统治民族的语言文字。通过种种强制的手段，统治民族压迫被统治民族的人民放弃自己的语言文字，同化于统治民族，因为这样，统治民族的统治阶级才能更方便于对被统治者进行剥削。语言文字是人们交际的工具。一个民族丧失了使用和发展自己语言文字的自由，无疑的会阻碍他们社会的发展。所以剥夺了一个民族发展语言文字的自由是民族压迫制度中极为残酷的一项措施。

语言文字是一个民族的特征，它有巨大的稳固性和对强迫同化的极大的抵抗性。斯大林说："土耳其的同化主义者，曾经在几百年中竭力摧残、破坏和消灭巴尔干各族人民的语言……可是巴尔干各族人民的语言还是坚持下来和生存下来了。"❶ 我国历史上各个被压迫民族的情况也大多如此。除了极少数的例外，我国的少数民族经过了长期的同化主义者的压迫，到现在还是都坚持了自己民族的语言。但是低估了同化主义者对各少数民族语言文字的伤害和破坏也是不对的。少数民族不但在语言的发展上受到了限制，而且，更重要的，很多丧失了创立文字的条件。大体的估计，到现在为止，有自己的语言而没有通用文字的少数民族人口占全部少数民族人口的一半以上。这是阻碍各少数民族社会发展的很严重的条件。为了实现民族平等和帮助各民族发展起来，克服这种不利的条件也成了我们民族工作急迫的任务。

在我们的民族政策中，少数民族发展语言文字的自由，一直是占着重要地位的。共同纲领第五十三条有明文的规定。1951年2月5日政务院关于民族事务的几项决定中，更具体的

---

❶ 斯大林：《马克思主义与语言学问题》，人民出版社版，第24页。

规定:"帮助尚无文字的民族创立文字,帮助文字不完备的民族逐渐充实其文字。"❶1951年12月中央民族事务委员会李维汉主任委员,在《有关民族政策的若干问题》的报告中说:"有一个迫切的问题,即帮助尚无文字而有独立语言的民族创造文字的问题。希望同志们提出意见,供中央考虑此项问题的参考。"❷1954年3月政务院批准了关于帮助尚无文字的各民族创立文字问题的报告,并责成中国科学院语言研究所和中央民族事务委员会经过审慎研究,拟订计划和订出在一两个民族中创立文字的具体方案,开始先在一两个民族中逐步试行。帮助没有文字的少数民族创立文字的工作已将进入试行的阶段了。

各民族都有发展自己语言文字的自由包括各民族都有使用自己语言文字的权利。这种权利在我们新中国是有充分保障的。

1951年11月全国民族教育会议上教育部马叙伦部长报告说:"关于少数民族教育中的语文问题,会议规定凡有现行通用文字的民族如蒙古、朝鲜、藏族、维吾尔、哈萨克等,小学和中学的各科课程必须用本民族语文教学。有独立语言而尚无文字或文字不完全的民族,一面着手创立文字和改革文字;一面得按自愿原则,采用汉族语文或本民族所习用的语文进行教学。"❸

1952年8月中央人民政府颁布的《中华人民共和国民族区域自治实施纲要》,有更明确的规定:各民族自治区自治机

---

❶ 《民族政策文献汇编》,人民出版社版,第14、91页。
❷ 同上。
❸ 《民族政策文献汇编》,第73页。

关可以采用一种在其自治区内通用的民族文字,为行使职权的主要工具;并且可以采用各民族自己的语言文字,来发展各民族的文化教育事业。❶

不在民族自治区内居住的少数民族人民在使用自己的民族语言文字的权利上同样受到保障。1952年2月政务院通过的关于地方民族民主联合政府实施办法的决定中,规定了"各民族代表在人民代表会议及人民代表会议的协商委员会或常务委员会上,有使用本民族语言、文字的权利"。政务院通过的关于保障一切散居的少数民族成分享有民族平等权利的决定中,规定了"凡散居的少数民族成分,有其本民族语言、文字者,得在法庭上以本民族语言、文字进行诉辩"。

宪法草案第七十一条规定了民族自治地方的自治机关在执行职务的时候,使用当地民族通用的一种或者几种语言文字。第七十七条规定了各民族公民都有用本民族语言文字进行诉讼的权利。这些都是保障民族语言文字的使用权的规定。

四、保持或者改革风俗习惯和宗教信仰的自由

反动阶级的同化主义者不但在语言文字上对少数民族采取伤害、破坏和消灭的政策,对于少数民族的风俗习惯和宗教信仰也是横加干涉的,常常要求被征服的民族人民放弃他们的风俗习惯和宗教信仰,同化于统治民族。国民党反动派统治时代,在贵州曾强制苗人剪发改装,派了军队在街子上撕去苗家

---

❶ 《民族政策文献汇编》,第166—167页,第15条和第16条。

妇女的裙子，加以侮辱。历史上也有很多统治阶级强制被征服的民族改变原有的宗教信仰，对异教徒进行迫害。这些都是民族压迫制度的具体表现，和我们民族平等政策不相容的。

一个民族的风俗习惯和宗教信仰中有许多是和其他民族不同的，因此富于民族形式和民族感情。在受到其他民族的干涉的时候，被压迫民族常常起来坚决的反抗，因此而发生大规模屠杀的惨剧，在各国的历史上也是常见的。

当然，没有一个民族的风俗习惯和宗教信仰是一成不变的。和生活不相适应的风俗习惯和宗教信仰是不断的被改革的，新的风俗习惯和宗教信仰也是不断的在发生的。而且历史事实也告诉我们，一个民族时常会接受其他民族的风俗习惯和宗教信仰。但是改革和影响必须是出于本民族人民的自愿。如果这些改革和影响是由其他民族强制的，立刻会产生反抗，而且加强了对原有风俗习惯和宗教信仰的民族感情，坚决地要保持了，即使这些风俗习惯和宗教信仰已经和本民族的生活不相适应。

为了民族的进步和为了民族间的团结，各民族的风俗习惯和宗教信仰的保持或改革必须由本民族人民自己来决定，其他民族是不可以干涉的。宪法草案规定了各民族都有保持或者改革自己的风俗习惯和宗教信仰的自由，一方面是体现了民族平等的原则，另一方面也保障了民族间的团结。

五、国家建设和社会主义改造

宪法草案反映了广大人民建设社会主义社会的共同愿望。

通过和平的道路消灭剥削和贫困,建成繁荣幸福的社会主义社会是我们国家各民族共同的道路。总纲第四条明确规定了:"中华人民共和国依靠国家机关和社会力量,通过社会主义工业化和社会主义改造,保证逐步消灭剥削制度,建立社会主义社会。"这是一条不可动摇的原则,也是各民族发展成为社会主义民族的保证。

同时,我们必须充分注意到我们国内各少数民族的社会发展是不平衡的。有些发展得比较快的,像内蒙古自治区已经在进行社会主义建设,大规模的社会主义工业正在建立中,又像桂西壮族自治区已经完成了土地改革,消灭了封建制度,正在进行对农业的社会主义改造;但是也有些发展得比较慢的,现在还实行着封建制度或奴隶制度,甚至在偏僻地区可能还有原始公社的残余。这种不平衡的情况是不足为奇的。历代反动统治者对各少数民族进行残酷的压迫和剥削,他们在发展上受到阻碍,以致停滞和落后了。但并不是说,今后一定赶不上其他民族了。内蒙古自治区的建设提供了一个有力的榜样,过去比较落后的蒙古族,现在已经跻于先进民族的行列了。但是由于当前这种不平衡情况的存在,各民族在走上社会主义社会这个总道路上,所采取的方法、步骤和速度都不应当强求一致的。所以宪法草案序言中有这样的规定:"国家在经济建设和文化建设的过程中将照顾各民族的需要,而在社会主义改造的问题上将充分注意各民族发展的特点。"

怎样去提高少数民族社会的生产力的问题,一定要照顾当地人民的需要。有些少数民族居住在山地,他们可以靠山吃山,发展土特产等经济作物或是培植森林。但是过去却有些这种地区因为缺乏粮食,提倡农业,烧山开荒,得不偿失。又有些少数民族地区可以发展农业的，而现在缺乏耕种技术和农具，他们不知道积肥，甚至没有铁器。这些地区的经济建设，主要问题是供应比较进步的农具和介绍先进的农业知识。过去一两年来贵州和广西在这方面的工作上已取得成绩。这些例子说明在少数民族地区的经济建设应当切实的根据当地条件来进行。

少数民族的建设事业中，文化建设在一定的意义上，是经济建设的先决条件。他们地方的经济建设事业主要是国家建设计划的一部分，在资金、设备等各方面可以由国家负担，但是少数民族地区进行建设一定要有少数民族自己的干部参加，而培养这些干部就是重要的文化建设事业。少数民族人民大众文化水平的提高，知识分子的培养，以及新闻出版事业的建立和开展，都是当前各少数民族急迫的要求，我们不能想象一个没有文字的民族能够进入社会主义社会的。宪法草案序言中特别提出少数民族的文化建设是切合于少数民族发展的需要的。

社会生产力的发展必然会提出生产关系改造的问题。周总理1951年在中国人民政治协商会议全国委员会会议上明确指出："各民族内部的适当改革，是各民族发展进步、逐渐跻于先进民族水平所必须经历的过程。但这种改革必须适合其本民族当前发展阶段的特点，必须根据其本民族大多数人民的意志，并采取妥善步骤，依靠其本民族干部去进行。"1952年颁布的《中华人民共和国民族区域自治实施纲要》，用立法手续肯定了这个原则，第三十一条规定："上级人民政府应足够地估计各民族自治区当前发展阶段的特点和具体情况，使自己的指示、命令既符合于中国人民政治协商会议共同纲领的总道路，又适合此种特点和具体情况。"各地经验证明，凡是依据上述规定的原则办事的,都获得了应有的成绩,并受到少数民族人民的拥护。相反的,凡是忽视这个原则,错误地搬用汉族地区社会改革的一套办法,就会引起少数民族人民的不满,甚至招致混乱和损失。宪法草案肯定了这个原则,总结了这个经验,是我们民族工作必须遵循的基本方针。

我们国内各民族都是向着建立社会主义社会的目标前进的,但是所采取的具体步骤、具体方法则将照顾到各民族的具体情况,这样才能保证在社会主义改造问题上充分注意各民族发展的特点,同时也保证我们自由平等的民族大家庭的团结将继续加强。

六、实行民族的区域自治

民族的区域自治是毛主席运用马克思列宁主义解决中国民族问题的基本政策。民族区域自治政策的推行,使有一定聚居地方的各少数民族在中央和有关上级的国家机关的统一领导下,实现他们在管理本民族事务上当家做主的权利,各自从他们的当前发展阶段逐步地进入国家过渡时期的总轨道,从而为他们的发展和进步开辟了广阔的道路。

截至1953年3月,在全国范围内已建立起来的相当于县级及县级以上的民族自治地方47个。其中,包括建立最早,规模最大的内蒙古自治区;规模较大的桂西壮族自治区,西康省藏族自治区,湘西苗族自治区,海南黎族、苗族自治区,西康省凉山彝族自治区,云南省西双版纳傣族自治区,吉林省延边朝鲜族自治区,青海省玉树藏族自治区,四川省藏族自治区等。全国各地建立民族自治地方的工作，还在继续进行，从1953年3月到现在又有许多新的自治区成立了。

全国各地的实践证明了，并且还在证明，民族区域自治制度的优越性。民族区域自治实行后，普遍而显著的效果是：增强了各民族人民的爱国主义、积极性和自主精神；加强了民族间和各民族内部的团结，密切了自治机关同人民之间的联系，而且促进了各少数民族政治、经济、文化的发展。民族区域自治确是解决我国民族问题的钥匙。宪法草案总结并提高了这项经验，在第三条中规定："各少数民族聚居的地方实行区域自治。"

我们中国国内各民族在长期的历史时代里一直是处在一个国家范围之内的，各民族在近百年共同受帝国主义的侵略，使各民族的命运更是密切不可分离地联系在一起，近30年来中国共产党领导的人民革命运动，更使各民族人民逐渐地结合起来。人民革命的胜利已使我们各民族团结成为一个自由平等的民族大家庭。今后我国经济和文化的建设，必须结合各民族的需要，统一地计划，共同地努力。在保卫我们这个民族大家庭，反对帝国主义和反对各民族内部的人民公敌上，各民族更需要团结一致。这种种历史发展和社会经济的具体条件，使我们各民族都衷心情愿地成为中华人民共和国不可分离的部分。

实行民族区域自治的地方都是统一的国家的一部分，有别于联邦制国家的各个单位，所以在宪法草案第三条的结尾加以明确的规定："各民族自治地方都是中华人民共和国不可分离的部分。"

七、民族自治地方和民族乡

宪法草案第三条规定:"各少数民族聚居的地方实行区域自治。"有人问:少数民族聚居的地方是什么意义呢?区域自治又是什么意义呢?

少数民族聚居的地方是指这样一种地方,就是在这个区域范围内,有一定数量的某一个民族的居民共同生活着。这些居民之间还要有一定的社会联系和或多或少的自己的社会构成。

少数民族聚居的地方这个概念是就同一民族人民居住关系来说的,并不是就不同民族人民之间的居住关系来说的。某一民族的聚居地方之内可以只有它这个民族的居民,而没有其他民族的居民。但是不一定是这样,因为某一民族聚居的地方并不排斥有其他民族的居民在内。因此还有两种情况:一是甲民族的聚居地方之内有乙民族的人居住,这些乙民族的居民人数较少但也构成自己的聚居地方,就是甲民族的聚居地方包含着乙民族的聚居地方,也就是乙民族的聚居地方成为甲民族聚居地方的一部分。二是住在一个地方的甲乙两个民族,人数大致相当,并且交错聚居,不容易明确划出界线,所以这种地方既是甲民族的聚居地方,又是乙民族的聚居地方。以上两种情况,就甲或乙民族本身来说,他们是聚居的,就甲和乙两个民族的相互关系来说,他们是杂居的。因此,聚居和杂居的两个概念并不是互相排斥的。

由于民族聚居地方有上述的三种不同的情况,以聚居地方为基础所建立的民族自治地方大体上也可以有三种不同的类型:一、由一个少数民族聚居地方为基础而建立的民族自治地方（例如川北平武藏族自治区）；二、由一个大的少数民族聚居地方，其中包含了小的其他少数民族聚居地方为基础而建立的民族自治地方（例如内蒙古自治区）；三、由几个或多个少数民族聚居地方为基础联合建立的民族自治地方（例如广西龙胜地方侗、壮、苗、瑶、伶各族的联合自治区）。

少数民族聚居地方大小不一，有的区域可以很大，有的区域可以很小。大的如蒙古族聚居的内蒙古地方，这些地方的区域可以大过一般的省区。有的区域比较小，最小的甚至只有几十或几百户人家构成的村落。

各民族聚居区大小不一致，因此所成立的民族自治地方也有大有小。大小不等的民族自治地方的行政地位也不能相等：有些相当于省，有些相当于县，但也有些比省小，而又包括几个相当于县的行政区域。还有些比县为小的，相当于乡。在过去这许多不同行政地位的民族自治地方都一律称为民族自治区，在名称上并不标明它们不同的行政地位。

总结了过去的经验，宪法草案在这方面作了新的、也是更恰当的规定，就是在第五十三条中提出了自治区、自治州、自治县三种行政区域的名称。自治区是直接由中央领导的民族自治地方；自治州是由自治区或省领导的民族自治地方而本身可以分为若干县、自治县或市；自治县是由自治省、自治州，或省领导的民族自治地方，也是规模最小的民族自治地方。较县为小的民族聚居地方不再设立民族自治机关，不称民族自治地方，而称民族乡。

民族自治地方和其他地方比较：自治区相当于省，但实际上自治区的区域可以比一般的省为大。自治州相当于一个或几个专区，包括几个县，但是专区是省的代行机关，并非行政系统上的一级，不设国家权力的地方机关，而自治州是一级行政区域，设立自治机关的。自治县相当于县。从县到省，一般是两级，而民族自治地方可以是三级。

这许多大小不一、情况不同的民族聚居的地方在实行民族区域自治时，不但所采取的方式不同，在自治的程度上也不可能一致。苏联的经验提供了有力的榜样。斯大林说："苏维埃自治并不是一种停滞不前、一成不变的东西，它允许自己的发展采取各式各样的形式与程度。""苏维埃自治的这种伸缩性，是它的主要优点之一，因为这种伸缩性可以包括俄国处在文化经济发展各种不同阶段上的各式各样的边疆。"❶

我国各少数民族聚居地方实行的民族区域自治在程度上差别虽则没有苏联那样大，但是同样是有相当的伸缩性的。在《民族区域自治实施纲要》第二十四条规定："以上列举的自治权利，原则上适用于一切民族自治区。其适用的规模，与各民族自治区的行政地位相适应。"宪法草案区别民族自治地方和民族乡，明确了不同程度的区域自治。

实行民族区域自治的地方的国家机关在民族干部、民族语言文字和民族形式这些主要问题上表现他们的自治权利。当地国家机关是以实行区域自治的民族的人员为主要成分组成的，当地国家机关的具体形式，依照实行区域自治的民族大多数人民及与人民有联系的领袖人物的志愿。当地的国家机关行使职权的时候，采用当地通行的民族语文为主要工具。当地国家机关在工作中要注意运用民族形式。这些适合民族特点的具体措施是一切实行区域自治的少数民族都具有的自治权，不论

---

❶ 斯大林：《马克思主义与民族、殖民地问题》，人民出版社版，第124页。

聚居地方的大小都能行使的自治权。

较大的少数民族聚居地方实行区域自治的时候，有条件在他们民族自治地方内进行适应于他们规模的地方性的经济和文化建设事业，可以按法律规定的权限在财政、保卫等方面享受一定的自治权利，以便他们能更充分地按民族特点发展起来。这些自治权利都必须有一定规模的民族自治地方才能行使，较小的少数民族聚居地方实行区域自治，事实上不可能享受这些自治权利。比如只有几百户人家的聚居地方，全部的税收有时也不够维持一个小学校，更不需要公安部队的组织，所以即使名义上有这些自治权利也是行使不了的。

宪法草案根据这种事实，总结了过去几年实行区域自治的经验，把民族乡和民族自治地方加以区别。由于区域小，人口少，不能行使那些必须要有一定规模才能享受的自治权利，所以没有设立自治机关的必要。但是这并不是说比较小的少数民族聚居地方没有实行民族区域自治的权利了。宪法草案第三条规定的基本原则是不加条件的。事实上民族乡也并不同于一般的乡，因为按宪法草案第六十条的规定：民族乡的人民代表大会按照法律规定的权限，可以采取适合民族特点的具体措施。这些具体措施就包括民族干部、民族语言文字和民族形式等各方面的民族化。民族乡和民族自治地方间的区别是区域自治的形式和程度上的区别；就是民族乡不称民族自治地方，不设立自治机关，没有财政、保卫、制定自治条例和单行条例的自治权利罢了。

宪法草案第五十三条规定自治区、自治州、自治县都是民族自治地方；并且以专节规定民族自治地方的自治机关。宪法草案第六十七条关于自治机关的组织规定了原则性和灵活性结合的关系。自治机关的组织的基本原则是和其他地方国家机关基本上相同的，就是《民族区域自治实施纲要》第十一条所规定的民主集中制和人民代表大会制的基本原则。但是各民族自治地方可以采取各种适合于具体情况的民族形式。这些形式可以按照实行区域自治的民族大多数人民的意愿规定。宪法草案第六十八条和第七十一条规定了民族自治机关在民族干部和民族语言文字各方面所享有的自治权利；第七十条规定了在财政、保卫、制定自治条例和单行条例各方面所享有的自治权利，就是民族自治地方的自治机关可以按照法律规定的权限管理本地方的财政，按照国家军事制度组织本地方的公安部队，并且可以按照当地民族的政治、经济、文化的特点，制定自治条例和单行条例，报请全国人民代表大会常务委员会批准。这三种自治权利是民族乡所没有的。

八、多民族杂居地方和散居的少数民族成分

凡是在一个区域之内，居住着不同民族，这地方就是多民族杂居的地方。以全国范围来说，我们是多民族国家，也就是有多个民族杂居在我们国家的领土之内。从一省、一县来说，情况也是这样的。杂居在一个区域内的少数民族如果它本身是聚居在一个地方的，他们的聚居地方实行区域自治，成立民族自治地方或民族乡。这些聚居地方只是整个区域的一部分，民族自治地方或民族乡也只是这个行政区域中的一级地方政权。在领导这些民族自治地方或民族乡的民族杂居区域的国家机关中少数民族的地位是怎样的呢？过去在1952年政务院曾通过

在这些民族杂居地方实行地方民族民主联合政府的办法，就是依据共同纲领第五十一条规定"凡各民族杂居的地方及民族自治区内，各民族在当地政权机关中均应有相当名额的代表"，建立有各民族代表参加的地方政权。当时因为民族区域自治还在开始推行，为了保障少数民族政治上的平等权利，规定民族杂居地方少数民族参加地方政权的权利是有必要的。但是现在全国人民代表大会及地方各级人民代表大会选举法已经公布了，根据这个选举法在多民族杂居的地方，所产生出来的权力机关必然是有适当少数民族代表参加，实质上必然是民族民主联合政府，所以这个专称已经可以不必特别提出来了。

按选举法规定，全国人民代表大会的少数民族代表名额是 150 人，并规定除了这个固定数目之外，如仍有少数民族选民当选为全国人民代表大会代表者，不计入 150 人名额之内。全国各少数民族人口数，约占全国人口总数的 1/14，而全国人民代表大会的少数民族代表人数，预计实际上会接近代表总数的 1/7。这是对少数民族合理的照顾。同样的精神也适用于地方各级人民代表大会。地方各级人民代表大会，凡境内有少数民族聚居区者，每一聚居的少数民族均应有代表出席，而且人口较少的少数民族也应当在名额上受到照顾。这些规定基本上解决了民族杂居地方少数民族政治上平等权利的问题。

少数民族人民有些散居在汉族地区的。他们人多居住在城市和集镇。他们曾经在反动统治下长期地忍受着民族的压迫和歧视，有的过去曾经不得不隐瞒自己的民族出身，改变自己的民族成分，遮盖自己的民族特点，以求生存。政务院在 1952 年曾通过保障一切散居的少数民族成分享有民族平等权利的决定。这个决定受到散居的少数民族成分热烈的拥护。

民族压迫制度已经消灭的今天，散居的少数民族成分有时还发生被歧视的情况，主要是由于大民族主义思想的残余，忽视民族特点，对于少数民族的风俗习惯、宗教信仰尊重不够。宪法草案对于大民族主义在序言中即加以反对，并且在总纲第三条规定了"禁止对任何民族的歧视和压迫"。"各民族……都有保持或者改革自己的风俗习惯和宗教信仰的自由"。在公民的基本权利和义务一章中，第八十八条规定了"中华人民共和国公民有宗教信仰的自由"。这些条文都是在实质上保障了散居的少数民族成分的民族平等权利。宪法草案的第五十八条更明确规定了"地方各级人民代表大会在本行政区域内……保障少数民族的平等权利"。这个规定包括了对散居的少数民族成分平等权利的保障。

我们的宪法草案对少数民族享受民族平等的保障真是面面俱到、无微不至了。不论是聚居的、杂居的和散居的少数民族人民已经不可能再受到歧视和压迫，民族压迫制度永远不可能再在我们的国家中出现了。

九、为实现过渡时期党在民族问题方面的任务而奋斗

四年多以来，中国共产党正确地执行了在过渡时期民族问题方面的总任务。这就是：巩固祖国的统一和各民族的团结，共同来建设祖国的大家庭；在统一的祖国大家庭内，保障各民族一切权利方面的平等，实行民族区域自治，在建设祖国的共同事业中，逐步地发展各民族的政治、经济和文化，逐步地消灭历史上遗留下来的各民族间事实上的不平等，使落后民

族得以跻于先进民族的行列，逐步过渡到社会主义社会。

宪法草案已经肯定了和明确了我们各民族在中国共产党领导下向社会主义社会前进的道路。各民族人民必然将更加亲密地团结起来，以实现我们国家在过渡时期总任务的决心来热烈欢迎我们宪法草案的公布。

1954 年 9 月 3 日

话说呼伦贝尔草原

一、初访草原

呼伦贝尔草原在蒙古高原的东北角,是内蒙古自治区的一部分。

从北京坐火车,出山海关,过沈阳、哈尔滨,一直到黑龙江的边境,一路全是平地;但是一进内蒙古自治区,车子就向上爬,愈爬愈陡,到兴安站附近,车子得打着圈上坡。几个小时里,我们从海拔 200 多公尺的平原爬上了海拔 600 多公尺的高原。

这段路,像是登石阶,石阶尽头是个平台。这个平台有浙江省那么大。这石阶就是兴安岭,这平台就是呼伦贝尔草原。北京－莫斯科的国际列车要穿过这平台才出国境。

在这平台的西部,靠近蒙古人民共和国的地方,有两个湖泊:呼伦诺尔和贝尔诺尔。蒙古人称湖泊叫诺尔。呼伦贝尔草原的名称是从这两个湖泊得来的。

这个平台上遍地都长着草,除了草别的东西长得极少;除了河流旁边有些灌木外,树木是不很容易见到的。平平的一片草,一望无际地绿到天边。所以说这是个草原。

我以前没有到过草原,只念过这句诗:"天苍苍,野茫茫,风吹草低见牛羊。"到了草原我就想起这句诗来了。

在我没有上草原前，这句诗给我的形象是这样的：一片广阔无涯的平地上，长满了高高的草。西北风一阵阵吹来，草在风中起伏地摆动，像是海面上的波浪。当草浪下伏的时候，露出了一群群牛羊。风过处，牛羊又给遮住了。这风景想起来是相当荒凉的——但是我到了呼伦贝尔草原上一看，却并不如此。

呼伦贝尔草原上的草长得并不高。正确地说：不如用"浅草没蹄"来形容它似乎更恰当些。即使没有风，也可以很清楚地看到远处成群的牛羊。我去旅行时，虽则已属初秋，但是一股盎然生气，却给我以丰满富饶的印象，引起了我"暮春三月，江南草长"的联想。

自然，我们并不怀疑写这句诗的诗人是否忠于现实，因为有朋友告诉我说，有很多地方的草原的确长着很高的草。我也并不是想比较草高好看，还是草矮好看，这是无关宏旨的。我在这里想到的倒是有关草原前途的问题。

就让我们谈谈草原上的草罢。

呼伦贝尔草原上的草，如我们所见到的，一般说，是长得肥而矮。当地的牧民一再和我们说，这地方的草好，羊也好。他们告诉了我们很多草名，但对于我们这些平时和草木鸟兽接触得极少的人，听了印象都不深。在这些谈话中，我们却很清楚地看到当地的牧民对他们的草原，尤其这草原上的草，真是有感情。我们也相信他们的感情是有根据的。呼伦贝尔的羊长得好，早就有名。我们亲自尝过这有名的羊肉：细、嫩、不膻，一点不虚传。草长得好很可能是一个重要的条件。

草好在哪里呢？我们请教老乡，老乡回答我们：草长得矮，就容易肥，油质足，养分多，牲畜吃了长肉。我们问他们草长得高好不好呢？他们听了我们的问题都笑了。用手比着半身高，说：我们这里的羊不会仰着头吃草的。听来他们不很相信草长高了还能养羊。呼伦贝尔草地上有半身来高的草的确很少。

另一个场合，我们和几位牧民朋友聊天，问起他们的牲畜好不好。他们说那年春天如果没有风暴，现在羊群可就更大了。原来在那次大风暴里冻死饿死的羊不少。我们就问他们，天有不测风云，我们有没有办法把羊保护起来呢？这位牧民是个积极分子，抢着告诉我们：他们已经响应政府的号召，组织了起来，一面凑了钱去拉木头来搭棚，又贷了一座打草机，储了草，以后即使再碰到风暴也不会再遭殃了。我们听了很高兴，但是从蒙古包里望出去，尽是一片矮矮肥肥的草，这就发生了一个问题：如果要打草的话，草长得不高，不是有困难么？我们就问他们在哪里打草，能不能带我们去看看？他们回答我们：可远着哩，一天还走不到。我们对于这个问题并没有追问下去。究竟草是长得高的好，还是矮的好？我们还是不很明白。

讲社会发展史的书本上告诉我们：草原上的人们最初是靠狩猎过日子，后来把野兽驯服了成家畜，开始畜牧。畜牧的方式最初是让牲畜自己去找草吃，人跟着牲畜移动，所以是游牧。后来才把牲畜固定起来，人出去打了草运回来喂它们，成为定牧——这样讲来，在游牧方式中所谓好草，在定牧方式中不一定也是好草的。呼伦贝尔过去一直是游牧地区。解放初期政府发动牧民打草，预防风暴，一般牧民还不太容易接受，因为过去并没有这种习惯。今后牧业发展了，是不是会遇到草长得不高，打起草来有困难的问题呢？

对于草，我们懂得太少了，但一到草原，没有法子不发生一连串有关草的问题。比如，有位朋友说，如果这些草不适宜于定牧，我们不是可以用拖拉机来把地翻了，重新种一批新草。老乡听了又笑起来。他们说，这里的草是靠草根长出来，并不是靠种子繁殖的。他们最讨厌的是地老鼠，因为地老鼠专门吃草根，草根一破坏，一片地就没有用了。

老乡们指着那些开着花的草说，这些都不是好草，牲畜不喜欢吃。有位朋友就说：牲畜都挑好的草吃，坏的不吃，结果不是好的愈吃愈少，坏的愈长愈多么？老乡听了又说不对，草不怕吃，愈吃愈旺。

究竟草原上的草怎样能长得更好，我们摸不出个道理来。不错，这是一门专门的学问，我们不去总结老乡的经验，不用科学的理论来加以批判接受，不去做实验，不研究，这些问题是解决不了的。我们不知道研究植物学的朋友是否已经注意了这些问题，是否想到我们中国有这样辽阔的草原，而在草原上有很多问题等待他们去研究解答。我们上面所提出的问题，可能都是外行话，但是如果能引起研究植物学的朋友们的注意，那么我们的话也不能算是白废的了。我很想在这里建议他们在假期中，多到草原上去旅行旅行。

再说说牛羊罢。

像我这样在太湖流域生长大的人，一到草原上，免不了会想：这样广阔的土地上不种庄稼多可惜呀！这种重农轻牧的思想，对于没有到过草原的人是很自然的，但是再想一想，就不难明白这是不对的了。

草原地高，寒冷的时期长。在北京还没有生炉子的时候，呼伦贝尔已经被白雪盖满。而且地气寒，很多地方就是在8月里，掘地2尺到3尺深，还会碰着冰层。在这种自然条件下种庄稼是有困难的。当然这些并不是不能克服的困难，我们在海拉尔就知道有一种耐寒的麦种已经证明可以在这地方生长了。但这是最近的事，过去是没有的。

在这种地方，最适宜的是长草。有了草，人就有办法生活了。人不能吃草过日子，但是可以养吃草的牲畜，人再在牲畜身上打算解决自己的衣、食、住、行等生活问题。

草原的特点是恰好具备了牧业所必要的条件。不但有着遍地的草，而且有水泊和河流。草原基本上是平坦的。天下了雨，或是地上积雪融化了，水就流向低洼的地方，由少积多，汇成大小不等的水泊。这些水一般流到海里去，土地里所含的矿物质，特别是碱和盐，也就留在水泊里。草、水、碱和盐，正是牲畜所必需的生活资料，所以草原是天然的最理想的牧场。

人类很早就利用了这些优良的自然条件来发展了狩猎和畜牧。

呼伦贝尔草原到如今还保留着近万年来人类劳动智慧所创造的纪录。我们在海拉尔第一中学里就看到了学生们从草原上搜集来的石器。这些是大约1万年前在这地方居住的人所用的工具。它们的特点是细小、灵巧，只有手指那样大小，在考古学里称作细石器。一般认为这是特别适宜于狩猎和畜牧的工具。从这些遗物上我们不但可以知道这个草原在1万年前已经有了人，而且也可以看出来，那时候，他们已经善于利用这地区的自然条件，发展了狩猎。

或者有人会说，草原很适宜于畜牧，而且草原上很早就已经有了畜牧，那自然是事实，但是现在假如有条件可以种麦子了,把草原开辟成农场不是更好么?

如果我们缺粮食,草原上种麦子,增产些粮食,那当然是好的;但是我们不但需要吃面食,还需要吃肉、喝奶。像我们这样大的国家,很显然地必须有很大的牧场才能供给我们的需要。如果我们现在全国的人每人都吃半斤羊肉,就要300万头羊,就是说要吃去六个呼伦贝尔那么大牧场里现在所有的羊。我们的羊还是太少了。

牲畜的用处可大哩。肉和奶之外,还有皮、毛、骨,样样值钱,都是工业原料。英国就是以羊毛兴起的。机器纺织业初起时,为了要羊毛,地主们把很多本来种庄稼的地圈了起来养羊,以致很多农民失了业。羊毛是历来帝国主义所垂涎的对象。印度克什米尔的羊毛固然著名,可是因此帝国主义在这地方作的恶也是有名的。澳洲那是更惨了。因为帝国主义要羊毛,要牧场,澳洲的许多土著民族活活地被他们屠杀干净。这些罪恶不能算在羊毛身上,应该算在帝国主义身上。但是却更可以说明了羊毛是多么重要的工业原料了。

我们现在的问题不是牧场太多太大,而是牧场里的牲畜还不够多。让我们多多关心我们的牧场,多多认识我们的草原,这是我们国家的宝库。我们的祖先已经在草原上辛勤劳动了近万年,留下这份宝贵的遗产,现在是我们用我们的劳动,用我们的智慧,用机器,用科学来开发这个宝库的时代了。

二、牛奶和羊肉

草原上的人们是怎样生活的呢?

简单的说：草原上的人民的生活离不开牲畜。他们利用了牲畜所能供给的一切，几乎解决了他们生活上一切的需要。

先说说他们的吃。

他们吃的主要是牲畜的奶和肉。

到草原上去做客，在蒙古包里坐下，首先接触到的是他们的奶茶。草原上的人们是以好客著名的，不论是熟悉的朋友或是初来的生客，他们没有不殷勤招待，客人一到，主妇就忙着为他们煮奶茶。

蒙古包中间都有一个炉子，经常生着火。现在比较考究的人家都有一个烟囱，这是一种近代设备。客人到了，主妇就在炉子里加些燃料，把火笼大了，放上个锅子煮水。草原上树木是十分稀少的，当然更谈不到煤和炭，草料要留着喂牲畜，所以燃料是一个严重的问题。他们解决这个问题的方法就是烧牛粪，牛粪晒干了并没有刺鼻的臭味，而且火力很大，的确是很好的燃料。

水在草原上是很宝贵的，时常要用牛车从很远的水泊里拉回来。草原上的水大多盐味太重，有些地方的水颜色发黑，我们这些外客喝来不很习惯，但是对于牲畜却特别好。

主妇等锅子里的水开了，打下一角茶砖揉碎了投入锅里。锅里的茶熬了一些时间，接着把牛奶倒在锅里煮开，就是一般所谓奶茶。有的人家在奶茶里加一些粟子米和盐，很可口。

他们用桦木碗装了奶茶，一碗碗地端给客人喝。客人刚刚喝完，主人赶紧又把他的碗斟满了。我起初不懂得规矩，来一碗喝一碗，看看没有个完。同去的朋友指点我，如果不想再喝时，可以把碗还给主人，说一声"却挡"。主人也必然很爽快的把碗收起，不像内地一般你推我劝的讲客气。

一般在请客人喝奶茶时,总是要端出各种奶品,一盘盘地摆在一张小几上。这些奶品中很多是我们在内地没有吃过的。奶品中最普通的是奶干和奶皮。新鲜的牛奶分出了奶油,用火把留下的汁烤到半干,搓成一片片,在太阳下晒成奶干。奶干的味很浓,带酸,我们这些初上草原的人,不大习惯,但这是草原上的人们经常爱吃的东西。奶皮的制法不同,把新鲜牛奶在锅里轻火慢煮,逐渐凝结成一薄片,像黄蜡,又脆又香,着实好吃;但油质多,多吃了不好消化。奶干、奶皮之外还有奶酪,奶酪在北京也吃得到。牛奶发酸后,把水分压出,就成奶酪,像我们南方的豆腐花。

我们在蒙古包内做客的人所吃到的奶茶和奶品,也就是这草原上的人们经常吃的东西。他们每天要吃三餐,就是以这些为主,有时加吃些面条和肉。在夏天和秋天较少吃肉,主要是喝奶。那是因为在这个时期,牛有好的草吃,牛奶出得多。

普通说来,母牛在3月里下小牛,就有奶。每天早晚可以挤两次。开始挤奶时,奶量少,后来愈挤愈多,而且愈甜,连续可以挤八个月。到10月以后,母牛怀了孕,奶就干了。因此到了冬天,虽则由于有些母牛生产得较迟,到那时还出奶,但一般说是比较少了。所以各家在母牛下奶多的时候,多做些奶干、奶皮,储存起来,到冬天吃。

草原上家家养牛,而且大多养一人群,牛奶多得很,一家人吃不了。过去,牛奶多余了卖不出去,做奶品也很费人工,所以总是要吃多少,就挤多少,其余都留给小牛吃。

西新巴旗有一个牧主,家里有190头牛。我们去的时候,有26头可以挤奶,6头只挤了一桶奶。挤奶的方法是这样:天还没有亮就开始了,先是牵小牛来吃一阵,然后把小牛牵开，挤了一阵奶，又放出小牛来吃，这样一头一头的挤，二十几头牛要挤三四个小时。一天挤两次。再加上煮奶，足足要一个人工。

这样的挤法，一头牛一天出不了二三斤奶。其实如果每头牛多挤一些，据他们说，八口之家，有四五头奶牛就够自给了。呼伦贝尔草原奶牛的奶量是比较低的，有人调查过，平均一头奶牛一天只出奶10斤左右。但是提高奶产量并不是当地草原上人们的问题，因为现在他们还觉得奶太多，吃不了哩。

牛奶一成为商品，情形就改变了。过去海拉尔市附近有许多俄罗斯人，专门喂奶牛，出卖牛奶。他们把牛养在家里，买了草来喂它们。一头奶牛每天可以出四五十斤奶，一家有两三头奶牛就能维持生活了。如果草原上都能养这样的牛，牛奶都能卖出去，牧民的生活不是能大大的改善了么？

现在海拉尔有了一个奶品工厂，天天派了汽车到草原上去收购牛奶。草原上已经开始发生了新的景象。远远看见汽车来了，老老小小，急急忙忙从蒙古包里提着各式各样的桶盆罐壶，端着牛奶出来迎接这送财富上门的汽车。有个地方只有一家牧民，汽车不到他们那里去。他们每天用牛拉了两大桶奶走四五里路，在半路上等汽车。一天卖出30公斤，每月就有八九十元的收入。

到草原去收购牛奶现在还不很普遍。首先是奶品工厂还少，而且规模也还小。假如草原上的奶牛都挤了奶，每头奶牛一天都出几十斤奶，那就要很大的工厂来加工，或是要有很多的冷藏仓库来储藏，和冷藏运输设备来运销。现在还没有这些条件。不但这样，就是要把现在草原上多余的牛奶收购一下，运输工具也还是大大的不够。据海拉尔的奶品工厂的朋友说，由于汽车少，只能在海拉尔附近收购，又因为汽车没有冷藏设备，不能走远，更怕抛锚，一抛锚全车的奶可能一下都坏了。

草原上有的是草，可以喂养很多很多的牛。牛有的是奶。牛奶也正是我们到处感觉到不够的东西。内地很多缺奶的母亲不是经常在为孩子的营养发愁么？草原上的牛奶能运到内地来，会受到多少人的欢迎呀！但是我们现在的工业还不发达，工厂里还不能大量制造冷藏火车，冷藏汽车，以致草原的牛奶运不出来，可见没有发达的工业，牧业也是发展不起来的。

牛奶如果能运出来，卖得起价钱，喂牛的牧民当然会挑奶出得多的牛来喂了。这样，草原上就会出现品种好的奶牛了。他们也不会再像现在一般，每头牛只挤一下就放过去，一定会好好的挤，尽可能地挤，如果草原上电气化了，还可以用机器来挤，牛奶产量也就会大大提高起来。这一切都必然会实现的，但是必须工业先发展起来。

关于牛奶，我们就说到这里。

草原上的人们除了吃奶品，主要是吃肉。牛的肉当然也可以吃，但是他们是轻易不宰牛的，因为母牛可以产奶，公牛可以拉车。他们需要吃肉时是宰羊。

我上面说过，夏秋两季草原上的人们主要是喝牛奶和吃奶品，不很吃肉。一方面固然是因为那时牛奶多，另一方面也是因为舍不得在那些时候宰羊。一般人家都要到冬天才宰羊。秋天，天高气爽，草长得旺，羊长得肥。到冬天，草少了，羊会瘦下去。所以最好是在初冬，羊还是很肥的时候宰。冬天宰羊还有个好处，肉不会坏，可以慢慢地吃。

羊肉的吃法有煮的和烤的两种。把羊肉煮熟，切成大块，用手撕来吃。这种吃法，没有坚强的牙齿和肠胃，是不行的，而草原上的人们却都具有那种坚牢洁白的牙齿，使城市里长大的人望而生羡。对于我们，烤羊肉还比较容易应付，因为烤的肉条比较细嫩，容易咀嚼。至于消化，那是另一问题了。

提起草原上的人们的食肉量，那是惊人的。据说年轻小伙子一顿可以吃上一只羊羔。这可能是有些夸大，但是一个人一顿能吃十几斤肉却不算稀奇。这样吃上一顿，好几天可以不再吃肉。这是在冰天雪地里放牧生活所必须锻炼的本领：能饱食，能耐饥。

在过去困难的日子里，贫苦的牧民哪里能有很多的肉吃！但是现在确实不同了。我们访问了一家牧民，八口人全年吃了100多只羊，另外还吃了4头牛。按他们好客的风俗，这些牛羊宰了并不会都是家里人吃掉的。但是平均算起来，家里人每天也要吃到2斤或3斤肉。实际上在冬天他们每天所吃的肉还要超过这数目，因为在夏天和秋天普通是很少吃肉的。一方面说这固然是一种合于这地方气候的习惯，但是另一方面说，假如面粉和其他食品能供应得更方便，更便宜，这种习惯也会改变得更经济和更合理一些的。据我们知道，已经有人感觉到这样大量宰牲畜来吃，对于牲畜的繁殖是很不利的。刚才我们提到的那一家人一共只有1000多只羊，一年就吃掉了1/10。这数目不能算是小的了，普通羊群的自然增加率每年也不过是45%。宰得太多，羊群发展会受影响，这是很自然的。

草原上不种五谷，蔬菜，所以草原上的人们要吃面食和蔬菜就得依靠外地供应。过去，从遥远的地方把面粉运上草原是极困难的，运费太大，普通的牧民享受不到。现在可也不同了。大批的牛羊马匹从草原上运出来，相应的大批日用品向草地输送，大卡车接上火车，装着的很多是面粉。在计划供应以前，草原上的人们生活改善后，赶一次庙会常常把一年的面粉都买足了。一家人不是买一袋两袋，而是装上一车两车。反正有的是拉车的牛，拉着面粉，跟着人，在草原上转动。

面粉大量地到了草原，草原上的人们除了奶和肉之外有新东西吃了。我们到蒙古包里做客，和奶干一起端给我们的是各色的月饼，饼干，面包，冰糖，一盘盘的摆满了一矮几。陪我们一同去的朋友告诉我们说，蒙古人现在很喜欢吃糖食，和我们苏州人有相同之处。当然，草原上有糖食吃，而且糖食已成为草原上的人们待客的东西，实在不是件简单的事情。这说明了草原已经不再是塞外偏僻之地，而是整个经济交流的大网中的一个部分了。

他们也喜欢吃挂面。挂面是制成品，对于开始吃面食的牧民是比较方便的。他们把羊肉切成块，和挂面一起煮。这和奶茶一般也是普通飨客的东西。我们每到一家，一定是吃一顿羊肉挂面才放我们走。有一个下午，我们一连走了四家，吃了四顿。尽管这样，我到了最后一家，在主人的殷勤招待下，还是一连吃了两碗。这种羊肉挂面确实是很好吃的。

在草原上做客的人，对于草原上不容易吃到蔬菜这一点，不免觉得是美中不足。草原上并不是不能长蔬菜。我们坐在火车上，就注意到在草原上各个车站附近总是有个菜园，所长的洋白菜很肥大。那是车站上外地来的人自己种来吃的。海拉尔车站附近 1 亩菜地可以出 3000 多斤洋白菜，产量算是很高的了。

为什么草原上的人们不种蔬菜呢？我们想这并不是由于他们不要吃蔬菜，而是由于他们老是跟着牲畜移动，定居不下来。菜园移动不得，种了也吃不成。而且蔬菜容易霉烂，除非有现代的运输工具，不能像面粉一般，从外边运进去。草原上历代的人们都很难吃到蔬菜。他们从小不吃，就养成了不吃蔬菜的习惯了。

我们在海拉尔附近的南屯，看见那些已经定居的达斡尔人，家家有个菜园子。我们到了西新巴旗的大坝，合作社里就有大白菜和土豆。但是不敢放在外边出售，生怕一下就卖完了。这就说明草原上的人们是需要蔬菜的，也喜欢吃蔬菜。有人说草原上的人不会吃蔬菜，那是不足相信的。

三、蒙古包和游牧

呼伦贝尔草原上的人们大多住在蒙古包里。

蒙古高原上的牧民都住这种毡房，所以称蒙古包。这种毡房随时可以张搭，随时可以拆卸，便于迁移。里面是木架，分上下两个部分，下面是一个半身来高的圆形围屏，上面是一个像张开了的伞一般的盖。这个木架可以拆成几块，折叠起来，不占地方。木架外面盖上和围上了毡子。毡子是羊毛打成的，不透风。一个蒙古包最多时要用上40多块毡子，值几千元，用上5年到10年就坏了。蒙古包的价值比土房要贵得多。有些地方在夏天改用柳条、树皮、芦苇或雨布来代替毡子，可以节省些。

蒙古包有大有小，普通直径有三四公尺。包内可以放一个佛堂，两张矮床，两个橱，中间一个火炉。环炉坐上20多人并不觉得太挤。我们看见过一个最大的蒙古包，放10多张床，中间加上了木柱。这样大的蒙古包并不是普通的住所。

蒙古包里陈设大多很简单，不像农村土房里那样，各种各式的家具、箱柜、瓶瓮、罐壶堆满一屋，甚至是几代的累积。经常要流动的蒙古包累积不起这样的包袱，而且蒙古包不兼做仓库。食品、衣服甚至首饰并不保藏在蒙古包里，而放在专门制成可以贮藏的车里，这种车是有轮子的箱子，什么时候要搬家，套上头牛，拉了就走。我们称它作流动仓库。

蒙古包主要是厨房兼卧室，有客人来时是客厅。

一家有一个或两个蒙古包，但是车子却有一大排，10多辆到20多辆。一辆接一辆，排列得很整齐。车轮很大，便于草地上转动。远远望去，一行圆轮，很惹人注意。我想起古代北方的高原上有个高车国，据说就是从大轮子上得的名，可能就是这类车子。

蒙古包和大轮车，这一切都告诉我们，草原上的人们随时都准备着移动的。

草原上的人们非这样老是移动不成么？那倒并不如此。当他们还没有把牲畜驯服时，生活也不一定像现在一样。他们可以在哪个湖畔住下，一面捕鱼，一面打猎。没有野兽过来，可以出去找，打着了野兽拉回来。他们不必老是搬家。但是自从有了牲畜，他们开始住不定了。牲畜一面走一面吃草，一个地方的草吃完了就得走到另一个地方去。牲畜走，人跟着走，住处不能固定在一个地方，常要搬家，这叫游牧。

草原上的人们的居处老是定不下来了么？那也不见得如此。我们在前面已经说过，只要我们有办法，不必牲畜自己去找草吃，能把饲料运回来喂牲畜，牲畜一旦住定在一个地方，人也就可以定居下来了。

现在我们看到的情形只是游牧时期的生活，这种生活是会变的。

游牧并不是漫无限制地在草原上流动,也不是天天搬家。游牧是有规律的。首先是有一定的牧场,流动有了范围,其次牧场分季候交替着放牧,流动有了路线。而且有很多人在这草原上放牧,很多牲畜在这草原上吃草,大家流动着而不会引起混乱,没有规律怎成?

草原上的行政系统是盟、旗、索木、嘎查。盟相当于内地的省,旗相当于县,索木相当于区,嘎查相当于村。从盟到索木都有一定的境界。这个旗或这个索木的人要把他们的牲畜放到另一个旗或另一个索木的牧场上去,必须事先得到对方同意。所以一般说一个人只在自己索木的范围内流动。

同一索木的许多嘎查每年要共同商量好怎样分配牧场的方案。各个嘎查按照了议定的路线移动,所以不会发生争草地的事。同一嘎查的人在附近地方放牧,他们的蒙古包也不一定要扎在一个地方。只是若干亲近的人家才在一起。同一嘎查的人也不必同时移动,只要在一个路线上移动就可以了。

一个索木的牧场分两个部分,一是夏营地,一是冬营地。气候不同,所需的牧场条件也不同。夏季天热,牧场要高爽些。草不宜高,草高了蚊蝇多。蚊蝇虽小,危害却大。牲畜很怕蚊蝇,马群有时因此走散,牛羊因此疲乏消瘦。夏营地必须靠近河流水泊,以便牲畜饮水和洗澡。在夏秋两季必须预先划定冬营地,不许牲畜入内,保护冬营地的草,留到冬天去吃。更要打了草,堆在冬营地,风雪太大,牲畜找不到草吃时,可以把这些草喂它们。冬营地最好是要有能避风的地方,如果能建筑些木棚、畜舍,当然更好。冬天水倒不成问题,到处有雪,牲畜会嚼雪解渴。

在夏营地放牧时，一般停留在一个地方的时候可以比较长一些，半个月到 20 天搬动一次。在冬营地搬动得勤，三四天就要搬一次，那是因为雪底找草比较困难。

现在让我们说说放牧的情形罢。不同的牲畜，放牧也不同。

先说羊，羊是小牲畜，走得慢，走不远；软弱，保护不了自己，晚上要圈起来。放羊不能离蒙古包太远。如果蒙古包附近的草吃完了，又不想搬动蒙古包，放羊的人得另外搭个小帐篷，在羊圈附近过夜。

1000 多只的羊群是很普通的。散在草地上，白绒绒一堆一堆像是天上的云。这样的羊群有一个人照管就够了。放羊的人带着狗做助手。狗是很能干和负责的，它会把羊轰在一起，不让它们走散，而且善于保卫羊群。当我们走近羊群时，总会碰着肥大长毛的狗，四面袭来，挡住我们的去路。

呼伦贝尔草原上的羊，主要是绵羊，山羊不多。但是一大群绵羊中常夹杂少数山羊。山羊矫健胆大，在羊群中起带头作用。有一次我们遇见一群羊要过桥，绵羊畏缩不前，乱哄哄的东躲西窜，赶羊的把几头山羊轰在前面，山羊上了桥就向前走，其余的羊也都跟着走了。而且冬天冷，绵羊不爱动，伏在地上容易冻坏。山羊却喜欢动，不时在绵羊群内打搅，绵羊不得不动动，也可以有些运动。

平时，放羊并不很紧张，现在呼伦贝尔草原上的狼已经很少了，不容易出危险。所以千来只羊有一个人招呼就够了。但是到春天母羊下羔子时，情形可不同了。过去对于母羊受孕时期不加控制，有时天还很冷，母羊却下起羔子来了，而且可能在放牧时下羔。所以在那个时期，放羊的人经常背一个皮囊，收了羊羔，放在皮囊里，不致冻死。

接羔是草原上最紧张的事。两岁以上的母羊一般都要下羔，普通人家要接几百只羔子，全家人手都出动，有时还照顾不过来。所以劳动力少的人家有的把母羊托别人照顾，给人家一定的报酬。解放前羊羔死亡率很大，现在政府大力的号召保畜，羊羔的生存率已超过80%。

可惜我们去旅行时已是初秋，没有赶上接羔的季节。听说照顾羊羔是件很生动的工作。不但接羔时，不分昼夜，看到新生的羔子那样的和善，谁也不会不感到它们的可爱。而且小羊和母羊间的关系也很有趣的。他们告诉我们说，有时母羊脾气不好不肯喂奶，就得好言好语的劝导它们，劝不听，得唱歌哄它们。听来似乎母羊懂人的语言一般。

放羊的人整天在羊群里生活。他不但认得每一只羊，知道它的特点，它的脾气，它的个性，甚至知道羊与羊之间的亲属关系。他爱好这羊群，羊群也喜欢他。原谅我不能更生动的写出他们之间的感情。和我们一同去旅行的朋友中有一个在解放前帮过人家放羊。他一谈起他羊群里那只"老家伙"，眉飞色舞，话没个完，像我们谈起了熟悉的老朋友差不多。

我又记得有一次在一家蒙古包里看见一个老太太在喂一只小羊羔吃奶。她很亲热地抚摸着这小羊。她告诉我们，这小羊瞎了眼，不能跟母羊出去，真可怜。旁边有个小孩搂着小羊闹着玩，真像是一个家庭里的成员。

牛和羊类似，也是家家养的牲畜。母牛供奶，公牛拉车。一家人必须有几十头牛才能独立生活。普通人家养的牛都是为自家用的，但也有繁殖了牛出卖，这些人家的牛群也有很大的。

牛群和羊群并不混杂，但是都离蒙古包不远。牛更靠近些，因为每天母牛要拉回来挤两次奶。它们的动作是慢吞吞地，特别显得稳重。汽车当着它们的面驶去，它们一点也不慌张，也不让路。幸亏草地上汽车不必跟路走，可以小心地绕过它们。

关于马，留着在下篇再说。

呼伦贝尔草原上也有人家养骆驼，但是数量很少，比不得其他牲畜。马和骆驼都是养来骑的，是草原上的交通工具。一家有几匹马就够用，没有骆驼也没有关系。只有羊群牛群很大的人家，在冬天放羊放牛时用骆驼。

呼伦贝尔草原上的牧民基本上还是自给经济，羊和牛是生活资料的来源，马是交通工具，都不能没有。如果缺了哪一种就不能成为一个经济单位，只能到别家去帮工。具备了这些基本条件，如果牲畜少，有多余的劳动力，可以接收别家的牲畜来代放，每年收取一定的报酬。

在这种自给的畜牧经济中，每个蒙古包之间没有什么分工。牧民之间也没有经常进行的贸易活动。你有的我也有，你没有的，我也没有。草原上没有的东西必须和草原之外的人去进行交换。

这种自给的游牧生活，在这草原上可能已经很久了。历史上开始记载草原生活时，已经记卜了"逐水草迁移"的基本情况，当时的毡房，可能没有现在所见到的蒙古包那样好，但是也有理由想象，基本上就是这种形式。很可能一直要到工业发达了，草原上几千年来的传统生活方式才会发生基本改变；草原上人们的生活也才能飞跃的提高起来。以呼伦贝尔草原来说，这种改变已经开始了。

四、草原上的马

稀稀落落散布在辽阔无边的草原上的蒙古包,一隔就是几十里,甚至几百里,而且时常在移动,依我们想来,它们之间消息一定不会太灵通的,而事实上却不然。比如我们到西新巴旗的第一天晚上,决定下一天去访问一位劳模,第二天我们去访问时,一路就有骑了马的人等着我们,邀我们到他们的蒙古包里去坐坐。我觉得很奇怪,他们怎么知道我们会经过这些地方的呢?陪同我们去访问的干部同志笑着向我们说:"草原上有无线电,传得可快哩!"他所说的无线电就是草原上的马。消息一上马背,就飞一般地传开了。

马把辽阔的草原缩小了,把分散的、流动的蒙古包联系了起来。

草原上的人们离不了马,这是他们的腿。行动不能没有腿,他们人人有马骑。而且出门不论远近,总是跨在马背上。男的、女的、老的、少的全是这样。

在那么大的草原上,决不会看见一个徒步往来的人,如果一个人靠了自己的两条腿走路,草原太大了,走上一天不一定能碰着一个水源、遇到一家蒙古包。找不到吃的,找不到喝的,绿草无边,呼天无门,那就危险了。

我记得历史上有这样一个故事:成吉思汗有个祖父叫忽图剌。他有一次出去打猎,途遇敌人袭击,单骑被逐。他的马走入了一个泥淖,他从马镫上跳跃到了对岸,而那匹马却陷入了土里。这时敌人赶到了,看见他已经失了马,也就不再追赶了,说:"没有了马的蒙古人还能做什么呢?"他们料想这个人一定没有了命。忽图剌虽则侥幸没有死,但是这个故事也充分说明了草原上没有了马的人是不容易生存的。

草原上的人没有马是不可能想象的。但是这里不妨提出个历史问题来：岂是人先驯服了马才走上草原的？

那显然是不对的。即以呼伦贝尔草原来说，也是先有人，后有被驯服的马；也就是说，有一个很长的时间，草原上的人并没有马骑的。我在前面已经说过，我们在呼伦贝尔就看到了大约是一万年前这地方的人所用过的石器，而一万年前世界上还没有任何一个地方的人骑上了马背，把马当作了人的交通工具的。那时候的马都是野生的，人们把它们打死了吃它们的肉。

什么时候，在什么地方马首先被驯服了的呢？据现有的历史知识说：考古学家在苏联土耳其斯坦和伊朗西部的高原上发现过距今5000年前遗下的马骨，所以一般认为里海附近的草原大概是最早把马驯服的地方。但是马普遍的用来为人们服务可能是要到距今4000年前的事。那时，马还不是用来骑的，而是用来负重和拉车的。

在我们中国历史上传说用马来拉车是从夏代相土开始的。相土是殷人，时间在纪元前1700年以前。大约就在这时候亚洲的海克索斯人用马驾驶了轻快的战车袭击西方的埃及，而那时埃及还不知道有马。

从这些历史事实看来，我们北方草原上人大约要到距今4000年到3500年前那一段时期中才驯服和使用了马。想来这也是草原上的人们生活上发生重大变革的时期。

对于草原上的历史，现在我们知道得还太少，比如说：在没有把马驯服之前，草原上人们的生活是怎样的？马的使用引起了哪些具体的变革？这些问题我们都没有答案。我们所知道的是由于马的使用，高原和平原之间的关系就密切了起来。这种关系有两方面：一方面是高原和平原之间贸易的开展。高原供给平原马匹，平原供给高原日用品，好像织物、粮食等。这种交换互相间都受到发展经济的利益。我们从古以来中原的马主要是从北方和西方高原上输入的。《左传》这部书上就说马是生长在"冀之北"，指的是现在的蒙古高原。周穆王时代关于马的传说很多，出名的八骏是西方送来的。历代向北方、西方输入的马匹为数很多，历史上常常有记载。

另一方面是战争。草原上的人们骑上了马背，成了一股富于机动性和冲击力的武力。这股武力到春秋战国时代已是中原居民的重大威胁。平原上的农民除了学习骑射来抵抗外，主要还是用深沟高垒的防御工程来阻挡这些横行的铁骑。现在还兀立在蒙古高原南边的万里长城告诉了我们当时斗争的严重和尖锐。

在这里我们很自然地想起了草原上的人们所创立的庞大无比的蒙古帝国。蒙古帝国的兴起因素是很复杂的，不妨留给历史学家去研究讨论。只从他们使用骑兵所发挥出来的威力来说，实在是惊人的。顺便可以提到的，培养这帝国的摇篮也正是这呼伦贝尔草原。成吉思汗在占领呼伦贝尔之前，并不是所向无敌的英雄。这肥饶的草原却给了他雄飞宇内的物质基础。

马成为重要的生产力和战争中的破坏力，在人类历史上起过很大的作用。对于这个作用我们还希望历史学家能正确地给以适当的估计。

我们在这次旅行中，马给我们的印象是很深的。它是草原上极好的交通工具。我们这次是坐了汽车上草原的。没有汽车，像我这种不会骑马的人根本就没有资格去旅行。当然，汽车上了草原又开始了一个新的世纪，但是在现在的条件下，马还是最方便的交通工具。汽车要汽油，费用贵，接济也困难，而且如果机械一发生阻碍，在辽阔的草原的哪个角里一抛锚，也是危险的。而马却随处有草可吃，不用为它担心。

草原上的马跑得快，在没有汽车之前，什么也比不上它。跑短距离，它也敢和普通的汽车比赛一下，至少我们所坐的卡车，经常被快马丢在后面。如果要跑长距离，一个人带上几匹马，轮流着骑，据说七八百里的路程一天可以赶到。紧急时候，可以一连跑几天不休息。骑马的人吃一顿饱食，跑上几天再吃。他们什么也不带，轻骑疾驰，这种速度在现代交通工具发明之前是无可比拟的。

消息上了马背，飞一般传开去的说法也不能说是过分的夸大了。

马这种交通工具是很好的，但是要使用这工具却也不是简单的。像我，上了马背还是要摔下来的。草原上的人们从小就下工夫培养出惯于马上生活的本领。还不会走路的孩子已经靠着父母在马上颠簸。六七岁的孩子，不论男女，都已经是熟练的骑士了。这些孩子最大的困难是爬不上马背；只要有人把他们放上马鞍，他们就活跃得像条龙，父母尽管在背后吆喝，也不肯放慢马步。马腿真像是长在他们自己身上一般，喝醉了的酒鬼也不会摔下马来，老态龙钟的妇女一样骑着马飞奔。如果不是从小锻炼，恐怕不可能有这样的本领。

草原上的人们爱马也是不言而喻的。在他们最值得骄傲的事就是座下有匹名马。哪个人有了匹好马，草原上的人全会知道。如果他肯出让，任便他喊价，几十，几百匹马都有人愿意拿出来和他交换。

马的好坏是比赛出来的。草原上每年举行"那达慕"大会，主要固然是为了做买卖，而会上最热闹的却是赛马。打头的马受到群众的羡慕，编了歌到处唱，马的主人感到光荣。

好马不但要种好，而且要培养训练得好。有一匹名马并不是简单的事。

说到这里，我们必须讲讲马是怎样放牧的了。放马的性质和放羊放牛有显著的区别。在我们初上草原的人一眼看来，用家畜二字来称马似乎是很有问题的。羊群和牛群尽管也是自然放牧，但是离不了人。而马，没有人一样能活下去，而且活得也可以很好。马群离开蒙古包常是很远的，晚上也不回来。一匹公马保护着一小群母马和小马。它们自己找草吃，冬天也不怕。马群有时会跑得很远，尤其是夏天，它们最怕蚊虫，常常迎着风飞跑。所以，有时一跑就是几百里，要费好久才找回来，甚至有跑出国界的，草原上发现别地方来的马并不足奇。他们传出个消息，马主人自会来认领。我们知道有一家的马群跑了有半年。这些情况使我们觉得马群不比羊群和牛群，多少还保留着不少自然生长时代的野性。

牧马的主要工作是在训练马匹，使它们驯服，使人能骑得上它们的背。马不是生下来就欢迎人骑的，所以必须一匹一匹的加以驯服，训练。没有训练过的叫生口马，生口马只能算是半家畜性质。

马比人跑得快，力量又大，人空手近不了马群，所以放马的人自己必须骑一匹好马，手里执一根套马杆。套马杆是根有几丈长的木杆，杆头有个皮带做的圈套。他要抓哪匹马，就得用套马杆去套住它的颈项，套住了把皮带扣紧，它就跑不得了。但是套马并不是容易的，没有套住时马会狂奔，如果追不上就完了。套住了还是在奔，挣扎得更猛，如果没有手劲，或是不善骑马，会被它拉下马来。套马是草原上男子必须有的本领。

套住了马，安上鞍子，翻身骑上去。如果是匹生口马，一有人骑上了背，就会百般颠簸，要把背上的人摔下来。训练马的人就要有本领制服这马，不被它摔下来。一匹生口马要经过一遍一遍地这样训练才能成为一匹坐马。

生口马不能出卖，必须经过了训练才能成为商品。所以训练马是牧马的必要工作。

马的价钱有高下，最好的马是没有价的，如果肯出让，别人可以拿几十匹马来换。普通的上等马要几百元一匹，一般的马也要一二百元。一家人一年卖出几匹马就是一笔很大的收入，而马群却常有上千匹的。这是草原上人们重要的财富。

马的价值虽则比牛羊都高，但是养马群的人家却比较少。普通人家只养着为自己骑的马。我们并不知道一年从呼伦贝尔输出多少马，但听说过去军阀时期和日本统治时期，每年必须交纳大批军马，因为这是个有名的产马区。

现代化的军队中，马的作用虽则比过去已有所改变，但是农用役畜的需要却因新式农具的推广而日见增加。全国估计还缺少1000多万匹农用役畜。怎样在牧区增产马匹已成了一个急迫的问题了。

呼伦贝尔草原在这方面也有责任来满足国家建设的需要。

五、组织起来,就有办法

草原上的风光,草原上牛奶和羊肉,草原上一朵朵白云般的羊群,以及像弓弦上飞出去的箭那样的快马,这些都使我们这些初访草原的旅客一见难忘,依依难舍。按这些印象来讲草原,总会流露着对草原生活的留恋。草原生活确是有许多值得留连忘返的地方。草原的富饶,谁也不能否认。草原的前途,更充满着光明。

但是如果我们只讲这些那是不够的。如果我们不想到牧民怎样艰苦的克服种种困难,怎样和自然斗争,又怎样从残酷剥削和压迫人的封建势力下解放出来,我们对于现在草原人民的幸福是体会不深的。更重要的,草原并不只是个游览憩息的地方,而是我们国家的生产基地。草原上的人们虽则已经得到了解放,但是生活是简单的,生产是低落的。这一大片牧场还可以几十倍,几百倍的繁荣起来,牧民的生活还要提高,还要改变。

我们不但要看见现在的草原,还要看到明天的草原。

现在的牧民比起过去那是天壤之别了。但是如果和明天比那却又寒伧了。

不论草原上的人民,以他们的勇敢和勤劳,克服了多少困难,战胜了多少敌人,创造了多少宝贵的经验,但是在生产上,总是超越不过个体经济,总是一家家各自经营自己的牧业,这样的方式,尽管怎样发展,还是有限度的,离开贫困还是远不了的。

一家人是一个生产单位,牲畜多了,又要看羊,又要放牛,放马;照顾了这里,那里落了空,一家的人手管不过来;

好容易长大了的牲畜，来了狼群，活活拖走；尤其是牲畜生育的季节，小羊羔出生了，保护不周到，冻死、饿死，多心痛？如果牲畜少了，一家只有几头牛，几只羊，还得有人去管它们，放好了，还是吃不饱；出去打零工，搞副业，又惦记着家里的牲畜——真是牲畜多了不好办，少了更不成。

土地上能长的是草，牲畜自己会繁殖，年年生育，但是如果人管不好，牧业还是繁荣不起来。

毛主席的红太阳照到了草原上，人们的智慧又发挥了。"组织起来"，这个声音冲破了历久限制着牧业的桎梏。

呼伦贝尔和其他草原一样，开始了新的世纪。草原的面貌在改变。草原上的人们歌颂我们伟大的共产党，共产党带来了草原上人们富饶幸福的广阔前途。

我们从海拉尔坐火车到满洲里；从满洲里坐了将近一天的汽车，到了西新巴旗。西新巴旗的人民政府是在阿拉坦额莫勒，就在历史上有名的成吉思汗发祥地克鲁伦河的附近。这地名翻译出来是金马鞍。还有个传说，成吉思汗在这个地方打过仗，曾经把金马鞍落在河里。这是片富饶的草原，在呼伦和贝尔两个湖泊之间，水草丰美。

第二天，我们就去拜访劳模代表忠对的常年互助组。忠对事先已经知道我们要去参观，在他们互助组附近的一个蒙古包里等我们，一看见我们到了，没有交谈，就骑上马带领我们的车，到他家里去。我们坐定了，陆陆续续地来了许多位互助组里的组员。忠对的蒙古包是比较简朴的，他说话也不多，但是很扼要和诚恳。

他谈起了互助组的情形，现在已经有8户31个人，17个劳动力，羊有3000多只，牛马骆驼有600多头。他一再说，这些都是因为有了共产党、毛主席的领导。如果不是旗、索木许多干部们经常帮助，哪里会有今天。

这完全是事实。内蒙古解放前忠对是个牧工。他年幼时在庙里当小喇嘛。父亲死了，经济困难，他从18岁起就帮人家讨生活。内蒙古解放时他还是个帮工。忠对是个爱劳动的人，他把历年的工资累积起来，有了50头牲畜，1949年起就自己独立经营了。牲畜是他的生命，他无微不至的照顾它们。冬天冻坏了的羊羔用自己的被子包裹，救护它们。这样辛勤的劳作，在草原上赢得了群众公认的劳模。他参加了乌兰浩特的劳模代表大会，又参加了第一届全国工农兵劳模代表大会。

他说，他在会上听人家说互助合作怎样好，但是听不懂汉语，翻译很费事，还搞不清楚究竟是怎样一回事。后来在报上看到了李顺达互助组的报道，他心里才亮了。1951年互助组成立了，有7户参加了组。这是呼伦贝尔草原上第一个牧业互助组。当初牲畜不到2000头，现在已快增加了一倍。他几次很惋惜的说，去年大风雪，他们没有很好预防，损失了一些，不然现在的畜群还要大。

我们问他，互助组有什么好处呢？他说：如果没有互助组，他家里的牲畜就照顾不了了。他有个老母亲，60多岁了，劳动不了；爱人又有病，孩子太小。自己放了马，谁去管牛和羊呢？有了互助组，各家的马在一起放，羊多的人家拨一部分给羊少的人家放，按规定算工资。这样牲畜多的人家不愁牲畜没人照顾，牲畜少的人家，劳动力不会浪费了。大家有好处。剪羊毛的时候，互助组全体动员，羊多的也按规定付工资。

互助组是这样从相互的实际利益基础上组织起来。组织了起来，互助的方式和内容也逐步发展了，那是因为大家很容易看到分工的好处。他们都知道冬天牲畜缺乏饲料容易死亡。但是过去一家人连照顾牲畜放牧还不够，怎能分出力量来打草呢？有了互助组，他们有办法了。把羊群交给少数人去照顾，就可以抽出一部分人去打草了。第一年出了7个人，打了7天草，有1000普特（一普特重16.38公斤）。那年100多头牛过冬，只死了1头。

打草过冬在呼伦贝尔草原上又是一件新事。而这件新事意义却太重要了。草原上的人们如果老是要跟着畜群迁移，他们社会生活的发展总是有很大的限制的。为什么他们定居不下来呢？那是因为牲畜的饲料长在土地上，牲畜走动去迁就饲料，这是自然放牧的办法。但是如果我们能搬动饲料，牲畜就不必漫游，人也可以定居了。

搬动饲料来喂牲畜不但能使人定居，对牲畜也大有好处。牲畜中也有年幼病弱的，自然放牧无法分别照顾。牧场的草有肥有瘦，甚至还有毒草，自然放牧无法加以选择。更严重的，自然放牧把牲畜放在自然斗争的前阵，野兽来袭击，风雪来侵害，过去牲畜的死亡率是很高的，特别是初生的小牲畜，受不了这些打击。如果饲料能送上门来，牲畜的生长条件不是可以大大改善了么？

但是要从牲畜自己去找饲料的游牧改变到运输饲料来喂牲畜的定居，那不是一个简单的过程，也不是短时间内可以实现的。忠对互助组打了草在冬天喂牲畜只是向这个方向发展的开始。

过去自然放牧的原因并不是人们缺乏智慧，想不到草是可以割下来，搬运到牲畜住的地方去喂它们，而是太不经济。

如果割草和运输都要用人工，试问饲育1000只羊需要多少人？1000只羊所生出的小羊全给这些人吃了可能还不够养活他们哩。牧业的发展必须依赖机器。

忠对互助组第二年就有了割草机。没有党和政府的领导和帮助，他们不可能有机器的。割草机是盟政府贷给他们的，又教他们怎样使用。牧民用钐镰已经是新事，用割草机那是更新了。新事物就不容易习惯。不习惯，机器也就会不听使唤。那辆马拉的割草机一上草原就出了毛病。假如不是党和政府耐心鼓励和帮助，割草机要上草原困难还不是容易克服的。

忠对互助组终于使上了机器。第一年打了2000普特的草。他们出卖了一部分草，还赚了500多元。买了豆饼在冬天喂老牛。从机器的使用又推动了饲料的改变。老牛在冬天不但有干草吃，而且有营养更丰富的豆饼了。第二年，他们打了4000普特，又出卖了一部分，用600元做了一个羊圈。羊在冬天有比较温暖的棚可以躲避风雪了。今年他们定了计划，打了草，赚来的钱，可以把贷款还清。互助组自己有了机器。

他们逐年地累积资金，充实了他们的生产资料。

忠对讲起机器，眼睛发亮，他看到了草原的前途，世世代代牧民的幸福。他看见过拖拉机，他知道一定有一天拖拉机会上草原，比马拉的割草机一定能带来更大的好处。

我们上草原时，心里还想怎样向牧民宣传过渡时期总任务，但是一听忠对的谈话，我们觉得自己又听了一课总任务的报告。

忠对的互助组在呼伦贝尔起了带头作用。我们从他的蒙古包出来，顺便又拜访了几个蒙古包。到处听到了他们有人出去打草了，大家很热烈地讨论怎样使用割草机；又听到他们派人去买木材。去年冬天的风雪给大家很大的教训,家家在下决心要搭羊棚。风雪在草原上是常有的,以往谁不是归之于命运,而现在却不同了。他们已经觉得风雪不是那样可怕了,有办法来保护自己的命根子了。

组织起来,就有办法。

六、一面光辉的旗子

我们在海拉尔就听说胡和勒泰牧业生产合作社是呼伦贝尔牧民的一面光辉的旗子。他们住在海拉尔的北面,陈巴尔虎旗。我们打算先看了忠对的常年互助组再去看生产合作社,所以我们先去西新巴旗。到了西新巴旗不久,我有事要回北京了。但是到了呼伦贝尔草原不到胡和勒泰生产合作社,那是一件憾事。因此,我就要求一同去旅行的朋友,继续完成这个旅行计划,把看到的一切讲给我听。下面所记的,就是他们讲给我听的话。

胡和勒泰合作社是呼伦贝尔的新面貌,并不是虚话。当我们快到目的地,远远就可以望见十几个蒙古包整整齐齐的列成两行,外面围上近百辆木轮大车。十几个蒙古包的烟囱同时冒着炊烟,草原上出现了村寨,那是别的地方所看不到的景象,历史上也没有过的罢。

我们急于想见一见不久前被选为全国人民代表大会代表的胡和勒泰。但是来迎接我们的却不是他,而是一位壮健能干的妇女文化委员额布尔。她热烈的招呼我们进了蒙古包,告诉我们这是合作社的夏营地。夏营地没有几个男子。半个月前畜牧委员、牧羊组长和五个社员把2000多只羊带到西北200多里的地方"走亘特儿"去了（"走亘特儿"就是抓秋膘）。那里是有名的阿鲁牧场，有着营养特别好的"绵格儿"（野葱）。他们要让羊群吃得肥肥壮壮，严冬来的时候好抵御得过寒冷。

他们主要的劳动力，有十几个人，由打草组长领导着，带了两台马拉割草机和两台搂草机、堆草机和27匹壮马，到冬营地附近去打草了，离这里也有200多里。

合作社的牛群和马群就在夏营地附近放牧。妇女们忙着招呼牛群，制造奶品，预备冬季的食用。小孩们从这个蒙古包串到那个蒙古包，过着热闹和愉快的生活。

胡和勒泰上旗政府去了，他不久就要上北京开会，忙着社务的布置。

这里的蒙古包和我们在其他地方所见到的也不完全相同。他们用苇子和柳条编成帘子围起来，又凉爽又经济。我们已经说过用毛毡来盖蒙古包成本是很大的。过去羊毛运不出去，很多人根本就不剪羊毛，让羊自己一块毛一块毛的脱落，抛散在草地上。因此，他们不去计较毛毡的价值。现在羊毛值钱了，用来盖蒙古包觉得不很经济了，特别是夏营地，用苇子和柳条的帘子来代替毛毡是一项很值得重视的发明。我们想如果用帆布来做顶篷，不是更能节约毛毡么？

额布尔的蒙古包更给我们整洁的印象，这也是其他地方不常见到的。两张矮脚的木床，铺着洁净的毡子，上面挂着蚊帐。上首红花小木柜上摆着毛主席的相片。下首两侧摆着碗架和大木桶，上面都盖着白布。锅子里正煮着一大锅牛奶，锅上蒙着纱罩。她看见我们注意她的陈饰，满脸笑容地告诉我们：

"我们的生活是好得多了。以前哪里想得到有今天！"她说自从1950年成立了互助组，全组就有六个蒙古包换上了新毡子。每年每人平均都添了两件皮大衣，两套衬衣裤和一套新的皮被褥。1951年冬天，一家人还只吃了两只羊，1952年就吃到了11只羊了。茶砖也增加了一倍半。她着重地说："单干的话，哪里能这样好。"

我们被安置在苏米亚的蒙古包里。苏米亚和另外几个妇女穿着雪白的罩衫正在挤牛奶。她告诉我们全社的奶牛都由她们几个人负责，这样分了工，其他的妇女就可以去干别的活了。奶挤完了，额布尔背了红十字布袋，从她蒙古包里走来，和苏米亚等五个人一起到小羊圈里来替病羊换药。草地上有一种毒草长着针刺，刺破了羊的皮肤，就会腐烂。过去没有办法，现在有药可以治了。小羊圈等于是一个小小的兽医院。

合作社的景象毕竟不同。每个人都有工作，都忙着分配给自己的事。阿拉腾挂老婆婆也不例外。她的工作是给奶量不足的小羊羔喂奶。她手里执着一个装着奶的羊角，把羊羔抱在怀里，轻轻地抚摩着，把羊角端给它吮吸，小羊羔吸完了奶还是依傍着她不肯走。她真是小羊羔的妈妈。有40多只羊羔在她的照顾下，不但没有死，而且长胖了。正在和老婆婆谈话时，有两个姑娘赶着一长串的牛车来了，很熟练地把一车水拉到老婆婆的蒙古包旁边，和老婆婆一边笑一边说了几句话，又赶着牛车走了。老婆婆告诉我们，过去她们每家都要自己去湖边拉水，现在这两个姑娘把全社的水都拉来了。

每个人都在说：有了合作社，多省事。有了合作社，很多以前不能做的事都有人做了。还是这几个人，分散了，大家受苦，组织了，大家便利。

傍晚，胡和勒泰骑了马回来了。

胡和勒泰，中等身材，结实有力，40多岁，蓄着大撇胡子，两眼明亮，满脸笑容欢迎我们远来的客人。

胡和勒泰过去和许多许多草原上的牧民一般，在艰苦的条件下辛勤地劳动，而依旧过着贫困的生活。他在1945年解放时只有3头牛。3头牛是养不活他的，所以只能搞副业。拉木料，挖硝，捞盐，他什么都干过，干得比什么人都积极。比如，别人一天挖40袋硝，他挖70袋。别人在湖边捞盐，他泡着碱水到盐泊子中间去捞，腿都泡肿了。他挣了钱就买牛买马买羊，指望有一天能繁殖成一大群。但是有一天狼来了，吃了他3匹马，3头牛，他辛辛苦苦培养起来的牛马，损失了一大半。他深深体会到这样干下去是没有前途的。他听到了党的号召，"组织起来"，像是见到了太阳。1950年起，他全心全意的在这条光明的道路上努力前进。现在不是当初几头牛几匹马那样计算了，1953年订的计划，全社要发展到4000头牲畜。

胡和勒泰实现了每个牧民的梦想。这是一件活生生的事。草原上的人都知道胡和勒泰几年前是什么样的一个人，知道他有多少牲畜，狼吃掉了多少，现在也都看见他已变成了什么样的人，牲群怎么会长得这样快。大家也明白了胡和勒泰能做到的事，人人能做到。胡和勒泰就是这样成了草原上的一面光辉的旗子。

胡和勒泰的旗子是很容易就撑起来的么？不是的。

胡和勒泰的合作社是逐步地在实践里克服了一关一关的困难而成长起来的。1950年秋天打羊草时，他组织了一个临时互助组，只有四户贫苦的牧民。他们把各家的牲畜赶在一起还只有30多头。当他们想在这个基础上发展成为常年互助组时，就出现了许多困难。不说别的，他们所有的牛，都是两三岁的小牛，连大轮车都拖不动。于是组员中就有人说，穷人加穷人不还是穷人？胡和勒泰想办法，找到了一家军属。因缺乏劳动力，他就答应替他家放牧，不要其他代价，只要能用他家的牛拉车。

那年，盟政府贷羊给牧民放。胡和勒泰的互助组想去请求，但是互助组的人还是各有各的打算。胡和勒泰想如果贷了羊，大家不齐心，散了伙，怎样对得起政府。于是和大家讨论，订立了生产公约，决心长期互助下去，他们才每家贷了100只羊。

当他们把羊领回来时，他们高兴极了。但是有的人心里却出现了单干思想。100只羊自己喂才靠得住，生下来的小羊都是自己的，为什么要互助呢？胡和勒泰耐心地打通了全组的思想，才同意共同经营，一起分红。

互助组当时在草原上还是新的组织。许多牧民还带着怀疑的眼光看他们。有人说：胡和勒泰当了多年牧工，学会了牧主的狡猾，想出这些新花样来欺骗别人的牛羊了。当他们去打草时，有人在背后笑他们：没有见到山就撩起袍襟了，没有见到水就脱马靴了，忙什么呢？互助组里听到这些话，思想上又怎能没有波动？但是互相鼓励着，坚定起来。

事实说服了人，组织起来是有好处的，背后说话的人少了，而且又有人愿意加入了。1951年，互助组扩大了八户，劳动力更多了。但是怎样来扩大羊群呢？胡和勒泰找牧主毛拉玛，愿意接放他的"苏鲁克"。苏鲁克是草原上通行的代牧制度。这种制度对于牧区增产是有利的，所以是允许的。他和牧主议定，接养母羊，春季生下羔子，牧主得四成，互助组得六成。议定之后，胡和勒泰回来一讨论，这个比例对于互助组是有利的，但是除了毛拉玛之外还有哪些牧主愿意在四六分的比例下把母羊放给牧民呢？这样不是阻碍了苏鲁克制度的发展么？他们这样考虑是对的，为了使其他牧民容易得到母羊来放，他们愿意重新和毛拉玛订约，改为对半分羔。这样的做法得到了政府的批准和推广，也得到了群众的拥护。

胡和勒泰互助组能逐步发展起来，那是由于党的领导、教育和关怀。他们遇到困难时，有党指示他们方向，支持他们工作。而且经常指出他们的缺点。胡和勒泰曾告诉我们，他起初对于妇女的劳动是不重视的，没有很好的发动妇女来参加劳动。党及时的指出了这个缺点，他们才规定了男女同工同酬的办法，妇女们劳动的积极性大大地提高了。蒙古的妇女原来是主要的劳动力，一天到晚的劳动，但是没有受到应有的重视。在合作社里，她们真的获得了平等，夏营地的工作差不多都是由她们担负，而且做得井井有条。

胡和勒泰说得对，互助合作，打草搭棚，在草原上都是新事情。怎样希望人人一下都能接受？要耐心，要坚持，等到事实做出来了，还怕说不服人么？只要相信毛主席，跟着共产党走，没有克服不了的困难。

当他说到要耐心，要坚持的时候，那样有力，使我们仿佛看见了他当年在盐泊子里，宁愿两腿都泡肿了也要把湖心里的盐捞回来的劲头。

胡和勒泰的眼睛是向着前面的。他带我们去看他的牛群。黑压压的一片，有一里来方圆，我们骑着马在牛堆里绕来绕去。他一边看，一边在和牧牛组长乌兰说话。他们在这头牛前停一下，那头牛前说一会儿，我们不懂得他们所说的话，但是看得出，他们对于每头牛都好像是那样熟悉，那样亲密。一直到夜色茫茫，我们才回来，他很满意的和我们说，今年水草好，膘已有八成了。他关心着冬季来到时，怎样保证牲畜的饲料和安全。

胡和勒泰合作社比忠对互助组又提高了一步。他们不但能组织更多劳动力和使用更多的机器来打草，储备更多的饲料，而且开始建筑较大的圈棚。他们1953年所搭盖的大圈棚有9000多平方市尺。有了这样的圈棚，他们可以按牲畜的需要分群居住和分别饲养。那些幼弱病老的牲畜在抗寒力量上较差，它们可以在棚内饲养，而且给它们草和豆饼吃，这样，牲畜的繁殖更快了，牧业生产提高了。

他们开始改变了四季游牧的古老习惯。在冬季，妇女和孩子没有必要跟着畜群在风雪里奔波。他们可以定居在一个比较容易避风的地方，照顾那些幼弱病老的牲畜，和经营副业。另外组织壮健的劳动力去照顾游牧的牲畜。这种冬季定居游牧的方式在畜牧业上是一大进步。

牧民开始部分地和定期的定居下来了。居住固定了，就能建筑更适宜于生活的房屋，而且可以比蒙古包成本低，更为节约。孩子们聚居在一起，也有条件可以上学了，聚居的人多了，社会福利事业一样一样地可以创办了。

这是人畜两旺的第一步。

关于呼伦贝尔草原，我们就说到这里。

牧民的生活，草原的前途，可写的还多。但是我们的旅行时间短，观察又肤浅。我们是初次上草原，初次看到牧业的人，上面所说的不免有不对的地方，还希望牧区的朋友们指正。

最后我们想再说一句：祖国是可爱的，越是多熟悉一点祖国的情况，祖国也越是可爱。

希望更多的人上草原去旅行旅行。

1954 年

关于黔西民族识别工作的参考意见

一

民族压迫制度消灭后，获得了平等的少数民族纷纷公开他民族身份，要求把他们的民族名称列入民族大家庭的行列。这次普选中自报的民族名称据称有400多。这400多个自报了民族名称的单位是否都能认为是单独的民族呢？其中有些是有问题的。

发生问题的有下列各种情况：

（一）有些汉人迁居到了少数民族地区，保留汉族的特点，但是不知道自己是汉人，以附近少数民族称他们的名称作为自己的民族名称，报上来之后，被列入少数民族行列中。例如云南和广西的"蔗园人"。

（二）迁居到少数民族地区去的汉人，前后有若干批，时代不同。早去的汉人，曾经长期和内地隔绝，受了少数民族的影响，和后去的汉人，在语言、风俗习惯上有一定的区别，并且受到后去的汉人的歧视，不把他们看做汉人，因而他们自认和汉人有区别，解放后，要求成为少数民族。"过去民族压迫时被当做少数民族，现在少数民族受到照顾时又不被当做少数民族了"，心里不服。例如广西的"六甲人"。他们是否可以认为少数民族？

（三）有些少数民族在民族压迫时代曾经不愿表明和汉人有区别，又有一部分上层受反动统治的利用统治过当地的其他少数民族，在这些被他们统治的少数民族看来他们是和汉人一起的。解放后，有关的其他民族不愿意承认他们是少数民族。例如湘西"土家"。他们是否要认为少数民族？

（四）历史上，有些民族曾经被打散，各自迁移。在迁移过程中，有些又和汉人发生结合，受到很深的影响，改变了语言，民族特点已不显著，经济上和汉人已分不开，但是受到歧视，居住上不和汉人相混，心理上和汉人有隔阂，自认为和汉人不同的少数民族。例如福建、浙江等省的"畲民"。他们是否可以认为是少数民族？

（五）原系一个少数民族，但是迁移到不同地区的各部分，基本上保留着相同的语言、风俗习惯、历史传说，但是长期隔离，互不往来，经济上没有联系。他们被其他民族用了不同的名称相称（虽则他们的自称基本上是相同的），报了不同的民族名称。例如云南"阿细人""撒尼人"都是彝人的系统，是否要分别成为单独民族？

（六）有些不同民族成分的集团进入了同一的或相邻的地区，被别族用同一名称相称，也就认为是一个民族，但是语言、风俗习惯上还是有区别的。例如"瑶人"。他们是否可以承认是一个民族？

（七）有些民族不在一个地区的各部分，分别受到不同民族的影响，因此各部分对于自己系单独民族还是系另一民族的一部分这一问题意见不一致。例如东北的达呼尔人。他们是否可以承认是单独的民族？

上面所列举的各种情况归纳起来是两类的问题：

1. 他们是汉人还是少数民族？
2. 他们是单独民族还是其他民族的一部分？

研究这些问题就是民族识别工作。

二

我们是根据历史唯物论来研究民族识别问题的，只有深入领会斯大林关于民族问题的理论，我们才能实事求是地解决我们所要研究的问题。进行民族识别时首先要从理论上明白"民族"的意义。斯大林在《马克思主义和民族问题》中给民族的定义是这样的："民族是历史上形成的一个有共同语言，有共同地域，有共同经济生活以及有表现于共同文化上的共同心理状态的稳定的人们共同体。"又说，"必须着重指出，把上述种种特征中任何一种特征单独拿出来，都不足以作出一个民族的定义，而且，只要这些特征中缺少一种特征，民族就不成其为民族了"。

在《民族问题与列宁主义》中，斯大林说：

> 世界上有各种各样的民族，有一些民族，是在资本主义上升时代发展起来的，当时资产阶级在打破封建主义和封建割据的时候，把民族集合为一体并使它团结起来，这就是所谓"近代"民族。

> 在资本主义以前的时期是没有而且也不能有民族的，因为当时还没有民族市场，还没有民族的经济中心，也没有民族的文化中心，因而还没有那些消减某个民族经

济的分散状态和把这个民族历来彼此隔绝的各个部分联结为一个民族整体的因素。

当然,民族的要素——语言、地域、共同的文化等等——都不是从天上掉下来的,而是还在资本主义以前的时期逐渐地创造出来的。但这些要素当时是处在萌芽状态中,更多也不过是将来在某些有利条件下可以形成为民族的一种潜在力,这种潜在力只有在资本主义上升并具备有民族市场,经济中心和文化中心的时期才变成了现实。

斯大林又说:

但是世界上也还有另一种民族。这就是新式民族,即苏维埃民族,这些民族是在俄国资本主义被推翻之后,在资产阶级及其民族主义政党被消灭以后,在苏维埃制度确立以后,在旧式民族即资产阶级民族基础上发展和形成的。

工人阶级及其国际主义的政党,是团结和领导这些新式民族的力量,为了消灭资本主义残余和胜利地建设社会主义而在民族内部建立工人阶级和劳动农民的联盟,为了各个民族及少数民族的平等权利和自由发展而消灭民族压迫的残余;为了确立各民族间的友谊和确立国际主义而消灭民族主义的残余;在反对侵略及侵略战争的政策的斗争中,在反对帝国主义的斗争中,一切被压迫的和没有平等权利的民族结成统一战线——这就是这些民族的精神面貌和社会政治面貌。

这种民族应该评定为社会主义民族。

三

学习了斯大林民族问题的理论，结合到我们当前的民族识别工作，我们首先应当注意不要简单地从任何一个民族要素——语言、地域、共同文化等等——来断定某一种人是汉人或不是汉人，断定他们应当成为一个民族或应当分成若干民族。

是不是讲同样话的人就是一个民族呢？马克思主义对这个问题的回答不是这样的，不是说讲同样话的人就都是一个民族。马克思主义认为，讲同样语言的人，可能是各个不同的部族或民族。美国人和英国人讲的是一种语言，但不是一个民族；挪威人和丹麦人讲的是同样语言也是两个民族。我们国内汉人和回人讲同样的话但不是一个民族。但是无论如何一个民族讲两样语言是不可能的。斯大林告诉我们，共同语言这个民族特征是指一个民族的人必须是说一种语言，虽则他们在方言上，在一定时期内还可以是不同的。

仅仅有了共同区域也不能就说是一个民族。斯拉夫族在最古的时候就生活在同样的区域上，但那时并没有形成俄罗斯民族。把这些人们组成一个民族必须有一种强大的力量才行。这种力量就只是经济力量。但并不是任何一种经济都能够起这样作用，只有资本主义经济或社会主义经济才能起这样作用。在人类社会发展的历史上最初能使人们成为民族的经济是资本主义经济，所以民族的形成首先是资产阶级民族。生活在各个不同地方的人们，通过各个地方的市场，组成全国统一的市场，把生活在一个土地上的人联系起来，这种联系就必须有统一的语言。因而不同的方言在一起慢慢发展，出现了一个比较普遍的语言，形成为统一的民族语言。

识别工作中也有强调风俗习惯和宗教信仰的。我们首先要说明风俗习惯和宗教信仰并不是民族特征，但是和表现为自己特殊文化的心理素质有关。我们的体会是这样，一个民族共同心理状态是表现在他们共同文化上的，因此我们可以看到各个民族的文化有他们不同的风格，最显著的是他们的艺术。各民族的文学、歌舞、建筑都是具有民族风格的。我们可以一望而知这是维吾尔的舞蹈，不是苗族的舞蹈。风俗习惯和宗教信仰的具体表现也受着民族风格的影响。但是风俗习惯和宗教信仰是常常在民族间传布的。如果我们挑选某些风俗习惯和宗教信仰上的相同或相异来作为民族识别的标准，那就会出错误。风俗习惯和宗教信仰是应该详细调查的。因为他们可以提供历史的线索，而且一般人常常强调某些和其他人不同的风俗习惯和宗教信仰来表示自己一种人，和别种人不同，那是民族共同心理的表现。我们不能忽视的。

四

我们进行识别工作必须从民族要素出发来研究。但是应当注意斯大林告诉我们在资本主义以前的时期，民族还没有形成，这些要素还处在萌芽状态中。我们现在要进行研究的对象，事实上都没有进入资本主义时期的，它们并不是"近代"

民族。我们如果以"近代"民族的特征去要求它们，或是采用"近代"世族的特征去衡量它们，那就不切实际了，文不对题了。

资本主义时期之前的人们共同体并不具备民族的特征，所以在科学上也用不同的名词来称它们。在原始共产主义时期，人们形成的共同体是氏族、部落；在原始公社制度向着奴隶社会，向着封建社会过渡时，各个不同部落联合成为一个部族。

一个部族已经具有萌芽状态中的共同语言、共同地域和表现为特殊文化的共同心理素质。这三个特点在封建社会时就已经存在了，所以部族已经具有形成民族的因素，资本主义经济把它们利用起来，形成了民族；社会主义经济也可以把没有经过资本主义社会的部族所具有形成民族的因素利用和发展起来，使它形成为统一的民族。资本主义经济或社会主义经济提供了形成民族的主要因素，共同经济的联系。

我们国内的许多少数民族很多还没有发生资本主义，有些还是氏族和部落，有些还是部族，但不论它们现在是部落或是部族都不必经过形成资产阶级民族，直接发展成社会主义民族。现在它们还没有形成社会主义民族，正在过渡时期，所以我们必须着重分析它们的生产力和生产关系，了解它们现在社会发展的特点。

人类是从氏族、部落，逐步发展成为部族，再发展成为民族的。它们的区别是生产力发展阶段的不同。

在人类的发展最古的时代，没有阶级社会以前，人们共同体是氏族、部落。当时是原始公社时期，人们的关系是血统的亲属关系，是很闭塞的，各不相通的关系，基层组织是氏族。

部落是当时血统比较近的氏族所组成的，部落就是氏族的联合。

原始社会向前发展，产生了私有制，有了对抗的阶级，出现了国家，一个阶级对另一个阶级实行暴力的统治，氏族发生混合，人们的联系不再限制在血统的亲属中了。部落的管理制度丧失了，部落各自孤立存在的状态也消失了。这时的社会是奴隶社会或封建社会，这时的人们共同体是部族。

我们国内的少数民族既然很多是属于部落或部族的性质，或是开始从奴隶社会或封建社会解放出来，向社会主义民族过渡，所以我们必须从语言、地域和表现特殊文化的共同心理素质三个方面去研究它已经具备形成民族的因素，同时要从它生产力和生产关系发展的历史过程中去肯定它现在的特点，注意社会主义经济怎样在形成社会主义民族的过程中发生作用。

附带的说明：我们说有些少数民族还是属于部落或部族的性质，只是从分析它们所形成的人们共同体的性质，分析它们生产力和生产关系发展特点而说的，决不是否认它们成为民族大家庭的一个成员，否认它们是一个"民族"的意思。任何少数民族不论他们的生产力怎样落后，在民族大家庭中，一样享有和任何其他民族相同的权利。在政治地位上大家是平等的。我们要分析的是它们发展的特点。使我们在帮助它们进一步发展时采取和它们的特点相适应的措施，这是我们的宪法所规定的。

在实际政治生活中，我们对于各少数民族不必用部落或部族等名词来加以区别，这种区别对民族团结是并没有利益的。

1954 年

开展少数民族地区和与少数民族历史有关的地区的考古工作[*]

今天我在这里发言的目的是想向各位研究考古学的朋友们提出一些请求,请求各位对中国民族问题的研究多多帮助。

首先应当声明,我对于考古学这门科学是个门外汉,在中国民族问题的研究的队伍里也还是一个小学生。下面讲到考古学的时候,必然有许多幼稚的话,讲到民族问题的研究工作时,也必然有许多外行话,请多原谅。

由于我对这两门科学都没有很好的研究,说不出多少理论来,所以只能从我自己这几年来遇到的许多具体问题来谈谈,提出一些问题和意见,供各位参考。

总的说来,我体会到我们在中国民族问题研究工作上已经发生了很多问题,必须兄弟科学——考古学的帮助,才有解决的希望。同时我也想告诉各位,考古学上已有的成就,已经给我们很大的帮助。因此,为了今后工作的开展,希望得到更多的帮助。我想,也许现在已经到了我们两门科学更密切合作的时候了。为了向科学进军,赶上国际学术水平,这种合作是必要的。

---

[*] 本文系作者在全国考古工作会议上的讲话。——编者

1951年，我参加了中央访问团到广西去访问各兄弟民族，遇到了一个具体问题，就是广西600多万的壮人是不是少数民族的问题。我参加了对这个问题的讨论。根据斯大林民族理论，从语言、地域、经济生活和表现于共同文化上的共同心理状态等四个特征，肯定了壮人是一个少数民族。但是壮族这个稳定的人们共同体是怎样在历史上形成的呢？这个问题一直在我的心上。

我在访问中知道，壮人被称为土人，他们的语言被称为土话，意思是他们比现在广西的其他的人更早在这个地区居住。他们在这地区已经有比较长的历史。我查了一些历史书，这地区早期的居民被称为百越（百粤）；这地区也称西越，以别于沿海的东越；西越又作西瓯或骆越。越、瓯、骆是否是指这种人呢？从时间上及地域上看是很可能的。而被称为越的人在春秋战国和秦汉时代分布在长江以南整个沿海地区。如果这些人被同一名称所指称是由于他们具有相同的特点，则广西早期居民和沿海的居民由于他们同样地被称为越人，可以推测他们可能是属于同一系统的人。是不是那时从浙江到广西这一个地区居住着许多在语言和文化上相近的部落或部族？是不是这些部落或部族在不同时期大多已融合在汉族之中，而现在只有最西的一部分还保持着原来的特点？

我曾请教过语言学的朋友，他们告诉我说：壮语是属侗傣语族，侗傣语族的民族现在还有湖南、贵州边区的侗人，贵州的布依人，云南的沙人，侬人（均属壮族——编者注）和傣人。越南、泰国和缅甸都有说这个语系话的人。而且说：如果分析广东、福建的汉语方言，也有些特点是和壮语接近的。这些说同一系统的语言的人，在历史上是有一定关系的。所以中国南部沿海地区曾经住过一种具有相同或相近的特点的人是可以设想的，这种人和现在的壮人可能是属于一个系统的。

由于想了解壮人的历史，提出了沿海地区民族沿革的问题。

研究这些历史问题首先遇到的困难是我们现在还没有壮人自己的文字史料。汉文史籍中有关这地区早期居民的记载，数量并不多。而且所用的族名并不一定很严格。因此我们还是很难确定说汉文中所称的越人都是一种人，都具有相同或相似的语言和文化的特点。汉文史料中虽则有沿海越人在不同时期被汉人征服的记载，但是这只指汉人统治了这些越人，至于这些越人后来怎样变化，却没有交代。语言的研究，特别是这些地方古代语言的分析，甚至包括古代地名的分析，固然给我们很大的启发，但是至多提出了一些历史关系的线索，并不能说明历史发展的具体情况。因为这些缘故，我们很多的设想无法进一步肯定下来。在这里，我们需要考古学的帮助了。

但是，过去考古学者对于长江以南的地区似乎是不大注意的。解放后，华东的考古工作有了开展，不但在江苏、浙江、福建都发现了新石器时代的遗址，而且已经有很多材料可以看出沿海地区古代文化的不同系统。我不必在这里多提关于这地区考古学上的成就，你们比我知道得更多。我想，你们一定能想象，当我读到这些考古报告时，怎样联系上老是在我心上的问题。当然，有些考古学的朋友对于这种联系是会觉得还过早，还不成熟，但是在我，只要能解决我心上的问题，什么材料都是宝贵的。

对我特别有启发的是印纹硬陶文化的分布区，正和汉文史料中所指的越人的活动地区相合。印纹硬陶可能是以福建为中心而向北发展到太湖周围。这种印纹硬陶据说曾在广东南海的南越文王的墓中发现过，而且可能由新石器时代晚期一直延续到汉代，甚至更晚。这样看来从新石器时代到汉代，在浙江、福建、广东沿海是有一种具有共同文化特点的人居住的了，而这种人很可能就是越人。

可惜的是我们在广西时，并没有注意壮人是否有自己制造的陶器，他们用的陶器和印纹硬陶有没有关系。我们也不熟悉广西地区的考古材料。所以从陶器上我们还不能建立起壮人和古代越人的历史联系。据说最近在广西省来宾县罗梅乡的一个新石器时代遗址中，发现夹砂红色绳纹陶片，那是值得注意的线索。

但是在石器方面却已有一些不完整的线索。在浙江已发现一种被称为戈器的石器，我在杭州博物馆看到过这种石器。这种石器似乎是有肩石斧的一种。有人曾提出这种器物的形式和越人的名称有关的意见。我觉得这种意见是值得注意的。不知道各位是否已注意到，中南民族学院在海南岛调查时，收集了一批石器，其中有很多是有肩石斧。我们去年去贵州调查时，在贵州博物馆筹备处看到一件在盘县找来的有肩石斧。盘县是在盘江流域，在地理上是和广西壮人地区衔接的。去年广西平果、上林等县已发现了有肩石斧。

我问过几位考古学的朋友，他们告诉我说，在中原地区还很少发现过有肩石斧。这种石斧主要是在东南沿海地区发现的。如果这种石斧属于印纹硬陶文化系统的一个特点，则这个文化系统有可能要包括广西在内。壮人和越人的关系也可以有更清楚的线索。现在我这样说还是太早一些。我这样说出不成熟的话，目的是在想请求考古学的朋友在这些地区早些开展工作。最近裴文中先生告诉我，他们在广西已经找到新石器时代遗址，所以我想关于这个问题不久可以有更多的材料了。

当然，长江以南民族沿革问题还不是这样简单。那是因为在不同时期有不同的人，从各方面进入了这个地区。原在这地区居住的人，有些和外来的人融合了，丧失了他们原来的特点；有些没有和外来的人融合，但是受到外来的人的影响，起了一定的变化；有些却还保留着原有的特点，或特点的一部分。他们在历史过程中都有变化，都有流动。因此，情况是复杂的。

现在在民族历史上比较困难的问题之一，就是苗人和瑶人的来历问题。在这个问题上存在着不同的意见。大体说来，有下面这几种：1.苗人、瑶人原来是中原的居民，受到西方来的人的压力，逐步退到长江流域，又受到从中原南下的人的压力，苗人西走进入湘西和贵州的山区。2.中原早期被称为三苗的人和现在的苗人无关。中原早期的三苗去西北，并未南下。苗人、瑶人原来就是长江南部的土著，甚至可能是从南方来的。3.苗人、瑶人原是长江流域的土著，东到福建的沿海地区。他们曾经有一部分北上，但是受到阻力，又退回了，或有一部分迁去他处。4.苗人和瑶人并不是一种人，来历不同，而是后来有了接触，在语言上起了变化，变得相近了。

这些说法都有可能。现在材料很难肯定谁是谁非。意见的分歧说明了我们对于苗人、瑶人的语言、文化还需要进一步分析，特别是需要地下的发掘。而安徽南部、湖北、江西这些地区，似乎又是一个考古学的空白点，比华东沿海地区更不如。

提出了苗人、瑶人历史的问题，我们对考古学想提出更进一步的要求。我们不但希望考古学者对古代的历史能提出材料，还希望他们能注意到每一个时期，特别是没有文字的民族的地区比较近代的文化遗物；不但希望他们对这些地区交通要道上汉人的坟墓进行发掘，更希望他们对交通点线以外的文化遗址做系统的研究。如果江南的考古工作局限于汉墓的发掘那是不全面的，也因此可以引起对这地区民族历史的不正确的看法，夸大了这些时代汉人在这些地区的地位。

以长江以南的历史来说，汉人进入这个地区固然很早，但是大规模的移民并不是太遥远的古代。秦汉时代汉人的势力已经越过长江，甚至到达海边，但主要还是在点和线上，广大的面，还是这地区的土著所占据的。南北朝和唐宋又是一个汉人的扩张和南移的重要时期，从点线扩张到面，但是比较偏僻的山区，汉人还是没有进去的。至于云南、贵州的山区，事实上要到元明时代汉人才有大批移入。因此，我们有理由可以设想考古学者在这些地区的偏僻之处，比较近代的遗址中，会发现和汉人不同的文化系统。而这些发现正是我们研究民族历史的人所要的材料。

提到了汉代的移民和其他民族的关系，不妨再在这问题上谈一谈。我去年曾到贵州去参加黔西地区的民族调查工作。主要的问题是有一种说汉语的人报了少数民族。他们究竟属于哪一民族，要我们去研究。研究的初步结果认为他们是明初从长江迁移去的汉人，并且在语言、文化等特征上并没有发生重要的变化。但是同时我们又调查到这地区的另外一些人，现在称蔡家、龙家，他们很可能是更早从长江中游去的移民，而且很可能是和汉人或汉人的祖先有关的。我们指出这可能性是因为他们所保存的语言还有一些特点可能和古汉语相接近。这些材料现在正在研究中，还不能作出肯定的结论。

由于我们接触到了这些不同时期的中原移民，我们对于西南的民族沿革问题又多了一些启发。可以设想，从很早的时期开始，中原的汉人或汉人的祖先就已经进入西南的山区。这些移民有些离开了中原，和当地各种人接触，在语言、文化、心理上起了变化，现在已经有别于汉人了。

如果我们得到考古学者的帮助，能看到这些人在不同时期所有的遗物，这些人的来历和历史上的变化，应当是可以确定的。而这方面的工作现在还没有开始。所以我们对于这些少数民族的来历和历史还不能说出比较肯定的话。

让我在这里再举一些例子。

云南是民族情况比较最复杂的地区。从语言的情况说，除了汉语之外，基本上主要是藏缅语和侗傣语两个系统，靠西边境还有猛吉蔑语系，零星还有苗瑶语系。现在一般的看法，汉人、苗人、瑶人可以说是后来进去的之外，其他三个语系的人究竟谁先谁后，还是意见不同的。

按现在比较为多数人所接受的看法说，侗傣语系的人可能是这地区较早的土著，藏缅语系的人，主要是彝人和那些和彝人很接近的傈僳人和么些人（现为纳西族——编者注）等可能是从西北迁入的。从语言上看，彝语和藏语接近，可能是很早在西北分开的两支。从体质上看，彝人也和南方许多土著不同，他们比较高大，近于藏人和北方的土著。但是他们究竟什么时候进入西南地区的？他们早期的文化和古代羌人有什么关系？他们在西南地区是怎样流动和发展的？这些问题现在还不清楚。再说，侗傣语系的人是不是这地区的土著？是不是也有可能是由东或由南进入的人，而原来居住在这地方的人却是现在已经挤在西面边境上的那些猛吉蔑语系的如崩龙人（现称德昂族——编者注）、卡瓦人（现为佤族——编者注）等的祖先呢？

抗日战争时期，大理一带曾发掘到一些汉代的陶片，据说这种陶片除甘肃省外，他处没有见过。这是值得注意的。

从汉文史籍的记载，汉代大理一带住着一些部落，称昆明人。三国时代，云南东部被大姓爨氏所统一，在他的统治之下有乌蛮、白蛮两种人。大理的西南还有一种哀牢人。唐时以大理的洱海地区为中心的许多部落合成南诏，宋时成立大理国，亡于元。昆明人、爨氏、乌蛮、白蛮、哀牢人、南诏、大理国——这些名称所指的人民和统治者，究竟和现在云南的许多民族有什么关系，还是没有搞清楚。我们认为单靠现有汉文史料，问题可能是会得不到结论的。只有系统地发掘地下的遗物配合了汉文史料，才能使我们的研究推进一步。

以上我所讲的主要还是有关某些地区的民族沿革上的问题，也就是要研究某一地区在不同历史时代是哪种或哪几种人居住的问题。这种研究必然会发现一个地区的居民是常常有变化的。在一个时期是这种人，在另一个时期是那种人。于是我们又不能不追问，为什么有这些变化？这里要我们研究：这些人所形成的共同体怎样发展，怎样和其他的共同体合并和融合，或是怎样消灭？这里要我们研究：这些人在各个时期社会经济的性质，他们所形成的共同体的性质，是原始社会时期的氏族、部落、部落联盟，还是奴隶社会时期的部族，还是封建时期的部族，还是资本主义时期的民族？各种人的共同体都按照社会发展规律在变化，但是由于它们之间发展不平衡，发展较快的和发展较慢的，就是先进的和落后的，它们之间在不同时期，不同条件下发生接触，引起各个共同体具体发展过程上的特点。而这些特点也正是民族问题研究工作中的重要问题。

在进行这方面研究时，我们还是要依靠考古学的帮助。

让我举一个例子来说明考古学在这方面可以给我们的帮助。

我们知道，现在四川大小凉山的彝族的经济中还具有明显的奴隶制度的成分。在历史上彝族曾经有过奴隶制度这个阶段是可以确定的。但是现在大小凉山的彝族并没有一个统一的权力组织，而且在这个地区也并不像曾经有过一个统一的局面。从经济和政治的现有状况来看，使我觉得这个地区不像是彝族发展奴隶制度的中心，很可能是边缘上的残余形式。

我们去年在贵州西部调查时注意到这地区的历史，并且从彝文翻译出来的材料看，这地区曾是彝族发展的一个中心。据彝文材料所保持这地区统治者的世系，一代一代地可以推到三国时代。简单地说，当时有一部分彝人和蜀国合作，从云南东部向贵州西部发展，逐步征服了原在这地区的"革僚"，到唐代在现在贵州织金地方消灭了"革僚"的最后一个统治者。唐武宗会昌元年（公元841年）封彝人的领袖做罗甸王。那时从曲靖以东到贵阳以西已经统一在彝人统治之下。

罗甸王国是什么社会性质呢？我们注意到当地传说这地区的早期居民，现称仡佬，大概就是史籍所写的"革僚"，很早就以铸铜著名，现在这地方的苗人造芦笙（一种乐器）时需要铜片，还要去挖掘仡佬坟。仡佬铸铜和一般传说西南铜鼓是"僚人"所造是符合的，而且滇东、黔西是我们铜矿特别丰富的地区，所以这地区很早发展铜器也是有可能的。又据传说仡佬在苗人进入贵州前已知道耕种水稻。因此，我们推想，在彝人进入这个地区之前，仡佬人已经有相当高的文化，当时可能已经是奴隶社会的初期，而彝人就是在这个基础上发展了统治这些人的奴隶国家。这个统治民族自己并没有掌握生产技术，包括铜器制造，后来丧失了统治权力，退守边缘山区后，生产力停顿，甚至倒退，是可以理解的。

上面所说的还只是一种设想。我们没有对仡佬的文化遗址进行发掘。究竟仡佬的文化发展到什么阶段，还不能肯定。但是在西南各民族的历史研究中，仡佬人的地位值得我们注意是可以肯定的了。

仡佬如果很早就发展了铜器文化，如果和西南几省以及印度支那半岛所发现的铜鼓有关，我们又不能不问他们和壮、傣这些侗傣语系民族的历史关系了。为此，我们去年初步研究了仡佬的语言。很多地方的仡佬已经丧失了他们自己原有的语言，说了和他们一起住的那些民族的语言了。但是在贵州西部却还有少数保留着自己的语言，初步分析，可以肯定是一种独立语言。究属哪个系统，还不容易得出结论，和侗傣语系的关系并不显著。因此，又提出了新的问题，也是比较更复杂的问题。

汉文史料中记载，曾经问过和"汉孰大"的夜郎究竟是哪一种人？是不是仡佬？那时这种人所居住的范围有多大？发展到了什么社会阶段？

更值得注意的是，西南地区的铜器文化是什么时代开始的？和中原铜器文化的关系怎样？考古学的朋友们是不是可以帮助我们答复这些问题呢？

同志们，时间不允许我更多地提出在我们民族问题研究工作中存在着的许多问题。我在上面所提出的只限于我个人这几年所参加的研究工作的范围，而且也是比较突出的一部分问题。至于中原和北方的问题还没有提到，这些地区有关民族历史的问题自然更多。但是，就从我已经提到的问题来说，我想，至少可以得到这样一个结论，为了推进民族历史研究工作，我们实在是很急迫地要求考古学的帮助和合作了。

我是考古学的门外汉，所以不敢从考古学方面来设想，和民族学合作起来是不是对考古学上的许多问题的研究也有帮助。但是，作为一个普通人来想，这种帮助也不可能没有的。各位从地下发掘出许多历史上遗留下来的文化器物。这些东西一定是当时人所创造的和使用的。这些东西本身不会行动，也一定是靠了人才从这个地方搬到那个地方的。离开了人，这些东西的意义也不会清楚的。而人是在团体中生活的，文化是人的集体生活的产物。人们共同生活的团体又按着不同的社会生产力而构成不同的社会生产关系，所以人们共同体的性质各个时期是不同的。它是从原始人群、氏族、部落、部落联盟、部族一直发展到现代民族。不同性质的人们共同体之间的关系又是不同的。一个地区的社会经济的发展，受到这地区每一个时期所有的人们共同体之间的具体关系的影响。因此，如果不注意到这些关系，一个地区的人的社会经济发展的具体历史是不容易了解的。

民族历史研究就在说明一定地区内人们共同体的发展和变化的具体过程。因此，我想，这方面的研究结果，甚至提出的问题，对于历史科学的各个部门都是有密切关系的，都是有帮助的，甚至可以说，在一定意义上是必要的。考古学应当不是例外。

比如，考古学在黄河流域地区已经做了很多工作，从古代遗物中看到了几个文化系统的分布、交替和影响。如果这些材料有一天能和文字材料、传说、语言，甚至人类体型等材料结合起来，不是可以更好地说明这地区的历史么？

过去，我国的考古学者似乎不太注意地下发掘出来的东西是古代的哪种人的遗物。有些考古学者甚至不很愿意和古代历史记载相联系起来。我是不很同意这种态度的，因为这样就限制了发挥考古学在解决历史问题上的作用。但是我想这种倾向如果过去的确存在的话，也得怪民族学者没有能提供可靠的材料。现在民族学虽则还没有发展，但今后应当可以在这方面成为考古学有力的助手。

不但如此，人类的文化不可能全部在地下保留下来的。不但使用这些东西的人的社会关系不容易直接从这些保留得下的东西上看出来，而且就是物质的东西也有一部分不容易在地下保留的。使用石器的木柄，装置陶器的竹篮等等都是例子。因此这些部分保留下来的遗物的使用方法，有时从遗物本身不能得到说明。但是从民族学研究中却可以找到活生生的事例，或带有启发性的事例。比如台湾高山族所用的小口大陶罐和彩陶文化中的大陶罐形态极相似，这种陶罐的取携使用的方法，在高山族人民的日常生活中还可以看得到，对于研究彩陶文化提供了具有一定启发作用的资料。这一类的例子我相信考古学的朋友们是熟知的，所以不多说了。

考古学和民族学原来都是历史科学的构成部分。在许多不能单靠文字材料来解决的历史问题上都需要这些科学所提供的材料来研究的。我在上面所提出的关于我们国内少数民族的历史问题，大多属于这一类的问题，所以，必须我们这两门科学很好地结合起来。

苏联许多少数民族的历史，就是根据考古工作所发掘出来的文化遗物中所得到的材料写成的。我们也应当这样做。

作为一个民族工作者，我有责任告诉各位，自从人民革命胜利，国内各民族得到了平等、自由，又在党和政府的领导下，各少数民族在政治、经济、文化教育各方面的建设事业飞跃地发展，现在已经纷纷提出要求编写各民族的历史，要求在中国通史中包括各民族的历史，要求明确各民族在创造祖国文化中所做的贡献和所处的地位。而且在各民族的社会主义改造中，如宪法所规定的，必须充分注意各民族发展的特点，而各民族发展的特点又必须从他们各自历史发展的规律中去了解。因此，少数民族历史研究已是当前的一项重要的任务。当前这方面的工作和国家的需要是不相适应的。加强考古学、语言学、人类学和民族学的密切合作是不应当再拖延了。

在这次考古工作会议上，是不是允许我作出这样的建议：在今后定出研究工作规划时，希望重视少数民族地区和与少数民族历史有关的地区的工作，而且这项工作应当和民族学、语言学、人类学一起密切配合，最好能做出一定区域内综合性的历史研究规划。我也想建议以贵州或云南等地区为范围，甚至可以再小些，作一次综合性历史研究的试验。

我今天只是从我个人这几年在参加民族问题研究工作中得到的一些体会，提出向考古学请求帮助的愿望。如果能引起各位朋友们的考虑，我将是十分感激的。至于我在上面所说的许多话中，有错误和不妥当的地方，请各位朋友原谅和指正。

1956 年 2 月

中国民族学当前的任务[*]

引 言

中华人民共和国是一个历史悠久的统一的多民族国家。全国有几十个民族,人数最多的是汉族,约有 5.65 亿人,占总数 94%,其他各族共约有 3500 万人,这 3500 万人包括几十个少数民族。其中具有百万以上人口的有 10 个:蒙古、回、藏、维吾尔、苗、彝、壮、布依、朝鲜、满。这些民族和其他 20 个民族都已经有代表出席全国人民代表大会。另外还有许多人口较少的民族在各级地方的人民代表大会中有他们的代表。

少数民族的人口虽然比较少,但是他们所居住的地区却很广,估计要占全国土地的 60% 左右。汉族大体是住在平原上,住在黄河、长江、珠江等流域,而少数民族大多住在高原、山地和边疆地区。

> 国内各民族,包括汉族和各少数民族在内,用自己辛勤的劳动发展了生产,创造了各民族的历史和文化,对我们伟大祖国的缔造都有重要的贡献。

---

[*] 本文由作者和林耀华先生共同撰写。初刊于《人民日报》,后由民族出版社于 1957 年出版单行本。——编者

各民族经过长期的接触，发展了经济上的合作和文化上的交流；并多次共同抵抗外来的侵略。近百年间，帝国主义势力的侵入中国，使各民族的命运密切不可分离地联系起来了，特别是近 30 年来中国共产党领导的民族民主革命运动，更使各民族人民逐渐地结合起来了。

在我国各民族的长期发展中，汉族占全国人口 90% 以上，军事、政治、经济和文化的发展都走在其他兄弟民族的前面，在全国生活中起着领导的作用；对祖国的形成，尤其对中华人民共和国的创立，起着决定和先进的作用；对于今后各兄弟民族的发展，将有重大的帮助。

但在很长的历史时期中，因为存在着民族压迫制度，各民族的地位是不平等的。自帝国主义侵略中国以来，中国的统治阶级特别是以蒋介石为首的国民党反动统治集团，同时残酷地压迫、剥削汉族人民和国内各少数民族的人民，成为各民族人民的共同敌人。

在毛主席和中国共产党领导下，从汉族人民发展和壮大起来的，并有许多少数民族人民参加了的人民大革命和人民解放战争，已在两年前打倒了这个共同的敌人，使大陆上的汉族和各少数民族都获得解放。

1949 年 10 月 1 日宣告成立的中华人民共和国，是工人阶级领导的人民民主专政的国家，因此成为我国各民族人民友好合作的大家庭。我国民族关系从此根本地改变了，从民族压迫时代改变为民族平等时代。民族问题方面的任务因此发生了根本的变化，即已不是要帮助各少数民族从民族压迫制度下争取解放，而是要帮助他

们彻底实现民族平等……❶

因此,我国向社会主义过渡时期在民族问题方面的任务是:巩固祖国的统一和各民族的团结,共同来建设祖国的大家庭;在统一的祖国大家庭内,保障各民族一切权利方面的平等,实行民族区域自治;在建设祖国的共同事业中,逐步地发展各民族的政治、经济和文化,逐步地消灭历史上遗留下来的各民族间事实上的不平等,使落后民族得以跻于先进民族的行列,逐步过渡到社会主义社会。

中华人民共和国建立以后,在中国共产党领导下,我国的民族工作,在实践中获得了重要的成就和丰富的经验,同时也从实践中提出了许多需要民族学者进行研究的问题。这些问题也就是当前民族学的任务,其中重要的有下列四项:

一、关于少数民族族别问题的研究;

二、关于少数民族社会性质的研究;

三、关于少数民族文化和生活的研究;

四、关于少数民族宗教信仰的研究。

我们将就这四方面的研究工作提出一些体会和意见。

一、关于少数民族族别问题的研究

解放前由于国民党大汉族主义实行民族压迫和歧视的政

---

❶ 李维汉:《有关民族政策的若干问题》,见《民族政策文献汇编》,人民出版社1953年版,第81—82页。

策，故意抹煞少数民族的存在，认为他们只是汉族的支系或是一些"具有不同生活习惯的人"。但这种主观上的企图改变不了事实，只能加深民族的仇视和隔阂。

解放后，国内各民族人民在中国共产党领导下获得了民族平等，永远废除了民族压迫制度，出现了一个亲密团结的民族大家庭。有许多过去被压迫的少数民族到这时才敢公开他们的民族成分，提出自己的族名，作为民族大家庭里光荣的一员。这是我们民族政策的胜利。只有在实行了民族平等的国家里，少数民族才会有这种恢复本来面貌的要求。因此随着民族政策的贯彻，逐渐涌现出了很多过去一般人很少听到过的族名。1954年普选中，自报的民族名称据称有几百个。这几百个名称的提出是不是表示我们中国有几百个少数民族呢？这是应当提出来考虑的问题。

自报的族名并不一定能作为族别的根据，因为个人意识到所属的共同体并不一定和实际相符合。这种情形在近代民族中还是存在的。❶我国少数民族很多还是处在前资本主义时期，当然更可能是这样。有些不同的部落在一定历史条件下发展成为一个部族，而在一定时间里各部落还保持着原有的名称。有些部族在一定条件下分裂成若干部族，但是在名称上可能还没有变化。而且在前资本主义时期，人们还有地域观念、乡土观念和宗族观念，这些观念又可能掩盖了他们共同体的意识。因此我们不能简单地只以民族名称作为族别的根据。

人们共同体是客观存在的事物，是长期历史所形成的产

---

❶ 普·伊·库什涅尔：《民族自觉是确定民族成分的标志》，见《民族问题译丛》1955年第1期，第117页。

物,而且它们是在历史过程中变化的。在一定地域上,一定时期里,存在着哪些人们共同体,是一个必须就具体情况,按人们共同体的特征进行具体分析的问题。这就是族别问题的研究。

在这个问题上,解放以来我们已经发现了下列各种情况:

一、若干原来是不同的共同体、部落或部族,已经形成了或正在形成一个少数民族,但是还各自保留了原来的名称,因而发生了它们是一个民族还是几个民族的问题。

二、原是一个少数民族,分散迁移到各不同地区,长期隔离,互不往来,经济上没有联系,但基本上仍保留着共同的语言、习俗、历史传说。它们被其他民族用了不同的名称相称(但是有些自称仍基本相同),因而报了不同的民族名称。

三、历史上有些民族曾经被打散。在迁移过程中,有些又和汉人发生结合,受到很深的影响,改变了语言,民族特点已不显著,经济上和汉人已分不开,但是受到歧视,居住上和汉人还有不同程度的分离,所谓"大散小聚",心理上和汉人有隔阂,自认为和汉人不同的少数民族。

四、有些民族在历史上曾经占统治地位,分散居住在中国各地,后来丧失了这个地位,受到歧视,改变了语言等民族特点,隐瞒了民族成分,但是依然保持了民族意识。

五、有些不同民族成分的集团进入了同一的或相邻的地区,被别族用同一名称相称,也就认为是一个民族,但语言、习俗却有区别。

六、一个民族和另一个民族语言接近,历史上关系密切,但由于历史条件的改变,后来发展了自己的特点,以致本民族内部对于自己是单独成为一个民族还是另一民族的一部分,意见不一致。

七、有些少数民族在民族压迫时代曾经不愿表明和汉人有区别，又有一部分上层受汉族反动统治阶级的利用统治过当地其他少数民族，在这些被他们统治过的少数民族看来，他们是和汉人一起的。解放后，他们要求公开民族身份，作为一个少数民族，但是有关的其他民族不愿意承认他们是少数民族。

八、迁居到少数民族地区的汉人，前后有若干批，时代不同。早去的汉人曾经长期和内地的汉人隔绝，有的甚至受了少数民族的影响，和后去的汉人，在语言、风俗习惯上有一定的区别，因而他们自认和汉人有区别，解放后要求成为少数民族。

九、有些汉人迁居到了少数民族地区，保留汉族的特点，但是不明确自己是不是汉人，以附近少数民族称他们的名称作为自己的民族名称，而被视为少数民族。

上面所列举的情况归纳起来可以分为两类的问题：

一、它们是不是一个单独的民族单位，还是若干不同的民族单位，或是其他民族的一部分？

二、它们是不是汉族的一部分？

我们曾经根据不同的具体情况，对这些问题进行过一些研究。有些已经得出初步结论，提供有关民族和政府作参考。也有些经过反复调查，还没有得出结论的。我们在这里不能一一列举了。

对于上述各种情况进行族别问题研究时，我们必须注意到这样一个事实，就是我国少数民族（特别是发生族别问题的那些单位）的社会性质在进行社会主义改造以前有许多还是前资本主义形态，或是还在资本主义萌芽时期的形态，它们还没有发展成为近代民族。我们因此不能简单地用近代民族的特征来作为族别的标志。但是前资本主义时期的人们共同体、氏族、部落、部族等,具有什么特征呢?对于这个问题在苏联也正在研究。❶我们在这方面的探讨还是一种尝试性质,在这里只能提出一些体会。

在我们的研究工作中曾经发生过一些我们现在认为不正确的看法:

一、企图仅以一些特殊的风俗习惯作为族别的根据。不同的人们共同体是可以有不同的风俗习惯的,但是在同一的人们共同体中,即使是近代民族,也可以有不同的风俗习惯的存在,所以这种根据是靠不住的。

二、企图仅以语言作为区别人们共同体的惟一的标志。共同语言是近代民族的重要特征,但是并不是说不同的人们共同体必须有不同的语言。事实上有些不同的近代民族在语言上是相同的。因此把说同一语言的人都归在一个共同体中是没有根据的。

三、企图以族源来解决族别问题,认为如果能证明一个集团在历史上曾经是某族的一部分,就可以确定这个集团的民族成分了。这种看法忽视了人们共同体在历史过程中的变化,事实上有不少近代民族是从同一个部族中分出来的。

这些不正确的看法都是由于没有掌握部落、部族等人们

---

❶ 斯·斯·德米特里耶夫:《俄罗斯民族的形成》,见《论资产阶级民族的形成》,第1辑,中央民族学院研究部1956年版,第5页。斯·彼卡尔奇克:《论波兰部族的形成与发展》,见《民族问题译丛》1955年第4期,第67—69页。阿·伊柯札钦科:《古罗斯部族是俄罗斯族、乌克兰族和白俄罗斯族的共同族源》,同上,第29页。

共同体的特征。部落、部族的特征是什么呢？我们认为它们的特征就是近代民族特征的萌芽状态。斯大林说过："民族（指近代民族——作者）的要素——语言、地域、共同的文化等等——都不是从天上掉下来的，而是还在资本主义以前的时期逐渐地创造出来的。但这些要素当时是处在萌芽状态中，至多也不过是将来在某些有利条件下可以形成为民族的一种潜在力。这种潜在力只有在资本主义上升并具备有民族市场、经济中心和文化中心的时期才变成了现实。"❶这是说由于人们社会经济生活的发展，促进了他们的语言、地域、心理素质等等的发展，使他们共同体的性质起了变化。因此，部落、部族等特征就是近代民族特征的萌芽状态，也就是语言、地域、经济联系、心理素质上所存在的一定程度的共同性。离开了这些共同性去考察是不可能正确地进行前资本主义时期人们共同体的族别问题研究的。

必须指出，这四个民族特征的萌芽在不同阶段上发展程度不是平衡的，由于我们对于这个问题研究得还不够深入，现在还没有充分根据来指出他们发展的规律是怎样，但是我们对这个问题也有如下一些体会和意见。

一、在我们的研究中，我们见到一定程度的共同语言在部族中已经具备。但是这并不是指同一部族的人都听得懂大家的话，在部族中方言的分歧可以很显著。比如苗族方言的差别就很大。这些差别可能是表示原来说同一语言的人由于缺乏经常的接触，长期隔离，各自发展了他们地方性的特点，或是表

---

❶ 斯大林：《民族问题与列宁主义》，见《马克思主义与民族、殖民地问题》，人民出版社1953年版，第345页。

示原来说不同语言的部落形成了一个部族,发生了共同语言,但还保存一定的区别。

在这里应当提出另一种值得注意的情况,就是在云南景颇族中却存在着不同的语言:景颇语和载佤语。这两种话都属于藏缅语族,但前者属景颇语支,而后者属缅语支。❶据说在缅甸的景颇族还有说其他话的。这些语言上的差别已经超过了方言的差别。于是发生了一个问题,现在的景颇族是不是一个共同体呢?有人提出否定的意见,因为如果说人们共同体必须有共同语言,他们怎能说是一个共同体呢?但是如果我们结合了对这些人的社会性质的研究来考察这个问题,我们感觉到这样的结论是过早了。我们已经知道景颇族现在还保留着相当程度的原始社会的形态。他们现在所形成的人们共同体可能还没有达到部族的阶段,就是说还具有一定的部落联盟的性质。我们对于部落联盟是否必须已具备共同语言这一点还不十分清楚,所以我们不应当用部族的特征来衡量这种人们共同体。必须进一步从其他方面去考察它们是否已存在了一定的共同性,以及这种共同性的基础是什么?当然,关于景颇族的语言也是应当进一步加以分析:景颇语和载佤语的差别程度究竟怎样?是否能认为是方言的区别?它们之间是否正在形成部族共同语?这样的研究才能丰富我们对于人们共同体发展规律的知识。

二、共同地域是指历史上一个共同体的基本群众在这一地域上的稳定居留。一般说来,人们共同体稳定居留的地域在

---

❶ 罗常培、傅懋勣:《国内少数民族语言文字的概况》,中华书局1954年版,第30页。

近代民族形成之前就存在的，虽则在这一地域内的居民中间还没有发达的经济联系，没有固定的和公认的民族经济中心和文化中心❶，但是由于缺乏经济和文化的中心，前资本主义时期的人们共同体是否必须具有相连接的聚居区也成了值得考虑的问题。在我国少数民族中有些曾因不同的历史原因，发生过迁徙和流亡，在地域上形成了不相连接的部分，但是依旧保持一定的社会联系和显著的共同心理，因此不能认为地域上的分散即是人们共同体的分裂。回族、苗族就是这样的例子。又如贵州的仡佬，分散在广阔地区，和其他民族杂居已经有相当长的时期，但是他们内部却至今有着密切的联系，甚至远及百来里之外的同族。我们不能因为仡佬缺乏长期稳定的聚居区而否认他们是一个共同体。

三、近代民族的形成由于共同经济的出现，但是并不是说在前资本主义时期的人们共同体没有经济联系❷，只是说这时期的经济联系没有近代民族那样密切。部族内部经济联系能发展到什么程度还是一个值得研究的问题。汉族的封建社会，特别是在后期，并不像欧洲封建社会具有那样的分散和割据的特点。这已经引起历史学家对于汉族作为一个民族共同体是什么时候形成的问题的争论。

同时我们还可以注意，前资本主义时期在一个地区内不同民族成分的经济联系和这种联系对共同体的稳定性的影响。在和汉族聚居区邻近的地区就有这一种情况，就是汉人住在少

---

❶ 斯·斯·德米特里耶夫：《俄罗斯民族的形成》，见《论资产阶级民族的形成》，第 1 辑，中央民族学院研究部 1956 年版，第 4—5 页。
❷ 同上。

数民族地区的市镇上,掌握了这地区商品的集散,并占有了这地区大部分土地,这样把这地区不同民族成分的人联系在一个共同的经济结构中。这种情况虽则已有相当长的时期,但是不同民族成分的人在语言、心理上依旧保持着他们自己的特点,并没有形成一个共同体。这是值得研究的问题。

四、共同心理素质这个特征并不像其他特征那样容易捉摸。我们对于这个特征的体会也是不够的,以致有人认为特殊的风俗习惯就是表现共同心理状态的文化特点。我们觉得共同心理素质既然可以称作"民族性格"❶,那就必须是贯穿在人们生活、文化各方面的一种共同的风格。虽则我们要明确的说出某一民族的风格是怎样还有困难,我们在和不同民族的人民接触中却不可能不感觉到他们之间存在着不同的风格。比如,我们不会把维吾尔族的舞蹈误作苗族的舞蹈,或是觉得藏族的音乐和朝鲜族的音乐毫无区别。如果这些风格就是共同体的共同心理素质,这种特征在前资本主义的共同体就很显著的了。因此,我们在研究前资本主义时期人们共同体的族别问题时应当充分注意这个特征,不但要在文化和生活中去了解一个共同体所特具的风格,而且要考察这种风格是怎样形成,怎样变化,以及与其他共同体在这方面的关系和区别是怎样的。

我们在族别问题研究上的工作做得还不够深入,但是已接触到前资本主义时期和资本主义萌芽时期人们共同体的特征问题。我们体会到不可能在语言、地域、经济联系和心理素质等方面之外去找到一个简单的标志来解决族别问题,同时也不应当用近代民族的标准来要求于前资本主义时期和资本主义萌

---

❶ 斯大林:《马克思主义和民族问题》,人民出版社1953年版,第18页。

芽时期的人们共同体。我们只有就具体问题进行具体分析，就是就具体的人，按他们社会经济已经发展到的阶段，从语言、地域、经济联系和心理素质发展的情况，去看他们所形成的共同体和这个共同体在历史上的变化。根据我们初步的认识，在人们共同体的发展过程中，各个特征的发展是不平衡的，而且由于复杂的历史条件，有时若干特征的萌芽被遏制而得不到发展的机会，因此任何一个或几个特征上表现了显著的共同性就值得我们的注意。

应当指出，我们进行的族别问题的研究并不是代替各族人民来决定应不应当承认为少数民族或应不应当成为单独民族。民族名称是不能强加于人或由别人来改变的，我们的工作只是在从共同体的形成上来加以研究，提供材料和分析，以便帮助已经提出民族名称的单位，通过协商，自己来考虑是否要认为是少数民族或是否要单独成为一个民族。这些问题的答案是要各族人民自己来做的，这是他们的权利。同时必须承认，族别问题研究对于各族人民自己作出这类决定是有帮助的，因为各民族现在还没有完全脱离过去反动统治所制造而遗留下来的孤立、隔阂状态。他们还没有机会充分知道自己的历史，还没有机会和其他单位充分往来。因此，他们还缺乏充分的条件来作出对自己的族别问题的正确决定。各族人民是需要，而且也欢迎民族学者在这个问题上为他们服务的。

二、关于少数民族社会性质的研究

关于各少数民族社会性质的研究是我国民族学当前的重

要任务,也是今后一段时期的中心工作。目前各少数民族正在或即将进行社会主义改造,而在社会主义改造的问题上,如《中华人民共和国宪法》序言中所规定的,将充分注意各民族发展的特点。各民族社会性质的研究的目的就在明确它们发展上的特点,因此,这项研究是和当前民族工作密切相结合的。

这项研究也将丰富我们对于社会发展史的知识,充实历史唯物主义的内容。而且现在我们所有社会发展史的教材大多依靠翻译,如原始社会引用摩尔根的调查,奴隶社会举希腊、罗马为例等。这些材料固然极为重要,但是对于我国的一般读者是比较生疏的,因此限制了这门科学知识的传播。事实上我国在这方面却有着丰富的材料。我们少数民族在进行民主改革和社会主义改造以前,许多还没有进入资本主义阶段,所以还在不同程度上保持前资本主义时期各种社会形态的面貌或残余。对于各少数民族社会性质的调查就将为我们记录和搜集有关各种社会形态的材料,这些也正是社会发展史的生动教材。

必须指出,由于各少数民族正在迅速地进行社会主义改造,我们如果不及时把它们在改造之前的面貌记录下来,很快就会丧失直接观察的机会了。因此,这项研究也应该看成是一项急迫的任务。

现在我们可以根据已经有的,但不够系统和深入的材料,举例说一下我国少数民族在进行民主改革和社会主义改造以前存在着哪些不同的社会形态:

一、带有原始社会形态的类型。东北兴安岭森林中的鄂伦春人是这种形态的一个例子。他们主要依靠狩猎为生,生产工具很简单。很早以前,他们用自制的弓箭进行狩猎。约在1920年以后,大量使用了各种枪支。在季节性围猎的间隙,他们也进行捕鱼，生活游移不定。

他们的生产关系基本上是土地氏族公有，共同劳动，平均分配。他们的渔场和猎场只许自己氏族的人使用。他们人人参加劳动。迄今仍保持着集体劳动的习惯，每次出猎都是三五人或七八人自愿组成临时小组。这种习惯还带着比较浓厚的原始性质。他们最主要的目的，并不是为了提高与发展生产，而是由于人多了，深入密林后可以互相照顾，免被野兽伤害。他们男女之间也保持着自然的分工，男子专司狩猎，妇女从事家务劳动。

猎获物的分配基本上实行平均分配的制度。打猎完毕，参加的人每人都分得一份。那些鳏寡孤独和困难户，也都分得一些兽皮和肉类以维持生活。

他们的财产基本上都属于氏族公有，但是作为基本生产工具的枪支、马匹、猎犬以及房屋已归各家族私有；实际上，个人或家族的用具和储藏的东西，遇有需要亦可为其他家族使用。

随着枪支的应用，生产力提高了，生产品有了剩余；又与农业社会相接触，产生商业，鄂伦春的原始氏族社会开始逐渐发生变化。在和外族进行交换中，兽皮成了重要的商品，于是也逐渐成了私有财产。现在他们猎得野兽以后，兽肉还是大家平均分食，但是兽皮却属于猎获者所私有。氏族内部发生了贫富之分。贫富的标志是占有马匹的多寡。应该指出，尽管鄂伦春人已经出现了贫富之分，但是阶级分化还不明显，他们并不利用私有的马匹、枪支、猎犬或兽皮来剥削别人。

在氏族或部落内部，他们一般都还保持着民主决定问题的习惯。每有重大问题，照例都由氏族或部落首领邀请老年人和有关人员共同研究解决。在婚姻上，他们实行氏族外婚制。

除了鄂伦春族以外，云南的佤族、海南岛的黎族和台湾的高山族也多少保留着一些原始社会的形态。如佤族的狩猎还保持集体劳动、平均分配的原则。佤族地区土地还属全部落公有，有的还以部落为单位集体生产。同一部落的人共同在一块土地上耕种，在收获时按各家所出劳动力计算分配。又如黎族的"合亩制"和高山族的"蕃社"，组成内部的共同劳动、平均分配的制度，也都具有这样的性质。

二、带有奴隶制度的形态。大家熟知的是彝族具有较显著的奴隶制度的形态。但是，彝族的社会发展也是不平衡的，不同地区就具有不同的社会性质。云南、贵州的彝族地区早已进入封建社会的阶段，而四川大凉山中心地区的彝族社会迄今仍带有显著的奴隶制的特点。

大凉山中心地区的彝族人经营初期农业，部分耕种水田，还有以畜牧为副业；也有纺织、铁工、建筑等手工业。这些手工业还没有完全从农业中分离出来。分工与交换不发达，市场与商人阶级还没有形成。

这个地区的彝族有黑彝和白彝之别，大体说来，黑彝是奴隶主，白彝是奴隶，他们主要的区别是阶级的区分。在大凉山黑彝占彝族人口的极其少数，但他们占有大部分可耕地和牛羊牲畜，以及生产工具和房屋；同时占有可以买卖的奴隶。他们有权杀戮奴隶。他们几乎完全不从事生产劳动，主要靠剥削奴隶的剩余劳动，收地租，放高利贷为生。他们轻视劳动，认为劳动是可耻的。

白彝占大凉山彝族人口的绝大多数。依据他们在生产中所处的地位，可以分为三个阶层："噶示噶洛"——即"锅庄娃子",单身的奴隶,完全属于主人所有,使用主人的生产工具和资料,被迫进行生产劳动和家务劳动。他们得到主人的信任以后,可以结婚成家,这就成了"安家娃子"。"安家娃子"从主人处可以租到一小块土地,按期交纳地租。他们不能随意迁移,必须在主人家住处的一旁另筑小屋居住,以备主人的随时召唤。这些娃子给主人一定身价可以获得较大的人身自由,对自己的财产具有完全的所有权,对其子女也具有亲权,这就成了"曲诺"。

"曲诺"仍须依附原来的主人以求得保护,否则仍有被别人掳为奴隶的危险。所以严格说来,他们并没有完全的人身自由。但是"曲诺"和"安家"却又都可以占有奴隶,奴隶的奴隶又可以占有奴隶,甚至有"七道娃子"之说。

尽管白彝阶层的分化很复杂,但是,黑彝和白彝的界限却是十分严格的。如严禁黑白彝通婚,黑彝可以出卖、转让、掠夺、屠杀、刑罚白彝。黑彝在任何情况下都不改变他们的社会地位。白彝中的三个阶层在一定条件下可以互相升降,但白彝在任何情况下都不能上升为黑彝。彝族内部的阶级矛盾是很明显的。奴隶们对奴隶主的反抗、毁坏生产工具、逃亡的事情是经常发生的;但是由于白彝内部存在不同的阶层,利益有差别,而且因为地域阻隔,很难形成统一的力量。由于奴隶主轻视劳动,并强迫奴隶劳动,加以血族复仇的事连绵不绝,以及解放以前残酷的民族压迫,彝族的社会生产力是很低的。这些是彝族社会长期贫困、落后的主要原因。

除了大凉山中心地区的彝族以外,云南西部江心坡及胡康河谷、迈里开江以西的萨纳山地的景颇族也有蓄奴制,但不像彝族奴隶制那样显著和普遍。蓄奴者多系山官,奴隶多系抢来或转卖的幼童。奴隶长大了，他们的主人为他们婚嫁，他们所生的子女仍是奴隶。但奴隶可以赎身，奴隶主与奴隶同样劳动，生活差异也不很大，这可能还是在奴隶社会初期的情形。

三、封建社会的各种形态。属于这一类型的少数民族为数较多，而且还各有各的特点，现分别举例如下：

（一）新疆维吾尔族

新疆的维吾尔族在土改以前就具备了封建时期的若干不同发展阶段。南部的墨玉县维吾尔族的统治阶级被称为"和加"（贵族之意），他们占有大量土地。他们把土地分为两部分：一部分是自有庄园，依靠农奴的无偿劳役来耕作，另一部分是给予农奴的份地。农奴需要承担一系列的无偿劳役，这是最主要的剥削方式，代表着封建初期的形态。"和加"可以夺取农奴财产，自立法庭和监狱，可以对农奴任意刑讯以至拷打致死；也可把他们变卖转让。农奴被剥夺了人身的自由。他们在人身的隶属性上具有程度上的不同，所以也可分出不同的阶层。

以上的那种封建初期的农奴制在维吾尔族的农村中还是比较少的，比较多的是无偿劳役和对分制同时并存的剥削方式。这种剥削方式又有多种多样，地主阶级看哪样有利，就采取哪种方式。这些剥削方式都是属于封建社会中期的形态。

城区附近的一些农村，如喀什、阿克苏附近的农村，由于这些地区商品经济比较发达，剥削方式主要是高额的实物地租和雇佣劳动。地主阶级也经营一些城乡间的商业。这是封建后期的一种形态，在维吾尔族社会中还不很发达。

（二）云南西双版纳的傣族

据现在的调查，傣族过去的封建制度是在原始公社的废墟上建立起来的。在封建领主经济中，依旧保存了原始公社的形式。他们的封建领主（土司）窃取了村社所有权。形式上存在着几种土地所有制——村公有、领主所有、农民私有，但占统治地位的只是一种所有制，就是封建领主所有制。村社平分土地的陈规，已变成平均分配对封建领主的负担——封建剥削的依据，村社变成领主剥削农奴劳役的劳动编组，村社变成了负担单位。农村公社已完全变质，原有的公社议事会也仅存形式，原始民主的内容已不存在了。这很显然是原始农村公社在发展过程中，被封建王朝加上了一套封建统治的制度——土司制度，从而使原始农村公社变成了封建领主统治下的农村公社了。他们的社会形式在一定程度上还保存了原始的公社，但是实质上已是封建社会了。

（三）西藏地方的藏族

西藏藏族封建社会的特点就是政教合一制度。在这种制度下政治和宗教密切结合起来，维护巩固它的封建的社会经济基础。西藏全境的土地绝大部分都属于喇嘛寺院、贵族和地方政府。寺院拥有大量的土地，贵族有自己的庄园，参加地方政府工作的官员都有一定的封建采邑。农民与牧民是被剥削的阶级，他们要为寺院、贵族和地方政府承担一系列的义务，包括租税和无偿劳役。

除了上述的三种类型的封建形态以外，还有许多少数民族地区是同过去汉族地区封建性质相差不多，他们也是受着封建官吏和地主们的压迫和剥削，如贵州及其以东的比较接近汉人或与汉人杂居的少数民族地区，在历史上虽然也有过土司的封建统治，但大多在清代即已改土归流，建立了流官的统治。他们的社会性质与附近汉族农村相差不多，不过少数民族的人民所受到的压迫剥削更加多一层，因为除了地主的剥削外，还加上大民族主义封建王朝的压迫剥削。

从上面简略介绍中，我们可以看到我国少数民族在社会性质的问题上存在着下面这些特点：

一、我国少数民族社会发展是不平衡的。除了那些大体和汉族的社会性质相同的民族外，许多在进行民主改革和社会主义改造以前还处于前资本主义时期或资本主义萌芽时期的社会发展阶段。其中有一些还保持相当浓厚的原始公社的残余，有不少基本上还是奴隶社会和初期封建社会。

二、各少数民族的社会性质是复杂的。我们很难找到某一个社会发展阶段的典型例子。常常在一个社会中存在着多种社会经济成分。比如以有人认为是奴隶社会的大凉山中心区的彝族来说，黑彝的身份并不是单纯的奴隶主，他们同时可能具有封建主的性质，因为他们在蓄奴以外，又出租土地，以赋役和实物地租的形式占有土地承租者的剩余劳动。白彝中的"安家娃子"的阶级地位也是值得深入分析的，因为有人说他们已经开始从奴隶身份向农奴过渡。"曲诺"的性质更是复杂，因为他们可以占有土地和蓄奴，进行剥削，但同时并没有摆脱奴隶的身份。各少数民族的社会性质固然是复杂的，但在多种经济成分中，有些是旧的残余，有些是新的萌芽，有些是当时占主要地位的成分，这些都是可以也应当区别出来的。

三、同一少数民族中还可以发生显著的地域上的差异。这种差异程度有时可以很大，甚至属于不同的社会发展阶段。

彝族在大凉山中心地区，奴隶经济成分占着主要的地位，但是在边区封建经济成分已经很显著；贵州、云南的彝族已有相当长的时期发展了封建主义，有些甚至已超过了初期封建的形态。新疆维吾尔族在不同地区就有封建初期、中期、晚期三种形态。黎族的中心地区还实行着具有原始共耕经济的"合亩制"，但是外围靠近汉族的地区已经是封建性的个体小农经济了。

四、在相同的社会发展阶段上的各族，他们的社会性质虽则基本上具有共同特点，但是在形式上还是各有各的特点。以封建社会来说，上面所举的例子就可以看到各民族所有的特点是很显著的。新疆维吾尔"和加"的庄园、西藏的政教合一制、傣族的土司等所采取的剥削方式都不是一样的。各种形式的比较研究可以大大丰富我们对于社会形态学说的知识。

五、少数民族在社会发展的历史过程中并不都是循序渐进的，就是说，不一定都是经过原始到奴隶、到封建这些阶段的。跨越阶段的飞跃过渡的情形在历史上也发生过，比如傣族社会，以现有材料来看，就是直接从原始社会过渡到封建社会，中间越过了奴隶社会这个阶段。有人认为蒙古族、维吾尔族和满族也可能曾发生过类似情况。发生这种情况的历史条件是复杂的。但这种情况也提示了我们应当特别注意各少数民族在历史上和汉族的关系，因为这种情况常常是比较落后的共同体和比较先进的汉族相接触的结果。

六、在多民族杂居的地区还发生一种情况，就是不同民族成分虽则已经进入了同一的阶级结构中，但是各自还保存了不同社会性质的特点。比如贵州西部过去有些苗族受着彝族的统治和剥削，彝族当时已经是奴隶社会或初期封建社会，但是那些被统治的苗族却在一定程度上还保留原始公社的残余。在汉族封建势力进入少数民族地区对少数民族进行统治和剥削的过程中也可能发生过这种情况。

七、中华人民共和国成立以来，各少数民族，不论它原来的社会是什么性质，在先进民族的帮助下，跨越了若干社会发展的阶段，一致地向社会主义社会过渡，因此引起了一系列的重要变化。它们所经过的变化也是各有各的特点。比如上面所述的鄂伦春族正在从他们原始社会的基础进行社会主义改造，发展狩猎合作社。他们遇到的矛盾和奴隶社会或封建社会在改造中所遇到的矛盾是不同的。他们在实行按劳分配的原则时就和原有平均分配的原则相抵触，因此，在改造的措施上不能不采取特有的方式。这些也是我们研究社会性质时所应当注意的问题。

在对少数民族进行社会性质的分析时，应当注意上述的这些特点。

关于少数民族社会性质的研究并不是现在才开始的。在民族工作的实践中不可能不经常注意各民族发展上的特点。中国共产党在老解放区已经开始了这方面的研究，中华人民共和国成立后更有了发展。过去民族学者也搜集过一些有关这个问题的资料。但是过去占有的资料还不够全面和深入，研究工作也大多不够系统，我们对各少数民族的社会性质虽则有一些初步的认识，但是还很不充分。因此，我们应当重视这项研究，作为今后一段时期的民族学研究的中心工作。

在进行这项研究工作时，我们应当注意避免以下几种可能的偏向：

一、过去民族学者在少数民族中进行社会调查时，往往缺乏明确的要求，调查者单凭个人兴趣或是没有目的地记录一些零星见闻，忽略搜集有关社会性质的关键性的材料。即使注意到了这些问题，也很少深入调查和反复核对，以致在进一步分析时常常感到材料不够了。这是调查工作缺乏理论指导的结果。

二、也有些民族学者在没有充分占有事实材料以前，急于想对某些民族的社会性质作出结论。他们往往用一些经典著作上的引语来代替深入的观察，满足于挑选一些零星的例子来证明一般规律的正确性。这种教条主义对于我们的研究工作并无一点好处。我们必须实事求是，理论与实际相结合，通过逐步深入的系统调查研究，才能对各少数民族社会性质得到正确的认识。

三、由于各少数民族社会性质的复杂性，它们常常具有不同性质的经济成分，它们又有很显著的地域上的差异等等，研究工作者如果主观上具有成见，很容易被片面的或局部的事实所迷惑，而作出不正确的结论。因此在进行这项研究工作时应当特别着重全面深入搜集有关材料，以反复调查的方法来校核从已有材料中得出的结论，草率和急躁的偏向是必须克服的。

三、关于少数民族文化和生活的研究

我国的少数民族正处在巨大和迅速变革的时期，从不同社会性质的基础出发向社会主义过渡。这个变革不仅是生产方式的改变，从原始的或是分裂成敌对阶级的社会改变成没有剥削的社会，而且是极广泛和深刻的文化和生活各方面的改变。各少数民族的人民都将在这个伟大的过渡时期发展成具有高度文化和现代生活的人。各民族的新文化和新生活并不是离开了他们原有的文化和生活，凭空创造或全部向别民族输入的，而必然是从原有民族文化的基础上发展起来的。这是一个推陈出新的过程；是一个一方面发展本民族的优良传统，一方面陈旧的和有害的旧文化旧生活进行斗争的生长过程；也是一个社会主义内容和民族形式创造性的结合的过程。民族学者的任务就是研究这个过程和帮助各民族人民促进这个过程。这就是关于各少数民族文化和生活的研究。这项研究有三个方面：

一、民族学者对各民族人民的文化和生活的研究首先应当着重观察各民族人民在党和政府领导下所创造的新事物；注意这些新文化和新生活是怎样发生的，怎样为群众所接受的，怎样满足群众的需要。这是这项研究的第一个也是最重要的方面。

二、这些新文化和新生活既然是在原有的民族传统的基础上发展起来，和与衰亡的旧的文化、生活斗争中长成的，我们也必须对各民族原有的文化、生活有充分的认识。必须指出，对于各族旧有文化和生活的研究是为了更好地理解各族人民当前文化和生活中存在的矛盾和更正确地估计新文化和新生活的意义，这和资产阶级学者的猎奇和搜集古董的观点毫无相同之处。

要正确地了解各民族人民原有的文化和生活在社会主义改造中的变化，我们必须区别哪些是应当发展的民族传统，哪些是发展新文化、新生活的障碍。这个要求就引导我们去分析文化、生活和社会经济基础的关系。在原有的文化和生活中，有些部分是直接服务于剥削阶级的，有些部分是劳动人民创造出来服务于自己的，也有些部分是不属于社会上层建筑的。这些不同性质的部分在社会主义改造中有些是应该消灭的，有些是可以利用的，有些是必须发展的。这是这项研究的第二个方面。

三、社会主义的文化是通过各民族人民所喜闻乐见的民族形式来发展的。这是和资产阶级的世界主义根本不同之处。一个民族的文化和生活是这个民族长期历史的产物，是这个民族劳动人民智慧的积累；由于历史条件不同，各民族劳动人民创造了他们文化和生活上的特点。而且各民族的人民从小在这种具有特殊形式的生活中长成，养成了他们对自己民族形式的感情，同时也成了他们继续发展他们的文化和生活的基础。在这个意义上，各民族的文化和生活具有历史的继承性。当然民族形式也是不断变化的，但是这种变化的规律却不同于社会性质变化的规律。深刻地研究各民族文化和生活所具有的民族形式和它变化的规律，是这项研究的第三个方面。

我国少数民族的社会主义改造是这几年才开始的，民族学者对这个重大历史事件的注意还很不够。但是这个变化是很迅速的，所以如果不及时研究这个过程，将来必然会成为一个不可弥补的遗憾。因此我们必须在这个时候把这项研究提出来作为今后民族学研究的一项重要任务。

我们对于各少数民族的文化和生活虽则还缺乏足够的注意和系统的研究，但是在这方面我们也积累了一些零星的资料。从这些资料中我们可以看到各民族原有的文化和生活是多种多样的，极为复杂的。同时，也可以看到各民族人民都有他们独到的创造，使他们的文化和生活丰富多彩。我们在这里不能对国内少数民族文化和生活作综合的介绍，但是愿意对在进行这些方面的研究时应当注意的问题提出一些初步意见。

一、我们不妨先从物质文化说起。物质文化包括生产工具和生活用具。生产工具是劳动资料的主要部分，生产工具的改进，促进生产力的发展，从而促进社会经济的发展。所以不同社会发展阶段使用不同的生产工具。我国各少数民族社会发展不平衡，他们所用的生产工具有的是很简单和原始的，也有比较发达的。又由于我国幅员广大，地理条件多种多样，各地方人民所从事的生产也有不同，不但有农、牧、渔、猎之别，而且即便都从事农业，还有平原和山区的差异。因此增加了他们所用生产工具的多样性。对于生产工具的研究，首先应当注意它们的发展水平，从应用一定工具所收获的生产量来决定它是落后的还是先进的。落后的工具被先进的工具所代替是社会发展过程中的一般现象。民族学者不仅要注意这一般现象，还应当细致地观察新工具代替旧工具的速度和存在的问题等等，而且还要注意有些在主要生产活动中被代替了的旧工具却保留在工艺和园艺的活动里，或是在宗教和社会的仪式里，甚至成为竞技和游艺的用具。

联系着生产工具，我们还应当注意各民族的生产知识和技术，特别是长期在一定地域里所积累的特殊知识和技术。这些都是极可宝贵的，而且是经济发展的基础。社会主义社会的建立将给各民族发展它们特别适宜于当地的生产事业的充分机会。比如西南山区的药材具有极高的经济价值，而少数民族在搜集和培养这些药材上却具有专门的知识和技术。

生活用具是应当联系着衣、食、住、行、养生、送死等各方面生活内容来研究的。它们都具有民族的特点，且不提在这方面各民族人民所加工的艺术，只从原料和形式上来说也各有各的创造和习惯。各式各样的民族服装是我们所熟习的，也成了普遍辨别民族的简单标志。各民族在饮食上也有差别，而且从小所养成的饮食习惯并不是很容易改变的。在城市发展中，民族食堂的设立已成了一个现实的需要。房屋建筑和交通工具的形式也是如此。在生活用具上所表现的民族特点，固然和各民族的生产情况有关，比如牧区民族穿皮革和毛织品，吃肉类、乳品，住蒙古包，骑马、拉大轮车，西南山区民族穿麻织品，吃糯米，住竹建的楼房，背运货品等，都是明显的例子。但是深入研究它们所有的形式，比如在同样地理条件下生活的各民族，有的好白，有的尚黑，有的又喜欢蓝色、红色，这种种形式上的特点却不是从生产情况简单地能加以说明的，我们必须结合这些民族的历史来进行研究。各民族在生活用具上所有的特点，并不都会因社会性质的改变而起根本的变化，他们很可以带着许多这类特点进入社会主义社会。

二、人们的社会生活，就是有关人与人关系的风俗习惯等。这方面的研究，首先应当注意那些和社会性质有密切联系的情况，就是说不论什么民族，在一定的发展阶段上都会发生同样的情况。比如在原始社会里，血缘关系是社会关系的基本纽带，环绕着决定亲属关系的生活节日上常常有许多繁缛的仪式活动。这些都是某一社会发展阶段的共同的特点。但是某一社会发展阶段的共同特点又可以在不同程度上，以残余形式保留在其后的各阶段中，而且可以在旧的形式中发展了新的内容。这些情况不但可以迷惑社会性质的分析，也使社会生活的研究更为复杂。

在阶级社会里人们社会生活表现的共同特点就是阶级的

区别。这种区别可以很大，甚至形成了"两种文化"。所以在研究这种社会时，首先要注意这个特点。过去有人常常把某一民族的统治阶级的生活方式作为这一民族的特点，那是错误的。

研究阶级社会各阶级的社会生活时还应当注意剥削阶级对劳动人民的影响。剥削阶级的生活方式在阶级社会里是处于统治地位，剥削阶级还要利用他们的权力来推行有利于他们的种种风俗习惯。比如歧视妇女，甚至如缠脚等一类的风俗显然是对劳动人民不利的，但是由于剥削阶级的提倡和推行，在劳动人民中也有通行的。因此社会生活的阶级性的分析并不是简单的。

在劳动人民中，他们的社会生活大多密切地和他们的生产活动相结合。比如节令的性质就常是生产活动的动员和收获的庆祝，庙会、跳场等群众性集会常和贸易活动和青年男女的择配活动结合在一起。这些社会活动固然在生产中起着一定的积极作用，但是在生产技术的改造过程中，那些联系于落后技术的风俗习惯也可以起阻碍改造的消极作用。在有关养生送死的许多风俗习惯中同样应当注意这种情况。劳动人民的许多生活经验常被固定在风俗习惯里，当这些风俗习惯形成的时候可以有积极的作用，但是生活条件改变了，这些风俗习惯却成了维护落后方式的力量，那就成了进步的阻碍。比如有许多禁忌虽则是有一定的卫生价值的，但是也可以成为传播科学知识的阻碍。更重要的是有些风俗习惯在当前对生产的发展很不利，甚至影响到民族的发展。因此，我们对于劳动人民的风俗习惯也必须加以批判地接受，不应当一律称作民族特点而要求保存和发展。民族学者的调查研究就可以帮助各民族人民重新估计他们的风俗习惯。

三、艺术和文学是各民族文化和生活的重要部分。不论社会发展到什么阶段，没有一个民族不在这方面有它独特的创造。有些人认为生产落后的民族是没有艺术和文学的，那是和事实不符的。在我国的少数民族中，有些在经济上还是落后的，但同样有可贵的艺术品。比如台湾的高山族经济上还相当原始，但是他们浮雕的图腾版却具有很高的艺术水平，他们所编织的贝衣，已有很长的历史，同样是极美的工艺品。大凉山的彝族所用的餐具和马鞍上绘着精美的色彩和花纹；苗族和壮族的竹器，即使是很简单的鱼篓，在艺术上都有很高的评价。各少数民族的文学作品也是如此。各族人民都有丰富的口头创作。云南撒尼（彝族的支系——编者注）的长诗《阿诗玛》一经记录和翻译了出来，已经赢得全国文艺界的推崇。至于文字发达的民族，文学的遗产保留得更多了。蒙族的《格斯尔的故事》和藏族的《米拉日巴的一生》都是已经为大家所知道的例子。音乐舞蹈等方面的情况也是如此。这些劳动人民所创造的、为劳动人民所爱好的历代保留下来的艺术和文学，不但是各民族宝贵的遗产，而且是我们民族大家庭值得骄傲的共同财富。

各民族艺术上的创造提供了美术、文学、音乐和舞蹈多方面丰富的研究资料，这些资料对于民族学者同样是极可贵的。民族学者 方面应当以这些作品所反映的生活内容来丰富自己对这些民族各时期社会生活的认识，比如《阿诗玛》的长诗就生动地反映了青年男女的爱情和当时阶级社会的矛盾，使我们对撒尼的社会性质有了亲切的体会；另一方面民族学者还应当从这些民族的历史条件来了解它们艺术风格的形成和变化，比如黔东苗族的音乐和舞蹈表现出沉重、抑制、内向和细致的风格,这种风格可能是和他们长期缺乏自己的政权、被压迫和被分散的历史分不开的。解放后,从他们歌颂毛主席等曲子上所流露出来的兴奋、感激和舒畅的声调也正反映了他们从生死关头获得新生的情绪。又比如蒙古族的音乐在历史上曾经发生过长短调的变化,而这种变化提示了当时社会上可能发生的重大变革。各民族艺术和文学的作品也常常使我们看到各民族间文化交流的证据,比如藏族在唐代和汉族的密切关系还反映在他们现在的音乐、舞蹈上。我们在这里所举的例子由于缺乏研究可能是不正确的,但是可以提示我们民族学者在这方面的研究工作是有着广阔园地的。

关于少数民族艺术文学的研究,对于各民族的发展有着重大的意义。我国的各少数民族都处于正在形成为社会主义民族的阶段。艺术和文学在发展社会主义民族共同心理这个特征上起着重要的作用,同时,社会主义民族的形成也给了各民族人民发展民族艺术和文学创造了最好的条件。可以预见在他们形成社会主义民族的时期里必然会有伟大的作品出现。

四、关于少数民族宗教信仰的研究

少数民族宗教信仰的研究作为当前民族学的一项任务提出,是因为宗教信仰不但在历史上,而且在当前,在许多少数民族人们生活中和民族关系上占有重要的地位。宗教信仰是人类在一定时期中的历史产物,与人们的自然斗争和阶级斗争有着密切的关系,民族学者把宗教信仰作为一种社会现实来分析,着重在了解它对人们生活所起的作用和它的变化。宗教不是民族的特征，那就是说宗教的变化和人们共同体的形成和变化并没有绝对的关系。历史上有着很多例子，一个民族从信仰一种宗教转变到信仰另一种宗教，或是同一民族中存在着不同的宗教，这些都不影响到共同体的稳定和完整。但是宗教信仰在文化和生活上所起的作用却可以是很严重的，有些民族的人从生到死在一切重要的社会节目上，都充满了宗教的仪式，有些民族的宗教和政治密切结合起来，成为统治机构中不可分的部分。藏族就是这样的一个例子。而且有些民族之间由于宗教信仰的不同，往往引起复杂的民族关系，成为民族问题的一部分。对于这些民族的宗教信仰的研究是特别重要的。

我国少数民族的宗教信仰是多种多样的，大体上可以归纳为下列几类：

一、图腾信仰：如高山族的派宛部崇拜神蛇，认为和他们的祖先有关。他们的雕刻、绘画以及生活用具上的装饰常用这种图腾作主题。瑶族中有龙犬的传说和崇拜仪式，也可能是这种信仰的残余。

二、萨满信仰：在东北地区和内蒙古自治区的赫哲、鄂伦春、达斡尔以及通古斯和索伦等族中流行这种信仰，巫师称萨满，群众认为他们具有一种超自然的能力，能知祸福和能驱鬼治病。

三、多神信仰：在西南、中南等地区许多少数民族中流行，内容并不是一样的，他们相信各种东西会成仙作怪，还有许多善神恶鬼。各族有自己的巫师，如彝族的"毕摩""苏臬"，纳西族的"多巴"，黎族的"道公"和"娘母"，苗、瑶等族的"鬼师"，佤族的"莫巴"等。

四、喇嘛教：是大乘佛教与西藏原有的宗教结合而发展成的。现在主要流行在藏、蒙古、土（青海）、裕固等族中。喇嘛教有各个教派，如笨派（黑教）、宁莫派（红教）、萨迦派（花教）、噶举派（白教）、格鲁派（黄教），目前以黄教最为盛行，寺院和信徒最多。黄教有名的六大寺：西藏的哲蚌、色拉、噶丹、扎什伦布，青海的塔尔，甘肃的拉卜楞。每寺喇嘛人数都超过1000人，有的达五六千人。

五、小乘佛教：主要流行在云南傣族和部分佤族中，寺院称缅寺，男子在少年时入寺学经，几年后还俗娶妻。

六、伊斯兰教：有回、维吾尔、哈萨克、柯尔克孜、保安等10个民族信仰伊斯兰教。总数有800万人以上。

七、基督教、天主教、东正教：都是西方传入的，近百年来和帝国主义的侵略阴谋有密切关系。基督教的势力主要在西南地区，如苗、佤、傈僳、拉祜、景颇等族都有一部分信徒。

民族学者对于上列这些少数民族宗教信仰可以说还没有进行系统的深入研究。但根据我们的初步认识，在进行这项研究时下列几点是值得注意的：

一、宗教意识和民族意识的结合是值得注意的第一点。最显著的例子是回族和伊斯兰教的关系。在回族人民意识上一般觉得伊斯兰教是他们这个共同体的共同信仰。这种共同信仰被认为和回族之成为一个共同体似乎是分不开的。当然，这并不是说宗教已经成为人们共同体的特征，而是说，共同信仰已经成为反映共同心理素质的文化特点。宗教意识和民族意识就是这样密切地结合了起来。宗教意识和民族意识在别的民族并不都是结合得这样密切的。比如苗族和他们的多神信仰就不是这样。苗族人民虽则大多具有这种信仰，但是并不意识到这是他们这个共同体的共同信仰。而且各地苗族也可以吸收其他民族传入的不同的神作为他们的供奉对象，甚至有部分信奉了基督教。这些信仰上的差异并不影响他们都相互承认是属于同一的共同体。这就是说宗教意识和民族意识并没有结合在一起。各民族在这个问题上情况是不一致的，二者的结合程度也不同。

二、宗教和政治的结合是值得注意的第二点。在我国少数民族中在这个问题上最突出的是西藏藏族的政教合一制。这个制度曾经维护和巩固了他们的封建社会经济基础。至于这个制度的具体内容，我们现在还研究得不够。比如寺院在政治和经济上有着什么地位和作用？通过广泛吸收各阶级的人成为喇嘛，寺院怎样和群众密切联系？这些都还是值得深入了解的问题。在我国历史上还有一个突出的问题，就是过去的民族运动和农民运动常常和宗教发生密切关系，不但少数民族过去反抗压迫的运动很多以卫教为口号，就是包括汉族在内的农民运动也很少不打出宗教的旗帜。宗教的口号和旗帜能在群众中发生动员的作用，这也说明了宗教和政治的关系决不是很简单的。宗教固然常服务于统治阶级，但有时对群众运动也有一定作用。特别是民族关系上，宗教所起的作用更是不应当低估。这些都是必须结合具体历史条件进行研究的问题。

三、宗教和帝国主义侵略的结合是应当提出来注意的第三点。派遣和利用传教士作为侵略先锋是帝国主义者惯用的策略。不但在中国历史上可以看到，在世界各殖民地也可以看到。事实告诉我们，在我国很多少数民族地区，特别是西南，从边疆到内地，从清代后期到解放前夕，帝国主义者所建立的教会拥有很大的势力，曾经成为事实上的独立王国，而且通过小恩小惠深入一部分少数民族群众的人心，在我们的领土内插入了侵略的据点。解放后这些帝国主义的特务是被驱逐了，但是这段历史所发生的影响还不可能在短期间完全消灭。我们对这段历史的研究在一定程度上还具有现实的意义。

五、几点说明

最后应当附带说明：

一、我们在这里所提出的是当前民族工作提给民族学的四项任务。这些任务都是属于我国少数民族研究的范围。并不应当引起这样的误会，以为民族学是一门研究少数民族的学科。把少数民族和汉族分开作为两门学科的研究对象是没有根据的。西方资产阶级学者由于民族主义的偏见，歧视殖民地的各民族，曾经把所谓"文明人"的研究划在民族学或社会人类学范围之外，这是错误的。我们肯定民族学的研究对象是包括一切民族在内的，在中国的范围里，不但要研究少数民族，也要研究汉族。

二、民族学的研究范围也并不限于我们在书中所提出的四个问题。比如族源问题就是一个例子。我们没有在这里特别提出来并不意味着这些问题可以不必进行研究。我们的意思只是说上面所提出的问题比较重要，而且和当前民族工作有着比较更为密切的关系，所以应该作为重点来进行。但是凡有条件进行研究的其他问题当然都是可以研究的，而且对于民族学的贡献一样是很重要的。

三、民族学在中国还可以说是一门比较新的学科，因此还有许多人对于这门学科的名称、内容和方法有不同的意见。

我们在这里不想从定义、学科分类上进行讨论。为了避免各种讨论成为学究式的辩论，我们认为最好从这门科学所进行的研究工作的本身来说明它的内容，而且只有在研究工作的发展中，一门学科的性质和范围才能逐步明确起来。一门学科的发展，我们认为，并不依靠开始时把范围划清，界碑树好，而是依靠密切结合实际生活所提出具体的问题来进行自己的研究工作。实际生活是丰富的、变化的，一门学科能从这个丰富和变化的泉源出发，它的工作也会是活泼的、常新的。我们是从这种认识出发来为中国民族学提出它的任务的。

1956 年 8 月

大理历史文物的初步察访

去年 8 月我到云南来参加民族社会历史调查研究工作，正逢许多朋友在热烈讨论白族历史问题。我有机会参加了各种座谈会，并拜读了《云南日报》上所发表的有关这个问题的许多论文。这些都给我很大的教育和启发。11 月在下关参加大理白族自治州的成立大会，遇到了许多自治州的人民代表，他们要求早日开展这地区民族社会历史的调查研究工作。在他们的督促之下，我更深切地认识到了大理地区在云南各民族社会历史研究上的重要性。

简单地说来，从南诏开国（公元 738 年，即唐开元二十六年，皮逻阁建南诏国）到大理国灭亡（公元 1254 年），大约有 510 多年的这个时期里，大理地区是祖国西南的一个重要的政治、文化中心。这地区的人民不但在祖国历史上做出了重大的贡献，而且在发展云南的经济、文化上起了重要作用，对云南各族社会的发展都有重要影响。因此，在研究云南的民族社会历史时，首先把大理地区各族的历史搞清楚是有必要的。

应当肯定，大理地区民族历史研究并不是一个新的课题，《史记》《唐书》等对于这地区的民族情况都有系统的叙述。其他如樊绰的《蛮书》、杨慎的《南诏野史》等，以当时的史学水平来衡量都是优秀的著作。我们的前人为我们留下了许多宝贵的知识，给了我们进一步研究这地区各族人民所创造的历史的良好基础。但是我们现在所要了解的历史问题却比过去提高了。比如最近半年来关于白族历史问题讨论中所提出的白族族源问题，白族作为一个部族共同体的形成问题，白族社会性质变革问题，以及白族和汉族相互关系问题等等都是前人所没有论列过的问题，在这些问题上并没有现成的答案。不但如此，用前人给我们留下的许多历史资料来研究这些问题时，常常会感觉到有涵义不明，材料不足之苦，结果会使得不同的人从相同的史料中引申出不同的论点来，最近《云南日报》所发表的许多论文可以说明这种情况。当然，我们并不应当因此低估已有史料的价值，但是为了进一步推动这方面的研究工作，也不应当满足于已有的资料。

为此，我们考虑要开展大理地区的民族社会历史研究，除了继续整理、考证已有的汉文资料外，最好能有计划地搜集凡是可能搜集到的各式各样能说明这地区历史的资料。充分掌握资料是科学研究的必要前提。

搜集什么资料

首先要解决的问题是搜集些什么资料？大理地区有没有这些资料？如果有，在哪里？怎样去搜集？为了要解决这些问题，云南民族社会历史调查组在11月下旬派出了一个调查小组到大理一带地方进行历史资料的初步察访工作。参加这个小组的有李家端、李一夫、杨毓才和我四个人。

察访的意思是通过实地察看和访问去探索历史资料，为系统发掘和搜集作出计划。和开矿一样，先得勘查一番。我们这次工作时间很有限，所以只能说是初步察访，找些线索，并不要求这个小组立刻着手去系统地搜集文物。

察访之前必须有所准备，就是熟悉有关文献，把要察访的地区历史沿革搞清楚。比如根据文献所传，原来的白国是在白崖，蜀汉曾帮助张氏建立的建宁国也就以白崖为中心，后来就在这地方张乐进求让位于细奴逻。白崖现在是弥渡的红岩。南诏最初的根据地是蒙舍川，在现在的巍山。洱海东南凤仪一带地区，一般认为是白族早期的聚居区，首先并入南诏。后来南诏的势力向洱海西部伸张，逐走了一部分原在的居民，占据苍洱之间的坝子和坝子里的太和村，并筑太和城，太和村就在今大理太和村附近。更北进兼并了当时所称"三浪"人的地区（就是现在邓川、洱源、剑川一带）统一了六诏。我们这次初步察访只能有重点地进行，照着上述的线索，到了大理、邓川、洱源、剑川、丽江、凤仪、巍山、弥渡等八个县。

每到一县我们首先查阅地方志，并向熟悉当地掌故和情况的父老和干部们请教，把那些有历史价值的古迹记下来。然后挑选重点分别去实地察看，对证一下书上所记的或口头所传的遗址是否可靠；发现了历史文物，轻便可带的遗物，便搜集回来作为证据；笨重的，照下相带回来；如果是碑，把碑文拓下来；有传说的，把传说记下来。

从这次察访中，我们觉得下列五个方面都有很丰富的历史资料可以搜集。1. 地下的遗物。2. 地面上的碑碣、石刻、木雕、壁画、建筑等实物。3. 民间的文献，包括家谱、日记、书信、诗文、契约、经卷等，特别是少数民族文字的记载。4. 口头的传说、神话、唱本、歌曲等。5. 语言。

让我用这次察访所得的资料，分别从上述的几方面说明一下。

地下遗物

大理地区的石器

地下遗物方面首先应当提到的是石器。大理地区最早发现的石器是1939年吴金鼎在马龙峰，俗称白王城的附近发现的石斧和石凿等磨光石器即新石器。吴氏根据出土的陶器，认为这些东西可能是汉唐之际，南诏以前的遗物，这种古代人所用的石制工具在民间原是常有发现的，但是由于缺乏历史知识，人们叫它作"雷楔子"，认为是"雷公"使用过的神物。农民挖地时得到了这种东西，有的送到庙里去，有的给巫师收去，有的给孩子们做玩具，也有的用来舂盐巴。我们所到各县，和老乡们一谈到"雷楔子"，很多是知道的。这是说这种石器是很普遍的。这次察访中见到实物的有剑川和巍山两县。

从南部进入剑川坝子的地方，甸尾村附近正在挖海尾河，在我们察访这地方前约一个月，挖得了10多件石器。工人们不认得这些是什么东西，觉得好玩，分别拿了回家。我们访问到了这件事，搜集到了四件新石器：三把磨光石斧和一把有孔的月牙石刀。我们又去察看了出土的地层，是在熟红土层底，估计当是两三千年前的遗物。巍山的石器是毕副县长到老乡家里去要来的，还知道出土的地点，在山达上村孔明洞附近。鹤庆中学的教师同志来下关参加人民代表大会，带来了他在鹤庆搜集到的新石器的相片。从这些已经得到的资料来看，洱海周围在比较早的时期曾经有一种人居住过。这种人分布可能是相当广的。至于这种人和现在居住在这地区的各民族具有什么关系，我们还说不出来。但是如果进行有计划的系统发掘，看清楚各时期遗物的关系，历史线索是有可能建立起来的。

南诏前的古城

在察访过程中，我们曾特别注意有没有汉代文化的遗物。在传说中有不少关于诸葛亮的故事。在这个地区能不能有些实物来证实当时和中原文化的关系呢？结果并没有找到什么可靠的证据。只是在邓川德源城废址的庙宇附近有许多刻有图案花纹的砖，有可能是比较古代的遗物，但老乡说是从对面山脚那边搬来的。为什么老远地去搬运这些砖呢？也不清楚。这是一个疑案，我们没有时间去追查。砖存邓川县文化科。庙宇的附近还有。

我们到弥渡听说在红岩古城村有个白王城。我们想这可能是白崖国的古城。老乡还指得出古城遗址，现在是一片整齐的豆田。我们在田垄里反复察看，发现不出任何文化层。如果传说有据的话，埋得一定更深了些。也可能传说没有根据，或是地址传错了。

其次是建宁国的古城。据传诸葛亮南征封白子国王后代龙佑那做酋长，改姓张，在白崖筑建宁城。据当地传说建宁城就在今县城北门外螺山上，俗称紫金城，现在这片高地上有许多庙宇。又据说当时弥渡坝子低处都是水，这片高地地势正适宜建城。但是我们在这上面四处找碎砖破瓦，却看不出一点古代遗迹。总的说来南诏以前古城在这次察访中我们并没有找到实据。

南诏大理国的古城

其次说说有关南诏和大理国的古城。

细奴逻所建立的蒙舍诏都城在蒙舍川的峣屿山，即今巍山县。峣屿山是坝子边上的一个山冈，传说有细奴王金殿的遗址。我们到山上察看，果然在地面上还留着许多瓦片，这些瓦片上还有文字，但和汉字不同，而略似大理、姚安出土的有字瓦片，足以证明是南诏时代的遗物。因此这个古城遗址大体上是可以肯定的了。

大理的太和城和羊苴咩城等遗址是大家所熟知的，在这里我们可以略去不谈。

大理以北大体上可以肯定的南诏古城有邆赕诏的德源，在邓川县东北两公里多公路旁的高地上。由于传说中把火把节和德源城联系了起来，所以这个古城的名字也是云南人民所熟悉的。传说是皮逻阁要统一六诏，把其他五诏的王骗到大理，在松明楼里烧死。其中有个邆赕诏的王，临走时他的妻子慈善夫人知道有危险，所以用一个铁钏套在王的臂上。王被烧死了，慈善夫人找到戴有铁钏的尸体，迎回归葬。皮逻阁又要威逼慈善夫人嫁他，派兵围城，城在高地上，水源断绝。夫人自杀后，称这城作德源城，纪念慈善夫人的美德。我们去察看德源城的遗址，可巧当地部队操练挖了许多壕沟，在沟内很清楚地可以看出离地面约1公尺有一文化层，层内许多瓦片，有迹象可认为是南诏的遗物。沟内还有比较完整的陶器。我们因为怕掘坏了，没有动。陶器旁有炭灰炊烧遗迹。

更往北是剑川。剑川是南诏和吐蕃势力接触的前线，曾经一度被吐蕃占据。地方志上还载有吐蕃所据的罗鲁城，初唐所筑。我们多方打听，最后知道现在还有个罗鲁村，和记载合得上，附近白族称他们说的话为"蕃语"。但是限于时间，没有去察看。

剑川之北，是丽江的九河，是白族聚居区。我们听说有白王城，在九河甸头乡坝子西边山坡上。我们找到老乡带路，走近白王庙废址，在田沟里找到有字碎砖，一部分是梵文，一部分是汉字，记着高氏和段氏字样，还有一些不像是汉字，可能就是白文。高氏、段氏是大理国的统治者，所以可能是大理国的遗物。这个山坡上砖很多，而且字形和质料很有差别，不像是一个建筑物上的东西。

这些古城遗址无疑是考古的宝库。其中一定埋藏着许多可以表明当时人民生活的实物。但是发掘遗址是一项科学工作。没有专家现场指导，如果随意挖掘，反而会破坏这些遗址的历史价值。比如我们得到的新石器因为出土时没有把同时出土的砖瓦或其他东西保存起来，没有把这些新石器在地下的原来情况记录下来，使我们无法确定它们的年代，更无法正确地和其他地方发现的古代文化相比较，看出它们之间的关系来，这不是一种永远补偿不了的损失么？因此，我们这次察访并没有进行发掘。只把察访得来的线索提供考古工作者考虑，是否有发掘价值；如果有发掘价值的，将来由他们有计划、有系统地去发掘。作为一个研究大理历史的工作者，当然盼望地下的历史资料能早日发掘出来。

应当指出，如果不早些作出发掘这些古城的科学工作计划，也就保不住不受到破坏。农民为了扩大耕地面积，过去弃废的土地正在陆续开垦。以往工具简单，土翻得浅，现在用了新式农具，更容易深入下层，破坏文化层的可能性也更大。我们在大理农村里就看到最近出土的全副明代火葬碑罐，罐内还有当时用作货币或装饰品的贝壳。这些都是垦荒得来的。这些东西因为不值钱，又好玩，所以农民们带了回来。如果是铜器，就很可能成为废铜买走了。早一些进行科学的发掘，对国家的历史遗物保障可以大一些。

地上的历史文物

现在谈谈地面上的历史文物。这些东西比起地下的文物更容易遭受损失。在过去一段时间里，党和政府执行保护有历史价值的文物的政策，因而取得一定成绩，但是由于宣传教育不够细致，损失是不少的。抢救这些文物还是当前的急务。

在这次察访中，我们发现了许多有意义的东西。

先说碑碣：由于过去的文人相当重视金石之学，和党的文物保护政策起了一定的作用，大理古碑一般是保存下来了的。比如大理太和村的德化碑（即南诏碑），西门外的元世祖记功碑等具有重要历史价值的石碑现在都保存了。德化碑还造了房屋加以保护。但是由于有人迷信这碑的石末可以治病，所以过去没有盖屋保护前，碑面已经给求医的人剥蚀得很多。现在还可以认得出的碑义字数已不太多。幸亏早年的拓本现在还有，留下了极可宝贵的史料。

墓葬和墓碑上的记述

这次察访中我们在这方面得到的资料有两点可以提出来一说：第一是关于墓葬的问题。明代白族已实行火葬是可以肯定的了，因为我们看到不少明代大理石的火葬墓碑，有"杨观音榜"等字样，说明是白族人的名字。我们在剑川去石宝山路上看到一块可能是元代的墓碑，已要求该县文化科掘出来保存。碑文还没有研究。在大理雨铜观音祠墙角里看到一个火葬墓顶子，刻有"至正四年"（公元1344年）的年号，这墓系杨和胜的墓。杨可能是白族，因为杨是白族的大姓。如果这个墓是白族的，那么白族实行火葬的时期也就提早到元代了。另一方面我们并没有见到有古代棺葬的古墓。火葬和棺葬的问题是由于樊绰《蛮书》里提出的，他说这是乌蛮和白蛮的区别之一。因此如果在这个问题上找到更多的实物资料，对樊绰所提白蛮和乌蛮区别的意义可以更明白些。

残砖断瓦上的白文

第二是关于白文问题，上面已提到在巍山细奴王金殿遗址得到的瓦片上有着一些字样，显然不是汉字，而和大理、大姚出土的相似，疑是早年的白文。在大理三塔寺里的两个副塔的砖上，还能看到烧砖时印在砖边的符号，其中有些像汉字如"仲""甫"，有些是汉字的反文如"昏""卦"等（这是由于正文的戳印，打在砖坯上所致），还有些完全不像汉字的。这次察访中又在邓川西山拓得元代刻在岩石上段信苴宝舍田记碑文，和大家已熟知的大理明代的"山花碑"都是用汉字写的白语。下面还要提到在凤仪见到的明天顺五年（公元1461年）用汉字写成的白语注释经卷抄本，又是一件例子。用汉字写白语至今还流行，白族喜唱的大本曲的手抄本都是这样的。这里提供了白族文字发展的线索。

价值很高的石刻

再说石刻。剑川石宝山的石刻是早已著名的。我们这次也去察看了。但限于时间，我们只到了石钟寺，钟山山下的石刻没有去看。就是以已经看到的来说，这些石刻的历史价值是很高的，特别是阁罗凤和异牟寻两窟把当时服式和仪式的形象遗留了下来，比如《蛮书》上所提到的"头囊""雉翚"，头盔上的"猫牛尾""吐蕃所赠伞""铎鞘"等等在石刻中都可以找到模型。其他许多有关婆罗门教、佛教的石像也提供了当时宗教信仰的材料。此外还有一个称"阿姎白"的石刻，可能是早期居民生殖器崇拜的遗物。

我们初步印象，石宝山的石刻，就是以石钟寺所看到的来说，在题材和作风上都不像是同时期的作品。"阿姎白"的雕刻是很简单的，使我们推想在这一带曾有过一个早期文化。如果容许我们做一些不成熟的猜测，这个文化可能还包括我们已见到的新石器工具。甚至和许多地方看到的大石崇拜的遗迹（如大理的大石庵、支锅石和剑川的三棵石，巍山盟石等）有关。其次是有关南诏王的石刻。这些石刻都是在岩石上凿出约1公尺多长方形的石窟，采用浮雕的手法，以人物作题材，刻画出宫殿的场面。第三是那些佛像，有些并不是佛雕，而是完整的人体。佛像中还有不同教派，一部分是属于婆罗门教的。这些不同风格、不同题材的石刻很可能是不同时期的作品。

我们还注意到山上有许多没有完成的石刻。没有完成的程度不尽相同，给我们一种印象，像是正在进行这些石刻的时候，发生了某一种灾难或战争，迫使当时的人放弃了这个地方。我们又在石钟寺对面的山坡上，就是石刻"酒醉鬼"和"波斯人"之间的地方，发现许多古代瓦片，可能是唐宋时代的遗

剑川石宝山石钟寺石刻像中的望苴子头上戴的"猫牛尾"(费孝通临摹)

物。我们因此推想,在这个山坡上曾有过建筑。而且就在这些地方,又看到倾倒在地上的石刻"狮子"和"梵文经刻"。这些石刻很凌乱,也表示在历史上曾受到重大的破坏。

根据前人的记载,还有些石刻至今没有发现。所以我们觉得还应当在这个山上全面检查一下,很可能找到更多的石刻。

石钟寺的石刻已经建筑了房屋加以保护,但是在建筑时,添上了一些丑恶的,或是很不调和的石刻,如一个庸俗的弥勒佛等。我们认为修理古代文物时,这样随意添加艺术上极为拙

剑川石宝山石钟寺石刻第二洞阁罗凤像（费孝通临摹）

劣的东西是不好的。

石刻艺术不限于石宝山，而且时代也不限于南诏大理。最近剑川丁卯城村出土了一块"卫国圣母建国梵僧"的浮雕石刻，是明成化六年（公元1470年）遗物，在风格上虽则较石宝山南诏国王石刻简单些，但还保留了一定的继承性。因之，还有希望在别处发现类似的石刻。

艺术造诣极高的木雕和塑像

木雕和塑像也是重要的艺术品。我们在这个地区所见到的那些木雕和塑像有些在艺术造诣上是很高的，特别值得提出的是凤仪白汤村董氏"金銮宝刹"和家祠里所保存的许多佛像，有些是木雕的，有些是泥塑的，在样式和风格上，有些和石宝山的石刻极相似。石宝山的石刻有很多已经遭受损坏，将来要修补时凤仪这些佛像正可以作为模型。

木雕和塑像原来是民间很普遍的文物，在白族地区很多村子有它的本主庙。本主庙里以前都有本主像。这些本主像中有些是雕得或塑得极美的，而且有民族的特殊风格。但是解放以来，群众的观念有了改变，本主庙又有很多改作别用，有些干部同志单纯地把这些雕像看成迷信象征，没有重视它们的历史和艺术价值加以保护，很多已经找不到了。我们从保存下来的这些雕像来看，有些是有很高艺术价值的。比如邓川德源城庙里的慈善夫人像还保存了南诏衣冠（和石宝山阁罗凤的石刻相似）。剑川甸尾村本主庙里的护甸神，穿着清初白族服装，是一个现实主义的雕刻，弥渡铁柱庙侧殿的两个塑像是生动的少数民族的形象。看到了这些少数民族的艺术品，不由得我们不想到被破坏的许多雕塑。在我们去大理前，有朋友要我们到大理喜洲去把中央皇帝庙内元世祖的雕像照个相，因为过去就有很多人认为这是一件极有历史和艺术价值的文物。但是我们到喜洲一看，庙宇正在改建成为合作干部训练班的教室，所有雕像已全部毁完了。有一个铜像还是最近背走的，我们曾设法追查，毫无结果。又如剑川龙门邑村的本主庙里的木雕，已经由政府通知保护，但是当我们去察访时，却已不知去向了。至于铜器可能损失更大。贸易部门没有重视保护文物的政策，特别需要注意。我们在巍山和邓川两地的收购站里都发现了元明的铜钟。如果迟些日子去，这两口钟就可能成废铜回炉了。这些说明，各地很多有历史和艺术价值的文物，很可能在无意中遭到破坏，希望文化部门注意这种情况。

民间文献

我们这次察访中在民间文献方面搜集得不多。主要是因为时间太短，接触的面不够广，其次可能是纸张的东西更容易遭到损失。土改时期在这方面注意得不够，应没收的地主们所收藏的书籍没有集中起来加以保管，很多流散和糟蹋了。但是尽管这样，我们还是访求到一些极有价值的文献。特别应当提出的是凤仪董氏"金銮宝刹"大殿角里的两大柜经卷，我们没有时间去系统翻阅，但随手拾来，就有宋刻和元刻的经卷，其中还有一大卷手抄的经卷，卷末写明是保天八年（约相当于公元1136年），是大理国时代，也就是南宋时代的手抄本，此外还看到一个用汉字写成白语的经卷，是明代的遗物。这两大柜杂乱的经卷中是否还有更有价值的手卷，我们不敢说。董氏家祠正壁上刻有家谱，这个家谱本身当然有很重要的历史价值，同时也告诉我们，这家人从南诏起到明代一直是这地方被封为国师的阿吒力教主。明代（永乐十年）曾去京师，当时的皇帝替他造了这个所谓"金銮宝刹"。后来又屡次进京，带回了中原的经卷。现在这两大柜经卷，就是他家藏经的一部分。上面所提到的许多雕塑的佛像也是这"国师"家的遗物。这些文物对于这地区宗教的研究提供了丰富的材料。

丰富的口头文学

大理地区有着丰富的口头文学。我们知道传说、神话在历史研究上也有一定的价值，特别是在研究文字材料比较少的民族历史时，口头传说更值得重视。我们这次察访中，特别注意搜集有关各地本主的传说。大部分白族地区，特别是大理，几乎每村有一个本主。这些本主有些是历史人物，有些是传说中的人物，既不同于拜物的巫教，又不同于拜神的佛教。比如传说中杀蛟牺牲的勇士段赤城，救缅回兵的段宗榜，杀身殉夫的慈善夫人（又称柏洁圣妃，白姐夫人等），还有征南诏败死在大理的唐将李宓和他的部将们，明代征南的傅友德都是本主（以李宓、傅友德等作为本主可能表示这些村子是和当时被俘的或落籍的军队有关）。每个本主都有一段传说，有些编得很美，而且常反映出人民的感情，甚至他们的来历。各本主间还有一定的关系，也反映出各村人民间历史上的关系，对于历史研究是有帮助的。

比较各地区的传说也提供许多值得研究的线索，比如观音和罗刹的斗争传说就以大理为最多，如果联系起传说中细奴逻和观音的关系，观音和水利的关系，可以提供佛教进入和当时经济和政治变革的联系，而且这种斗争已达到苍洱之间的坝子里。白姐夫人的传说主要在洱海北部流行，到了大理却和吐蕃酋长、唐朝大将结合了起来。如果把这些传说的变化搞清楚，也可以反映出白族形成的复杂过程。

当然，利用传说、神话来进行历史研究是需要很细致的分析。现在还缺乏足够的资料。上面所举的例子，只是想说明传说、神话可以成为研究历史的资料罢了，至于所提出线索是否有考虑的价值还是成问题的。同时却也说明，研究各民族的口头文学决不能离开历史，因为只有和具体历史相联系，才能看出这些传说和神话的意义。

语言的比较研究

语言的比较研究对于历史研究也有很大的帮助，在族别问题和在各族历史上的关系问题上，比较各族语言可以提供重要的线索。但是大理地区各族的语言到现在还没有全部研究清楚，特别是白族语言研究得不够，各家的意见出入很大。我们这次察访小组中没有语言学的专家，因此并不能深入这个问题。但是我们也注意到几点，愿意提出来希望今后在这地区进行语言调查时作参考。

1954年民族识别研究组基本上已把大理地区具有不同自称的民族成分划分成几个系统，主要是根据他们的语言，特别是词汇相同程度和语言对应规律来加以划分的。现在可以在这个基础上进一步去研究他们分化和融合的历史过程。在词汇方面不但要注意基本词汇所具的特点来研究他们的族源，而且要注意借词的来源和时期来研究他们和他族的接触。比如研究白族语言，如果能从基本词汇的特点确定它们和汉语前身的古语有没有关系固然对白族起源问题有极重要的意义，同时也应当注意不同时期白族受到他族影响所引起的在词汇上、语言上和文法上的变化。举个词汇的例子，白族有关粗粮的名词大体上和现代汉语不同，而有关细粮的名词却大多借用现代汉语，这就说明了白族在农业上接受汉族的影响的程度和时间。如果进一步比较白族各地区方言上存在的差别,也可以看到不同地点不同时期所受他族影响的区别以及白族本身发生变化的线索。

在这次察访中我们曾经注意到白语和汉语在不同地区的变化。在历史上曾是白族主要地区的弥渡和巍山,现在说白语的人已经很少(少数白族是近代迁入的),我们疑心有许多原来是白族的人现在已经改变成了汉人。相反的在大理到剑川一带有很多具体例子,说明有许多汉人改变成了白族。同时各地也还有一些汉人的村子,迁入已有几百年而语言上依旧不改变。在凤仪我们就遇到过已有好多代居住在当地而现在还不会白语的人。不同的情况启发我们要求对各族语言的变化做深一步的研究。这些情况也提示我们在对于人数较少的民族成分的识别工作中利用语言资料时必须十分审慎,如果不从历史中入手去进行研究很容易发生错误的结论。

以上是我们根据这次察访工作中的体会来说明,为了进一步为开展大理地区民族社会历史调查研究工作创造更好的条件,应当从上述五个方面去搜集更多的资料,并且想说明在这个地区上述五个方面的资料是十分丰富的。

还须进一步察访研究

我们这次察访所得的资料是很有限的,以现有资料来说对于已经提出的若干有关白族历史问题还不能提出任何重要的意见,但是我们相信如果有系统、有计划地从这几个方面搜集更多的资料,对于这些问题可能得到比较正确的论点的。

我们这次察访中也深切感觉到当地各族人民对社会历史

调查研究工作的热情支持。我们又一次看到一个现代民族形成过程中，群众对自己民族历史的要求。他们已不能满足于神话式传说的历史，而要求科学的历史。现在需要具有专门科学知识的人和各族群众结合起来，共同来解决各族的历史问题。这样的结合不但可以保证科学研究进一步的开展，而且也应当是今后科学研究的一个方向。

但是怎样组织考古、历史、社会、艺术和语言学的各种专家更好地和各族群众结合起来进行研究工作，将是今后开展这项科学研究的具体问题。对于这些问题，我们希望不久能得到解决。

1957 年 2 月 8 日

关于我国民族的识别问题[*]

我们中国是个多民族的国家,但是究竟有哪些民族,一共有多少民族,却是个不容易答复的问题。解放前,国民党政府根本否认我国是个多民族国家,连孙中山先生提出的"五族共和"都被抹煞,他们把那些历来公认的许多民族都说成是汉族的宗支,这是赤裸裸的大汉族主义,目的是在压迫和消灭国内的少数民族。

解放后,在中国共产党领导下,中华人民共和国国内实现了民族平等。长期被压迫的许多少数民族纷纷要求承认他们的民族成分,提出自己的族名。这是党的民族政策的胜利,是少数民族自觉的表现。到 1953 年,汇总登记的民族名称据称有 400 多个。这 400 多个自报的民族名称是否都是单一的民族呢?在这个民族名单上有许多是某些民族居住区的地名,有许多是某些民族内部分支的名称,有许多是同一民族的自称和他称,还有许多是不同的汉语译名。因此,要答复我国有哪些民族和有多少民族的问题,就得对这个民族名单进行一番甄别。我们称这项工作为民族识别,这是一项科学研究工作。

---

[*] 本文为作者 1978 年 9 月在全国政协民族组会议上的发言。原载《中国社会科学》1980 年第 1 期。——编者

一

解放以来，我们的党和政府十分重视民族识别工作。因为，要认真落实党的民族政策，有必要搞清楚我国有哪些民族。比如，在各级权力机关里要体现民族平等，就得决定在各级人民代表大会里，哪些民族应出多少代表；在实行民族区域自治建立民族自治地方时，就得搞清楚这些地方是哪些民族的聚居区。从1953年起，为了进一步开展民族工作，民族识别被提到了日程上，由中央及地方的民族事务机关组织了科研队伍，对新提出民族名称的单位，通过调查研究，进行识别。

民族识别的初步调查研究，要求能基本上划清哪些要识别的单位是汉族的一部分，哪些是少数民族，如果是少数民族，他们是单一民族还是某一民族的一部分。

当时需要进行识别的有下列这些情况：

一、有些汉人迁居到了少数民族地区，保留着汉族的特点，但是并不知道自己是汉人，而以当地其他人称他们的名称作为自己的民族名称，报了上来，被列入少数民族行列中。例如云南的蔗园、广东的疍民等。

二、迁居到少数民族地区去的汉人，前后有若干批。早去的汉人曾经长期和内地隔绝，和后去的汉人，在语言、风俗习惯上有一定的区别，并且受到后去的汉人的歧视，因而自认和当地汉人有区别，解放后，有人要求承认是少数民族。例如贵州的穿青、广西的六甲等。

三、有些少数民族在民族压迫时代曾经不愿表明和汉人有区别，其中又有一部分民族上层受反动统治阶级的利用，统治过当地的其他少数民族。在被他们统治过的少数民族看来，他们是和汉人一样的,解放后不愿意承认他们是少数民族。例如湖南西部的土家等。

四、历史上,有些少数民族曾经被分散,各自迁移。在迁移过程中,有些又和汉人接触,受到较深的影响,改变了语言,本民族的特点已不显著。经济上和汉人已分不开,但是受到歧视,居住上不和汉人相混,自认是少数民族。例如福建、浙江等省的畬民等。

五、原来同是一个民族的各部分,迁移到了不同地区,基本上保持相同的语言、风俗习惯、历史传统,但长期隔离,又被其他民族用了不同的名称相称,报了不同的民族名称。例如广西的布壮,云南的布沙、布依等。

六、有些民族分布在不同地区,各部分分别接受了邻近民族的生活和文化特点。但仍保持共同的语言,并被别族用同一名称相称。如四川、云南旧称的"西番"等。

七、有些民族集团分散在很广的地区,形成许多不相联结的聚居区,在语言、文化等方面都既有相似处又有较大的差别,长期以来被其他民族用同一名称相称,又自认是同一民族,如苗人等。

八、有些民族内部对于该族是单一民族还是另一民族的一部分的问题有不同意见。如东北的达斡尔等。

上述这种复杂情况表明了我国民族情况的特点:

首先是历史长,渊源久。远的且不说,自从秦代建立了统一的多民族的国家以来,各民族在相互接触、交流中经历着兴衰、消长、流动、分合的复杂过程。满族的巨大变化是我们这几代人亲自看到的现实。故宫和颐和园匾额上的满文,现今满族的游客中已很少有人能认识了。尽管满族的民族特征发生了这样大的变化，绝大多数依然很坚决地自认是满族。解放初期自报满族的人全国有240万，比起满族进关时人口增加了几十倍。翻开历史，许多曾经盛极一时的民族，比如匈奴人、契丹人，很久以来连遗裔的着落都不清楚了。历史长，变化多，源流复杂，没有清理，许多疑难情况也就不易理解。

另一特点是幅员广大，民族众多。由于交流掺杂，你去我来，加上各区地形的特点，我国各民族分别形成了万花筒式的大大小小的聚居区，相互交叉穿插地分布在千山万水间。内蒙古、新疆那一片大草原，西通中亚细亚，历来是骑马民族奔驰的广场。草原东端兴起过多少震动过世界的民族，其后裔至今还远布东欧。长江、黄河流域这片广阔平原上，原来众多的民族集团在几千年里逐渐融合成为一个称过华族、后来又称为汉族的民族，像滚雪球那样越滚越大，已成了世界上人数最多的民族，它是长时期内许多民族混血形成的。青藏高原上历史悠久的藏族，高居世界屋脊，习惯于高原气候，遍布这超过祖国1/4的土地上。它也包罗了许多来源不同的民族成分，有些已经同化于藏族，也有些迄今在一定程度上还保持一些原有的特点，而在这个地区边缘居住的藏族也曾不断被融入其他民族之中。民族情况最复杂的是我国西南角的云贵高原，这里高山深谷，纵横地分隔成为一块块、一层层不同民族的聚居区。过去，有些偏僻之区颇像陶渊明所描写的桃花源，那里的居民可以世世代代"不知有汉，无论魏晋"地过着多少与世隔绝的生活。上面提到的解放初期400多个登记的名称中，云南省就占了260多个。单位众多，支系复杂，莫过于此。

第三个特点是各民族社会经济发展不平衡，解放初期可以说是一部活着的社会发展史。我国各族人民长期在封建统治下，近百年又在三座大山的压迫下，社会发展受到阻碍。我国的少数民族中资本主义因素一般是很不发达的。绝大多数基本上处于前资本主义社会。解放初期仍滞留在初期封建的农奴制社会的有400万人，还是奴隶社会的有100万人，大约还有60万人阶级分化尚不明显，不同程度地保留着原始公社所有制。我们的政策是民族不分大小，一律平等。我们所用"民族"一词历来不仅适用于发展水平不同的民族集团，而且适用于历史上不同时期的民族集团，这是一个涵义广泛的名词。这一点和欧洲各国的传统是不同的。在欧洲各国，"民族"这个概念形成于资本主义上升期，西欧民族国家的建立是欧洲近代史的特点。在东欧多民族国家里也存在着民族集团间发展不平衡的情况，因而在接受西欧的"民族"这个概念时不得不用另外一些名词来指称前资本主义的民族集团，如称原始社会的民族集团为"氏族""部落"，称奴隶制及封建制社会的民族集团为"部族"等等。由于我国和欧洲各国历史不同，民族一词的传统涵义也有区别，我在这里提到这一点是要避免因中西文翻译而引起理论上不必要的混乱。我在这里所说的民族是按照我国自己的传统用法来说的。

面对中国民族情况的这些特点，用马列主义理论结合我国社会的实际，从1953年起到1957年初，对需要识别的各民族单位进行了实地调查。经过本民族代表人物及群众的同意，明确了11个少数民族的民族成分；其后又陆续明确了9个少数民族的民族成分，其中有一个民族是1979年才予以确认的，就是基诺族。到目前为止，加上蒙、回、藏等历来被公认的民族，经中央公布的，包括汉族在内，一共有56个民族。但是民族识别工作并没有结束，因为（1）台湾及西藏东南部珞渝和察隅等一部分地区的少数民族尚有待将来实地调查后才能识别；（2）一些解放初期已经提出的民族名称，如云南的苦聪人等，至今还没有作出识别的结论；（3）对过去决定的族别还有需要重新审定的如四川的"平武藏人"等。而且，还应当看到，民族这种人们共同体是历史的产物。虽然有它的稳定性，但也在历史过程中不断发展、变化；有些互相融合了，有些又发生了分化。所以民族这张名单不可能永远固定不变，民族识别工作也将继续下去。

二

为了说明怎样进行民族识别，我在下面举两个具体例子：第一个例子是识别汉族还是少数民族。第二个例子是识别是单一的民族还是其他民族的一部分。

先说第一个例子，贵州穿青人是不是汉族的识别经过。

1950年中央派遣访问团到贵州，接触到的自报的民族单位有30多个，其中大约有10多个在语言和生活方式上与汉人基本相同，但受到当地汉人歧视，不愿和汉族合为一族，要求以少数民族待遇。其中人数最多的是居住在贵州西北部的穿青人，约有20多万，其他人多在两三万人上下，也有只有几千人的。为了解决他们是不是汉人的问题，1955年进行了实地调查。

穿青人要求被认为少数民族的理由是：他们过去有一种和当地汉人不同的语言，称"老辈子话"；他们基本上都住在乡间，形成一大片村子，有自己的聚居区；他们有不同于当地汉人的信仰和风俗习惯的特点；他们妇女穿大袖滚花上衣，梳三把头，不裹脚，出嫁不坐轿。这些都和当地汉人不同。当地汉人称他们叫"穿青"，他们称当地汉人叫"穿蓝"，解放前青蓝对立，青受歧视。解放后，穿蓝都登记是汉族，穿青就不愿意登记汉族，怕吃亏。承认是少数民族可以受政府照顾，不会再受穿蓝的气。但是当地各少数民族并不称他们作"穿青"，而在称汉人的名称前加上形容词，翻译出来是"穷汉人""当里民的汉人"等。

初听来，穿青人在语言、地域、经济生活、心理素质这几方面似乎都有特点，可能有构成一个单一民族的条件。

我们的识别工作首先从语言入手。穿青人都说贵州通行的汉语，只有少数人会说"老辈子话"。分析"老辈子话"的结果，它完全是汉语，并没有其他民族语言的痕迹，但它和贵州通行的汉语确有区别，是一种方言。这种方言又不是从贵州通行的汉语演变来的，而和早期江西、湖北、湖南通行的汉语方言有渊源。看来，穿青人并不是在贵州学会这种方言，而可能是进入贵州时就说这种方言的，到了五六十年前才普遍学会现在贵州通行的汉语方言。

语言分析并不能得出穿青人是汉族一部分的结论，因为使用汉语并不一定是汉族。尽管如此，但语言分析毕竟提供了穿青人来历的线索，他们是早期从贵州以东诸邻省进入的移民，这是和地方志书、穿青人的家谱、墓地的碑记、文物上的记录、民间的传说相符合的。

要弄清穿青人是否已经形成单一民族，还必须研究他们在这地区的历史。

明初（公元1381年）朱元璋派遣军队南征元朝在云南的

残余势力，经过贵州，随后即在贵州的许多据点屯田驻军。从那时起就有许多从内地迁入贵州的移民，其中有一部分是从江西强迫随军服役而来的汉人。他们形成了一个具有地方性特点的移民集团，聚居在今贵州的清镇一带，正是当时彝族聚居的水西地区的边缘，也是汉人势力的前线。随军服役的人在明代称"民家"，有别于有军籍的"军家"。军家配给土地，而民家须向彝族讨地，当佃户，受剥削。他们的社会身份低。但是因为在汉人军队的左近，并没有淹没在彝族的势力之下；又因他们在经济文化上比当地彝族为先进，也没有被彝族同化，保持了原有的民族特点。明末，彝族土司势力削弱后，他们向西深入水西腹地现织金、纳雍地方。清初改土归流，政治上汉族取得了这地方的统治权，移入的人更多，形成了汉族移民的聚居区。

和这批移民同时或以后，不断有许多外来的汉人。其中有做官的或经商的，在这地区落籍，大多住在城市和街场，因此，在这地区有来路不同的两部分汉人，各有其不同的地方性特点。早期移民的集团的人后被称为穿青，后来的其他汉人被称为穿蓝。后者住在城街，政治经济地位较优，看不起曾是彝族佃客，僻居乡间、从事农作的穿青人。

穿蓝、穿青在早期和彝族土司及改土归流后的残余土目势力作斗争时是联合的，青蓝矛盾不突出。在随后发展起来的封建经济中，蓝占优势。咸同年代农民运动中有穿青人的农民领袖，而地主阵营中却以穿蓝为主。清末民初，国内民族市场形成，破坏了这地区割据性经济，现代商业势力开始进入，而这新兴经济的领导势力几乎完全被穿蓝所独占，和外界缺乏联系的穿青人受到排斥。在地方经济中，人数较少，力量较弱的穿青地主不甘心在新兴的经济形势中被压倒和淘汰，青蓝上层之间发生了显著的矛盾。穿青上层利用移民集团内部传统的乡土感情，和穿青农民对日益加深的剥削和压迫的反抗情绪，以反对受歧视为口号，鼓动起青蓝斗争。从那时起到解放止这一段时间中，穿青聚居区的各街场上曾不断发生过大小规模的局部械斗。青蓝伤了感情，产生了隔阂。

但是这地区的经济发展和国内民族市场的联系日趋密切，穿青人在生活各方面也密切和其他汉人发生联系。他们传统的地方性特点逐渐消失，近五六十年来，在语言、服饰、风俗上已和其他族人趋于一致。青蓝界限在交通发达地区，即聚居区的边缘，已经模糊，甚至消失。但在聚居区的腹地，尤其是偏僻山区，青蓝在政治、经济上差距显著，穿青人还是受到歧视。这时期的变化表明了包括青蓝双方在内的汉族在资本主义发展中进一步的统一化，反过来也表明了穿青人原是汉族的一部分。

这次调查所了解的历史事实证明：穿青人原是汉人中的一部分，自从进入贵州之后并没有和汉族隔离，并没有独立发展为一个民族。他们所提出的特点是汉族内部早期地方性的特点，青蓝矛盾是在汉族内部地方性差别的基础上在特定的历史条件下产生的矛盾。这些差别和矛盾在汉族向现代民族发展过程中已在逐步消失。

所以，我们认为穿青是汉人，是汉族中的一部分，并不是少数民族，但是为了加强地方上青蓝两部分汉人的团结，必须在政治、经济上对穿青人适当照顾，帮助他们更快地发展起来，逐步缩小青蓝的差距，从根本上消除青蓝在心理上的隔阂。

第二个例子是东北达斡尔族是不是单一民族的识别经过。

达斡尔族1953年约有5万人,主要分布在黑龙江省嫩江及其支流的两岸,少数分布在呼伦贝尔盟,还有1000多人在新疆塔城。

达斡尔人的族别问题很早就引起注意,而且有争论。争论的主题是:达斡尔人是不是蒙古人?早年一般多采用族源来决定族别,所以族别的争论也集中在族源问题上。

我们对有关达斡尔人族源的各家说法都进行了分析,但认为都没有可以作出定论的充分根据。从这场争论所提出的资料中,只能看到达斡尔人在历史上同黑龙江地区先后出现过的属于蒙古语族的和属于通古斯-满语族的许多古代民族都发生过关系。但从有可靠的记载以来的450年中,他们主要接触的民族是些属于通古斯-满语族的索伦人(今称鄂温克人)和满人等。

尽管如此,现在达斡尔人所使用的语言却是蒙古语族的一支,它和现今的蒙语是有区别的,语言学者认为它是一种独立的语言。从语言来推测,达斡尔人的祖先可能是古蒙古人的一部分,也可能是另一种人在某一时期接受了古蒙古语的,这个族源问题不妨留着继续研究。和我们当前民族识别有关的是这些曾经说蒙古语的达斡尔人是怎样走上发展独立语言的道路的。

大约在16世纪初,有一部分达斡尔人聚居在黑龙江东边的支流精奇里江畔。17世纪初最集中的聚居区还是在精奇里江中游以下,黑龙江自漠河县对岸以东的区域。明末清初,石勒克河向西南以至尼布楚一带还有达斡尔人,俄国对这地区的历史名称"达呼里亚"反映了这一史实。这时,达斡尔聚居区的东方是说通古斯-满语的各族,西方和布里雅特蒙古人为邻。帝俄势力从西伯利亚向东扩张,1643年到1646年探查黑龙江的侦察队在精奇里江流域遇到了达斡尔人。达斡尔人跟帝俄的侵略者进行了40多年的斗争,直到1689年《尼布楚条约》签订才告一段落。在反抗帝俄侵略的斗争中,达斡尔人、索伦人一起被迫放弃了在黑龙江以北的原聚居区——一方面也由于清军采取坚壁清野的战略——南迁到嫩江西岸。300年前发生的这次迁移对达斡尔民族的形成是很重要的。嫩江聚居区的西南在明末清初是科尔沁部蒙古人的势力范围。他们同达斡尔人并不友好。达斡尔人南迁嫩江流域以后,清朝政府为了增加本区的兵力和军粮供应,把达斡尔人(和索伦人)编入八旗,强迫他们"披甲驻防"。他们和蒙族分属不同的行政系统,关系更形疏远了。

这段历史说明,不论达斡尔人和蒙古人在族源上是否相同,至少在有史料可考的450年中达斡尔人是生活在和蒙古族分开的聚居区里,关系是疏远的。和他们密切相处的是说通古斯-满语的索伦人,在政治上控制他们的主要是说通古斯-满语的满人。这种历史条件使他们一方面分离于蒙族,在语言上已产生了独立的特点,而另一方面尽管处在讲通古斯-满语的各民族的包围之中,却并没有同化于周围的民族。

从达斡尔人的历史分析,可以认为他们经过这段历史已形成一个单一的民族。但是为什么在东北的达斡尔人中出现达斡尔是蒙古族一部分的论调呢?这也应当从历史过程中去理解。清代,达斡尔人被编入八旗后,部分上层紧密依附于满族统治集团,又由于他们在八旗中文化较高,不少人取得了显赫的地位。辛亥革命后,这些达斡尔人失去了政治支持,在大汉族主义的压迫下自己又找不到出路，于是在民国初年开始有达蒙结合运动，不少关于达斡尔人是蒙古族的论调就是这时出现的。日伪时期，日本帝国主义为进一步入侵蒙古做准备，拉拢这些达斡尔人上层，并在群众中散布种种论调，其影响一直到解放后还没有完全消失。这次民族识别工作对达斡尔人的历史比较全面地、系统地进行了一番分析研究，在统一达斡尔人对自己民族的正确认识上起了积极作用。达斡尔是一个单一民族的结论得到了达斡尔人广大人民的同意，它的族别问题得到了圆满解决。

我举出上面两个具体例子来说明在我国复杂的民族情况里怎样进行民族识别的方法，也就是怎样运用马列主义的历史唯物主义观点对具体情况进行具体分析。

三

在开始进行民族识别工作时，我们曾反复学习了马克思列宁主义有关民族问题的理论，特别着重学习了斯大林著名的有关民族的定义："民族是人们在历史上形成的一个有共同语言、共同地域、共同经济生活以及表现于共同文化上的共同心理素质的稳定的共同体。"❶ 我们认为这是对资本主义时期形成的西方民族的科学总结，应当作为我们进行民族识别的研究工作的指导思想。怎样运用这个理论来研究我国具体的民族情况是我们做好民族识别的关键。

---

❶ 斯大林：《马克思主义和民族问题》，《斯大林全集》第2卷，第294页。

我国曾经长期处在封建社会，直到解放前还是一个半殖民地半封建的国家，各民族的社会经济发展极不平衡，除少数几个民族已经初步具有资本主义因素之外，有许多民族还是处在前资本主义阶段，所以它们不具备近代民族的四个要素。但同时我们必须承认近代民族是历史的产物，它的特征也是从历史中发展出来的，前资本主义时期的民族共同体必然在不同程度上存在着这些要素的萌芽。正如斯大林所说的："当然，民族的要素——语言、地域、文化共同性等等——不是从天上掉下来的，而是还在资本主义以前的时期逐渐形成的。但是这些要素当时还处在萌芽状态，至多也不过是将来在一定的有利条件下使民族有可能形成的一种潜在因素。这种潜在因素只有在资本主义上升并有了民族市场、经济中心和文化中心的时期才变成了现实。"❶因此，在我国民族识别工作中既不能搬用资本主义时期所形成的民族特征来作为识别标准，又不应该不把这些特征作为研究的入门指导。

我们在上述的两个例子里从语言这个要素入手而取得了重要的线索。但是我们并没有把语言作为孤立的识别标准，单独根据语言系属来决定他们的族别。我们并没有因为穿青人说汉语就说他们是汉人，而进一步追问他们尽管在历史上是从邻省进入贵州的移民，在几百年里是否已与其他汉人隔离而形成了单独的民族。说同一语言的人分别形成不同民族的例子在世界上是很多的。我们并没有因达斡尔人曾经说蒙古语而认为他们是蒙古人的一部分，也不是仅仅根据他们所说的蒙古语族的语言是一种独立语言而得出他们是单一民族的结论。因为我

---

❶ 斯大林：《民族问题与列宁主义》，《斯大林全集》第11卷，第289页。

们认为语言是变动的。说两种不同语言的人可以融合成一个民族，在融合过程中这一个民族可以存在着正在变动中的两种语言。所以我们既需要依靠语言分析但又不能单独依靠语言分析来识别民族。

我们在上述两个例子中都重视民族地区这个要素——民族聚居区的位置和他们同相邻民族的关系。中国民族情况的一个特点就是流动大、分布广，而且常常以大小聚居区交叉杂处。包括汉族聚居区在内，全国县一级的行政单位有70%，其居民包括两个及两个以上民族。因此，在民族识别中对于共同地域方面的研究不能单独从某一民族着眼，而应以某一民族所在地区为范围，进行各民族间关系的历史分析，正如我们在上面两个例子里所做的那样。这里也就牵连到共同经济生活这个要素。在这方面中国民族情况更为复杂。人口众多的汉族散布在全国各地，各少数民族聚居区里几乎都有汉族居民，在那些经济较不发达的民族地区，汉族居民又常是这地区经济的主要联系者。以汉族居民为主的城镇常是这地区的经济中心，这些地区又包括若干不同的民族聚居区在内。看来紧密联系的共同经济生活正是形成近代民族的一个重要动力；在前资本主义时期所形成的民族共同体，这个因素是相对地不发达的。现在我国各民族正在社会主义道路上前进，在民族平等的条件下相互合作，共同地区的经济联系这个要素在今后民族发展上会起什么样的作用，正是值得我们注意研究的课题。

"表现于共同文化上的共同心理素质"，这个民族要素在民族识别工作上是十分重要的。但是必须承认我们对这个特征的理解还不够深刻和全面，因而在我们的工作中也出现过追求各民族的风俗习惯、社会生活方式、宗教仪式上的所谓"特点"，脱离了该民族人民附着于这些"特点"上的民族意识和它们发展的历史条件，简单地把它们用来作为识别的标准，这种做法是不妥当的。

我们认为首先要认清这个要素的核心是民族的共同心理素质。用一句比较容易理解的话来说，是同一民族的人感觉到大家是同属于一个人们共同体的自己人的这种心理。这种心理是客观存在的，而且我们每个人是可以用自己的经验体会到的。这个特征可能比其他的特征在形成和维持民族这个人们共同体上更见得重要。我们在上面已提到过满族的变化。就在我们这几代人中，绝大多数的满人在语言、生活方式上都和汉人相同了，但是依旧认为自己不是汉人而是满人。还可以提到我们在贵州和广西访问时见到的仡佬族。有很多迹象表明他们的祖先曾经是这个地方分布很广的一个相当重要的民族，但是以贵州境内来说，现在他们是人口稀少，居住分散，大多几家几户地居住在一起，混杂在其他民族的聚居区里。他们一般都已分别接受当地民族的语言和生活方式，一眼很难看出他们的民族特点。尽管这样，他们还是自己说是仡佬人，别人也说他们是仡佬人；不同地方的仡佬人见了面还是感觉是同一民族的自己人。类似的例子，程度上有所不同的，还有畲族。畲族长期与汉族杂居，通用汉语汉文，文化生活也深受汉族影响，但是共同的心理维系着他们成为不同于汉族的一个共同体。更值得提到的是分布在整个云贵高原，甚至到东南亚各国的苗族。各地苗族说着不同方言，住在不相连结，甚至相距千里的村里，但是自觉是一个民族的心理十分显著。解放前，特别在清末，苗族起义时，鹅毛信所到之处，千里赴义的苗民经常有几万人，甚至十几万人，共同心理素质在构成民族共同体上的重要性是十分清楚的。

一个民族的共同心理,在不同时间、不同场合,可以有深浅强弱的不同。为了要加强团结,一个民族总是要设法巩固其共同心理。它总是要强调一些有别于其他民族的风俗习惯、生活方式上的特点,赋予强烈的感情,把它升华为代表这民族的标志;还常常把从长期共同生活中创造出来的喜闻乐见的风格,加以渲染宣扬,提高成为民族形式,并且进行艺术加工,使人一望而知这是某某民族的东西,也就是所谓民族风格。这些其实都是民族共同心理的表现,并且起着维持和巩固其成为一体的作用。我们认为,这就是上面所引斯大林的民族定义中关于这个要素上所说"表现于共同文化上"这几个字的意义。

我们的政策一贯强调尊重各民族的风俗习惯,就是因为有许多风俗习惯是被用来表现一个民族的共同心理的。不尊重这些风俗习惯就会被认为是对这些民族的不尊重,影响民族间的团结。风俗习惯和生活方式的改革由本民族自己进行也就不会发生影响民族间的团结问题了。必须指出,一般的风俗习惯不仅不一定牵涉民族的共同心理,而且是常有变动的,我们汉族的妇女时行过满族的旗袍,也时行过俄式的布拉吉,这些显然和民族共同心理素质无关,这些决不能用来作为民族识别的标准。

总之,民族识别这项科学研究工作必须在马列主义理论指导下,结合具体情况,实事求是,对民族要素的各方面综合起来进行历史的分析,摆事实、讲道理,才能有助于各民族人民解决他们究竟属于哪个民族的问题。

四

由于这20多年在党的领导下,许多民族科学工作者的努力,在民族识别的科研工作上已经做出了一定的成绩,并取得了一定的经验。除了下面要提出的一些遗留的问题外,我国民族大家庭的构成基本上是搞清楚了的,各民族的广大人民对此是接受和满意的。

当前我国民族识别工作上的遗留问题,如上所述,包括三个部分:(1)台湾和西藏东南部尚没有条件进行实地调查的地区的少数民族。(2)一些尚未作出结论的识别问题。(3)一些已经识别过而需要重新审定的问题。除第一部分外,所牵涉的人数并不多,总数不过几万人,占少数民族总人口的百分比是很小的。自从粉碎"四人帮"以来,党的民族政策的光辉又照到了少数民族地区,这些至今民族成分不明的少数民族人民纷纷要求早日解决他们的问题。

现在已经提出要求识别的有:四川"平武藏人";西藏自治区东南部察隅县的僜人及南部定结县及定日县的夏尔巴人;云南省红河哈尼族彝族自治州的苦聪人,以及还有这一带不大为外边人知道的本人、空格、三达、阿克、布夏、布果、岔满、等角、卡志、巴加、结多等人。

此外,在这20多年的民族调查中还发现了一些值得注意的有关民族识别的问题。比如新疆有一些"语言孤岛",即保持着与周围居民语言不同的民族集团。如和田自称"艾依努"的人,他们操两种语言,他们内部说的语言可能是东伊朗语支中的一种古代语言。还有,阿尔泰地区说图瓦语的"乌梁海人"以及阿克陶县被柯尔克孜人称为"奥依塔克勒克"的人,过去曾被归入维吾尔族，后改属柯尔克孜族，老年人自己称过土尔克曼人，而语言近维吾尔语，又不同于苏联的土库曼人。又比如四川阿坝和甘孜地区的嘉戎"藏族"，他们的语言在结构上和藏语不同而接近于羌语、普米语，有"藏缅语言桥梁"之称；四川木里地区的"藏族"和云南宁浪一带的普米族原本是一族，语言与藏语不同，近于羌语、嘉戎语。跨居四川盐源和云南宁浪两县之卢沽湖两岸自称"纳西"的少数民族，在四川的现被称为蒙古族，在云南的现被称为纳西族，比邻而居，鸡犬相闻，成了两个民族。又比如海南岛自称为"苗族"的人，语言、生活方式不同于其他地区的苗族，而相同于广西自称"金门"的瑶族。由于我国幅员广大，民族众多，这类问题在我们对全国民族情况了解逐步深入的过程中必然会陆续发现的，也正是促进我们调查研究工作的有益课题。

下面我们简单地介绍几个遗留问题作为例子。

一、关于"平武藏人"。在川甘边境，大熊猫的故乡周围，四川平武及甘肃文县境内居住着一种称为"平武藏人"或"白马藏族"的少数民族有几千人。解放前受当地番官、土司、头人的奴役。1935年，红军长征经过该地；尔后，惨遭国民党的屠杀，仅存500余口，隐族埋名，依附于松潘藏族大部落，和附近的其他一些少数民族一起被称为"西番"。解放后，1951年原川北行署派民族工作队访问该地，听该地区的上层说，这部分少数民族也是藏人，因此暂定名为藏族。1964年，国庆15周年该族的尼苏同志受到毛主席接见，毛主席问她是哪个民族，她激动得说不出话来，别人代答："是四川白马藏族。"大型彩色纪录片《光辉的节日》有她两个特写镜头。喜讯传遍了尼苏的故乡，欣欣鼓舞之余，对这个族名却发生了怀疑，因为从祖辈传下来的史实和现实情况都说明他们既不同于阿坝州的藏族，又有别于茂汶的羌族。据最近调查，他们自称"贝"，语言和藏语之间的差别超过了藏语各方言之间的差别，在语法范畴及表达语法范畴的手段上有类似于羌、普米等语的地方。他们的宗教信仰也较原始，崇拜日月山川、土坡岩石，而无主神，虽部分地区有喇嘛教的渗透，但不成体系。

从这些事实上不难看到，"平武藏人"在历史上并非藏族的可能性是存在的，但是他们原来究竟是什么民族呢？有些历史学者根据这地区的历史记载认为有可能是古代氐族的后裔。但是魏晋之后的史料缺乏有关这地区氐族的记载，几百年的空白还不易填补。

要解决这个问题需要扩大研究面，把北自甘肃，南到西藏西南的察隅、珞渝这一带地区全面联系起来，分析研究靠近藏族地区这个走廊的历史、地理、语言并和已经陆续暴露出来的民族识别问题结合起来。这个走廊正是汉藏、彝藏接触的边界，在不同历史时期出现过政治上拉锯的局面。而正是这个走廊在历史上是被称为羌、氐、戎等名称的民族活动的地区，并且出现过大小不等、久暂不同的地方政权。现在这个走廊东部已是汉族的聚居区，西部是藏族的聚居区。但是就是在这些藏族聚居区里发现了许多"藏人"所说的语言和现代西藏藏语不完全相同的现象。四川西北部的嘉戎藏语和现代拉萨藏语存在着显著的区别。嘉戎地区向南，在这走廊中有迹象表明还存在着被某一通用语言所淹没而并没有完全消亡的基层语言。这类语言在家庭等亲密的群体里还在使用。中央民族学院曾有一位教授，贡嘎活佛，他的家乡在康定木雅乡，今属沙德区，藏语称该地为 mmyak。这地方的人对外一般使用藏语，但在家里还讲一种和藏语不同的土话。这种土话至今未经语言学者深入研究。从这地方的藏语地名上看，值得注意的是它和藏语称西夏的主体民族党项羌的名称相同的，也就是《新唐书·党项传》所说的"弭药"，古音 mjeiak，而党项羌的发祥地有人认为就在今甘孜藏族自治州境内的金沙江与大金川之间。《新唐书》上有："地乃入吐番，其处者皆为吐番役属，更号弭药。"❶那是说，原来住在这地方的党项人一部分北迁后，留下的一部分受到了吐番的统治。现在还保持在这地区的那种"土话"是否和党项羌古语有关系是个值得研究的问题。

从康定向东，在岷江上游是有如孤岛般存在着的，现在已被承认是单一民族的羌族。再向东在涪江上游和嘉陵江上游就是有人要求重新审定族别的"平武藏人"。从康定向南往西，在雅砻江和金沙江之间还有一种过去和"平武藏人"一样被称作"西番"的少数民族。解放后，他们在四川境内的被称为藏族，而在云南境内的则被称为普米族。事实上，四川境内的这部分藏族所说的语言不同于藏语而同于云南的普米语，而普米语又接近于羌语和嘉戎语。从这里向西，越澜沧江到怒江，有现在已承认是单一民族的怒族，但是怒族人说着不同的语言，其中一部分和其西的独龙语相通，都接近于其南的景颇语。景颇语和羌语现在是被认为与彝语平行的藏缅语族中的两个语支。它们之间的历史关系是需要进一步研究的。从怒江西岸越过独龙河和其间的山脉就是居住着需要识别的察隅的僜人。

我们以康定为中心向东和向南大体上划出了一条走廊。把这走廊中一向存在着的语言和历史上的疑难问题，一旦串联

---

❶《新唐书》第221卷上。

起来,有点像下围棋,一子相联,全盘皆活。这条走廊正处在彝藏之间,沉积着许多现在还活着的历史遗留,应当是历史与语言科学的一个宝贵的园地。

二、关于察隅的"僜人"。从怒江往西,越过伯舒拉岭就是西藏自治区东南角的察隅地区。这里住着大约有一两万人的一种少数民族,解放以来被称为"僜人",他们究竟属于哪个民族,一直是个悬案。

察隅地区正处在非法的麦克马洪线的东端,所以僜人的聚居区只有一部分在1950年获得了解放。在察隅县范围之内,1976年的统计共有僜人977人,组成七个生产队,分属四个人民公社。这些公社除了这七个生产队外,都是藏族生产队。

被称为僜人的人中又分两部分,各有自己的语言和名称,而且据说是从不同地区进入察隅的。一部分自称达让,另一部分自称格曼。印度阿萨姆人称前者为"迪加罗"(digaru),称后者为"米佐"(midzu)。英语统称他们(还包括丹巴江的义都人)作"米什米"(mishmi)。据他们的传说达让是从察隅之西丹巴江的义都人中分出来的,到这地方只有7至11代。格曼进入较迟,来自缅甸,约9代;在今察隅县内的格曼人少于达让人,成1∶3。他们分别使用两种不同的语言,但都与云南的独龙语、景颇语接近,达让人和格曼人则各有自己的语言,但是由于长期杂居,除大家都会说藏语外,格曼人已学会说达让话,而且有些格曼儿童已不说格曼语。这两个集团在语言上正在统一起来。

还值得提到的就是据传说察隅地区原来还有一种称为"冏"的人,他们生产先进,所筑的梯田,遗迹尚在,大约在六代前被藏族打败,部分迁走,部分已藏化。这种人究竟属于什么民族现在还不清楚。另外还有一种人，藏族称他们"扎"，他们的语言据说是格曼语加藏语，尚未经语言学者的鉴定，有可能是格曼语的底子杂有藏语。他们的语言现在被说成是土话，表示与藏语不同。他们不信喇嘛教，不和藏人通婚，有送鬼的习俗，但怕受歧视，自认是藏人，或是"讲土话的藏人"，一共有五个村子，约 700 多人。这种"讲土话的藏人"提示了在更早的时候已有能说和独龙语相近的语言的人，可能就是早期的格曼人，居住在这个地区。

这个地区原本和怒江流域只有一山之隔，而且早在唐代，樊绰的《蛮书》里已提到过有条从云南向西的通道。现在正需要我们识别的居住在察隅和珞渝的许多民族，有可能就是早年从这条通道进入这些地区的说着和今独龙语相近语言的人的后裔。珞渝各民族集团的语言据初步了解不属藏语支而与景颇语支相近。如果联系到上述甘南、川西的一些近于羌语和独龙语的民族集团来看，这一条夹在藏彝之间的走廊，其南端可能一直绕到察隅和珞渝。上面提出族别问题的"平武藏人"和这里所说的"僜人"，可能就是在这走廊中在历史上存在着某种联系，受到藏族、彝族等不同程度的影响的两个民族集团的余留。它们共同向我们民族研究工作者提出了一个新的课题，我们应当进一步搞清楚这整个走廊的民族演变过程。

三、关于云南红河的"苦聪人"。云南是我国民族情况最复杂的地区：单位众多、支系复杂，自称、他称尤其混乱，据 1972 年《云南少数民族族别称谓简介》确定的 21 个少数民族的自称有 138 个，他称有 157 个。此外还有几十个名称没有经过族别调查，或暂时不能确定族别，共约 3 万余人，暂称为

"人"而不称为"族"。已经在报纸上露面的有"苦聪人"等。

被称为"苦聪人"的少数民族分布在礼社江-元江及把边江-墨江之间的哀牢山区。北从镇源之东、新平之西,南到绿春和靠近中越边境的金平,更向西南到西双版纳的勐腊。金平、绿春、勐腊的苦聪人聚居在深山丛林中,生产较为原始,1971年约有3600人。在北部新平、镇源一带的也有两三千人,生产水平与邻近的彝族、哈尼族相似,过去也被称为"苦聪罗罗",所以大多已归入彝族之中,不再强调是苦聪人。现在提出族别要求的是金平、勐腊一带生活比较原始的苦聪人。

"苦聪"是汉人对这部分少数民族的称呼。他们之中一部分自称"拉祜",又分拉祜西(汉称黄拉祜),及拉祜普(汉称白拉祜),另一部分自称"郭抽"(汉称黑拉祜)。

1954年云南民族识别研究总结在墨江哈尼族识别小结的附注中有这样一条:"苦聪有两种:(1)自称'郭错',据说近哈尼,(2)自称'拉父',据说近'拉祜',因材料不足尚待进一步研究。"1955年云南民族识别研究组第二阶段工作报告中把"苦聪"列入了哈尼族系统,并说新平县的苦聪人"不能成为单一民族,他们都是哈尼族的支系",主要根据是调查组向新平县需要识别的五个单位各收集了837个词,与当地哈尼语作了比较,在610个词中与"苦聪"话相同相近的有363个,占59.51%。

这个结论是不够全面的。第一没有答复1954年调查时提出的两种苦聪人的区别问题,第二没有说明为什么自称"拉祜"的人不归入拉祜族而并入哈尼族。1961年云南大学历史研究所调查了金平县的苦聪人,得出了不同的结论。据1977年的修改稿:"苦聪人分成黄、白、黑三种。黄、白苦聪人都自称拉祜。

经过对其语言初步的调查，似属澜沧拉祜语的一个方言。黑苦聪人自称'哥槎'，其语言亦与拉祜语近似，因此苦聪人似属尚停留在林中的拉祜族的较原始部落。但无论过去和现在都有人主张苦聪人属于哈尼族的一个支系。"

最近云南民族学院语文系的研究报告中说："黑苦聪与黄苦聪二者语言无大差异，彼此可以互相通话。在语音、语法、词汇方面有着明显的彝语支语言的基本特点……"又从苦聪语与澜沧县拉祜语的比较得出结论："在基本词汇方面有50%完全相同，30%相近似，完全不同的只有20%；语法方面基本一致，语音方面略有差异。所以金平县苦聪语可以认为属于汉藏语系、藏缅语族，彝语支拉祜语的一个方言。"

在苦聪人族别问题上意见的分歧，可能是由于苦聪人本身客观存在的复杂性。"苦聪"这个族名原是汉族对他们的称呼，他们的自称就不一致。最早说苦聪人中一部分近于哈尼，另一部分近于拉祜，这是值得注意的。问题是在自称"郭抽"的那一部分和自称"拉祜"的那一部分存在着什么区别和有什么联系，把他们合并为"苦聪"有什么根据。还应当看到拉祜人本来存在着不同分支，各分支之间方言的区别相当大。据西方语言学者对靠近我国边界的泰国北部拉祜人的调查，这地区的黄拉祜和黑拉祜方言不同，不能互相通话。苦聪人中的"郭抽"汉称是黑拉祜。所以即使"郭抽"和黄拉祜语言有差别，这种差别也可能是方言的区别。于是引出了拉祜语和哈尼语的区别和联系的问题来了。有人反映云南同一语支的各民族之间语言上的差距可能小于各民族内部方言的差距。这本来是不足为奇的。首先是民族识别并不是单纯地以语言为依据，即以语言本身而言，也不能以其表面形态上的差距决定其亲属关系。语言的谱系分类主要还是要根据语言的历史分析。

拉祜语和哈尼语的分支问题，其实只是彝语支各语言的谱系分类中的一个问题。在云南的民族识别工作中最困难的莫过于彝语支各族的区别。从族名来说，据上引1972年的《简介》，彝语支各族的自称有64个，他称有88个，现在归并成彝、哈尼、傈僳、拉祜、纳西等族。至于他们怎样分离成各单一民族的历史过程，以及包括在这些被认定是单一民族里的许多各有名称的集团之间，在语言上及历史上存在着什么关系——这些都还是需要进一步研究的问题。

至于苦聪人是不是一个单一民族的问题，我们不能只根据语言这个特征来决定。这一点在上面所列举的两个识别例子中已经说明过。苦聪人中那些曾在不同民族的土司下被统治过，社会经济发展又不平衡的各部分间有可能发生分化，部分同化于其他民族，部分又与其他民族结合而形成新的共同体。这些问题只有对这地区作深入全面的历史发展过程的分析才能解决。

民族识别是一项为具体民族工作服务的科研工作。它为决定某些民族集团能否认定为单一民族提供客观依据。但是具体的决定还必须尊重本民族的意愿和照顾到该民族发展上的利益和各民族之间的团结。

在族别问题上，民族的意愿就是指一个民族对于自己究竟是不是汉族或少数民族，是不是一个单一民族的主观愿望的表现。我们在对民族识别做出决定时必须尊重本民族的意愿，主要是从政策方面考虑的。根据民族平等政策，族别问题的解决不能由其他人包办代替，更不能有任何强迫或是勉强，必须最后取决于本民族人民的意愿。但是,由于历史上反动统治长期的民族压迫、歧视造成的各民族的孤立和一个民族中各部分之间的隔阂,加上一些民族的广大群众还没有掌握对本民族历史及语言的科学知识,使得有些民族人民缺乏充分条件正确地表达民族意愿。在这种情况下,我们一方面必须坚持自愿原则,一方面必须耐心地帮助有关各民族人民及其有代表性人物正确认识他们的历史发展过程,以便他们对自己的族别问题做出正确的决定。根据我们的经验,在进行民族识别的科研工作时应当尽量吸收本民族的代表人物参加,密切联系本民族群众,充分与他们商量和研究,把科研工作和群众性的教育结合起来。

我们已经指出,民族这个人们共同体是在历史过程中形成、变化、消亡的,各民族一直处在分化融合的过程中。当前我们急需处理的一些民族识别上的遗留问题,大多是些"分而未化,融而未合"的疑难问题。在研究方法上必须着重于分析这个比较复杂的分化融合过程,在最后做出族别的决定时尤须考虑到这项决定对这些集团的发展前途是否有利,对于周围各民族的团结是否有利。同时还应当照顾到对类似情况的其他集团会引起的反应。所以,有关各族人民的族别问题,必须严肃认真地实事求是地对待。

总的说来,自从解放以来,在党的领导下,我国在民族方面的科学研究是有成绩的。它的特点是密切地与民族工作的实际需要相结合,在马列主义理论的指导下,运用历史唯物主义的观点与中国具体实际相结合。民族识别的研究不过是其中的一个项目。我国在这方面的科学工作者一面工作,一面学习,正在处理前人所没有处理过的问题。尽管出现过许多错误和缺点,我们的方向是明确的,我们是在以科学工作为人民的革命事业服务。

1978年9月

作者附言:本文是根据1978年9月在全国政协民族组会议上的发言改写的。在准备这次发言时,中央民族学院和中国社会科学院民族研究所许多同志,提供了资料和意见。

四十三年后重访大瑶山

一

不久前,我又来到了我国南部边疆广西的大瑶山。旧地重游,离开我作为学人类学的学生初访瑶山学习进行民族调查为时已有43年了。今昔对照,感慨万千。所见变化之大,我只能用四个字加以概括:换了人间!

世世代代居住在被蔑视为化外之区的大瑶山里受尽民族压迫的瑶族人民,在1952年已经建立起金秀瑶族自治县。这是中国各族人民在中国共产党领导下获得解放后,最早实行民族区域自治的地方之一。今天这里出现的崭新面貌,无处不在证明,在人民中国,任何一个民族,不论大小,不论原来文化水平的高低,一旦摆脱了阻碍着它进步的一切剥削和压迫势力,在亲密团结的中华民族的大家庭里,都能飞跃前进,在几年、几十年里走完其他民族曾经走了几百年、几千年的路程。

瑶族的旧中国是一个被歧视的少数民族,在很早的年代里就被撵入了南岭山脉的高寒山区。据说,他们的祖先在两千多年前的秦汉时代还定居在长江中游的洞庭湖一带的平原上。但是这个具有强烈反抗压迫传统的民族,拒绝反动统治者强加于他们的徭役,宁愿进入深山老林,靠双手开辟自己的家园,保卫自主的生活。有人引用最早见于汉文史书《梁书》里的用来称他们的族名"莫徭"(不受徭役的意思),来作这个说法的佐证——尽管史学家对此不尽同意,但是瑶族不断受到历代反动统治者所实行民族压迫政策的摧残而被撵入高寒山区则确是事实。

打开地图一看,这段历史也就不言自明。桂东的大瑶山是处在柳江和桂江之间的一个大约2300多平方公里的高山区,海拔最高达1900多公尺。四围却是平原或丘陵地带。山区边缘尽是几百公尺的陡坡悬崖。我1935年初次进山全凭步行,连骑马都不便。老林密箐里的羊肠小径,野草蔓生,不辨道路。我自己就是由于迷路,误踏捕虎陷阱,受伤难行。前妻单身下山觅援,在急流中失足丧生。这固然是偶然的不幸事件,但是瑶族人民世世代代就是依赖这种险阻才能孤立自保的事实却并非历史的偶然。整个南岭山脉,东起广东,经广西、贵州进入云南的横断山脉直到印支半岛,高山峻岭里,若断若续地可以见到绵延不断的瑶家村寨。桂东的大瑶山不过是其中的一个环节而已。

桂东大瑶山这片幅员较广的山区,高峰插云,山岭起伏,有几条急流从中心向四方外泻。其中最大的是经象县流向柳江的金秀河,自治县即以此得名,称金秀瑶族自治县。沿河有些较平坦的小坝,可以筑田植稻。解放初全山区的水田不过1300公顷。大多数瑶民在高山上,刀耕火种经营广种薄收的旱地作物,面积约有6600公顷,而粮食生产却极有限。当时全山区的人口约2.6万人,其中瑶族约占1.8万人。这个较大的瑶族聚居区的人口实际上只占当时全广西瑶族人口近50万中的3.6%,或是全国瑶族总人口的2%。这就可以见到瑶族大分散、小聚居的特点了。广西瑶族分散在60多个县里,多的县有十几万人，少的只有几千或几百人。而瑶族的村寨一般都相隔几个山头。即在大瑶山这个聚居区里，当年我步行入山时，常常一天只能从一个村寨走到另一个村寨。

分布得这样广，又这样分散的瑶族，在语言、社会组织、风俗习惯、宗教信仰，甚至服装上都存在着显著的相互之间的区别。根据这些区别，人们用各种不同的名称来称他们，瑶族中不同的名称全国多至几十种。以桂东大瑶山而言，就有被称为茶山瑶、坳瑶、花蓝瑶、盘瑶、山子瑶五种。

这许多瑶族集团之间的关系过去也是相当复杂的。在大瑶山里上述的五种瑶民中，前三种分别占有一部分山岭，包括土地、森林、飞鸟和河水，所以他们又统称为山主瑶，或又因为他们的男子过去都留着长发在头顶打一个髻，所以又被称为长毛瑶。他们住在沿河较平的坝子里，以耕种水稻为主。因此他们可以世世代代定居在一个地方，用土木结构建筑经久的房屋，聚居成比较密集的村寨。每个村寨大多有几十户人家。后两种不占有瑶山里的土地，他们只能向早已定居在这山区里的山主瑶，讨山地经营以刀耕火种为主的原始农业。他们每年要向山主瑶交租和服劳役。他们过几年又得抛荒另开新地，不能定居，必须经常迁移，只能居住在简陋的竹棚里。他们被称为山子瑶或过山瑶，表示他们既没有土地又是居处不定的瑶民。过山瑶在严重的剥削下，生活贫困。我初访瑶山时曾住过他们的竹棚，晚上墙缝里寒风袭人。他们吃的是包米和野菜，全家很少有一床完整的棉被，成人连衣裤都不全。

同是被称为瑶族的不同集团间存在着这种不平等的情况，不免使人推想到这种现象是出于入山先后的原因。后来陆续入山的人们只能在荒山上进行原始的农业生产，受到已经占有较好土地、聚众成寨的集团的排挤和歧视。天上的飞鸟，水里的游鱼都属于山主瑶，过山瑶不准打捕。甚至在山主瑶的村寨的路上，过山瑶都不敢昂首阔步而过。

瑶族集团间的这种不平等，也促使山主瑶本身发生了阶级分化。山主瑶原本有一种传统的石牌制度。一个或几个村寨组织成一个集团，树立一块石牌。石牌上用汉字刻上一些要成员共同遵守的规定，其内容是保卫本集团的利益和特权，维持集团内部的社会秩序和风俗习惯，和对违背这些规定应受的处罚等等——看来这是一种社会公约。每个石牌集团公推一个头人来执行公约上规定的纪律，最初也具有原始民主的性质。在这些小集团的基础上，一层层构成较大的集团，称大石牌和总石牌。总石牌包括了整个大瑶山的瑶族。总石牌集团的头人，过去就被称为"瑶王"。至于这些较大的集团怎样联合起来的问题，还是值得进一步研究的。从长期的历史上看去，这种组织在保卫瑶族的生存上起过积极的作用。但是这个石牌制度却也固定了瑶族的内部山主集团和山子集团之间不平等的关系和许多落后的风俗习惯。而且，名义上由群众推选的头人，取得了征收山子瑶地租和徭役的权力，大多把特权据为私有，用以自肥，在山主瑶中间出现了少数剥削别人的人。这些人掌握了比其他瑶人更多的财富，使山主瑶中间也发生了贫富分化。在贫富分化的过程中，山主瑶集团本身发生了有一些贫穷的山主瑶向富有者租田耕种的情况，在瑶族中产生了封建制度。这些头人也成了本集团的封建地主阶级。

旧瑶山里民族关系和阶级关系就是这样错综复杂地交织在一起。山内外存在着瑶族和汉、壮的民族矛盾，山内存在着山主瑶和过山瑶之间的矛盾；虽然其实质都存在着阶级矛盾，而这里的阶级矛盾却都通过民族矛盾的形式起着作用。这错综复杂的社会关系却落实在一个简单的历史事实上，就是几万个瑶族人民被围困在这个高寒的大瑶山里过贫困落后的生活。这历史事实至少已经存在了千年之上，最近在金秀县府附近林区里发现了唐代（公元618—907年）钱币，此说如果得到证实可以说明很早的时代已经有人从山外入居此山了。这段漫长的历史进入尾声的最后几十年却经过一段激烈斗争才宣告结束。这段结尾是从20世纪40年代开始的。

在40年代以前，汉族的统治阶级对瑶族的民族压迫尽管怎样严重，统治势力始终没有直接进入瑶山，也就是说大瑶山里的瑶族尽管内部有种种矛盾，始终保持它作为一个共同体，抵住了外来的直接统治。到了40年代，统治广西的国民党反动派不甘心停留在这个界限上，而采取了所谓"开化政策"，对省内的少数民族实行直接统治，派汉族官吏进入少数民族地区进行武力镇压。在桂东大瑶山先后成立"警备区署"和"设治局"，把全山区划成七个乡，分别隶属于七个县，以便"分而治之"；并且利用瑶族内部的阶级矛盾，勾结瑶族本身的封建地主，加封为乡长，作为统治工具。这些措施，暴露了长期被民族矛盾所掩盖的阶级斗争。在大瑶山里初次发生了过山瑶的抗租斗争，一直持续到解放。

1949年中华人民共和国宣告成立的时候，国民党反动派还在广西作最后的挣扎。他们妄图退守大瑶山，等待变天。1950年大瑶山在国民党反动派的军队武装占领下，受尽了折磨。这些反动军队无恶不作，到处打家劫舍，抓兵派粮，抢钱夺女，害得瑶族人民家破人亡，妻离子散，真是一场浩劫。直到这年年底，解放大军上山进剿，和瑶族人民并肩合力，经过三个月的战斗，终于把国民党残余部队全部肃清，使瑶山人民重见天日。43年前我在大瑶山所亲眼见到的这一章历史到此结束，一去不复返了。我这次重访瑶山，瑶山历史的新篇已经写了27年。我带着43年前的记忆入山，面对这27年瑶族人民所写下的新篇怎能不发生"换了人间"的深切感受呢？

43年对个人的生命来说并不是一个短促的时间，由壮年进入了老年。这次我来广西提出重访瑶山的计划时，不但听者觉得有点意外，连我自己也为下这决心经过一番犹豫。年近七十的躯体还能爬山越岭干年青时代的事吗？

这种犹豫其实完全是多余的。瑶山已经发生了巨变。这个巨变也许就可以从此说起。这次进山，我乘坐舒适的国产上海牌小卧车，从广西的首府南宁直达43年前我始终没有到达的目的地：大瑶山的中心——金秀，一共只花了六个小时。这和我过去步行爬山相比，真有隔世之感。

我们到达金秀已是傍晚，稍事休息，推窗一望，金秀河两岸，灯光点点，有如满天星斗。我有点惶惑，这是我到过的大瑶山吗？主人拉亮了我室内的电灯，并对我说："我们水电厂发的电用不完，成了个有待亟需解决的问题。"原来，金秀的中心发电厂投产已有一年多，有两台机组，每台发电1600千瓦，由于县里用电量不大，现在只有一台在发电，一台还停着未用。而且实际上由于山岭起伏，山涧急流到处都有，许多生产队都可以用水发电，现在很多已有了自己的小发电机。后来，我们去参观了那个中心发电厂，仰首一望，压力管高高地从山顶上一线下垂，落差有680米。这样的发电条件是罕见的。大瑶山只凭这一个优越条件，就具备了实现现代化的大量潜力。

在这次重访瑶山的日子里,我常常不敢相信我的眼睛,我所见的是实情还是梦境。43年前,就是这个大瑶山,一到天黑,黑洞洞的屋子里,只有火塘里的火焰,给你一些照明,如果有必要就得点燃松明(松脂成分很高的松木片,用来点燃照明),这股香味固然好闻,但满屋的黑烟使人眼睛都酸得睁不开来。当时我们带着的手电筒竟成了聚集孩子们围跟的信号。而现在家家有电灯,队队有电影,社社有电视,甚至在计议推广电炉以节省用来当燃料的劈柴。

大瑶山得天独厚的何止发电潜力这一桩?这层峦叠翠的千峰万岚又是个育林取木的聚宝盆。第二天,我被汽车载到了海拔1400公尺的林场上。茫茫林海,一望无际。突然在我们的头顶上空,一大捆木材从天而降,落到公路边的木堆上,原来从金秀河里取来的电力正在为伐木工人服务呢!过去,一根成材的木料,要多少人扛着走几天才能运到山外,现在成捆的木材可以由这钢丝吊车从林场提到公路上,装上卡车,运出山外,每年为国家提供了大量木材。而且,瑶族人民也开始用这些木材作原料发展了用机器生产的新工业。即以他们用废料生产的纱锭子来说,竟能供应广西许多纺纱厂的需要。这些工厂目前的规模固然还不大,但在"木材加电力"这个题目下有多少文章可以写得出来!我真难以设想再过10年,这个山区会变成什么样子。

二

当晚,我和金秀瑶族自治县的两个领导人,县委书记莫义明和副书记黎升平,一起围坐在融融的炭盆旁边闲谈瑶山的巨变。54岁的黎升平是邻县的壮族,1950年这里第一次建立人民政权时,他就是金秀领导人之一。他领导建设大瑶山已经28年了。40岁的莫义明是解放后培养起来的瑶族干部,毕业于中南民族学院。后者实际上是前者一手带出来的,然而今天后者羽毛已丰,被前者推到第一把手的位置上主持着全面工作。他们两人,莫爽直利落、幽默洒脱,黎则浑厚稳重、情深语简。他们相辅相成,亲如兄弟,真是一个搭配极好的班子。

其实,从这两个人的身上就可以看到引起瑶山巨变的民族政策怎样落实的具体过程。民族政策里主要的一条就是实行民族区域自治,用少数民族都懂得的话来说,就是少数民族人民当家做主管理民族内部的事。实行了这个政策,才能达到民族平等、团结和进步的目的。在大瑶山里的那样长期受到民族和阶级压迫、经济贫困、文化落后的瑶族人民要自己当家做主,发展成为一个先进的民族,首先需要摆脱重重的民族和阶级压迫,而要做到这一点,全凭本民族的力量实际上存在着很大的困难。历史上不断发生过瑶族反抗压迫的运动,而这些英勇的斗争,总是付出了巨大的代价,且以失败告终。最后则是由于有了中国共产党,团结了各民族的人民,才有力量推翻压在他们头上的大山。具体到大瑶山来说,就是这样才把盘踞在山里的反动的残余势力彻底肃清的。瑶族人民从切身的经历里体会到没有共产党就没有新中国的这条真理。

少数民族要改变贫困落后的面貌,同样要通过和其他民族团结一致的努力。在平等团结的民族大家庭里,先进民族有责任在物质上和精神上支援后进民族。具体地说,在大瑶山落实党的民族区域自治政策,须有各先进民族干部的参加。事实上，当瑶山解放的时候，瑶族的党员只有少数几个人，要在民族关系、阶级关系错综复杂的大瑶山里建立起以瑶族为主的人民政权，必须有有经验的各族干部参加领导机构起辅导的作用。老黎是壮族，他是当时县委常委之一。当我们正在和老黎讨论瑶族干部成长过程的时候，真是巧合，推门进来了一位当时县委的另一常委。这位从外地来的客人是汉族，出生于东北，解放时作为南下工作团的成员来到广西，被派到瑶山来工作。他一听我们谈话，就插嘴说，他入山之初，领导上交给他的任务是要在三年里培养个瑶族的接班人，才能出山。而事实上，他在瑶山工作了20多年，在这期间他确是培养了不少瑶族干部。他指着莫义明说，他当时还是个小伙子，现在长成了，挑起我们的担子了。

他和老黎一起回忆成立瑶族自治县时，领导干部中只有1个瑶族，而现在9个领导人中有瑶族6人、壮族1人、汉族2人。当家做主的瑶族干部就是这样由汉族、壮族的干部亲手培养起来的。说到这里，这两人相视微笑，微笑中充满了胜利完成任务的愉快。

大瑶山物质上的发展，也是由外面支援所促进的。以上面提到的中心发电厂来说，机器是东南沿海福建省造的，经费是由中央规定对少数民族地区补助费中拨给的，设计是由广西自治区派人来搞成的，瑶族的技术人员也是在南宁的学校里培养出来的。老黎说，如果这不是一个民族自治县，那就享受不到这样的照顾和补贴。早年本县的财政收入还不及中央的各项补贴和实物配给，而财政收入的增加也来自由中央补贴而发展起来的企业收入。

这样说来，民族自治地方的建立和发展既然可以依赖先进民族干部的支援和中央财政的补助,继续这样搞下去,不行么?老黎摇了摇头说:"不能这样。瑶山里既然以瑶族为主,那就必须有更多的瑶族干部来参预这地方政权的领导工作,这样才能实现各民族当家做主的基本政策。同样一句话,由本民族干部去讲,群众就信得过,落实得快。民族区域自治的好处在这一点上表现得最清楚。至于少数民族地区在物质上、文化上要先进民族的支援,那是必要的,但是也必须看到没有少数民族自己的参预和努力,这地区的建设也是办不好的。而且这地区的发展,对我们国家全面的经济发展也有重大的贡献。这个山区的电力和木材如果大力发展起来,一定会成为一个取之不竭的源泉,有益于全国的社会主义经济的发展。"这番话出之于在瑶族地区工作了近30年的壮族老干部之口是个具有丰富内容的经验总结,值得我们珍惜。

金秀瑶族自治县的建立和发展很明显地标明了瑶族在政治上取得了和其他民族平等的地位,但是瑶族内部不平等的关系是怎样消除的呢?这个问题引出了一段大瑶山解放后动人的历史。

1951年,中央派遣的民族访问团抵达大瑶山,对大瑶山的民族情况进行了全面的调查,了解了山主瑶和过山瑶之间的矛盾。通过采取协商的方式,建议双方订立"团结公约",并用原有石牌制度的形式,把公约条文刻在石牌上,各族代表以瑶族最隆重的仪式,在石牌面前喝了鸡血酒,表示坚决遵守。团结公约的内容主要是放弃特权,自由开荒,减租减息。当时瑶族一致说:"汉族和瑶族都讲平等了,瑶族内部怎能不讲平等呢?"团结公约是团结瑶族的及时和有效的措施,通过这个公约之后的几年里顺利地处理了各项重大的民族纠纷案件有

1600多件，大大加强了民族团结。

但是团结公约并没有废除封建的土地所有制，所以并没有根本上解决民族间的矛盾根源。1954年开始土地改革，没收了地主占有的土地，分给了近2000户无地少地农民，实际上解决了山主瑶和过山瑶矛盾的经济基础，因为瑶山里所有的地主都是山主瑶，而无地少地的农民大多是过山瑶。经过团结公约的订立消除了民族隔阂。经过几年的宣传教育，瑶族的阶级觉悟有了提高。山主瑶的群众明白了从歧视过山瑶中得到利益的只有山主瑶中的少数人，过山瑶的贫穷落后就是过去被这些少数地主们利用了传统的石牌制度进行民族歧视所造成的。废除封建特权是山主瑶中的佃农和过山瑶共同的要求。掩盖阶级矛盾的民族矛盾的盖子一旦揭开，不同支派的瑶族间的团结也就在阶级的基础上更加巩固了。

在大瑶山里，土改之后紧接着就实行合作化。生产所有制的变革又进一步促进了民族团结。在民族团结的浓厚气氛里，提出了"欢迎过山瑶下山"的口号。许多住在高山上的过山瑶搬到河边来，由原来的山主瑶划出一部分水田给他们耕作。历史上已经有千百年过着在山顶上不断迁移和散居的过山瑶，开始定居了下来，聚居在一个村寨。他们一方面感激让出水田给他们的原来的山主瑶的无私协助，加强了相互间的亲密情谊，另一方面在新的基础上鼓足干劲开辟水田和旱地，在短短的20多年中创立了和其他瑶民同样富裕的生活。

我们亲自去六拉大队访问了这样创立起来的奋战生产队，这个生产队有20多户人家，大多是过山瑶。他们是1958年从金秀河河源、海拔900多公尺的深山老林里搬下来的。当时该地的山主瑶划了1.4公顷水田给他们，住定之后每年开水田，现在已有水田4公顷。最初他们粮食不够自给，每年要购入近3000公斤，而现在不仅每人每年的300公斤口粮都是自己生产的，而且还交售给国家粮食5000多公斤。在我们访问这个生产队时，大多数的社员都在村外劳动，接待我们的是一个年老的退休干部，汉人。他在瑶山里工作了多年，自愿安家落户，继续帮助瑶族发展起来。他虽则已经年老不能经常参加劳动，但在这个新建的过山瑶的村寨里当参谋、出点子，为瑶族人民服务。他对这个村子里每一户、每一人都熟悉。讲起这村寨的生活时，有多少家有自行车、缝纫机、收音机，甚至有多少人有手表，都能扳着指头计算给我们听。这些都是过山瑶过去看都没有看见过的东西。他乐呵呵地说："过山瑶定居了，住上了瓦房土墙，不再过山了。"从原始的刀耕火种进入了定居农业是一个历史性的变化，他们确是越过了人类经济发展上的一道门坎。

像我们所看到奋战生产队一样的由过山瑶定居而形成的新村寨，在金秀一共有几十个。当然占大瑶山瑶族人口一半以上的过山瑶还没有全部定居下来，但是已经向这个方向跨出了很大的一步。

为了了解大瑶山经济面貌的变化，我们访问了不少人家。过去种水田、生活比过山瑶较为富裕的山主瑶，现在的生活当然比上面所说的定居不久的过山瑶更好些，一般可以说和山外的汉、壮的农民的水平不相上下。

如果以全县来说，有一些基本数字足以说明这山区经济面貌的变化。1958年粮食总产量是807万公斤，1977年达到1274万公斤，增长58%。有一些种水田的大队，已连续几年亩产超过500公斤。工业方面，此地解放前是一个"只闻百鸟音，不知机器声"的深山僻野，解放初期才建成了一座小小的火力发电厂，就算是瑶山惟一的工厂。经过20多年，到1977年已有了农机、纺织、化工、印刷、汽车修理、造纸、粮食加工等10个厂，总产值比1957年增加了13倍多，发电量由1957年的18500度增长到1977年的2195600度。

工农业的发展，改善了人民的生活，商品零售额1957年为98万元，1977年达413万元，增长了321%。财政收入相应地增长了三倍多，民间的储蓄增加了五倍。

文化教育事业也有了显著的发展。1957年全县只有1所中学，88所小学，到1977年已有中小学327所。解放前瑶族人民根本没有见过电影，1951年中央访问团初次在瑶山放映电影时，有些地方还发生过"影中枪炮响，观众全吓跑"的事情。而现在每个公社都有电影院，各大队有电影队，在农村巡回放映，每星期人人都有机会至少看到一次电影。金秀县的文工队，发展了瑶族传统的音乐舞蹈，他们所创作的节目，多次在全省和全国会演中获得优秀的奖评。在我们这次访问期间，我们有机会欣赏到他们动人的表演，留下了深刻的印象。

我们也参观了金秀的人民医院，那是1956年成立的，现在公社、大队和生产队都有了医疗卫生机构。1956年全县医药卫生人员有57人，1977年已增至203人，其中本县少数民族占67人；全县生产大队合作医疗站有赤脚医生106人；生产队有卫生员448人，另外还有328个接生员。我初访瑶山时曾经特别注意到由于土法接生所引起的婴孩死亡率高得惊人，而现在这种不卫生的土法接生已经基本消除了。

以上这些数字应当足以证明我在这次重访瑶山中深切感到金秀瑶山"换了人间"的印象了。但是这只说明了今昔的对比。如果把当前大瑶山的面貌来同我国其他先进的地区相比，它还是落后的。如果再看一看这个山区所蕴藏着的经济上的潜力，那就更使我们感觉到当前的成就只是伟大前景的初步起点。

那位年轻的莫书记，不仅是个不知疲劳的人民勤务员，而且是个富有想象力的诗人。他一点也不满足于已有的成就。他打开地图指给我们看，许多已经在图上画好的公路还没有完成。他一再向我们抱歉，由于公路还没有修通，以致我不能去访问我43年前住过的花蓝瑶的村寨。事实上，现在金秀全县七个公社的中心都已可通汽车，但是许多还得绕道外县的公路才能到达。全县以金秀为中心的公路网还没有建成，这就给金秀作为一个民族区域的经济发展带来了很大的限制。一旦交通建设方面有了进一步的发展，金秀自治县境内大部分的山区的林木和土特产也就能跟着大大地发展起来。

在这里，我也不能不提到，过去的一些年头，在金秀这个民族地方，由林彪、"四人帮"干扰所造成的危害。其中的一条就是抹煞民族山区的特点，强迫命令这个以森林为主的山区也必须粮食自给。结果造成了严重的林木破坏，水土流失，附近七县农田所依靠的水渠干涸，农林两敝。就在我们所住的招待所对面的山坡上就可以看到，原来是郁郁葱葱茂盛的林场，现在已成了一片一年也收不到多少粮食的半荒芜的所谓旱田。

估计被毁的林区已达3300公顷，损失了大量木材。由于许多劳动力集中用在广种薄收的旱地耕作上，原来山区有名的经济作物，茶油、桐油、香草、菌类就无力兼顾，农民收入受到很大的损失。林木的毁坏引起更深远的危害是水土流失，附近各县发生雨季闹涝、旱季河涸的严重灾难。

这些由于林彪、"四人帮"破坏国民经济所造成的严重危害,现在已经刹住,而且正在拨乱反正,要把已经受到的损失在今后的几年里夺回来。

今天,当全中国人民都已走上实现四个现代化的长征道路的时候,像瑶族这样起点较低的少数民族,不免会遇到比其他兄弟民族更艰巨的考验。但是从千百年艰苦的自然条件和社会反动势力斗争中锻炼出来的瑶族人民,历来在困难面前没有低过头。这个勤劳、耐苦的民族一定不会辜负历史上从来没有过的这个大好机会,紧密团结在有 50 多个兄弟民族的平等友爱、合作、互助的大家庭里,它的光明的前途是有可靠的保证的。

当我们在金秀边界、大瑶山麓、水力发电厂的门前和送我们出境的黎升平同志握手告别时,他仰首看着从山间几乎垂直下降的压力水管,向我说:"你再来的时候,这里的发电量可以超过 1 万千瓦了,那时瑶山的面貌又会不同了。"

1980 年 1 月

民族社会学调查的尝试*

今天我想同大家研究一下，我们的瑶族调查下一步怎么搞，想征求大家的意见，商量商量。这两年已有三个同志去瑶山调查了几个月，我也跑了两趟。我们有了点新的看法，对一些问题比较清楚了一些，可以提出来谈一谈。

首先我们可以回想一下。中央民族学院搞民族研究工作，到现在已经30多年了，在座的许多同志都是老兵了。以前都是年轻力壮的，现在是中年或老年了。一转眼，我们这一代人就要过去了。总的说来，我们这一代确是走了很大一步。首先应该肯定这点。我们可以说是从无到有，从很局部很局部，零零星星的，一直到全面的、全国性的调查。这在全世界是少有的，值得自豪的事情。可是我们今后的30年应该怎么走？我们要为后辈开点路子。昨天看了一下这本《中国少数民族》。外边很重视这本书，这么厚。有了这么一本，人家就能知道中国少数民族究竟怎么样，这是好的一面。在开始决定编写这本书时，我就说不管它好不好，我们要把我们已经达到的水平摆出来。好的大家肯定，不好的也不要紧，留着和今后的比较，今后更好了就是进步。一切事不能求全，不可能一步登天。实际上做了的工作摆出来看看有好处。

---

* 本文是作者1981年在中央民族学院民族研究所座谈会上的讲话。

现在我们要再回头想一想，毛主席、周总理早年叫我们做的是什么呢？就是要我们到少数民族地区去实地调查。在座的同志们很多都参加了。那时要充分准备好了再下去，已经来不及了。说老实话，我们在社会调查研究这门学问上训练是很不够的。回想当年抗战年代，兵荒马乱，怎能安心学习？我在西南联大时，学生们也整天搞运动，比较优秀的学生搞地下革命活动。那时要读书，书也很少。解放后，我们为新中国带来了多少遗产呢？我们对中国社会认识得太少了，我们没有多少调查资料，资产阶级没有做，所以还得我们自己来做。我们在50年代就是这样冒冒失失地上阵到少数民族地区去搞调查的，到现在已有30年了。那时的精神的确不错，劲头很大，访问团到处跑。但是我们的理论的确不多。我们搞来了一大堆资料。《中国少数民族》这本书有点成就的话，归根到底是50年代很多同志一起打下的基础。我们必须从旧的好的基础上再进一步，不要脱离我们原来好的东西，就是要下乡，要接触少数民族，要实地调查。我们不能满足于《中国少数民族》这本书的水平，在这个基础上我们应当可以再进一步。大家想一想，怎么把它搞深一点。

我想大家不会反对：我们要恢复早年社会调查的这个传统。这是党的优良传统，是毛主席一向提倡的传统。毛主席伟大的贡献还不是在他把马列主义引进到中国来，结合中国实际创造了最新的马列主义——毛泽东思想。毛主席熟悉中国农民的力量，他从小在农民里边生活。他能提高到理论进行阶级分析，处理中国农民问题，动员中国农民的力量，把三座大山推倒，这是过去马克思没有想到，列宁也没有想到的。毛主席实事求是，调查研究中国情况，发展了马克思主义。我们要学的不是学人家的结论,结论是历史范畴里边的东西,我们要学习处理事情的方法。要开创一个新的局面,我们要有点气魄。中国也要出马克思嘛。不能说人类历史上只能有一个马克思。我们已经在马克思主义基础上发展出毛泽东思想,我们却不能停止在毛泽东思想上。决议对这个问题就说清楚了,我们还要发展。怎么发展?不是靠空想,而是靠深入实际,实事求是地看中国的变化。当前的中国是人类历史上的一个大实验,特别在民族范围里边,这个实验多大呀。这里有着多少宝贵的东西,看我们自己去拿不拿。如果我们不拿的话,人家要指责我们:你们这些人在干什么?后代人会说,这么好的机会你们不记录下来,不分析出来,还要叫我们来考据。我总是要说,大家应当想到这一点,到60岁的人不能不想到这一点。我们到80岁也只有20年了,不要辜负这20年。我们必须自己动手进行调查。发号施令,那很容易,但是不行,这不是创立一个新局面的精神。我们必须要自己动手去实验,自己下去调查。

我们下去调查什么呢?我们过去有个经验,我们的民族调查要适合具体的民族工作的要求。参加民族识别的同志们都知道,当时这个问题不能不搞,因为开人民代表大会要有各民族的代表出席。我们中国究竟有哪些民族,各个民族各有多少人?这些问题必须搞清楚。当时为了要帮助少数民族创制文字,为了要培养翻译人员,所以在中央民族学院办了语文系,开了很多语文班,研究少数民族语言。当时我们是从具体工作需要出发来干的。这里面出了一些偏向,大家有很多意见。但并不是说在理论联系实际,知识为人民服务的原则上出了问题。这些原则还是对的。后来做得不对的,正如许多人所说的那样,是用行政方法来对待研究工作。做完了就完事,写完报告就不再去研究了,就放下了。我们跟着行政需要在那儿跑,跑得很急很忙,但就是没有法子提高。这是领导研究工作的人要负的责任,后来当然更厉害了。今天不去说它了。

我们应当看到,现在我们的民族工作更复杂了,需要更多的知识。要搞区域自治,光凭几条纲要已经不够。少数民族地区的土地、草地怎么办?森林怎么办?其他资源怎么办?牵涉的问题很多。目前正在开会研究。研究这些问题就必须了解具体情况,这就要深入调查。

让我讲一个具体的例子,就是大瑶山。解放以前它是长期不受汉族统治的地区。但是在经济上它并不是完全孤立的。大瑶山的山势很险。我 1935 年进去时,一天只能走一个村子。由于险要,以前汉族统治势力进不去。在大瑶山的附近有个地方叫大藤峡,明朝的统治者和瑶族在这里打了 100 年的仗。在历史上,汉族进入广西有两条路线,一条是从桂林下去,后来形成了一个桂林官话区;一条从广东进去,后来形成了一个白话区。这两条路线,就在大藤峡一带碰头。在明代之前,这一带可能都是瑶族聚居区,隔住了南下的汉族同西上的汉族。到明朝这时候汉族就开始要打通这地区,所以和当地的瑶族打了 100 年。这场战斗,瑶族失败了。很多不同的集团,在不同的时间退到这大瑶山里,依靠险要的地势,生存了下来。在大瑶山里,聚集了许多不同来路的人,至今还有五个名称不同的集团。

这些聚居在大瑶山的集团都称为瑶族。他们抗拒住汉族或壮族的统治,在政治上维持了自主的局面。直到这个世纪的 40 年代国民党的广西地方势力,利用现代武器和大瑶山里瑶族集团之间的矛盾打了进去,至少在名义上建立了对瑶族的统治机构。1949年全国快要解放时，国民党想在里面搞据点，有一部分反动军队开进大瑶山。他们在山里无恶不作，引起了瑶族人民的反抗，造成了解放的条件。当地瑶族和我们解放军结合起来，把国民党军队消灭在山里面。

在国民党统治时期，大瑶山在行政上划分给六个县去统治。解放后，我们首先把这个瑶族聚居地区联合起来，成立一个行政单位。这在原则上是对的。山里边的居民都承认是瑶族，而且原来就有维持山内社会秩序和抵抗外族入侵的统一的政治组织叫大石牌。尽管他们的来源不同，语言有别，可是他们在共同命运中，结合成了一个民族共同体——瑶族。

为了贯彻民族区域自治政策，1952年大瑶山的瑶族聚居区成立了自治地方，即今金秀瑶族自治县。这个自治地方的区域怎么划呢？由于当时对民族区域自治还缺乏经验，所以只看到政治上的平等团结，而没有充分注意到享受自治权利的民族的发展前途。金秀瑶族自治县就以山为界，界线沿山脚划定。这种沿山脚划界的办法现在看来是很成问题的。这里牵涉到我们的认识问题。为什么要实行民族区域自治的政策呢？实现民族平等固然是这个政策的最终目的，但是要使各民族真正能达到政治上的平等地位，还必须有事实上平等的基础。要使各民族在经济上达到平等的地位，就有待于帮助不发达的民族发展起来。民族区域自治首先应当提供各民族发展的物质基础，一个自治的地方。

金秀瑶族自治县的问题就在于按山脚划界的行政区域和经济区域不相符合，因而发生种种经济发展上的困难。大瑶山是桂江和柳江之间的一个山区，山区周围是平地。山区的中心是海拔1900多公尺的圣堂山。从这中心有若干条河作放射形地流向平地，分别汇合在桂江和柳江。由于这种地形，山内交通很困难。人们只有沿着河流向外走，通到山外。山内原本没有市集，市集都在山脚之外的平原地方。金秀的土产要运到邻县的市集上去出卖，再从这些市集购买消费品，所以在金秀县内收不到多少商业上的税款。这就影响了这个县的财政。金秀自治县入不敷出，年年要靠上级津贴过日子。金秀是个宜林的山区，历来粮食不能自给。他们用木材和林区副产品到山外换取粮食。后来搞以粮为纲，自己出产粮食，但是依旧不够，还得靠上级补助统销粮，成了一个"三靠"县。这一切困难的基本原因是在它的行政区域不符合经济区域。

提到民族自治地方的区划问题，我们可以回想起成立广西壮族自治区时的一段历史。广西实行民族区域自治时，最早成立的是桂西壮族自治区。他们在广西西部穷山区，搞了一个壮族自治地方。周总理说：不行，这样搞下去，就是画地为牢，这个民族是发展不起来的，必须以原来属于广西的这个地域为基础成立壮族自治区，尽管汉族人数超过了壮族。那时有很多人反对，经过说服，讲道理，大家才同意。从这个事例，我们可以知道，民族区域自治的目的不是民族分割，而是民族团结，要帮助少数民族发展。这对汉族、对每个民族都有好处。所以我们应当根据发展的条件来划定自治地方的区域。周总理总结了过去一段时间实行民族区域自治的经验才做出广西壮族自治区区划的决定。现在回想起来，在1952年成立金秀瑶族自治县时，我们的确还没有明白这个道理。而现在呢？我们必须重新考虑金秀的县界了。

关于大瑶山的瑶族让我再讲一点。假使我们带着教条的脑筋去看，就会发生一个问题，就是大瑶山的瑶族中各个集团的语言不同，算不算一个瑶族。有人会用简单的办法来加以解释，说他们是方言不同。这是我们过去采取过的方法。什么叫语言不同？什么叫方言不同？从来没有好好讲明白过。我们应当实事求是地对待这个问题。现在看来，花蓝瑶讲的话近于苗语，茶山瑶讲的话近于侗语，盘瑶讲的话属于瑶语。往历史上看，这是能明白的。我上面已经讲过，这些集团是在不同时期，不同的地方进入这个大瑶山的。他们保留着一些原来的语言是很自然的。所以我们不能脱离历史来研究这些问题。但是既然这些集团都说自己是瑶族，而且他们还有共同的维持山内社会秩序和抵抗山外侵入的社会组织，不能不承认他们是一个民族共同体。我们不应当用条条框框去硬扣在活生生的事实上。但是我们要研究为什么他们会形成一个瑶族，而这个共同体同时为什么还能容许各部分有不同的个性？这样一问，我们对民族问题的研究也就深入了，大瑶山也就为我们提供了研究这些问题的一个实验室了。

大瑶山里的具体情况给我很大的启发。我想到过许多问题：什么叫瑶族？瑶族的分布怎样？为什么贵州很少瑶族？为什么一到广西，苗族就很少了，而且只在北部靠贵州那一条边上？这里似乎可以划出一条界线，北面是苗，南面是瑶。可是一到东头却既不是苗，又不是瑶，而是畲了。其故何也？这里有个历史的解释么？我于是想到潘光旦先生的那一套设想来了。有一个时候我们常在一起讨论这套设想，后来我讲给郭沫若先生听，他也觉得很有意思，认为可以进一步研究。潘先生的设想是苗、瑶、畲这三个民族在历史上有过密切的关系，可能是早年从淮水流域向南迁徙的中原移民。在这里让我插一句，这种设想是要我们从历史上去找这三个民族的关系，并不是简单的"同源论",更不是要把三个民族画等号。

潘先生从族名和地名的联系,从民间信仰和传说的研究构成一种设想。他曾说,我们可以从徐、舒、畲一系的地名和族名中推想出一条民族迁移的路线,很可能春秋战国时代的东夷中靠西南的一支的族名就是徐。他们生活在淮河和黄河之间,现在还留下徐州这个地名。这时期的文献中也看得到这地区的人称作舒。潘先生更从瑶、畲的盘瓠传说联系到徐偃王的记载,认为瑶族中的过山榜有它的历史背景,只是后来加以"神话化"罢了。这一批人,后来向长江流域移动进入南岭山脉的那一部分可能就是瑶;而从南岭山脉向东,向江西、福建、浙江的山区里和汉族结合的那一部分可能就是畲。另外有一部分曾定居在洞庭湖一带,后来进入湘西和贵州的可能就是苗。

我现在只能凭记忆来讲潘先生的设想,这里有研究畲族的同志可能也听见潘先生讲过这个设想。我认为这个设想给了我们进一步研究这问题的线索。这种设想的重要性就是为我们提出一个宏观的整体观点。过去我们的民族研究很多是以现有的民族单位为范围的。《中国少数民族》这本书的体例就是如此。这当然有它的好处。但是在研究工作上已经遇到它的局限性。因此,这几年里有人提出要研究各民族历史上的联系。如果再进一步就是要把中华民族看成一个整体,研究它怎样形成的过程和它的结构和变化了。

潘先生的设想指出了我们中国各族人民在历史上是不断流动的,而这些流动有它总的趋势。在有文字记载的历史时期里,总的说来是北方民族的南下或西进,中原民族的向南移动,沿海民族的入海和南北分移,向南移的又向西越出现在的国境。这一盘棋如果看清楚了,我们现在各少数民族的关系也就容易说明了。

宏观的研究还得和微型的研究相结合。中华民族又分又合的历史过程不可能作具体的观察，许多关键性的问题只能通过文字记录、遗留的文物，以及现有的风俗、习惯、传说、信仰等去推考，但是如果从微型的具体实况来观察各民族间又分又合的关系，那就可以丰富我们对中华民族形成和变化过程的理解，充实我们对民族问题的理论认识了。从这个角度来看，大瑶山提供了研究这个问题的一个园地。

苗、瑶、畲提供了山区民族的一种类型。壮族就和它们不同，它既是一个小民族，又是一个大民族。对于汉族来说，它是个小民族；对于苗、瑶来说，它是个大民族。这是它的特点。这个特点决定了当前民族工作中一些很有意思的问题。再说西边从甘肃南下到云南西陲的这个走廊。历史上彝族属系的不同集团曾在这里建立过一个或几个强大的政治势力。他们正处在汉藏之间。这几个大民族在这地区你来我去，我去你来地搞了几千年。来回的历史流动，都在不同程度上留下了冲积的沉砂。所以，我在前年曾经指出过，这是一个极值得研究的地区。但是我们对彝族至今还没有个全面的认识，一谈到彝族就是凉山奴隶制。要知道这只是彝族的一小部分，而且是历史的残余部分。实际上彝族的各部分发展很不平衡，许多部分早已超过奴隶制阶段了。现在已经认定的云南地方的一些少数民族，我想不少是和彝族极为密切的。为什么分成这些民族也是要进一步研究。

我这样说是为了要指出过去的民族研究是按民族的单位孤立起来，分别地一个一个研究，在方法上固然有其长处，但是也有它的局限性。今后似乎要进一步和宏观的研究配合起来。最近听说西南几省的民族研究工作者联合起来一起攻关，要把藏汉之间的走廊地区进行一次调查，那是很好的。我希望云贵高原也不妨作为一个单位来进行一次综合调查。我们现在广西大瑶山进行的调查，其实是另一个地区，即南岭山脉这个走廊的综合调查的起点。

关于宏观的民族研究让我再多说几句。我在清华研究院结业时写了两篇论文，其中之一是《朝鲜半岛人种类型的分析》，这是体质人类学的研究。我发现这个地区有较多的圆头、身高平均在1.6米以下的B类型，B类型是现在我国南方沿海诸省的主要居民。从历史上看这种类型的人可能是早期的东亚沿海居民。现在华北居住主要的A类型，可能是后来从西部进入华北而把B类型挤开，一部分越海去朝鲜半岛、日本及其他岛屿；一部分就向南，迁到江、浙，甚至粤、桂。这是说，在那一股从淮河流域南下的移民之中，可能有一部分是和这种类型的人有关的。再说，晋时淝水之战，谢安故作镇静，听到胜利的消息，心情激动，倒穿木屐。这个故事我们都熟悉，试问，这种木屐文化现在哪里去了？日本人现在却还在穿木屐。

从宏观的研究来说，中华民族所在的地域至少可以大体分成北部草原地区，东北角的高山森林区，西南角的青藏高原，藏彝走廊，然后云贵高原，南岭走廊，沿海地区和中原地区。这是全国这个棋盘的格局。我们必须从这个棋盘上的演变来看各个民族的过去和现在的情况，进行微型的调查。

回到《中国少数民族》这本书，成绩我已肯定，如果要说它不足的地方，就是缺乏宏观的总结，也不够微型的调查，两头都差。今后我们就得两头一起抓，既要有宏观的研究，还要进行切实的微型调查。

现在我想讲一讲"微型"的研究。微型研究就是在一定的地方,在少数人可以直接观察的范围内,同当地人民结合起来,对这地方的居民的社会生活进行全面的研究。这种微型研究是过去社会人类学常用的方法。我们也做过这种研究,比如我的《江村经济》《禄村农田》等都是例子。但是在少数民族社会调查中还不多,而且也不够"微",也没有能体现"型"的特点。"微"是指深入到生活的实际,而不是泛泛地一般化的叙述,要做到有地点、有时间、有人、有行为,这样才能说是"直接的观察"。"型"是指把一个麻雀作为一个类型的代表,解剖得清清楚楚,五脏六腑,如何搭配,如何活动,全面说明;而且要把这个麻雀的特点讲出来,它和别的麻雀有何不同,为何不同等等。这样的"微型"研究是民族研究的基础,通过比较不同的"型",就能逐步形成全面的宏观的认识。

微型研究主要是要研究者亲身到要研究的社会中去调查,不能满足于发几张表格去填写的方法。他要如毛主席所说的,和被研究者交朋友,体验他们的生活,观察他们的生活,听他们发表的意见,拜他们为师。真正的在社会生活中的人才知道他所生活于其中的社会。他们才是研究社会者所依靠的对象,才是研究资料的来源。在殖民地上,在资本主义社会里,研究者和被研究者之间一直存在着利益的不同,所以研究工作存在着很严重的局限性。只有在社会主义社会里这种矛盾才能解决,这是我们社会主义的优越性,因为研究者和被研究者在社会主义社会里利益是一致的。社会调查是用科学的方法帮助人自觉的过程,就是帮助人自己能明白自己的社会生活的道理。在这个前提之下,我们可以发展我们真正微型的实地调查。要进行实地调查,必须有一定的科学训练。我们要观察实际的活动,正确地把观察到的事物记录下来,要定性,又要定量,这些研究的资料必须提高到科学水平上。每一个数目字,每一件事情都要说明是从哪里来的。如果是我自己看见的,自己要负责任。如果是用人家所说的,要说明是谁说的。一切数目字都要有出处。文章必须自己写才能写得好,这也是一个作者的道德问题。我认为我们在过去的一段时间里,确实滋长了一种坏风气,就是做领导研究工作的人利用这个地位,指派别人代笔。我们这个研究所,当时还叫研究室,有个师傅当了领导,就这样干过,要几个笔杆子替他写文章。有时候也有人在别人写的文章前加一个自己的名字。这种风气我认为是不好的。

我们做导师,指导别人做研究工作,是叫我们帮助年轻人学会怎样做研究,怎样写文章。我们要求有助手,助手是帮助我们做具体的工作,不是请他们来代自己出成品。美国大学里有些教授就利用研究生和助理为他工作,那是资本主义的剥削关系,我们不应传染这种恶疾。做指导工作,既不应当掠夺别人的成果,也不应当硬要别人接受自己的意见。导师的责任是在把自己的想法告诉受指导者,至于受指导者是否接受这种想法,那是不能强制的。导师也不应当替受指导者去写论文,那是没有好处的,因为这样做并不能培养人,受指导者一旦离开导师就寸步难行了。跟导师做论文的人就得有自立的精神,自己要有创造性才行。

我为了要推进民族研究,有责任把自己的看法提出来。今天把有关瑶族的一个宏观的设想提出来就是为了这个目的。可是你们接受不接受,那是你们的事。谁听了得到启发,向这方面攻关,得到的成绩应当归功于他,他也可以在文章中实事求是地提到他这种研究是受到谁的影响。在这样的风气之下,研究工作者的积极性就出来了,责任性也出来了。也许可以说这是研究工作的责任制。我希望能逐步树立起这个风气。

现在让我讲一讲我们计划中的大瑶山调查的经过。

1978年夏天我去参加庆祝广西壮族自治区成立20周年时到大瑶山走了一趟,产生了再去瑶山调查的念头。既然我在1935年去调查过,不妨利用这个基础进一步深入研究。我初步考察了一下,想到很多值得研究的问题。第一个是上面已说过的瑶族的形成问题。各个民族的形成可能有不同的过程。在这里很清楚,不同语言、不同来源的人,大家认为自己是瑶族,而且组织成了一个共同体,互相合作,有了共同意识,可是它里面还容许不同的个性存在。从这个实例里面可以看出一些规律来,不仅适用于金秀的瑶族,也可能适用于中华民族。

第二个值得研究的是少数民族从孤立到合作,从关闭到开放的过程。这是当前少数民族共同的经历。过去因为民族不平等,汉族压力太大,少数民族不得不以关闭为主;现在民族平等了,少数民族要发展,必须与先进的汉族合作。这个弯子怎么转?这里不可避免地会出现很多问题。我们实行民族区域自治,也就是要解决这个问题。各民族在这个从关闭到开放、从对抗到合作的过程中发生的问题也不可能一致。我们应当找出各种模式。我想,瑶族这个民族有它的特点,可以作为一个类型来进行研究。

过去我们从50多个少数民族的共同之处着眼,我们的工作也常常有一般化的倾向。这几年的具体工作里面已经发现"一刀切"是会犯错误的,所以现在已注意要区别不同的类型。有的是林区,有的是牧区,有的经济上相当发展,有的却还是很落后。不区别对待,就不容易做好工作。但是怎么样分类?

这就需要我们深入研究了。

瑶族这个类型有它的特点：历史上曾经是一个很大的民族，后来在具体的历史条件下，打散了，在山区里流动，进行游耕经济，依靠险要与外界阻断以自存，结果是闭塞和落后。这种民族自己没有文字，它的文化怎么发展？这就要具体分析。为了一个民族的发展前途，不应安于被照顾，美洲的印第安人是前车之鉴：美国和加拿大现在确是花不少钱把印第安人养了起来，可是越养问题越大，精神状态都失常了。一个人要有自己的志气，民族也要有个志气。我们要提倡并创造条件使各少数民族靠自己的力量发展起来。但是他们底子薄，需要先进民族的帮助，既要帮助又要自力更生，这又是个要研究的问题。

民族工作要根据各民族的特点进行。我们做民族研究工作的人就有责任根据各民族的具体情况进行分类。分类就是要掌握个性和共性。我们要从各民族的历史形成的具体条件、发展的前途来区别不同的少数民族。这种研究才能适应今后的民族工作，使得民族工作改变一刀切或放任自流，而逐步地做到因族制宜，按实际的具体情况区别对待。我在上面提到的瑶族可以代表一种山区民族的类型。这个类型可能包括苗、瑶、畲等民族。以这个类型来说，它们有许多共同之处，这些共同之处又和其他民族有所不同。对整个中华民族来说，它们可以说属于同一类型，因为它们具有共同的特点，但是在它们之间还有它们各自的个性，相互不同。这种分析是我所说的宏观和微型相结合的研究。

我们这次调查研究，不准备大规模搞。过去一来就搞大规模的研究组织。我们现在没有这个条件。我们搞小的，小的可以搞得扎实一点。而且，这是个试验，就是搞不好，损失也不会大。所以我们先请中央民院出一位研究人员去开展这项工作，花两年时间，开个头，试一试。同时我想一定要和广西民院拉上关系，将来这个地区的民族研究主要是要广西去搞的，所以又请广西民族学院出一个人参加。我还希望有一个当地的瑶族同志，能帮助我们建立关系，为研究工作创造好的条件。这样组成一个三人的队伍。他们先是了解金秀自治县总的面貌，包括五个民族集团的情况。从全面一般的了解中，发现了上面讲到的金秀自治县的区划问题。1981年第二次去调查时，他们提出集中一点，搞微型研究。我很赞成。他们挑选了一个盘瑶的村寨。当时我并不明白盘瑶在瑶族里边的地位。后来看他们的调查，才想到盘瑶可能是瑶族的主干，就是说，在历史上这一股由淮河流域南下的移民，开始时可能就是盘瑶的先民，他们在移动中，一路吸收其他的集团，形成现在的瑶族。

盘瑶在经济上也表现了瑶族过去的共同特点，就是经营刀耕火种的山地农业，他们不断流动，也可以称作"游耕"。他们没有长期固定的村寨，不能定居下来，不断迁移，前锋一直到达泰国。但是解放以后情况有了变化，游耕已逐步向定居转变，这对瑶族是个重要的历史性的转变。因之挑定盘瑶村寨进行微型研究，我觉得很好。同时我建议他们从这基点入手，能做多少做多少，不要希望一步登天。我们要承认水平不高，要下决心在实际工作里边锻炼，能有一点成就就肯定一点。他们在一个村子里住下，做了两个多月的实地调查。

金秀自治县的瑶族一共有五个集团，盘瑶只是其中之一。盘瑶里边我只调查了一个村子。通过对这一个村子的调查，我们有了一个底子。这个底子至少比以前的调查要深一些了，可是他们不能代表整个盘瑶。我们还得以此为基础,去看看其他的盘瑶村寨,有什么不同的地方。盘瑶散居各地,从广东一直到云南。我们打算跟着这条线找几个点进行调查,看看他们有什么差别,这些差别是怎么形成的。我们也打算与此同时,对金秀瑶山的其他四个瑶族集团进行调查,其中有两个同盘瑶相近:一个是坳瑶,另一个是山子瑶。他们的经济条件基本相同,语言相近。可是为什么有不同的名称呢?是不是由于他们不同时间进山,来路不同?我们还要分别地进行了解。此外还有两个集团:一个是花蓝瑶,一个是茶山瑶。花蓝瑶是王同惠在1935年调查过的,现在再调查一下看看有什么变化。另一个比较重要的是茶山瑶。茶山瑶在这个地区的瑶族中地位最高,势力最大,我们还要去人调查。我们将先从微型调查入手,然后综合五个集团的材料进行研究,看看他们是怎样形成一个共同体的。这样才能把金秀的调查初步搞个段落。以上是我的设想。我愿意从头到底帮助同志们完成这个调查研究。我自己年纪大了,跑不动了,要我自己去实地调查是做不到了。

总的说来,瑶族的研究,我们已走了一步。第二步要分两个方向前进。一是以盘瑶村寨的微型研究为基础,按盘瑶的分布,追踪前进,搞清瑶族的主流;一是在金秀研究其他四个瑶族集团,特别要以茶山瑶为重点,搞清楚他们之间是怎样合成一个共同体的。我的任务是为这个研究创造实现的条件,并尽我的能力指导这项研究。我希望已经投身到这个研究计划里去的同志们继续坚持下去,我还希望有其他同志参加。

1981年12月7日

深入进行民族调查*

今天,在座的好多是少数民族同志,有西藏的藏族,新疆的维吾尔族、东北的朝鲜族,北方的蒙古族和南方的壮族、苗族、土家族等。大家希望我讲一讲。我就谈谈如何深入开展民族调查的问题。

首先,我们回顾一下30多年来所搞的民族调查工作。我是1950年到贵州的,从那年开始就搞民族调查。在这以前,什么叫少数民族,我们也不大清楚。通过中央访问团的几次调查,搜集到不少资料,了解了有些什么民族,但是还不全,不很清楚。后来,中央组织了几次调查。1956年,全国人大常委组织一次规模较大的少数民族社会历史调查(包括全国少数民族语言调查在内),加上解放前红军经过少数民族地区也调查了一些基本情况,所以,我们手头有了一大批资料。总之,过去30年的民族调查工作,我们国家是花了钱花了力的,各个民族都出过力。我们搞了不少资料,数量很大。可是,这一大批资料很多都不在了,在"四人帮"横行时损失了。据我所知,贵州烧得很厉害,一卡车一卡车的资料拉去烧掉了,别的地方也损失了不少。这样,现在剩下的材料就很宝贵了。正是因为

---

* 本文是作者1982年在武汉华中工学院社会学研究班及中南民族学院部分少数民族学员座谈会上的讲话。——编者

这个教训，所以在三中全会之后，国家民委就提出来，要抓紧时间把过去的材料整理出来，要编五种丛书，供大家使用。现在已经印出来不少了。你们中南也有任务吧？赶紧把这个工作做完，因为我们还要再走一步。

下一步怎么走？我考虑了这个问题，我们不能停留在以前的水平上。最近，我到了昆明、成都，也同他们谈了这个问题，谈得很好。他们说，过去我们一个省一个省地搞，一个民族一个民族地搞。而中国少数民族有它的特点，就是相互关系深得很，分都分不开。这话说得很好。以壮族来说，壮族同汉族就很难分嘛。我1951年到广西，壮族就说"我们是汉族"。这是为什么？因为长期以来，在大汉族主义之下，民族意识受到压制；另一方面，的确壮族同汉族分不大清楚，长期以来接受了相同的文化。至于其他民族也一样，只是程度不同而已。譬如，广西龙胜的侗族与壮族就很相近，互相通婚，有血缘关系。因而民族与民族之间分开来研究，很难把情况真正了解清楚。所以，我主张最好是按历史形成的民族地区来进行研究。

我们在前几年还提出一个民族识别问题，因为现在有好多人对他们的民族成分提出疑问，要求识别。如四川省西北部平武、松潘一带，有一支白马藏族，过去对外都称藏族。据说，这个称呼是这样来的：解放初，他们选派了一位代表上北京，是个老大娘。毛主席接见代表们，问她是什么族？毛主席问，老大娘很紧张，话也说不上来，旁人就替她说，是藏族。毛主席又问："是不是藏族？"她说："是，是。"她自己什么族也不清楚，真的搞不清楚。后来，一部电影上有这个民族，称作藏族。他们就说，我们不是藏族，我们同他们不一样，语言不同，服饰不同，也不信喇嘛教，怎么说我们是藏族？过了这么30多年了，他们有了自己的知识分子，现在提出民族识别的要求。这些人究竟是藏族的一部分，还是另外一个民族？如果是另外一个民族，又是什么族？这样的情况，有几十个，要求我们来识别。我们就把要求识别的民族排排队，看一下，发现他们大多是夹在几个大民族中间。譬如，上述的白马藏族就是夹在藏族、彝族、汉族这三者中间的一个族。你说它是藏族，又不完全是；你说不是，它又很多地方像藏族。藏族说它是藏族，嘉戎也是藏族，它同嘉戎很近。我们应当从历史上来看这些人的所有经历。民族固然是个稳定的人们共同体，但也是在变化的，不是一成不变的。民族有个形成过程，不断变化的过程。

我现在是汉族，这不成问题，但我的祖宗是谁？人家说我不像汉族，汗毛这么多，胡子这么多，体型也不对。我就去查书。我是吴江人，吴江在江苏太湖的东边，再往东就是大海，吴江就在太湖与大海之间。从前日本海盗——倭寇就是在这一带上岸的，一直打到了吴江。明朝大将戚继光在这里抵抗倭寇。兵不够怎么办？他从广西、湖广调来很多俍兵、土兵参战，在王江泾这个地方把倭寇打败了，是历史有名的一个战役。王江泾现在还在，就在我家乡附近，仗打完了，这批人呢？书上没有记载。这批人中很多人大概没有回去。以前打完仗就不管了，哪像现在这样，还有复员、转业啦！日本人也回不去了，逃不走了。我小的时候，常摇船到一个叫黄天荡的地方去玩，那是个湖区、水乡。那里很多人的风俗习惯同苏州城里不一样：鞋不同，穿绣花鞋；衣服也不同，男的穿裙子，叫"战裙"，打仗穿的裙子。这里的妇女，夏天可以不穿上衣。我没有去了解他们是不是还保留着自己的语言，也没有去了解他们的传说，所以不知道他们的来历。这些人很可能是当时留下来的人。那么，我同他们有什么关系？这就不清楚了，很可能原来是少数民族，后来变成汉人的。

像上面所谈的情况，到处都有，特别是在各民族交错的地方。以前不是藏族的，现在变成了藏族；现在是藏族的，若干年后也可能不是藏族。所以，我感到白马藏族所在的地区，正是一条民族接触的地带，这个地带是夹在汉族、藏族、彝族三者的中间。你们藏族曾经打到过长安，现在的西安，北面到新疆。我们不能只看到现在，只有历史才能说明问题。说明为什么有个白马藏族，为什么它像藏族，又不像藏族。一会儿又说是羌族，现在在它的南面就有一个茂汶羌族自治县。那么，羌族同藏族是什么关系？同彝族又是什么关系？从这些情况可以看出我们这个民族大家庭的复杂性了。

我们过去30年的调查研究没有讲到这个问题；你们可能也知道这种情况，但是不具体。因为那时就是一个民族一个民族地研究，写它的历史，不是从一个整体、从中华民族这个整体来看，各民族间的往来变动，怎样影响它们的形成、合并和分化。有时两个民族碰在一起，融合在一起了，但有些却合而未融，又好像融合了，又好像没有融合，融合的程度可以不同。这方面我们都没有研究，不是从历史唯物主义的观点，从动的、变化的观点来看问题，什么原因这样变，什么原因那样变，我们过去都没有很好的研究。在我们研究白马藏族的识别问题时，听说在贡噶活佛的老家，甘孜北面的一个乡，那里的人，出来讲藏话，回家讲另一种话，别人听不懂。我们调查组去调查，说的确是藏语，但他们在家里却不讲藏语。这种情况据说并不少，出来讲一种话，回家讲另一种话。很可能他们以前都是讲现在家里讲的那种话，后来同藏族接触，接受了藏族的语言，但保留了它过去的一部分东西。如果我们能调查清楚他们在家里讲的是哪一个民族的话，就知道他们原来是什么人了。这个研究方法有点像考古学里所用的地层定期法。过去的文化也可以一层一层地沉积在现在的生活中的。

上面所讲的那个地带就是我所说的历史形成的民族地区，我也曾称它作藏彝走廊，包括从甘肃到喜马拉雅山南坡的洛瑜地区。洛瑜地区的民族构成，外国人搞不清楚。这里发现有水田技术很高的阿帕达尼人。他们从哪里来的呢？我从照片上看，他们头上也有一个髻，同彝族的"英雄髻"很相似。语言我们还不清楚，没有材料做比较研究。再下去到缅甸北部、印度东北部的那加地区。这一带都是这一相似类型的民族，看来都是这条走廊里的民族，都在藏族和彝族之间的地区里。

藏族是以拉萨为中心，慢慢扩大的。嘉戎话同拉萨话就不一样。这同汉族一样，汉族也是很多原来不同的成分聚起来的，有几个中心。力量小的时候也会被人家拉过去，来来去去，特别是边上的，这里面就有好多很有意义的历史留下来的东西了。我们就是要把这些现象作为一个整体来看，从历史上看下来，从他们现在的语言、体质、文物、社会结构、风俗习惯、神话、传说等等，综合起来，进行考察。假如我们能把这条走廊都描写出来，可以解决很多问题，诸如民族的形成、接触、融合、变化等。我是在1979年提出这个问题的。现在，四川、昆明的同志们准备开始研究这些问题了。西藏也参加了。调查的地区称作六江流域，就是长江上游的金沙江等六条江；从甘肃下来，一直到云南怒江、西藏的洛瑜地区。这就不是一个省，而是几个省几个自治地方联合调查。这个计划，领导上很支持，说很好。但是不是那么容易，还要做很多工作，今年开始做起。我这次到成都、昆明，他们第一批工作同志就要出发了，先下去看看，尝试一下。明年有点基础了，大家再来一起讨论。我有个设想，明年不妨办一次学习班，把民族调查的基本知识大家来学一下，包括考古、历史、语言、社会等基本知识都要知道一点。学习班里少数民族、汉族都要有，民族调查一定要有本民族同志参加。以上讲的，是西南的那一条走廊。

另外一条是中南的走廊。我们正在广西金秀研究瑶族，这个地方的瑶族很有意思，同在这个大瑶山里的瑶族说不同的话，有些说的是侗话、苗话，但他们都讲他们是瑶族，而且有一个共同的组织——大石牌。他们的语言不同，就说明他们曾经是不同的集团。历史上不知什么时候一批侗族跑到山里来了，不同时候又有一批苗族进来了，都在这个山里，他们联合起来共同守卫这个山区，以求生存，经过长期的合作形成为一个民族，都叫瑶族。那么，瑶族中有没有一个主体瑶族？有没有原来就是瑶族的人呢？我看可能是有的。很久以前有一支瑶族，从什么地方跑到南岭山脉。他们同苗族一定有很深的关系，因为苗族同瑶族的语言基本上是一样的，属于一个语族。但是苗和瑶什么时候分开的呢？现在还搞不清楚。分开后，在地域分布上有一条界线很清楚，贵州没有瑶族，这话不知对不对？广西的苗族都分布在北部和贵州接壤的边上，往南就没有了，只有瑶族了。为什么明明是讲苗语的人却叫瑶族呢？南丹的白裤瑶究竟讲什么语言？同苗族有什么关系？我很想知道。苗族里面也很复杂。你们壮族一样，里边也很复杂。每个民族都是这样。怎么分开来？怎么合起来？分到什么程度，合到什么程度？再者什么叫民族？民族怎样形成的？汉族怎样形成的？过去我们脑筋很死，不够解放，好像民族死得很，就几条。几个条条一套，套不上就没有办法了。这不是一个实事求是的态度，不是历史唯物主义的观点。历史观点，实事求是的态度，就要看变化，从现在正在发生的一个巨大变化里，看出民族将来会变得怎样。这样的研究现在还刚刚有点萌芽。有些人想到需要这样搞了，不能满足过去那一套了。不是过去做错了，而是现在要升级了，一年级升二年级了。二年级的功课怎么样，至少可以看出来，不要局限在一个民族一个民族，不要局限在一个省一个省，不要局限在一个学科，要联合起来。要从实际出发来看我们研究民族问题的地区应当包括哪些地方。要各个学科合作来解决一个问题。要求越来越高了。可是我们一个人不可能什么都懂，要各个学科合作，考古、语言、历史、体质人类学以及我们的社会学，综合起来研究解决这些有关中华民族的形成问题。这样，我们也许可以比过去认识得更清楚一点，可以更清楚我们各民族之间的关系。

我这次到西南地区，同云南和四川的民族研究工作者谈了这个问题。本来我想花点时间在中南也鼓吹一下，广西、湖南、广东这几个省区能不能把南岭山脉这一条走廊上的苗、瑶、畲、壮、侗、水、布依等民族，即苗瑶语族和壮傣语族这两大集团的关系都搞出来。这里各种民族有其特点。山区民族就同傣语系各族不一样，今后发展的前景也不同。他们是住在山里边的，所谓"无山没有瑶"，山上边都有瑶族。可是瑶族同瑶族又不一样，情况很复杂，必须深入调查研究。

西北地区还有一条走廊，从甘肃沿"丝绸之路"到新疆。在这条走廊里，分布着土族、撒拉族、东乡族、保安族、裕固族等等，他们是夹在汉族、藏族、蒙古族、回族中间。有的信喇嘛教，有的信伊斯兰教；有的讲藏语，有的讲蒙古语，有的讲突厥语，也是很复杂的，不容易处理。有些民族讲两种语言。上述几个复杂地区：一条西北走廊，一条藏彝走廊，一条南岭走廊，还有一个地区包括东北几省。倘若这样来看，中华民族差不多就有一个全面的概念了。所以，我在一篇文章中提出来，我们需要一个宏观的、全面的、整体的观念，看中国民族大家庭里的各个成分在历史上是怎样运动的。

今天，我同你们吹一吹风，以四川人的说法，叫摆摆龙门阵，希望你们把自己的眼光扩大一些。上面所讲的这些，也就是民族社会学。民族社会学就是对少数民族社会的调查研究。在调查研究中，以前是一般的，看见什么记什么，像写新闻报道一样，现在应该提高一步，有点计量的，有点比例的，有点数目的，准确一点。你们这次至少学到了这一点，处理资料不能没有数目，要有一个轻重、多少，要有一个比例。以前，我们喜欢把几个突出事例讲一讲，结果搞出了片面性和扩大化。但是，点面怎样结合？点面结合要说明局部在全体中的地位，最好用数量表示出来，这样就比较准确一点，更能反映实际。譬如，我们今天在这里开会的人属于10个民族，这样说还不够，还应该说汉族有8个，藏族有3个，苗族有1个……还有一个蒙古族同志，她的父亲还是汉族。这就是有数量了，情况反映准确了。

去年，我到广西龙胜各族自治县去了一趟。我发现，壮族、侗族与苗族、瑶族的距离越来越大了，建设四化，怎样缩小少数民族与汉族的差距，这是一个问题。现在，必须赶紧从文化教育上面去抓。以前，在民族压迫时代，少数民族与汉族疏远才能生存，例如瑶族住到山里去了。他们固然生存下来了，但是关在高山上，经济文化就落后了。现在民族平等了，但原有的这种思想一下子还转不过来。民族之间还有隔阂，有距离，加上"四人帮"又捣乱一下，有些地方隔阂更深了。解放初期，50年代，我们的民族关系的确是好的。正因为有50年代的党的民族政策和民族团结，"四人帮"搞得这样，大家还没有离心，还是团结在一起，甘苦与共，我们中国的各民族是离不开的。我刚才讲了很多，说明历史上就是一个离不开的局面。可是，过去的历史很复杂，在民族压迫制度之下，少数民族很困难，又离不开，又不敢同汉族在一起。所以，距离很大，隔阂很深。现在不同了，要转过来，要进步必须同步前进；要现代化就得一起现代化。民族之间一定要加强联系。现在很清楚，离开汉族，离开这个比较先进的民族，少数民族就要落后，就没有出路。搞四化建设汉族也离不开少数民族。所以，我们要做民族团结工作。这次宪法上有一条很重要，提出各民族间要有一个通用语言。当然这一条有个前提，就是首先要保证少数民族有使用和发展本民族语言、文字的自由。在这个前提下，才能有一个通用语言，否则少数民族就不容易接受。有了个通用语言对少数民族经济文化的发展大大有利。不妨想一想，每个少数民族都要把所有用汉文写的书都翻译过去，事实上是做不到的。现在我们汉族已感到，翻译是一个大问题，外国很多先进的东西翻译不过来。所以，我们各民族要有一个通用语言，从语言上讲，它是汉族语言；但在汉族语言中，它又是普通话。搞现代化，要有知识，知识要有一个媒介，要通过文字，以汉语为通用语言有利于缩小差距，共同发展，少数民族和汉族就像十指一样离不开的。离不开并不是同化，各族还得有发展个性的自由，各个民族各有它的特点。这是个辩证关系。我们现在就要想办法，在现代化过程中不能扩大民族间经济文化上的差距，要缩小差距，这个问题很大。上次我到新疆去，新疆的同志大家都同意：汉人不能走，汉人离开了，马上出现问题，中学里教员不够了，数学没有人教了，孩子们怎么办？各民族就是离不开。这是双方面的，少数民族要欢迎汉族，汉族要为少数民族服务。也就是说，不能分开。

今天晚上，我有机会和少数民族同志们见面，十分高兴，但是时间不多，就讲到这里吧。

1982 年 5 月 27 日

四上瑶山

还不到一年,我又到广西金秀瑶山去走了一趟。这次是应老乡之约去参加庆祝他们的自治县成立30周年的。三十而立,应当说是件大事,我怎能不去祝贺一番?

如果安排得好,从北京当天可以到金秀。可是主人怕我经不住4小时飞行后再加上5小时面包车里的颠簸,坚持要我在桂林住一夜,往返多花了两天。比起47年前我初上瑶山时,从上海到瑶山足足花了两个多月,当然不能同日而语了。

这是我第四次上瑶山了,四次中要算这次时间最短促。我本来打算多住几天,还想去初上瑶山时调查的地区探望一下和我前妻一起照过相的那位老大娘。她现在还健在,盼望我能去见她一面。可是因事打消我这个愿望,匆匆而去,又匆匆而返,在山里只住了三个整天。

今年天气有点反常,入秋以来从北到南气温都比往年同时为高。山中三日意外地尝到了避暑的滋味。金秀县府处在海拔800多米的山谷里。每到午后,气温刚要上升时,经常会降一阵凉爽的雨,让人们能享受一个舒适的午觉。雨过醒来,举目四望,周围山色倍觉妩媚。空气是甜滋滋的,轻纱似的浮云往来游荡,峰峦隐现,逗人遐想。

在这短短的三天里,听到的新事确实不少。这一年里金秀瑶山显得更秀丽了。记得去年这时候,老乡们向我申诉过许多情况，归纳起来大多是林粮矛盾引起的。今年没有人再提这些事了。当前的话头离不开"两热"：致富热和科学热。瑶族作家莫以明，就是我前年相识的，当时的县委书记，在他写的《八角姻缘》那篇小说里生动地道出了这一年瑶山的气氛。

金秀瑶山位于以柳、桂、邕三江所划出的三角地带中心，面积2000多平方公里，高峰林立，一般在海拔1000米以上，最高的近2000米，是广西中部偏东的一片高山区。山区四周地势低平，海拔仅100米以下。这里的高山和桂林的石山不同，土层较厚，植被广袤，是广西最大的天然林海，从东北到西南绵延百余里，每年蕴藏着24亿立方米的水量，是个名副其实的绿色水库。经25条呈放射状的河流，分别供应周围百万亩良田，养活了百万人口。

什么时候起这个山区有人居住，至今还说不清。500年前明朝的封建统治者因镇压瑶族而引起的长期武装斗争的中心就在这山区南部的大藤峡。其后这一带平地上就很少见得到瑶族了。瑶族几乎都进入了闭塞的山区，真是"无山不成瑶"。金秀这片险恶的高山峻岭保卫了瑶族的生存。瑶族一向依林为生，培植和保卫了这绿色水库，繁荣了周围的农业，形成了一个生态体系。解放后我们废除了民族压迫制度，瑶族人民享受到了当家做主的民族平等的权利。瑶山内外从隔绝转向交流，原本可以指望山内山外更可以林粮相济，共享繁荣，没有料到20年来却闹了一场林粮矛盾。

林粮矛盾是从大跃进的"放卫星"大献木材起，到十年动乱的"不吃亏心粮"，要求山区粮食自给为止，这一系列"左"的干扰产生的结果。在这种地无三尺平的山区里搞"以粮为纲"，人们只有砍树开地。在贫瘠的山坡上长粮食，几年就连种子都收不回,不得不丢荒另辟,把郁郁葱葱的山岭,刮成一片片的秃顶。山内的人劳动终日不得一饱。山外却因山上林少蓄不住水,多雨发山洪,少雨河成溪,潦旱相间,粮食产量年年下降。这就是说,这地区的生态体系被破坏了。

瑶山偏僻,"以林为主"的政策去年才落实下来,刹住了林粮矛盾。这个政策说来很简单:要求住在宜林地区的居民全力发展林、副业,粮食不够自给就由外地供应他们。以粮养林,以林蓄水,以水供田,以田植粮。从林粮矛盾变成了林粮相济。在民族平等、团结、互助的新基础上建立起来的这个生态体系,将为这地区社会主义现代化建设提供优越条件。

金秀瑶山在这短短的一年里,即便不能说面貌大变,至少可以说气氛不同了。这一年里发生了许多事,初听来有些似乎不大容易相信。比如说,罗香公社罗运大队,人均年收入从1975年的72元上升到1981年的380元。在绝对数字和生长速度上都比我在江苏调查的江村为高。上面提到的那篇小说《八角姻缘》就是取材于这个生产大队的。

事实是这样:金秀瑶山很早就以生产八角著名。八角是一种香料植物,又叫大料或茴香。在"文革"期间很多公社奉命"割尾巴",把多年的八角林砍了。可是,罗运大队顶住了这阵歪风,保住了八角林。拨乱反正后,国家收购这项香料价格较高,所以这个大队就走运了。去年落实了生产责任制,干劲更旺,这个生产队在这一项收入上就得到了40万元。有个单身汉一人净得1380元。这个265户的生产大队的信用社中,个人存款已近11万元。全大队有收音机105台,收录机4台,手表255块。去冬今春,不少人结伴到柳州和桂林旅游,这是自古以来没有过的事。

这个生产大队的好运道像长了翅膀，一下在大瑶山里传开了。已经把八角林砍了的地方又种了起来，没有种过的也千方百计地学习怎样种八角。自治县适应新的需要，今年在原来的中药繁殖场的基础上成立了一个八角研究所，引进现代科技来繁殖良种，防治病虫害。全县今年已有八角林近3万亩，这些树长成后人均收入至少可以翻一番。

听来更是喜人的还不是八角，而是灵香草。这是瑶山的特产，闻名山外已有很长的历史。早在宋代周去非的《岭外代答》里，已提到它，称零陵香，产于当时瑶族聚居的零陵郡的静江等地，在今桂北。它是多年生草本，高65公分左右，叶互生，椭圆形，长3公分许，长在森林覆盖的潮润的地面上，自然生长期大约15年。培种的方法相当简单。农历五月到七月间，从老本上摘取3公分左右长的草茎，带一片叶子，插入土中或石缝里，次年二月除一次草，三月开花，到冬天就可以连根拔起，烤干出售。

去年访问金秀时就听说，香港的商行派人到平南高价收购，据说要10多元一斤，而传说在香港要值几十元。我问老乡，这种香草为什么这样值钱，他们也不清楚。有人告诉我，北京图书馆派人来购买，说是放在书库里，线装书就不会遭虫蛀了。后来又听人说，灵香草的这种用处是清代宁波"天一阁"的主人在广西做官时发现的，他带回到那个著名的藏书楼里试用，果然生效，于是就在当时的文人中传开，视作珍品。港商拿去作什么用，传说却不少。除了用来提炼香精外，据说还能用来治病。我在一个调查报告中看到，瑶族人民用此草生茎叶煎服，可以避孕或堕胎。如果经过试验确有此效，对我们推广

四上瑶山

计划生育大有帮助，我带了标本回来，请人去打听学名，得到的答复是属报春花科。

灵香草对我来说并不是陌生的。建国不久，我参加中央访问团到广西去做少数民族工作，那时曾注意到大瑶山的茶山瑶妇女头上佩戴的银板，高耸突出，光亮夺目，十分惹眼。当时就引起了我的好奇：在这偏僻山区里哪里来这么多银子让妇女顶在头上？老乡告诉我说，茶山瑶会种灵香草，外边的人出大价钱用银子来换。山里风气好，没有盗窃，所以这些银子成了妇女们常用的装饰品。这道理我能懂得。山里这种自给经济，加上运输困难，除了白银还有什么能用来和瑶族交换这种珍品呢？这种瑶语称作"银钗"的大银板，插在头顶上，左右两边各三块，轻的有500克，重的有2斤多。在民族的头饰上确是具有特色的。

灵香草是价值较高的土特产。据老人们记忆在他们的幼年，每斤可换来银币2至4角(当时白米50公斤值2块银元)。我去金秀市街上的土特产商店里参观，看到2两重的一袋灵香草要价2元人民币。种植这种香草并不费工，据说100公斤灵香草，约费30个劳动日。当我在叹赏这样值钱的特产时，陪同我一起进山的一位本地同志在我耳边笑着说：请你准许我迟两天回北京，我去种一些灵香草，托家里人照顾一下，明年接老母亲上北京的路费就有着落了。我计算一下，确实够买北京、桂林间来回的飞机票了。我顺口说，索性住上一星期，你一年可以不必支工资了。

灵香草固然值钱，又容易栽植，但是却十分娇气，多病易萎。瘟疫一起，整片遭殃。最凶恶的瘟病叫做"点蜡烛"。犯了这种病，开始是枝头的嫩叶枯黄萎落，然后向下蔓延，其快如蜡烛燃烧一样，不久就全部报销了。而且一株犯病，一片受灾，传染很快。过去每年因"点蜡烛"而损失的产量经常要达 30%—40%。不瘟则白银进门，一瘟则两手空空。过去这对瑶族来说，只能是事归天命了。他们称之为灵香，多少带有点靠神保佑的味道。

过去这一年里，却出现了一件大事，那就是科学克服了神佑，保证了灵香草长灵永香。原来去年我离山不久，自治区派来一个自然资源综合考察队。其中有一位广西农学院的教师何有乾同志。他决心要为灵香草"灭蜡烛"，用了半年时间，为这种摇钱草找到了防治病害的措施。他经过观察和试验，诊断出"点蜡烛"，是一种由寄生真菌的侵染所引起的"斑枯病"。找到病源，就可用隔离和药剂来防治。首先要保证种苗不带病菌，其次禁止病菌散播，及时清除病草，必要时喷射药剂。今年 4 月自治县科协办了一期"培训班"，由何老师向各地老农传授防治措施。他吹灭了灵香草的"点蜡烛"，却点燃了一支科学热的蜡烛。老百姓里就传开了："科学能保产，保产能致富。"致富热引起了科学热。科学和生产一结合，它就成了人民的宝贝，连知识分子都香了。

深山密林里遍地是财宝。但是如果这些财宝需要看守，那就成了个难题。哪里有这样多人去看守那么大的一片森林呢？如果在森林里培育的作物不能保证收获，那又有谁去经营呢？去年听说由于山外有人进来购买灵香草，就发生了偷盗事件。一皮包灵香草就值几十块钱。致富热走了火，就会进入邪道。要靠公安人员去搜查处罚，那就不胜其烦了。这时瑶族想起了他们传统的石牌制度来了。石牌制度用现在通用的话来说就是"乡规民约"。当大瑶山被历代封建势力围困的时代，山里的瑶族人民必须靠自己的力量来维持山内的社会秩序，制裁一切破坏安定团结的行为。他们本身并没有强大的政治机构，只有通过社会自觉来达到这个目的。他们共同订定一些规则，主动遵守纪律。凡是违背公约的，人人起来加以制裁。他们把这些公约刻在石牌上，所以称作石牌制度。

石牌制度在大瑶山里发挥作用已有几百年。30年代我初上瑶山时，对山内的社会风气就有极好的印象。夜不闭户，路不拾遗，完全是事实。把东西随意放在路旁，上面插一个草结，就不会有人去动它了。哪一个人违背了这个社会习惯，就难在山内容身。这种优良传统在近10年来，也许是由于山外的人进山的多了，也许是由于山外传入了"左"的歪风，瑶山也发生了偷盗案件。

今年6月，以培育灵香草而致富的香拉大队，为了实际的需要，又想起传统石牌的社会公约来了。这是瑶族人民喜闻乐见的形式。全大队的群众开了个大会，定下了个"乡规民约"。这个民约有20条款，其中最重要的是严禁"五大犯"，盗窃灵香草是其中之一。这个公约于今年7月1日起执行。我是8月底到瑶山的。在这两个月里据说还没有发现过要动用公约来惩处的事件。这是一件值得推广的好事。提到高度来说，这是个民主和法制统一的典型。同时它也提示我们，物质文明的发展必须与精神文明相配合。如果只看到人均收入的增加，而不发挥自觉的社会纪律，那就有滑入邪道上去的危险了。

我从大瑶山赶回来听到了十二大的报告，使我想起在瑶山里看到的种种情况。拨乱反正以后的党正在领导广大劳动人民，发挥他们伟大的创造力，建设我们的社会主义国家。偏僻山区的瑶族没有辜负党的关怀，不愧是中华民族大家庭的一员，像过去这一年的速度发展下去，本世纪内翻两番看来是大有把握的。

1982 年 9 月

瑶山调查五十年[*]

我自 1935 年偕同前妻王同惠初访广西大瑶山以来，已经过去了整整半个世纪。这 50 年来，我从一个学习人类学的学生到带领几个中年学者三访瑶山，今昔对照，感慨良深。旧地重游，所见变化之大，可以说是换了人间。

瑶族在旧中国是一个被歧视的少数民族，在很早的年代里就被撵入了南岭山脉的高寒山区。据说，他们的祖先在两千多年前的秦汉时代还定居在长江中游的洞庭湖一带的平原上，但是这个具有强烈反抗压迫传统的民族，拒绝反动统治者强加于他们的徭役，宁愿进入深山老林，靠双手开辟自己的家园，保卫自主的生活。有人以最早见于汉文《梁书》里的"莫徭"（不服徭役的意思），作为这个说法的佐证——尽管史学家对此不尽同意，但是瑶族不断受到历代反动统治者所实行的民族压迫政策的摧残而被撵入高寒山区，确是事实。

广西东部的大瑶山，处于柳江和桂江之间大约有 2300 多平方公里的高山区，海拔最高达 1900 多公尺。四围是平原或丘陵地带，山区边缘皆为几百公尺的陡坡悬崖。1935 年我在清华大学研究院毕业后，接受导师史禄国教授的意见，在出国

---

[*] 本文是作者 1986 年在香港召开的"第一届瑶族研究国际研讨会"上发表的论文。——编者

留学之前，先到国内少数民族地区进行一次实地调查。当年秋季我偕同前妻王同惠一同进入广西大瑶山。我们的分工是：我主要测量瑶山居民的体质，她做社会调查。

当时的大瑶山里，老林密箐，羊肠小径，野草蔓生，道路不辨。我们从 10 月 18 日开始进入瑶山工作，到 12 月 16 日从花蓝瑶地区转移到坳瑶地区的旅途中迷失了方向。我不慎误踏猎人设下的陷阱，腿背受伤，王同惠下山呼援，天黑路险，溺水丧生。二人同行，一死一伤。后来我虽获救出山，这次调查却并未完成。我在养伤期间把前妻所遗材料略作整理，编成《花蓝瑶社会组织》，而我的体质测量资料后来全部遗失在昆明。因此，我一直遗憾在心，觉得是一件此生不能还清的欠账。

新中国成立后，世世代代居住在被蔑视为化外之区的大瑶山里受尽民族压迫的瑶族人民，于 1952 年建立了金秀瑶族自治县。这是中国各族人民在中国共产党领导下获得解放后，最早实行民族区域自治的地方之一。瑶族人民再也不受民族压迫之苦，获得了当家做主的民族平等权利。

1979 年 10 月，我趁参加祝贺广西壮族自治区成立 20 周年之便，重访了阔别 43 年的大瑶山。这里是我重新进行民族实地调查的起点，也是日夜令人魂梦神牵之处。当时虽然经过十年动乱，在林粮矛盾中，森林生态遭到破坏，但正在落实"以林为主"的政策，瑶山充满了希望。随着生产责任制的落实，瑶族人民张开了发展科学技术和开展山区林副土特产这双翅膀，向着民族繁荣、山区兴旺飞翔。

此后，我又带了几位中年瑶族研究者二上瑶山，在那里进一步了解了大瑶山瑶族的情况，支持那些比我年轻的学者深入山村,从宏观和微观两方面进行研究,并期望从这种研究中,能对我们整个中国民族大家庭,尤其是对研究全世界人口最大的民族——汉族的形成问题有所启发。

瑶族分布得既广又散,他们内部在语言、社会组织、风俗习惯、宗教信仰,甚至服装上都存在着显著的区别。根据这些区别,人们用各种不同的名称来称呼他们。其名称在全国多至几十种。如广西都安有自称"布努"的瑶族,汉族人称他们作"背篓瑶";广西南丹有自称"瑙格劳"的瑶族,汉人称他们作"白裤瑶";仅广西大瑶山的瑶族就有五种不同的自称,汉族人也用了五个名称分别称呼他们,即:茶山瑶、花蓝瑶、坳瑶、盘瑶和山子瑶。他们的汉名除了坳瑶外都不是自称的音译,比如茶山瑶自称是"拉加",花蓝瑶自称是"炯奈",盘瑶自称是"勉",山子瑶自称是"金迪门",坳瑶则自称"坳标"。他们尽管有不同的自称与服饰,语言也各不相同,但是都共同承认是一个民族——瑶族。而在他们的自称中却都不加"瑶"字,不说"拉加瑶""炯奈瑶"等,却承认"拉加""炯奈"都是瑶。由此可见,瑶这个族名很可能是汉人对他们的称谓,在大瑶山,也是对这五个不同自称的人所形成的共同体的称谓。

30年代我初到大瑶山时,由于缺乏语言学的训练,没有从语言学的角度来研究这五种不同自称的人们的关系,而简单地把他们看成是大瑶山瑶族的五个支系。所谓"支系"的意思是从一个根本上分出来的枝条。80年代我和学过语言学的同志们一起去调查,他们熟悉过去几年来语言学者对于这五种不同自称的瑶人的语言所作的研究。根据这些研究我才知道居住在大瑶山里的瑶族在语言上并不是统一的,而可以分成勉语、布努语、拉加语三种。它们虽然都属汉藏语系，但不能说是一个语言的不同方言。勉语属苗瑶语族瑶语支；布努语属苗瑶语族苗语支，接近苗语；拉加语属壮侗语族侗水语支，接近侗语和壮语。换一句话说，茶山瑶的话近侗、壮语；盘瑶、山子瑶和坳瑶的话属瑶语；花蓝瑶的话接近苗语。

这些瑶族集团之间的关系在过去也是相当复杂的。在大瑶山的这五种不同自称的瑶民中，茶山瑶、坳瑶、花蓝瑶分别占有一部分山岭，包括土地、森林、飞鸟和河水，所以他们又统称为山主瑶，或又因为他们的男子过去都留长发，在头顶上梳一个发髻，所以又有"长毛瑶"之称。这三个集团的瑶民住在沿河较平的坝子里，以耕种水稻为主，因此他们可以世世代代定居在一个地方，用土木结构建筑经久的房屋，聚居成比较密集的村寨。而每个村寨大多有十几户人家。盘瑶和山子瑶则不占有瑶山里的土地，他们在过去只能向早已定居在这里的山主瑶，讨山地经营以刀耕火种为主的原始农业。每年须向山主瑶交租和服劳役。在刀耕火种的农业中，他们每过几年就要抛荒另开新地，不能定居，必须经常迁徙，所以，只能住在简陋的竹棚里。因此这两个集团的瑶族被统称为山子瑶或过山瑶，表示他们既没有土地又是居住不定的瑶民。过山瑶在严重的剥削下，生活贫困。我初访瑶山时，曾在冷冲住过他们的竹棚，晚上寒风透过竹墙缝寒气袭人。而很多家庭难得有一床完整的棉被，成人连衣裤都不全，他们吃的也是苞米和野菜。

从语言上看，这五种不同自称的瑶人可能有不同的来源。或者说，他们很可能原来不是一个民族的人，进入大瑶山之后，在这个封闭的环境里，共同忍受着封建王朝的民族压迫。共同的命运、密切的经济关系，使他们凝聚成为一个民族共同体。根据对全国瑶族的研究，我们知道讲拉加话的茶山瑶，只在大瑶山所独有，他们人数不多，在全国瑶族总人口中所占比例很小。讲布努话的花蓝瑶，他们的语言和都安等地的讲布努话的背篓瑶等比较接近，属于苗语支，虽然有一定数量的人口，但在全国瑶族总人口中所占的比例并不是最大。而讲瑶语的盘瑶、山子瑶和坳瑶，他们与其他各地讲瑶语支语言的盘古瑶、顶板瑶、八排瑶等相近，也有共同起源于盘瓠的民族起源传说，他们的话属于瑶语支，其人口总数在全国瑶族总人口中所占比重是最大的。由此可以知道，讲瑶语的盘瑶等集团，很可能是瑶族中的基本成分，如同汇入大河的各条支流一样，他们是瑶族这条大河中的主流，是其中源远流长的一支。说他们是基本成分，是因为他们在游动过程中，不断吸收了其他游散的民族成分，构成其瑶族共同体。

大瑶山瑶族五个集团迁入瑶山的时间和路线，也是各不相同的。从盘瑶、山子瑶没有土地的事实来说，可以设想当他们迁入大瑶山时，山里的可耕地已经有人占据，而占有土地的茶山瑶、花蓝瑶和坳瑶应当比没有土地的盘瑶和山子瑶早入山区。但盘瑶的传说却与此相反，他们认为自己是先进入瑶山的集团，只是由于游耕生活才没有牢固地占有山地。由此可见，在入山先后的问题上，各集团是各持己见的。从入山路线看，可以说是来自四面八方。据说茶山瑶是从广东经广西梧州，取道藤县、平南进山的，但也有说是从湖南取道浔州、贵县、象州入山的。盘瑶是在湖南被打散后进广西入山的。山子瑶是从广东进广西由平南入山。坳瑶从贵州进广西，经百色、南宁然后入山。

这些在不同时间、由不同路线进入大瑶山的各瑶族集团，他们彼此是不相混同的。但从姓氏来看，其中既有不同于别集团的姓，也有相同于别集团的姓，如都有槃瓠传说并讲瑶语的盘瑶和山子瑶，有盘、黄、赵、冯、李、邓六个相同的大姓，但也有许多相互不同的姓。像盘瑶的包、周、胡、唐、雷，在山子瑶中没有；山子瑶的蒋、卢、陈、谭、覃、郑、莫、冼、刘，在盘瑶中没有。同讲瑶语的坳瑶中有盘、赵二姓，没有其他四姓。而说壮、侗语的茶山瑶里却有莫、刘二姓。花蓝瑶中有冯姓。各个集团又都有别的集团所没有的姓，比如茶山瑶的陶、金、龚、田、龙；盘瑶的唐、雷；山子瑶的卢、陈、谭、覃、郑、冼；坳瑶的罗、苏；花蓝瑶的侯、相等。如果同姓之间有相同来源的话，则各集团之间在历史上就可能有相互渗透的部分。

值得指出的是，大瑶山在明代基本上属于大藤峡的范围，从 15 世纪初到 16 世纪 30 年代，这里曾爆发过延续 100 多年的反抗斗争。据《明史纪事本末》载，"中产瑶人，蓝、胡、侯、盘四姓为渠魁"。明朝统治者曾调动几十万军队，先后三次对瑶民进行屠杀。使四大姓的瑶民，死的死、逃的逃，有的隐姓埋名难于查找。但是这四大姓中的盘姓，在现在的盘瑶、山子瑶、坳瑶中却普遍存在，蓝、胡、侯三姓在花蓝瑶中也还存在。30 年代我初入瑶山的第一站花蓝瑶的王桑村，就是一个胡姓村落；后来在六巷住在一个叫蓝济君的花蓝瑶家里。明代大藤峡瑶民的四大姓，在现今大瑶山的一些瑶族集团中还能见到，由此表明，早在明代，这里说瑶语的盘瑶和说苗语的花蓝瑶都已经被统称为瑶族了。在长达四五百年的时间里，说不同语言的集团，陆续进入瑶山，由于共同的利益，团结起来保卫这个山区，汉人就把他们统称为瑶族，终于形成了现代的讲不同语言、有不同服饰、在习俗上也有一定差异的，由几个集团形成的叫做瑶族的统一体。为此，我们不能简单地用语言一致的标准来进行民族识别。但我们也不能说大瑶山的瑶族不是一个民族的共同体，尽管它是由五个来源不同的集团所组成，而且还讲着分属三种语支的五种语言。于是这里便产生了诸多值得在理论上进一步探讨的问题：即什么是形成一个民族的凝聚力？民族共同意识是怎样产生的，它又是怎样起变化的？一个民族的共同体在语言、风俗习惯、经济方式等方面能承担多大的差别？为什么一个原本聚居在一起的民族能长期被分隔在不同地区而仍然保持其共同意识？依然保持其成为一个民族共同体？一个民族又怎样能在不同条件下吸收其他民族成分，不断壮大自己的共同体？又怎样会使原有的民族成分被吸收到其他民族中去？这些问题的提出将为我们今后的民族研究工作开辟出广阔的园地。

从宏观来说，中华民族在几千年来，的确呈现着一幅规模宏大、成分复杂、既有融合又有分化的历史长卷。中国各民族所在的地域，大体可以分成北部草原地区、东北角的高山森林区、西南角的青藏高原，曾被拉铁摩尔所称的"内部边疆"，即我所说的藏彝走廊，然后是云贵高原、南岭走廊、沿海地区和岛屿及中原地区。这是全国这个棋盘的格局，我们必须从这个棋盘上的演变来看各民族的过去和现在。从我国有文字记载的历史时期来看，各族人民流动的总趋势是北方民族的南下或西进，中原民族的向南，沿海民族的入海或南北分移，向南移的又向西越出现在的国境。我国人口最多的民族——汉族就是在这种迁徙变动中，逐渐融合许多古代民族而逐渐形成的。从金、元时代逐渐把中原地区的人称为汉人以来，汉作为民族名称使用了至少已有 1000 年的历史（在此以前，曾被称作"唐人")。但是这个包括了历史上的许多民族成分的汉族,究竟是在怎样的情况下、由多少集团凝聚而成的具体经过和具体情况,我们却不甚了然。要对这10亿人口的来龙去脉做一个详细的调查,是一件很不容易的事情。

对中华民族又分又合的历史过程,我们不可能做具体的观察,许多关键性问题只能通过文字记录、遗留的文物,以及现存的风俗、习惯、信仰等去推考。但是如果从微型的具体实况来观察各民族间又分又合的关系,那就可以丰富我们对中华民族形成和变化过程的理解,充实我们对民族问题的理论认识。从大瑶山瑶族的研究中,是不是也可以得到启发,从中找出一些规律性的东西来。从这个角度看,大瑶山是研究这个问题的一个良好园地。我们今后的民族研究,既要有微型的调查,也要有宏观的总结。宏观和微观又是相对而言的。就大瑶山一个地区来说,它在当地是一个宏观的研究,而瑶山中一个村寨、一个集团的调查则是它的微型研究。而对整个瑶族或汉族,或中华民族来说,这是一个更大程度的宏观研究,而大瑶山地区的研究就成为它的局部,是一个更大的宏观研究中的微型调查。

关于微型研究,过去我曾经做过一些。30年代时初访瑶山的成果《花蓝瑶社会组织》,以及后来的《江村经济》《禄村农田》等都是例子。但是总的来说,在民族研究中这种微型的研究做得还很不够。我曾经在中央民族学院民族研究所的一次报告中说过:"'微'是指深入到生活的实际,而不是泛泛地、一般化地叙述,要做到有地点、有时间、有人、有行为、有感情、有思想,这样才能说是'直接的观察'。'型'是把一个'麻雀'作为一个类型的代表,解剖得清清楚楚,五脏六腑,如何活动作全面说明；而且要把这个'麻雀'的特点讲出来，它和别的'麻雀'有何不同、为何不同等等。这样的'微型'研究是民族研究的基础，通过比较不同的'型'，就能逐步形成全面的宏观的认识。"通过对大瑶山瑶族的调查研究，我想汉族也一定有一个自己的基本成分，也就是原来居住在中原地区，以黄河为自己的摇篮所哺育出来的那些人，也就是所谓"黄帝"的子孙。但是在漫长的历史里，它不仅包容了"炎帝"的子孙在内，而且还在一个长期封闭的封建国度里，又吸收了附近高原、山区、草原、沙漠上的各个集团或其中的一部分，也羼入了不少古代的少数民族，终于形成为一个复杂的民族共同体、一个人口众多的泱泱大族。正如周恩来总理1957年8月4日在青岛民族工作座谈会上所说的一样："我国历史的发展，使我们的民族大家庭形成许多民族杂居的状态。由于我国各民族交叉的时代很多，互相影响就很多，甚至于互相同化也很多。汉族所以人数这样多，就是因为它吸收了别的民族。"这是我从事大瑶山瑶族调查研究以来所提供的一个看法。当然还有许多工作需要大家来做。其中包括我在前面提出的，要开展从北部草原地区、东北角高山森林地区……直到沿海地区、中原地区等等地区的宏观与微型相结合的深入调查研究，然后在这样的基础上、在更大的宏观角度上予以分析和总结。科学的发展和客观实际的要求，将迟早会使我们走上这一步。目前我国西南地区已开展了六江流域的调查，贵州地区开展了六山六水的调查，都是一些很好的开端。

这50年中，从我们只有两个青年人跋涉于荒山野岭，初访大瑶山以来，到现在已形成一支相当广大的队伍。从国内到国外，从亚洲到欧美，都有不少学者从事着瑶族的调查研究。

我们知道，全世界各地的瑶族的祖先，都是从中国迁出去的，直到今天，瑶族人口的大多数也居住在中国境内，因此说，我们对瑶族的调查研究负有更大的任务。我们欢迎各国学者之间的文化交流、共同协作、增进友谊。也希望能从近年来的大瑶山调查开始，发展成为以南岭山脉的民族走廊为主的综合性调查。这里面有作为山居民族的瑶族的各方面问题；有瑶族和跟他接近的苗族与畲族的关系问题，这并不仅仅是历史上的渊源问题，也是对相类似的山居民族的比较问题。包括了苗、瑶、畲族与壮族、侗族、布依族以及土家族等在历史上的关系问题，它们之间的互相影响与有什么差异的问题，以及长期历史上汉族在这个地区的作用问题，汉族与上述各少数民族之间的关系问题等等。南岭山脉的民族走廊研究好了，不仅有助于上述各民族历史的研究，而且也可以大大丰富中国通史的内容，有助于我们对当前各民族情况的深刻了解。

50年在人类历史上只不过是短暂的一瞬，在瑶山研究方面，我们走过了艰难曲折的坎坷路程。我期望在未来的50年里，瑶族研究有一个新的更大的发展，并相信他们的路程也许会比我们坦荡一些，但是永远不要忘记在攀登科学高峰时，仍然需要那种勇敢的不畏艰辛的刻苦精神。

1986年5月

《盘村瑶族》序[*]

胡起望、范宏贵两位同志所写的《盘村瑶族》即将出版，因为这个研究是出于我的倡议，所以他们要我在书前写几句话，说明这项研究的目的和意义。实际上我想说的话已经在1981年12月7日中央民族学院民族研究所举行的一次座谈会上讲过。这篇讲话的记录曾以《民族社会学调查的尝试》为题发表在《中央民族学院学报》（1982年第1期），后来收入《从事社会学50年》这本集子里（1983年天津人民出版社出版）。另外范宏贵同志也在《广西民族学院学报》（1983年第1期）发表过一篇《在大瑶山进行微型研究的体会》，叙述了大瑶山的基本情况和这项研究的主题。这篇序言实际上不过是这两篇文章的重复和引申。

先说一说我为什么倡议在广西大瑶山，即今广西壮族自治区金秀瑶族自治县，进行社会调查。1935年我在清华大学研究院毕业后，接受导师史禄国教授的意见，在出国留学之前，先到国内少数民族地区进行一次实地调查。当年秋季我偕同前妻王同惠一同进入广西大瑶山。我们的分工是：我主要测量瑶山居民的体质，前妻做社会调查。该年12月16日，我们

---

[*] 本文系作者为《盘村瑶族》一书（民族出版社，1983年）所写序言。——编者

在从花蓝瑶地区转移到坳瑶地区的旅途上迷失道路。我不慎误踏猎人设下的陷阱，腿背受伤。前妻下山呼援，天黑路险，溺水丧生。后来我虽获救出山，这次调查却并未完成。我在养伤期间把前妻所遗材料略作整理，编成《花蓝瑶社会组织》，而我的体质测量资料后来全部遗失在昆明。因此，我一直遗憾在心，觉得是一件此生没有还清的欠账。1978年我应邀去参加庆祝广西壮族自治区成立20周年，返途上我去访问了一别43年的大瑶山。当地的瑶族同胞还记得我，而且听说当年接待过我们的老朋友还有不少在世。他们的热情，鼓励了我想继续在瑶山进行上次没有完成的调查。这是我做出大瑶山社会调查倡议的来由。

我这次访问为时虽短却得到不少新的启发，提出不少问题：首先是瑶族是怎样形成的，其次是瑶族这一类山区民族有什么特点，第三是它们的发展方向是什么，第四是我们怎样下手去研究这许多方面的问题。在这里不妨把我个人的想法说一说。

瑶族是一个有悠久历史的民族，在汉文的记载中南北朝时期就有"莫徭"之称，这个民族称谓亦见于唐代大诗人杜甫和刘禹锡的诗中。瑶族更早的先人在汉文记载中一般认为是被包括在蛮人一类里。按已有的文字记载看来，从秦汉时起长江中游南部山区从湖南到广东都是他们聚居的地方。过去研究瑶族历史的学者对他们的来源和迁移路线都有过值得称道的研究。但是以我自己来说，过去心目中总是把瑶族看成是一个具有某些民族特点的集团，子子孙孙一代代地传下来的；他们在某一个时代聚居在某些地方，有时分散，有时聚合；他们的社会经济发生过某些变化。这样构成了一部瑶族的历史。由于这种看法，我总是想从史料中去追寻瑶族的来源，多少是认为有一条线贯彻始终，不论这条线的某一段中这种人曾被人称过什么名称。这种看法并不能说是错误的，因为我们可以设想，人总是一代代传下来的，现在还存在的民族总是有个源流可查考的。但是我从广西大瑶山的瑶族形成的具体过程中却看出了上述观点未免过于简单了些，因而也会妨碍我们对民族历史的研究深入下去。

大瑶山里的情况是这样：自己认为是瑶族的人有五种不同的自称。汉人也用了五个名称分别称呼他们作：茶山瑶、花蓝瑶、坳瑶、盘瑶和山子瑶。他们的汉名除了坳瑶外都不是自称的音译，比如茶山瑶自称是"拉加"，花蓝瑶自称是"炯奈"，盘瑶自称是"勉"，山子瑶自称是"金迪门"，坳瑶则自称"坳标"。如果问他们是不是瑶人，他们没有否认的。可是在他们的自称中都不加上个瑶字，不说"拉加瑶"或"炯奈瑶"等，而承认拉加和炯奈等都是瑶。瑶这个族名很可能是汉人称他们的名字，他们也用它来指这五个不同自称的人所形成的共同体。

我30年代初到大瑶山时，由于缺乏语言学的训练，没有从语言学的角度来研究这五种不同自称的人的关系，而简单地把他们看成是大瑶山瑶族的五个支系。所谓支系意思是一个根本上分出来的枝条。这次我和学过语言学的同志们一起去调查，他们熟悉过去这几年语言学者对于这五种不同自称的人所说的语言所做的研究。根据这些研究我才知道居住在大瑶山里的瑶族在语言上并不是统一的，而可以分为勉语、布努语、拉加语三种。它们虽然都属汉藏语系，但不能说是一个语言的不同方言。勉语属苗瑶语族瑶语支；布努语属苗瑶语族苗语支，接近苗语；拉加语属壮侗语族侗水语支，接近侗语和壮语。换一句话说，茶山瑶的话近侗水语，盘瑶、山子瑶和坳瑶近瑶语，花蓝瑶语近苗语。

从语言上暴露出了这五种不同自称的人可能有不同的来源，或者说，他们很可能原来不是一个民族的人，进入了这个山区之后才形成现在大瑶山的瑶族。他们不是出于一个根本的枝条，而是不同支流汇合而成的一条河。如果称他们是"支系"，只是支流的意思。我觉得不如避开支系这种说法，而称他们作不同的集团。大瑶山的瑶族就是由这些集团凝聚而成的一个民族共同体。

据这五个集团自己的传说，他们迁入大瑶山的路线也不相同。茶山瑶是从广东经广西梧州取道藤县、平南进山的，但也有说是从湖南取道浔州、贵县象州入山的。花蓝瑶是从贵州经柳州、象州入山的。盘瑶是在湖南被打散后进广西入山。山子瑶从广东进广西由平南入山。坳瑶从贵州进广西经百色、南宁，然后入山。这些传说表明现在居住在大瑶山里的瑶族来自四面八方。入山的时间上也有先后。至于谁先谁后他们还有不同意见。从盘瑶、山子瑶没有土地的事实来说，可以设想是出于他们入山时山里的可耕地已经有人占据的原因，占有土地的茶山瑶、花蓝瑶和坳瑶应当比没有土地的盘瑶和山子瑶早入山区。但是盘瑶却认为他们先进山，但由于游耕所以没有占有土地权。姑且不论这种说法是否符合于历史事实，在入山先后问题上各集团是各持己见的。

这些集团是不相混同的，比如，茶山瑶不能变为花蓝瑶。但是从各集团的姓氏来看既有不同于别的集团的姓，也有相同于别的集团的姓。都有槃瓠传说和说瑶语的盘瑶和山子瑶,有六个大姓:盘、黄、赵、冯、李、邓是相同的,但是还有许多姓是相互间不相同的。比如盘瑶的包、周、胡、唐、雷,在山子瑶中就没有;山子瑶的蒋、卢、陈、谭、覃、郑、莫、冼、刘在盘瑶中就没有。说瑶语的坳瑶中有盘、越两姓但没有其他四姓。说侗语的茶山瑶里却有姓莫、刘的人。花蓝瑶中有姓冯的。各个集团都有别的集团所没有的姓,比如茶山瑶的陶、金、龚、田、龙,盘瑶的唐、雷,山子瑶的卢、陈、谭、覃、郑、冼,坳瑶的罗、苏,花蓝瑶的侯、相。如果假定同姓之间有相同来源的话,各集团间在历史上可能也是有互相渗透的部分。

本书有关盘村瑶族世系关系的叙述中可以看到,他们一方面极重视姓的世代延续,而另一方面却又实行双系并行,兄弟姊妹间可以分别从父姓或母姓,形成特有的复杂体系。从具体例子里还可以看到他们吸收汉人归族,至于是否也有吸收其他集团的成分,我还不清楚。总之,不仅在血统上看,就是在族系上看,大瑶山的瑶族这个共同体并不是一成不变,单系纯种的血缘团体。其他民族共同体也有类似的情形,因此,我们必须从具体历史过程中去认识每个民族形成的过程。

就大瑶山瑶族的形成来看,我们不能简单地用语言一致的标准来进行民族识别。我们不能说大瑶山的瑶族不是一个民族的共同体,尽管它是由五个来源不同集团所组成,而且还说着分属三种语支的五种语言。于是这里产生了一个值得在理论上探讨的问题:什么是形成一个民族的凝聚力? 一个民族的共同体中能承担多大在语言、风俗习惯、经济方式等方面的差别? 民族共同意识是怎样产生的,它又怎样起变化的? 为什么一个原本聚居在一起的民族能长期被分隔在不同地区而仍然保持其民族共同意识？依然保持其成为一个民族共同体？一个民族又怎样能在不同条件下吸收其他民族成分，不断壮大自己的共同体？又怎样会使原有的民族成分被吸收到其他民族中去？这些问题将为我们今后的民族研究开辟出广阔的园地。

放眼我国境内的民族，从上述这些问题看去，在这几千年里的确呈现着一幅规模宏大，成分复杂，有来有去，有分有合的历史长卷。我们对这个历史过程的知识实在太少，以致我们对这样一个有长期文字记录，又是当前世界上人口最多的汉族怎样形成的过程都说不清楚，至于对当前50多个民族怎样结合成为不可分离的中华民族这个共同体，我们也只见到它的结果，而还没有理解它凝聚的过程。这不能不使我想到我们这些肩负着研究中国民族的责任的人面对着怎样艰巨的任务了。我从广西大瑶山里的瑶族——他们只是分布在国内外各地的瑶族的一小部分——的历史经过，从而想到中华民族的形成，因为我意识到从这微型的研究里确是接触到了贯穿在各民族历史中具有一般性的规律。怎样把实际的观察和分析，提炼出我们各民族形成的规律，形成具有中国特点的理论，也许是我们这一代研究民族的学者必须认真对待的任务。

那么我们在广西大瑶山的瑶族中看到了怎样一个历史过程呢？从现有不充分的资料来说，在明代以前，即14世纪以前，瑶族在南岭山脉一带，跨湖南、广东、广西三省的聚居区，和现在相比幅员较广，人口较众。他们对当时采取民族压迫政策的封建王朝的反抗在汉文史书中的记载可以远溯到宋代，斗争的中心地区却一代代由北向南，由较开阔的丘陵地带向险恶的山岭移动，表明了瑶族在1000多年里逐步被分散在高寒山区的过程。最后一次大规模的斗争是在明代发生于广西大瑶山附近的大藤峡，当时的统治者发动了几十万军队，在近100年中先后三次对瑶民进行大屠杀。瑶族人民受到极大的摧残。经过了这场斗争大约从15世纪后叶起，瑶族放弃平地，分散聚居在高山区，形成"无山不成瑶"的局面。

有人认为瑶族这个族名出于"莫徭"，而"莫徭"就是免于徭役的意思。瑶族自己的传说和现在还有保存的"过山榜"都说他们祖先有开垦山地的特权，而没有向王朝纳税服役的义务。用现在的语言来说是不受历代王朝统治的人。有人根据"过山榜"和其他传说猜测：在春秋战国时代瑶族的祖先有可能曾聚居在淮水流域。到了秦汉之后，已退居南岭山脉的一带，即今湖南、广东、广西地区。到明代之后凡是要坚持不受封建统治、不纳赋税传统的瑶族就只有以险峻的山岭为屏障，聚居在高山区，靠山吃山地自力谋生了。从整个瑶族说，由于分散在具体条件不同的地区，他们的经济发展是很不平衡的。有一大部分居住在自然条件较优地区的瑶族占有的可耕地较多，可以进行定居农耕，早期就在土司制度下，接受了王朝的统治。其中有一部分瑶族有可能已逐渐被吸收到汉族里去了。像广西大瑶山那样的瑶族是属于坚持不受统治的那一部分瑶族。

另一方面，受到封建王朝压迫的少数民族在华南地区不仅是瑶族。和瑶族相近的苗族看来也遭到过和瑶族相似的命运。此外还有侗族、水族等历来都是聚居在南岭山脉附近的侗壮语系的民族。他们定居在湘、黔、桂边区的时期可能还早于苗瑶。他们也同样和统治势力进行过长期的斗争。其中也有一部分溃散、流动到不同的山区以求自保的。广西大瑶山的地势和位置正是容纳附近各族流散成分的安全场所。这个山区处于柳江、桂江和浔江形成的三角地区的中心，在海拔较低的平原中突起的一个山区，方圆几百里，最高山岭海拔1900多公尺。山势陡峻，落差极大，易守难攻。实际上，这座山给了入山的瑶族近500年的安全，山外压迫他们的势力直到这个世纪的40年代才武装侵入，但最后还是被解放军消灭在山里。

这段历史说明了不同来源的民族集团在共同敌人的威胁下，为了生存必须团结一致，形成一股自卫的力量。这种凝聚力使他们形成了一个共同体，接受共同的名称。他们在语言上、风俗习惯上的区别并不成为离异的因素，因而得以长期共同生存下来。尽管在婚姻上还是各自实行族内婚制，他们共守石牌的法规维持山内的安定，结成密切的联盟，有难共当，确保团结。30年代我初上瑶山时，对他们路不拾遗的社会秩序印象极深，曾说过陶渊明的《桃花源记》并非虚构。但是当我们再进一步了解各集团间的关系，也就看到了他们之间还是存在着矛盾。这种矛盾性质上是集团间的剥削关系，就是这五个集团又可以分为山主和山子两类。当地语言中也做出这种区别，前者称长毛瑶，包括茶山瑶、花蓝瑶和坳瑶，后者称过山瑶包括山子瑶和盘瑶。山区的土地包括水流和飞鸟走兽的所有权都属于长毛瑶，过山瑶得向长毛瑶租种土地，而且要服役。但是这种集团间剥削关系在长期间里并没有引起瑶山内部的分裂，可以说那是由于当时的主要矛盾是山内外的民族矛盾，而不是山内的集团间的阶级矛盾。最后国民党反动武装势力侵入山内，多少还是利用了山内集团间的矛盾而得逞的。

由于山内集团间的矛盾，各集团经济的发展是不平衡的。占有瑶山土地所有权的长毛瑶，利用山沟里的平地种植水稻。他们的农作技术与山外的汉族和壮族并无高低之别，所产的稻谷质量很高。没有土地所有权的山子瑶和盘瑶，只能租用山坡上的土地，进行简单的刀耕火种的农业。他们在一块山坡上种了几年，由于地力衰退，就得迁移到另一块山坡上去。他们不可能长期定居在一地，而且山坡上种的玉米和旱稻产量低，一大片山坡只能养活一两家人，所以他们又不能很多人家聚居在一起构成村落。大瑶山里还实行一种种树还租的剥削制度，就是过山瑶租了山坡后要替山主种树，在树苗的间隙处种粮食自给。四五年后，树苗长大了，不能烧草作肥，只能搬走，把成活的树当实物地租交给山主。这样就加速了他们的移动。所以本书作者把盘瑶的耕作制度称作"游耕"，暗示有一点类似牧业中的"游牧"。这个概念是否恰当还可以研究，至少应理解为耕地常常流动的农业。

由于历代封建王朝实行民族压迫制度，使得许多少数民族迁移到深山中去，凭险自保，远离汉族才是安全。这种处境使他们在经济上停滞落后，在文化上闭塞保守。新中国成立后，民族压迫制度被消灭了，民族间的不平等关系改变成为平等的关系。新中国是一个社会主义性质的国家，人剥削人的制度宣告结束。在大瑶山里不仅瑶族和其他民族得到了平等地位，瑶族内部集团间的剥削关系也被废除，从此不再存在山主和山子的区别了。这些社会性质上和民族关系上的根本变化为各少数民族开辟了一条社会经济迅速发展起来赶上世界先进水平，成为现代化民族的道路。他们怎样走上这条道路，在发展中发生了些什么问题，正是我们当前民族研究的主要课题。

要研究上述这些课题，我们必须从具体出发，就是按各民族的具体情况来观察、分析他们怎样走上和怎样走着社会主义革命和建设的道路。由于我们的许多民族一方面具有他们的共性，另一方面也各有其个性；所以我们认为必须从"解剖麻雀"入手，树立类型，进行比较，明确特点，发现共性。以大瑶山的瑶族来说，它在宏观世界里的地位只是作为中华民族大家庭一个组成部分的瑶族中的一部分。瑶族一共大约有120多万人，分布在六个省（区）的130多个县里，其中居住在广西的占总数的67%，约80万人。居住在广西大瑶山的瑶族只有3万多人，在全部瑶族中只占2.5%。但是有3万人形成一个聚居区，在瑶族中是不多见的。有瑶族居住的县瑶族人口平均不到一万，而且一般是分散居住在各山，并不能形成一个较大的连接在一起的聚居区。我们要解剖一个瑶族聚居区，广西大瑶山是个比较好的对象。但是这只是一个"麻雀"，固然具有瑶族的共性，但也有它不同于其他瑶族聚居区的特点。从研究方法上讲，它只能作为瑶族研究的开始。至于这个聚居区在瑶族中有多少代表性，或是说哪些是瑶族的共性，还得在其他瑶族聚居区进行比较研究之后才能做出答案。

就大瑶山这个范围来看，还存在着五个不同的集团。这些集团固然都承认自己是瑶族，而且有共同的一方面，但是他们还是各自有特点的，不但语言有别，经济发展不同，社会习惯也有差别。因此，我们要解剖麻雀，还得一个集团一个集团的进行。1935年前妻王同惠调查过花蓝瑶，原本就想一个一个集团地继续调查下去，后来因为发生了事故没有完成。这次我有机会再上瑶山，还是想采取这个办法。但是先调查哪个集团呢？

这次从盘瑶入手进行具体的微型调查是本书的作者决定的。除了考虑到具体的条件外，他们认为在这五个集团中有三个是说瑶语的，其中又以盘瑶人数最多。如果着眼于整个瑶族联系到广西大瑶山之外的瑶族来看，在这山里的盘瑶可能作为研究整个瑶族的一个突破口。我自己在30年代访问过盘瑶。那时他们还没有形成村落的聚居点，只有两三家人住在一起。我在盘瑶家里住过几天，测量过他们的人体，在《花蓝瑶社会组织》里有一张当时所摄的相片，但印象不深，听了本书作者的意见，我认为这样设想是可取的。盘村的瑶族可能和其他地方的瑶族具有更多的共同点。所以从大瑶山的盘瑶调查可以引导我们向山外发展，去研究其他地方的瑶族。换一句话说，盘瑶可能是瑶族的基本成分，就是很早从淮水流域，逐步南徙，后来退入山区，进行刀耕火种的游耕的所谓"过山瑶"。说他们是基本成分是因为在他们游动的过程中，不断吸收其他民族游散的成分，构成各地瑶族共同体。这种设想是否符合事实，还得在今后各地瑶族进行比较的调查才能作答。作为开展研究的一种设想是可以成立的，因为这种设想并不是凭主观的想象，而是综合了对大瑶山的初步了解和对其他地区的概况而形成的。但是设想还只是设想，不是经过客观事实充分证明的定论。

广西大瑶山的盘瑶据1979年的人口统计有1.7万多人，占大瑶山全部瑶族人口的1/3弱，他们居住得很分散。解放后他们获得了土地所有权，而且已有部分水田，开始定居，在较高的经济水平上，较多的人家能聚集在一起居住而形成了村落。"盘村"是指盘瑶的村落，在他们的历史上是一种新生事物，是发展过程上的里程碑。我同意本书作者把"从游耕到定居"作为他们研究的第一根线索。

游耕不只是指"刀耕火种"的农业技术，也不只是指几年一迁移的不定居的生活。它是一个从生产力到生产关系、意识形态综合性的概念，一种社会经济模式。我认为通过微型调查，对这种模式进行系统性的研究，可以得到可取的科学成果。当然，现在大瑶山的盘瑶已经定居了下来，我们已不能直接观察到实在的游耕模式，对于这种模式的直接观察还得谋求其他研究的机会。但是在大瑶山的盘瑶的现实生活中还可以观察到从游耕到定居的过程。这个过程我相信不只发生在大瑶山的盘瑶中，也发生在山子瑶中，而且还在大瑶山之外的瑶族及其他民族中发生。解剖这个"麻雀"，可以增加我们对于经历着或经历过同一过程的那些民族的认识，而这种认识也将使我们明白怎样可以帮助这些民族更好更快地在社会主义道路上向前迈进。

本书作者提出的另一个主题是从封闭到开放的过程。这个过程包含的内容更为丰富，而且更广泛的适用于其他少数民族，虽则程度上可以有所不同。这个过程发生于民族压迫制度被消灭后，中国国内各民族间的关系从不平等改变成为平等的重要历史事实。过去在民族不平等，少数民族受压迫和歧视的时代，凡是封建统治势力进不去的少数民族地区一概是被封锁的。甚至少数民族日用必需的盐、茶都有时列为禁运品，更不用说生产工具和武器了。这对少数民族社会经济的发展极端不利，造成了至今还不能很快克服的各民族间事实上的不平等。统治阶级的封锁政策在少数民族中也产生了封闭心理。他们的历史经验使他们认识到离开压迫他们的民族越远越安全，因而，对族外的人和事都抱着疏远和怀疑的态度。民族隔阂是长期历史的产物。现在民族平等了，封锁政策已经彻底摧毁，为民族互助政策所代替了。民族互助在现阶段主要是先进的汉族对后进的少数民族在物质上和智力上的支援。这就需要汉族克服大汉族主义，少数民族改变固步自封的思想。过去被民族压迫制度所封锁的大门要大大地打开。这就是从封闭到开放的过程。民族之间经济和文化上的交流是各民族共同繁荣的关键。在社会主义建设的前进中，越来越明白地显示出少数民族离不得汉族，汉族离不得少数民族。具体分析这个历史过程，取得应有的经验教训，对今后各民族的发展是十分重要的。

我原本打算自己亲自参加大瑶山的社会调查。曾在1979、1981、1982年三次访问金秀。但是在实践中发现自己已不是40多年前的青年人了。在这样的山区里做实地调查需要一定的体质条件，而我已经在蹉跎岁月里丧失了这些条件。出门就要爬山的地形与我的体力和体重发生了难于克服的矛盾。有一次我到离开我所住的招待所不远的一位朋友家里去吃饭，不到100公尺的山坡，我在路上歇三次才爬上去。不料在吃饭时一阵大雨，返途上石路滑得我无法下脚，只能由两个大汉挟着提下坡来，看来不服老是不行了。当然，我心中一直放不下的这一笔欠账，今生很难有亲自偿还的希望了。假如我投身到这项调查工作中去，我又不能满足于听汇报和座谈的。社会调查关键是在有丰富的感性知识，在有行为有感情的实际生活中去观察、去发现问题、去分析研究。我现在已缺乏在瑶山里参预当地居民生活实践的条件，这也就丧失了我作为一个名符其实的调查者的资格。这对我本人来说不能不是件憾事。但是使我高兴的是具备在瑶山里进行实地调查的本书两位作者响应我的倡议，在1980年至1982年的三年里三上瑶山，不仅对大瑶山的情况进行了初步的全面了解，而且选择了盘村进行了"解剖麻雀"的微型研究，取得了初步的成果。

科学研究是人们对客观世界的认识过程。它必然是一个由粗及细，由浅入深的过程，也是个由局部、片面到全面、完整的过程。我们不能对一个初学者做出过高的要求，我认为只要树立了实事求是的科学态度，具备了锲而不舍、绝不自满的精神，做一分工作，就是在学术大路上前进一步。人类对客观世界的认识是没有止境的。多一分符合实际的知识，也增加一分控制客观世界的力量。人类社会就是这样一步步发展起来的，是知识的不断积累和更新，是人的主观世界对客观世界不断的认识和控制。本书的两位作者为了增加我们对瑶族的认识，这三年里付出了大量劳动，不仅是脑力劳动，也包含着艰苦的体力劳动。不说别的，从金秀去盘村就得翻过一座高山，一般人要花几个小时，对我来说已是不可逾越的自然阻碍。我相信他们的劳动是有收获的，这本书就是他们收获的证明。

也许应当在这篇序文里说明一下，我对这项研究除了倡议之外，并没有出过多大的力量。我不愿意脱离实际地妄作主张，影响实地观察者的思路，甚至挫伤他们的主动性和创造性。学术工作是复杂细致的脑力劳动，我们作为老一辈的先驱者对下一代的长成固然具有辅导的责任，但是必须认识到这种脑力劳动贵在自觉和创造。拔苗助长，包办代替都是犯忌的。当然，我在和大瑶山居民有限的接触中和在听本书作者向我叙述他们所见所闻所想的过程中，我也有我的思想活动。我受到启发，发现问题，做出设想。这些我都毫无保留地告诉本书的作者以及对这问题有兴趣的人。如果我的思想活动对他们发生过影响，那是出于他们主动的吸收，而且是经过他们的消化和改造的。应当老实说，我也从他们的工作中得到很大的收益。

他们在做我想做而已做不到的事。我通过他们的工作学习到很多知识。比如我在上边已说过，30年代我根本没有想到过大瑶山里瑶族的五个集团有不同的语言。这一点新知识的确使我发生了一系列的问题，而且使我对中国各民族形成过程有了新的探索。这三年，我确是紧紧跟着本书两位作者的工作在学习。同时，我还得说，正因为我一直很注意尊重调查者的主动性，所以这本书里所表达的看法，有些和我的看法不完全相同的。换一句话说，假如我自己做这项调查，我所得到的结果，也不会完全和这本书一样的。我尽管不断地向他们提供意见，但是并没有自己动笔去修改过他们的原稿，我希望能看到中年的研究工作者能自己站立起来向科学进军。

这本《盘村瑶族》只是我倡议的瑶族研究的一个开始。我希望这项研究能继续进行下去。今后发展的一个方向是继续在大瑶山里一个集团一个集团地进行"解剖麻雀"的微型调查。已经调查过的花蓝瑶和盘瑶还应当深入下去，没有这样调查过的茶山瑶、坳瑶和山子瑶更需要有人去调查。为了全面了解大瑶山的社会，决不能忘记，这座山里除了瑶族还有其他的民族，如壮族和汉族。我最近越来越感觉到在民族地区做社会调查不应当只调查少数民族，因为在民族地区的汉族常常对这地区的发展起着重要的作用。少数民族的社会不能离开他们和汉族的关系而存在的。要研究民族地区的社会也不能不注意研究当地的民族关系，特别与汉族的关系，希望今后做民族研究的人能考虑我的这种体会。

瑶族研究的另一个发展方向，如我上面已提到的，是走出去研究大瑶山之外的盘瑶。只有从比较研究中才能检验我们从研究大瑶山盘瑶所得到的一些设想是否正确。比如我曾设想，盘瑶可能是从中原南移进入南岭山脉，然后又有部分更向西南移动，甚至移出国界的这些瑶族的主干。在他们的移动中不断吸收着从其他民族分散出来的游离成分，而形成今天的瑶族。这个设想还没得到证实。要证实或否定这个设想只有扩大研究的范围到各地去观察和分析。

如果再进一步，那就可以提出瑶族和跟它相当接近的苗族和畲族有什么关系的问题。这并不只是个历史上的渊源问题，而是对相类似的山居民族进行比较研究。他们之间有什么相同之处，有什么不同之处？他们在发展过程中有相互学习的必要。

在研究工作的方法上说，按民族的单位分别地一个一个研究已经出现了它的局限性，因而我曾主张今后这类研究应当和宏观的研究结合起来，就是以地区为研究对象进行综合调查。我在支持西南六江流域的民族调查时曾说过广西大瑶山的调查可能是另一个地区的综合调查的开始。这个地区就是南岭山脉的民族走廊。

向前看，我们有着丰富的研究园地，有着急迫的研究任务，现在需要的是赶快培养出新一代民族研究工作者。在研究的问题和研究的方法上尽可能百花齐放，不拘一格。在研究成果上也应当是百家争鸣，相互促进。在研究队伍里老、中、青三代人各有其用武之地。一切努力都向着一个目标，就是我们祖国民族大家庭在社会主义大道上的共同繁荣富强。

让我借《盘村瑶族》书前的篇幅，表达我对民族研究工作的深切期待。

1983 年 6 月 30 日

中华民族的多元一体格局[*]

我想以这次香港中文大学邀请我发表 Tanner 讲演的机会,提出我多年来常在探索中的关于中华民族多元一体格局的问题向各位学者请教。请容许我坦率地说我对这个格局的认识是不够成熟的,所以这篇讲演只能说是我对这问题研究的起点,并没有构成一个完整的见解。

为了避免对一些根本概念作冗长的说明,我将把中华民族这个词用来指现在中国疆域里具有民族认同的 11 亿人民。它所包括的 50 多个民族单位是多元,中华民族是一体,它们虽则都称"民族",但层次不同。我用国家疆域来做中华民族的范围并不是很恰当的,因为国家和民族是两个不同的又有联系的概念。我这样划定是出于方便和避免牵涉到现实的政治争论。同时从宏观上看,这两个范围基本上或大体上可以说是一致的。

中华民族作为一个自觉的民族实体,是近百年来中国和西方列强对抗中出现的,但作为一个自在的民族实体则是几千年的历史过程所形成的。我这篇论文将回溯中华民族多元一体格局的形成过程。它的主流是由许许多多分散孤立存在的民族单位,经过接触、混杂、联结和融合,同时也有分裂和消亡,

---

[*] 本文为作者 1988 年秋在香港中文大学发表的 Tanner 讲演论文。——编者

形成一个你来我去、我来你去，我中有你、你中有我，而又各具个性的多元统一体。这也许是世界各地民族形成的共同过程。中华民族这个多元一体格局的形成还有它的特色：在相当早的时期，距今3000年前，在黄河中游出现了一个由若干民族集团汇集和逐步融合的核心，被称为华夏，像滚雪球一般地越滚越大，把周围的异族吸收进入了这个核心。它在拥有黄河和长江中下游的东亚平原之后，被其他民族称为汉族。汉族继续不断吸收其他民族的成分而日益壮大，而且渗入了其他民族的聚居区，构成起着凝聚和联系作用的网络，奠定了以这个疆域内许多民族联合成的不可分割的统一体的基础，成为一个自在的民族实体，经过民族自觉而称为中华民族。

这是一幅丰富多彩的历史长卷，有时空两个坐标，用文字来叙述时有时难于兼顾，所以在地域上不免有顾此失彼、方位错乱，时间上不免有前后交差、顺序倒置的缺点。让这篇论文作为我在这个学术领域里的一次大胆的尝试吧。

一、中华民族的生存空间

任何民族的生息繁殖都有其具体的生存空间。中华民族的家园坐落在亚洲东部，西起帕米尔高原，东到太平洋西岸诸岛，北有广漠，东南是海，西南是山的这一片广阔的大陆上。这片大陆四周有自然屏障，内部有结构完整的体系，形成一个地理单元。这个地区在古代居民的概念里是人类得以生息的、惟一的一块土地，因而称之为天下，又以为四面环海所以称四海之内。这种概念固然已经过时，但是不会过时的却是这一片地理上自成单元的土地一直是中华民族的生存空间。

民族格局似乎总是反映着地理的生态结构，中华民族不是例外。他们所聚居的这片大地是一块从西向东倾侧的斜坡，高度逐级下降。西部是海拔4000米以上的号称世界屋脊的青藏高原，东接横断山脉，地势下降到海拔1000—2000米的云贵高原、黄土高原和内蒙古高原，其间有塔里木及四川等盆地。再往东是海拔千米以下的丘陵地带和海拔200米以下的平原。

东西落差如此显著的三级梯阶，南北跨度又达30个纬度，温度和湿度的差距自然形成了不同的生态环境，给人文发展以严峻的桎梏和丰润的机会。中华民族就是在这个自然框架里形成的。

二、多元的起源

生存在这片土地上的人最早的情况是怎样的？这个问题涉及到了中华民族的来源。任何民族都有一套关于民族来源的说法，而这套说法又常是用来支持民族认同的感情，因而和历史上存在的客观事实可以出现差错。关于中华民族的起源过去长期存在着多元论和一元论、本土说和外来说的争论，直到本世纪50年代，特别是70年代以来，由于中国考古学的发展，我们才有条件对中华民族的早期历史作出比较科学的认识。

在中华大地上已陆续发现了人类从直立人（猿人）、早期智人（古人）、晚期智人（新人）各进化阶段的人体化石，可以建立较完整的序列。说明了中国这片大陆应是人类起源的中心之一。

这些时代的人体化石又分布极广，年代最早的元谋人（距今约170万年）是在云南发现的。其他猿人的化石已在陕西蓝田县、北京周口店、湖北郧县及郧西县、安徽和县有所发现。生活在10万—4万年以前的古人化石，已在陕西大荔县、山西襄汾县丁村、山西阳高县许家窑、辽宁营口金牛山、湖北长阳县、安徽巢县及广东曲江县马坝等处发现。生活在距今4万—1万年以前的新人化石已在北京周口店山顶洞、山西朔县峙峪、内蒙古乌审旗、辽宁建平县、吉林延边州安图县、黑龙江哈尔滨市、广西柳江县、贵州兴义县、云南丽江县、台湾台南县左镇有所发现。我列举这许多地名目的是要指出在人类进入文化初期，中华大地上北到黑龙江，西南到云南，东到台湾都已有早期人类的活动，他们并留下了石器。很难想象在这种原始时代，分居在四面八方的人是出于同一来源，而且可以肯定的是，这些长期分隔在各地的人群必须各自发展他们的文化以适应如此不同的自然环境。这些实物证据可以否定有关中华民族起源的一元论和外来说，而肯定多元论和本土说。

即使以上的论断还不够有说服力的话，考古学上有关新石器时代的丰富资料更有力地表明中华大地上当时已出现地方性的多种文化区。如果我们认为同一民族集团的人大体上总得有一定的文化上的一致性，那么我们可以推定早在公元前6000年前，中华大地上已存在了分别聚居在不同地区的许多集团。新石器时期各地不同的文化区可以作为我们认识中华民族多元一体格局的起点。

三、新石器文化多元交融和汇集

近年来,我国各省区发现新石器文化遗址总共有7000多处,年代从公元前6000年起延续到公元前2000年。根据考古学界的整理和研究,对各地文化区的内涵、演进、交融和汇集,已有比较明确的轮廓,尽管有不少专题还有争论。我在这里不可能详细介绍这方面的研究成果,只能就中原地区的有关资料择要一述。

新石器时期黄河中游和下游存在东西相对的两个文化区:

黄河中游新石器文化的序列是前仰韶文化(公元前6000—前5400年)—仰韶文化(公元前5000—前3000年)—河南龙山文化(公元前2900—前2000年)。继河南龙山文化的可能是夏文化。因仰韶文化以彩绘陶器著名,曾被称为彩陶文化。仰韶文化分布以渭、汾、洛诸黄河支流域的中原地区为中心,北达长城沿线,南抵湖北西北部,东至河南东部,西达甘青接壤地区。但在河南龙山文化兴起前它在黄河中游地区已经衰落了。

黄河下游则另有一序列的文化和黄河中游的文化不同。它们是青莲岗文化(公元前5400—前4000年)—大汶口文化(公元前4300—前2500年)—山东龙山文化(公元前2500—前2000年)—岳石文化(公元前1900—前1500年)。继岳石文化的可能是商文化。龙山文化以光亮黑陶著名,曾被称为黑陶文化。

公元前3000年当仰韶文化在黄河中游地区突然衰落时,黄河下游的文化即向西扩张,继仰韶文化出现的是河南龙山文化。虽则考古学者认为河南和山东的龙山文化具有地区性的区别，但中游地区在文化上受到下游文化的汇聚和交融是明显的。

长江中下游在新石器时代同样存在着相对的两个文化区。长江下游的文化区是以太湖平原为中心，南达杭州湾，西至苏皖接壤地区。其文化序列大体是河姆渡文化（公元前5000—前4400年）—马家浜·崧泽文化（公元前4300—前3300年）—良渚文化（公元前3300—前2200年）。良渚文化大体和河南龙山文化年代相当，文化特征也与山东龙山文化有密切的联系。

长江中游新石器文化以江汉平原为中心，南包洞庭湖平原，西尽三峡，北抵河南南部，其文化序列分歧意见较多，大体上是大溪文化（公元前4400—前3300年）—屈家岭文化（公元前3000—前2000年）—青龙泉文化（公元前2400年），因其受中原龙山文化的影响亦称湖北龙山文化。长江中游和下游相同的是在后期原有文化都各自受黄河下游龙山文化的渗入，而处于劣势地位。

关于新石器时代北方的燕辽文化区，黄河上游文化区及华南文化区留待下面讲到这些地区时再说。

上面所述新石器时代中原两河流域中下游这个在生态条件上基本一致的地区的考古发现，已可以说明中华民族的先人在文明曙光时期，从公元前5000—前2000年之间的3000年中还是分散聚居在各地区，分别创造他们具有特色的文化。这是中华民族格局中多元的起点。

在这多元格局中，同时也在接触中出现了竞争机制，相互吸收比自己优秀的文化而不失其原有的个性。例如，在黄河中游兴起的仰韶文化，曾一度向西渗入黄河上游的文化区，但当其接触到了比它优秀的黄河下游山东龙山文化，就出现了取代仰韶文化的河南龙山文化。考古学者在龙山文化前加上各个地方的名称表示它们依然是从当地原有文化中生长出来的，实际上说明了当时各族团间文化交流的过程，从多元之上增加了一体的格局。

四、凝聚核心汉族的出现

中国最早的文字史料现在可以确认的是商代的甲骨文，而相传由孔子编选的《尚书》还记载一些夏商文件和上古传说。早年的史书中，把上古史编成三皇五帝的历史系统。这些文字史料已有部分可以和考古资料相印证，使我们对新石器时代末期到铜器时代的历史能有较可靠的知识，特别是80年代初期发掘的河南登封王城岗夏代遗址一般认为即是夏王朝初期的"阳城"遗址，夏代历史已从神话传说的迷雾中得以落实。商代历史有甲骨文为据，周代历史有钟鼎文为据，相应的后世的文字记载都可得而考。而夏、商、周三代正是汉族前身华夏这个民族集团从多元形成一体的历史过程。

河南夏代"阳城"遗址所发现的文物显示了它是继承了新石器时代河南龙山文化发展到了铜器时代。从黄河中下游遗留的文物中也可以看到这些地区都早已发展了农业生产，这和夏禹治水的传说（河南龙山文化的中晚期）可以联系起来，表明了这地区早期居民当时生产力的发达水平。我们还记得河南的龙山文化正是在仰韶文化的基础上吸收了山东的龙山文化而兴起的。所以可以说华夏文化就是以黄河中下游不同文化的结合而开始的。

传说的历史中在禹之前还有尧、舜和神话性的始祖黄帝。留下的传说大多是关于他们向四周被称为蛮夷戎狄的族团的征伐。黄帝曾击败过蚩尤和炎帝，地点据说都在今河北省境内。据《史记》所载，舜又把反对他的氏族部落放逐到蛮夷戎狄中去改变后者的风俗，也可以说就是中原居民和文化的扩张。到禹时，如《左传》所载："禹会诸侯于涂山，执玉帛者万国。"《禹贡》将这时的地域总称为"九州"，大体包括了黄河中下游和长江下游的地区，奠定了日益壮大的华夏族的核心。

继夏而兴起的是商。商原是东夷之人，而且是游牧起家的。后来迁泰山，再向西到达河南东部，发展了农业，使用畜力耕种。农、牧结合的经济使它强大起来，起初臣属于夏，后来取得了统治九州的权力，建立商朝，分全国为中东南西北五土。《诗经·商颂》有："邦畿千里，维民所止，肇域彼四海。"商代疆域包括今河南、山东、河北、辽宁、山西、陕西、安徽以及江苏、浙江的一部分，可能还有江西、湖南及内蒙古的某些地方。

继商的是周。周人来自西方，传说的始祖是姜嫄，有人认为即西戎的一部分羌人，最初活动在渭水上游，受商封称周。它继承了商的天下，又把势力扩大到长江中游。《诗经·北山》称："溥天之下，莫非王土，率土之滨，莫非王臣。"它实行宗法制度，分封宗室，控制所属地方；推行井田，改进农业，提高生产力。西周时松散联盟性质的统一体维持了约300年，后来列国诸侯割据兼并，进入东周的春秋战国时代。这时的统一体之内，各地区的文化还是保持着它们的特点。直到战国时期，荀子还说："居楚而楚，居越而越，居夏而夏。"夏是指中原一带的一个核心，不论哪个地方的人，到了越就得从越，到了楚就得从楚，可见楚和越和夏还有明显的差别。

无可否认的是，在春秋战国的500多年里，各地人口的流动，各族文化的交流，各国的互相争雄，出现了中国历史上的一个文化高峰。这500年也是汉族作为一个民族实体的育成时期，到秦灭六国，统一天下，而告一段落。

汉作为一个族名是汉代和其后中原的人和四周外族人接触中产生的。民族名称的一般规律是从"他称"转为"自称"。生活在一个共同社区之内的人，如果不和外界接触不会自觉地认同。民族是一个具有共同生活方式的人们共同体，必须和"非我族类"的外人接触才发生民族的认同，也就是所谓民族意识，所以有一个从自在到自觉的过程。秦人或汉人自认为秦人或汉人都是出于别人对他们称作秦人或汉人。必须指出，民族的得名必须先有民族实体的存在，并不是得了名才成为一个民族实体的。

汉族这个名称不能早于汉代，但其形成则必须早于汉代。有人说：汉人成为族称起于南北朝初期，可能是符合事实的，因为魏晋之后正是北方诸族纷纷入主中原的十六国分裂时期，也正是汉人和非汉诸族接触和混杂的时候。汉人这个名称也成了当时流行的指中原原有居民的称呼了。

当时中原原有的居民在外来的人看来是一种"族类"而以同一名称来相呼，说明了这时候汉人已经事实上形成了一个民族实体。上面从华夏人开始所追溯的2000多年的历史正是这个民族诞生前的孕育过程。

汉族的形成是中华民族形成中的一个重要阶段，在多元一体的格局中产生了一个凝聚的核心。

五、地区性的多元统一

秦始皇结束战国时代地方割据的局面在中国历史上是一件划时代的大事，因为从此统一的格局成了历史的主流。当然所统一的范围在秦代还只限于中原，就是黄河长江中下游的平原农业地区，而且这个统一的格局也是经过长时期逐步形成的。在春秋战国时代各地方的经济都有所发展，他们修筑道路，发展贸易。战国时的列国通过争雄称霸已把中原这片土地四通八达地基本上构成了一个整体。秦始皇在这基础上做了几件重要的事，就是车同轨，书同文，立郡县和确立度量衡的标准，在经济、政治和文化上为统一体立下制度化的规范。

车同轨和度量衡的标准化是经济统一的必要措施。传统的方块字采用视觉符号把语和文分离，书同文就是把各国的通用符号统一于一个标准，也就是把信息系统统一了起来，在多元语言上罩上一种统一的共同文字。这个信息工具至今还具有生命力。废封建、立郡县，建立了中央集权的政体，这个政体延续至今已有2000多年的历史。关于中原地区的统一我不再多说。在这里要指出的，这只是形成中华民族多元一体格局的又一步。第一步是华夏族团的形成，第二步是汉族的形成，也可以说是从华夏核心扩大而成汉族核心。

我说秦代的统一还只是中华民族这个民族实体形成的一个步骤，因为当时秦所统一的只是中原地区，在中华民族的生存空间里只占一小部分，在三级地形中只是海拔最低的一级，而且还不是全部。中原的周围还有许多不同的族团也正在逐步分区域地向由分而合的统一路上迈进。让我先讲北方的情况。

到目前为止，我国考古学的工作主要还是集中在中原地区，因此我们对中原周围地区的上古历史相对地说还是知道得很少。陈连开教授提出过一个值得重视的观点，我的另一位同事谷苞教授经过几十年在西北的实地考察，也提出了同一观点，他们都认为和秦汉时代中原地区实现统一的同时，北方游牧区也出现了在匈奴人统治下的大一统局面。他们更指出，南北两个统一体的汇合才是中华民族作为一个民族实体进一步的完成。我同意这个观点。

南北两大区域的分别统一是有其生态上的基础的。首先统一的中原地区是黄河长江中下游的平原地区，从新石器时代起就发生了农业文化。黄河中下游的新石器遗址中已找到粟的遗存，长江中下游的新石器遗址中已找到稻的遗存。从夏代以降修水利是统治者的主要工作，说明了灌溉在农业上的重要地位。小农经济一直到目前还是汉族的生活基础，至今还没有摆脱汉族传说性的祖先神农氏的阴影。

这一片平原上的宜耕土地在北方却与蒙古高原的草地和戈壁相接，在西方却与黄土高原和青藏高原相连。这些高原除了一部分黄土地带和一些盆地外都不宜耕种，而适于牧业。农业和牧业的区别各自发生了相适应的文化，这是中原和北方分别成为两个统一体的自然条件。

划分农、牧两区的地理界线大体上就是从战国时开始建筑直到现在还存在的长城。这条战国秦汉时开始修成的长城是农业民族用来抵御畜牧民族入侵的防线。农民占于守势而牧民处于攻势。这也是决定于两种经济的不同性质。农业是离不开土地的，特别是发展了灌溉农业，水利的建设更加强了农民不能抛井离乡的黏着性。农民人口增长则开荒辟地，以一点为中心逐步扩大，由家而乡，紧紧牢守故土，难得背离，除非天灾人祸才发生远距离移动。

牧业则相反。在游牧经济中，牲口靠在地面上自然生长的草得到食料，牲口在草地上移动，牧民靠牲口得到皮、毛、肉、乳等生活资料，就得跟牲口在草地上移动，此即所谓"逐水草而居"。当然游牧经济里牲口和人的移动也是有规律的，但一般牧民不能长期在一个地方定居，必须随着季节的变化，在广阔的草原上转移。牧民有马匹做行动的工具，所以他们的行动也比较迅速，集散也比较容易。一旦逢遭灾荒，北方草原上的牧民就会成群结队，南下就食农区。当双方的经济和人口发展到一定程度，农、牧矛盾就会尖锐起来，牧民成为当时生活在农区的人的严重威胁。对这种威胁，个体小农是无法抗拒的，于是不能不依附于可以保卫他们的武力，以及可以动员和组织集体力量来建筑防御工程的权力。这也是促成中央集权政体的一个历史因素。长城表现了这一个历史过程。

牧区经济的发展同样需要有权力来调处牧场的矛盾，需要能组织武力进行自卫或外出夺取粮食、财物和人口。我们对于北方草原上民族的早期历史知道得很少。当在汉代的史书中看到有关匈奴人较详细的记载时，他们已经是北方的强大力量，拥有长城之外东起大兴安岭，西到祁连山和天山这广大地区，就是这里所说北方的统一体。到汉初已形成"南有大汉，北有强胡"的局面。

实际的历史过程不可能这样简单。考古学者从30年代起已陆续在长城外的内蒙古赤峰（昭乌达盟）发现了新石器时代的红山文化，这地区的先民已过着以定居农业为主，兼有畜牧渔猎的经济生活，近年又发现了距今5000年前的祭坛和"女神庙"，出土的玉器与殷商玉器同出一系。铜器的发现更使我们感到对东北地区早期文化的认识不足，而且正是这个东北平原和大兴安岭及燕山山脉接触地带，在中国历史上孕育了许多后来入主中原的民族。关于这方面的情况，下面再提。

中原和北方两大区域的并峙，实际上并非对立，尽管历史里记载着连续不断的所谓劫掠和战争。这些固然是事实，但不见于记载的经济性相互依存的交流和交易却是更重要的一面。

把游牧民族看成可以单独靠牧业生存的观点是不全面的。牧民并不是单纯以乳肉为食，以毛皮为衣。由于他们在游牧经济中不能定居，他们所需的粮食、纺织品、金属工具和茶及酒等饮料，除了他们在大小绿洲里建立一些农业基地和手工业据点外，主要是取给于农区。一个渠道是由中原政权的馈赠与互市，另一个渠道是民间贸易。

贸易是双方面的，互通有无。农区在耕种及运输上需要大量的畜力，军队里需要马匹，这些绝不能由农区自给。同时农民也需牛羊肉食和皮毛原料。在农区对牧区的供应中，丝织物和茶常是重要项目。因而后来把农牧区之间的贸易简称为"马绢互市"和"茶马贸易"。在北方牧区的战国后期及汉代墓葬中，发现很多来自中原地区的产品，甚至钱币。

在日益密切的相互依存和往来接触中，靠近农区的那一部分匈奴牧民于公元1世纪已逐步和附近的汉族农民杂居混合，进入半农半牧的经济。公元前1世纪中叶这些匈奴人在汉武帝的强大压力下南北分裂后被称为南匈奴的，他们后来并没有跟北匈奴远走中亚，而留原地，即今内蒙古境内，并且逐渐进入关内和汉人杂居混合。

在战国到秦这一段历史时期里，农、牧两大统一体之争留下了长城这一道巨大的工程，这是表示了早期牧攻农守的形势。但是当农业地区出现的统一体壮大后，从汉武帝开始就采取了反守为攻的战略。这个战略上的改变导致了汉族向西的大扩张，就是在甘肃西部设置河西四郡：敦煌、酒泉、武威、张掖，移入28万人，主要是汉族。

河西四郡是黄土高原通向天山南北的走廊。这个地区的平原地带降水量是很少的。但是祁连山山区降水量较多，而且有积雪融化下流，供水较足可以灌溉农田。这是汉族能大量移入开荒种田的经济基础。这条走廊原来是乌孙和月氏的牧场，匈奴把他们赶走后占领其地，并和羌人联合起来，在西方包围了汉族。汉武帝于公元前122年迫降该地区的匈奴，置四郡移汉人实边，把这个包围圈打出了一个缺口，即所谓"隔绝羌胡"。这条走廊也给汉代开辟西域铺下通道。后来汉代又利用这条通道，联合天山以南盆地里的被匈奴欺压掠夺的农业小国和被匈奴放逐到中亚的乌孙，形成了对匈奴的反包围，并且击败匈奴。

从蒙古高原经天山北路直到中亚细亚是一片大草原，这对游牧民族来说是可以驰骋无阻的广场。游骑飘忽，有来有去，牧场的争持，你占我走，你走我占，所以这个地区的民族是时聚时散的。哪个部落强大了就统治其他部落，而且以其名称这广大草原上的牧民。所以在史书上所见的是一连串在北方草原上兴起的族名：匈奴之后有鲜卑、柔然、突厥、铁勒、回鹘等等。他们有时占领整个大草原，有时只占其中的一部分，最后是蒙古人，其势力直达西亚。

曾在这片草原上崛起的民族，许多还有其后裔留在这个地区，但又多和其他民族结合，其杂其混、其分其合，构成很复杂的历史过程,我们在此毋庸细述。大体上说,新疆现有民族中有五个少数民族所说的语言属于突厥语族。他们是维吾尔、哈萨克、乌孜别克、塔塔尔、柯尔克孜。他们都是早期就在这片大草原上活动过的民族的后裔。

六、中原地区民族大混杂、大融合

汉族形成之后就成为了一个具有凝聚力的核心,开始向四周围的各族辐射,把他们吸收成汉族的一部分。紧接汉魏在西晋末年黄河流域及巴蜀盆地出现了"十六国",实际上有20多个地方政权,大多是非汉民族建立的。在这大约一个半世纪(公元304—439年)里正是这个地区民族大杂居、大融合的一个比较明显的时期,是汉族从多元形成一体的一幕台前的表演,而这场表演的准备时期早在汉代开始,匈奴人的"归附"即是其中的一幕。

在这些地方政权中,匈奴人建立的有3个,氐人建立的有4个,羯人建立的有1个,鲜卑人建立的有7个,羌人建立的有1个,汉人建立的有3个。它们所占的地区遍及今陕西、山西、河北、河南、甘肃、宁夏及四川、山东、江苏、安徽、辽宁、青海、内蒙古等省区的一部分。实际上是中原地区的全部都曾波及。

北方及西方非汉民族在上述地区建立地方政权表明有大量的非汉人进入了这个地区,由于混而未合,所以这时"汉"作为民族标记的名称也就流行,而且由于汉人的政治地位较低,"汉人"也成为带有歧视的称呼,但是进入华北地区的非汉人，一旦改牧为农，经济实力最终还是要在社会地位上起作用。在这个时期就开始有关于"胡人改汉姓"的记载，到了统一华北的北魏还发生了改复姓为单姓的诏命，也就是要胡人改从汉姓。有人统计《魏书》"官氏表"中126个胡姓中已有60个不见于官书。杂居民族间的通婚相当普遍，甚至发生在社会上层。非汉族的政治地位又不易持久，你上我下，我去你来，结果都分别吸收在汉人之中。汉族的壮大并不是单纯靠人口的自然增长，更重要的是靠吸收进入农业地区的非汉人，所以说是像滚雪球那样越滚越大。

经过南北朝的分裂局面，更扩大了的中原地区重又在隋、唐两代统一了起来。唐代的统治阶级中就有不少是各族的混血。建国时，汉化鲜卑贵族的支持起了举足轻重的作用，因之他们在统治集团中一直处于重要地位。有人统计，唐朝宰相369人中，胡人出身的有36人，占1/10。《唐书》还特辟专章为番将立传。沙陀人在唐末颇为跋扈，在继唐而起的五代中后唐、后晋、后汉三朝都是沙陀人建立的，以中兴唐朝出名的庄宗本身就是出自沙陀人。所以有唐一代名义上是汉族统治，实际上是各族参与的政权。从唐到宋之间的近500年的时间里，中原地区实际上是一个以汉族为核心的民族熔炉。许多非汉族被当地汉人所融合而成为汉人。当然融合的过程是复杂的，但结果许多历史有记载的如鲜卑、氐、羯等族名逐渐在现实生活中消失了。

唐代不能不说是中华文化的一个高峰。它的特色也许就是在它的开放性和开拓性。这与民族成分的大混杂和大融合是密切相关的。

七、北方民族不断给汉族输入新的血液

如果北宋可以说经过了五代的分裂局面，中原又恢复了统一，它的力量究竟是微弱的。它的北方，今内蒙古巴林左旗，在公元916年兴起了一个强大的民族契丹，作为中国的一个王朝称辽，它的疆域从黑龙江出海口到今蒙古人民共和国中部，南面从今天津，经河北霸县到山西雁门关一线与北宋对峙。统治了210年才为另一北方民族女真所灭。发源于白山黑水的女真人，公元1115年立国称金。1125年灭辽，接着灭北宋，先后在今北京和开封建都，疆域包括辽的故土并向西扩张到陕西、甘肃与西夏接界，向南扩张达秦岭和淮河与南宋接界。宋只有300年的历史，这期间给中原北部这个地区混杂居住的许多民族成分有一个消化和融合的阶段，并为汉族向南扩张积聚了力量。这是后话。

这里应当讲一讲大兴安岭以东的松辽平原。这个平原和广大草原之间当时存在着一个大兴安岭的屏障，广阔的森林可能挡住了游牧民族的东进。看来有一些游牧民族可以溯源于这个森林里的狩猎民族。

最近我到大兴安岭林区实地观察，在呼盟阿里河镇西北10公里见到林区里的一个山洞，称嘎仙洞，洞里还保留着公元443年北魏太武帝拓跋焘遣使树立的用以纪念他祖先的石刻祝文。这表明鲜卑族早期曾居住在大兴安岭的森林里。鲜卑族后来从山区西南迁到呼伦池的草原上，然后继续向西南迁，徙居阴山河套之间，形成鲜卑拓跋部，其中一部分进入青海，大部分则在4世纪初活动在今内蒙古和山西大同地区。公元386年建立魏国，439年统一中原北部地区。

建辽国的契丹人原是活动在辽河上游的游牧民族，曾臣服于唐，916年阿保机称帝。建国前后都有大批汉人迁入，农业和手工业得到发展，但被金灭后，契丹人多与汉人及女真人相融合。

建立金国的女真人也是在松辽平原上兴起的，他们走上与契丹人由弱到强，由强而亡的同样道路。当他们占有中原北部地区后，曾把所征服的地区的居民用汉人、燕人、南人等名称和女真人相区别，但是后来也有许多女真人开始改用汉姓，见于《金史》记载的有31姓，而且他们的改姓并非出于诏令，而是民间的自愿。尽管改用汉姓并不表示他们已完全成了汉人，只能表明他们已不再抗拒汉化了。

不论是契丹人还是女真人，尽管在中原北部政治上取得优势，但都没有统一中国。北方民族囊括中国全部版图成为统一的政权是从蒙古人建立的元朝开始。其后还有女真人的后裔满人建立的清朝。元朝统治了97年（公元1271—1368年），清朝统治了近260年（公元1644—1911年）。蒙古人和满人是非汉民族，而且至今还是有人口百万以上的少数民族，但是在他们的统治时代，汉族还是在壮大，当他们的王朝灭亡后，大量的蒙古人和满人融合在汉族之中。

元代蒙古人统治下的人分四等：蒙古、色目、汉人和南人。这时的女真人、契丹人、高丽人都被包括在汉人之中，与汉人的待遇是一致的。又据《元史》记载："女直（即女真）、契丹同汉人。若女直、契丹生西北不通汉语者，同蒙古人；女直（其下当遗"契丹"二字）生长汉地，同汉人。"[1] 看来女真

---

[1] 《元史·世祖》纪十。

人和契丹人中已有分化，或融合于汉族，或融合于蒙古族。元代把汉族分化为汉人和南人两类，以宋、金疆域为边界。凡是先被蒙古人征服的原属金的区域里的汉人仍称汉人，后来征服了南宋，曾属南宋的人称南人或宋人、新附人或蛮子。看来其中也包括长江以南的各非汉民族。这样也加强了这些非汉民族和汉族的融合。

继蒙古人之后统治中国的是汉族，称明朝，初期曾下令恢复"唐代衣冠"，禁止胡服胡语胡姓。用行政命令来改变民族风俗习惯和语言都是徒劳的。据《明实录》引用公元1442年的一奏折中有当时"靴装"盛过唐服的话。但是民间交流却起作用。明末清初的顾炎武在他的《日知录》里关于当时民族混杂的情况曾说："华宗上姓与毡裘之种相乱，惜乎当日之君子徒诵'以夏变夷'之言，而无类族辨物之道。"又说："今代山东氏族其出于金、元之裔者多矣。"这表明在当时的社会上层各族间的通婚已经通行，而且大量的汉化了。

蒙古人融合于汉族的具体例子见于梁漱溟先生最近出版的《问答录》。他说："我家祖先与元朝皇帝同宗室，姓'也先贴木耳'，蒙古族。元亡，末代皇帝顺帝携皇室亲属逃回北方，即现在的蒙古，而我们这一家未走，留在河南汝阳，改汉姓梁……说到种族血统，自元亡以后经过明、清两代，历时五百余年，不但旁人早不晓得我们是蒙古族，即自家人如不是有家谱记载也无从知道了。但几百年来与汉族通婚，不断融合两种不同的血统，自然是具有中间的气质的。"❶ 在看到这段话之前，我从来不知道梁先生的祖先是蒙古人，他并没有报过蒙古

---

❶ 《问答录》，第2页。

族，而安于自认及被认为汉族，但是有意思的是他这500年前的血统渊源还看成是他的"中间气质"的根源。可见民族意识是很深的。解放之后，原来已报汉族而后来改报蒙古族的人数还是不少的。

这里可以提一下，由于蒙古人先统一了北方地区，后来才西征中亚，然后回师从甘肃，经四川，入云南，沿长江而下，灭亡南宋。在这一场战争中却在中华民族的格局中增添了一个重要的少数民族，即回族。1982年普查人数达722万，在少数民族中仅次于壮族，而且是其中分布最广的民族。主要聚居于宁夏和甘肃，并在青海、河南、山东、云南等省及全国各大城市有大小不等的聚居区。

大约在7世纪中叶，从海路有大批阿拉伯和波斯的穆斯林商人在广州、泉州、杭州、扬州等沿海商埠定居，当时称番客。13世纪初叶蒙古人西征，中亚信仰伊斯兰教各国被征服后，大批商人、工匠签发为远征军，称"探马赤军"，后随军进入中国征伐南宋，其中有汉人称他们为"回回军"的。回族就是在番客和回回军基础上大量和汉族通婚后，形成包括所有在中国各省信仰伊斯兰教的人。除了随蒙古军队在大城市落户的中亚商人和工匠外，还有大量中亚军人分驻各防区，主要在甘肃、云南，奉命屯垦，"上马则备战斗，下马则屯聚牧养"❶，定居了下来，他们在元代列入色目人中享有较高的政治和社会地位。明代他们在政府和军队中还保持了较高地位。其时在甘青宁一带人口众多，曾有"回七汉三"的说法。在云南大理一带其人数也很多，但由于后来清代的民族仇杀使西北和云南的

---

❶ 《元史·兵志》。

回族人口大为减少。

由于这个民族具有商业传统，早在唐代丝绸之路上的来往商人，番客就占重要地位。回族形成后，在黄土高原上，北和蒙古、西和青藏牧区接壤地区，即甘青宁黄河上游走廊地带，依靠农牧产品贸易，即所谓"茶马贸易"，善于从商的回族得以发展，所以现在最大的回族聚居区还是在宁夏回族自治区和甘肃的临夏回族自治州。

回族现在通用汉语。海上和从中亚移入的穆斯林什么时候和怎样失去他们原来的语言已经难说。有人认为商人和军队中妇女较稀少，所以为了繁衍种族，势必和当地妇女通婚，由母传子，改变了民族语言。经商也应当是他们必须掌握当地语言的一个原因，何况回回一般是小聚居、大分散的格局和汉人杂居。在语言和生活各方面和汉族趋同是很自然的社会结果。但是他们坚持伊斯兰教信仰，用以在汉族的汪洋大海中保持和加强自己的民族意识。他们一般的习惯是回族可以娶汉族妇女，嫁后须信仰伊斯兰教。回族妇女不嫁汉人，除非汉人改信伊斯兰教，成为回族成员。

清代满族并没有轶出过去进入中原的北方民族的老路。这是大家记忆犹新的历史，可以不必在此多说。我在解放前的确没有听到过语言学家罗常培、文学家老舍是满族，他们都是在解放之后才公开他们的民族成分的。当然，我们这些汉人和他们相处时并不会感到我们之间有什么民族差别。在没有公开他们的民族成分之前，他们都知道自己是满族。这又说明了在一体的格局中多元性还是顽强地存在。

北方诸非汉民族在历史长河里一次又一次大规模地进入中原农业地区而不断地为汉族输入了新的血液，使汉族壮大起来，同时又为后来的中华民族增加了新的多元因素。这些对中华民族多元一体格局的形成都起了重要的作用。我在本文中只能作出上面简单的叙述，指出它的梗概而已。

八、汉族同样充实了其他民族

在我国古代民族中，除了月氏、乌孙、匈奴、突厥等民族的大部或部分迁居他国外，绝大多数的民族都长期在中华大地上居住，他们之间的交流和融合是经常的。上节里我着重讲了在不同时期汉族曾融合进了为数众多的其他民族成分。在这一节里，我要略述汉族融合到其他民族里去的情况。

汉族被融合入其他民族主要有两种情况：一种是被迫的，有如被匈奴、西羌、突厥掳掠去的，有如被中原统治者派遣去边区屯垦的士兵、贫民或罪犯；另一种是由于天灾人祸自愿流亡去的。这两种人为数都很多，有人估计"匈奴有奴隶约 30 万，约占匈奴人口的 1/7 或 1/5"❶，有人估计"匈奴有奴隶 50 多万，占匈奴人口的 1/3"❷，这些奴隶主要是汉人，也有西胡、丁零等族。永初三年（公元 109 年）南匈奴曾一次"还所钞汉民男女及羌所掠转买入匈奴中者合万余人"❸。

西汉时，侯应曾列举十条理由反对罢边塞、毁长城，其中的第七条是："边人奴婢愁苦，欲亡者多……时有亡出塞

---

❶《匈奴史论文选集》第 12 页，第 10 页。
❷ 同上。
❸《后汉书·南匈奴传》。

者。"可见当时时有汉人自愿逃亡匈奴游牧区。东汉末年，仅逃亡到乌桓地区的汉人就有10万多户。西晋亡后，中原板荡，汉族人民逃亡辽西、河西、西域和南方的人很多。据《晋书·慕容廆传》："时二京倾覆，幽冀沦陷，廆刑政修明，虚怀引纳，流亡士庶众多襁负归之。廆乃立郡以统流人，冀州人为冀阳郡，豫州人为周郡，青州人为营丘郡，并州人为唐国郡。"流人之多可以想见。

移入其他民族地区的汉人很多就和当地民族通婚，并且为了适应当地社会生活和自然环境，也会在生活方式、风俗习惯等方面发生改变，过若干代后，就融合于当地民族了，比如，在公元399年在吐鲁番盆地及邻近地区建立的麹氏高昌国原是一个以汉人为主体建立的国家。这些汉人是汉魏屯田士兵和晋代逃亡到这地区的人的后裔。正是《魏书·高昌传》所说的"彼之氓庶，是汉魏遗黎，自晋化不纲，因难播越，世积已久"。当时这个高昌国的人胡化已深，如《北史·西域传·高昌传》所说："服饰，丈夫以胡法，妇人裙襦，头上作髻。其风俗政令与华夏略同……文字亦同华夏，兼同胡书，有《毛诗》《论语》《孝经》……虽习诵之，而皆为胡语。"麹氏高昌国存在了141年，曾先后臣属于北方游牧民族柔然、高车及突厥。公元640年为唐朝所征服，设西州。公元866年回鹘占领西州，从此长期受回鹘统治，当地汉人的后裔就融合于维吾尔族了。同时生活在天山以南各个绿洲操焉耆-龟兹语（吐火罗语）和于阗语的属于印欧语系诸民族也先后融合于维吾尔族。

又比如：在战国时，楚国的庄蹻曾率数千农民迁居于云南滇池地区，自称滇王。其后，汉晋时期均曾派汉人进入云南，但明朝以前迁入云南的汉人大都融合于当地各民族了。迁居于大理洱海地区的汉人成了白族中的一个重要部分。

我们过去对于历史上民族之间互相渗透和融合研究得不够，特别是对汉人融合于其他民族的事实注意不够，因而很容易得到一种片面性的印象，似乎汉族较杂而其他民族较纯。其实所有的民族都是不断有人被其他民族所吸收，同时也不断吸收其他民族的人。至于有人认为经济文化水平较低的民族必然会融合于经济文化较高的民族，也是有片面性的，因为历史上确有经济文化水平较高的汉人融合于四周的其他经济文化较低的民族。民族间相互渗透和融合过程还是应当实事求是地进行具体分析。我在这里特地加上这一节，目的就是要指出，在看到汉族在形成和发展过程中大量吸收了其他各民族的成分时，不应忽视汉族也不断给其他民族输出新的血液。从生物基础，或所谓"血统"上讲，可以说中华民族这个一体中经常在发生混合、交杂的作用，没有哪一个民族在血统上可说是"纯种"。

九、汉族的南向扩展

早在春秋战国时代，作为汉族前身的华夏族，其势力已经东到海滨，南及长江中下游，西抵黄土高原。这个核心的扩展对周围的其他民族，即当时所谓夷蛮戎狄，采取了两种策略，一是包进来"以夏变夷"，一是逐出去，赶到更远的地方。匈奴分南北两部，北匈奴走了，南匈奴同化了，是具体的例子。北匈奴沿着直通中亚和东欧的大草原走出了后来中华民族的范围，其他民族能走出这个范围的不多。很可能早期居住在山东半岛上的"东夷"，有部分渡海出走，或绕道东北进入今朝鲜半岛和日本群岛。但绝大多数的非汉民族不受融合的只有走到汉族不愿去居住的地方，大多是不宜耕种的草原和山区。有些一直坚持到今天，在中华民族的一体中保留了他们的民族特点，构成多元的格局。

这个过程如果要作历史的回顾，一直可以推到三皇五帝的传说时代。被认为是汉族祖先的黄帝，就曾在黄河北岸与炎帝和蚩尤作过战。炎帝后来被加入了汉族祖先之列，所以现在通常认为中华民族是"炎黄子孙"。蚩尤在传说中却一直被排斥在"非我族类"之中。但是他所率领的"三苗"却还有人望名构史地和现在的苗族联系了起来。这固然是牵强的推测，但蚩尤之后有一部分被留在汉族之外却可能是事实。

从考古的资料来说，如上所述，长江中下游的新石器时代和黄河中下游一样存在着东西不同的文化区。从山东中南部到徐淮平原的青莲岗－大汶口文化（公元前5300—前2400年）是有近3000年历史的相当发达的农业文化，这使人联系到史书上所称的东夷。在东夷中无疑还包含着不同的族团。东夷是殷商的先人，当他们被西方来的羌人之后的周人击败后，一部分和周人一起融合进入了华夏族团，也有一部分是被驱逐出走他方。这一部分中可能有上面说过出海的和绕道东北去朝鲜半岛和日本群岛的人，但大部分却走向南方。

我这个假说的根据是我在30年代对朝鲜族人体类型的分析。在我的硕士论文里，我曾在朝鲜人体质资料中看到有大量和江苏沿海居民相同的B型，即圆头体矮的类型。这种类型又见于广西大瑶山瑶人的体质测量资料中。如果这些资料的分析是可信的话，就容易做出把这两个地方的人在历史上联系起来的推想。由于我自己的体质类型分析的研究工作中断已久，

资料又都遗失，只能凭记忆做出上述的提示。❶

我这种推论受到我的一位老师潘光旦教授的支持。他根据文字史料和在福建畲民地区的实地观察，曾提出过一种见解，凭我的记忆简述如下：

我们可以从徐、舒、畲一系列的地名和族名中推想出一条民族迁移的路线。很可能在春秋战国时代的东夷中靠西南的一支的族名就是徐。他们生活在黄河和淮河之间，现在还留下徐州这个地名。据《新中国的考古发现和研究》，徐国在西周时期曾是一个较强的国家，春秋时仍然不衰，公元前512年被楚灭亡。近年在江西西北部接连出土春秋中期徐国铜器，应该不是偶然，或许与徐人的迁徙有关。❷从这一时期的文献中可以看到，这块地区被居民称作舒。潘先生认为畲字和徐是同音，徐人和舒人可能即是畲人的先人。他又以瑶畲都有盘瓠传说，这个传说联系到了徐偃王的记载，认为过山榜有它的历史根据，只是后来加以神话化罢了。这一批人，后来向长江流域移动，进入南岭山脉的那一部分可能就是瑶。从南岭山脉向东，在江西、福建、浙江的山区里和汉族结合的那一部分可能是畲，另外有一部分曾定居在洞庭湖的一带，后来进入湘西和贵州山区的可能就是苗。潘先生把苗和瑶联系了起来，是因为他们在语言上同属一个系统，称苗瑶语族，表明他们可能是从一个来源分化出来的。

如果东夷中靠西的那部分经过2000年的流动，现在还留

---

❶ 关于瑶族的体质及推论，作者已有修正和补充，见《从史禄国老师学体质人类学》，《师承·补课·治学》（增订版），生活·读书·新知三联书店，2021年。——编者

❷ 《新中国的考古发现和研究》，第317页。

着一些后裔，保留了他们的民族特点，成为瑶、苗和畲，那么东夷中靠东的那一部分又怎样了呢？这一部分可能联系上苏北青莲岗文化直到长江下游的河姆渡－良渚文化，也就是春秋战国时期吴、越人的活动地区。这地区在三国时期经常使得统治这地区的孙氏政权头痛的是山区里到处都有的越人。这些不能不使我联想到这一系列新石器时代的文化就是吴越文化的底子。

浙江南部直到广东沿海考古资料还不够完整。但是广东石硖文化的发现，使考古学者得出一种见解，它和赣江流域、长江中下游甚至远达山东沿海等地诸原始文化，不断发生直接、间接的交往和相互影响，并且越到后来联系越广越远，而断定这沿海地区始终是紧密相联的。❶ 这些线索使我产生一种设想，这种相联不仅是民族间的交往，而且有相近的种类的底子，就是说，从山东到广东的整个沿海地带曾经是古代越人或粤人活动的区域。三国时吴国有山越，其先浙南有瓯越，福建有闽越，广东在汉代建有南越（粤）国，其西到广西还有骆越，都以越或粤名其人，可以认为是一个系统的人。

许多民族学者把古代的越人联系到现在分布在西南各省壮侗语族民族，直到东南亚，如广西的壮族，贵州的布依族、侗族、水族，云南的傣族。如果这个历史联系是可信的话，则可以把他们联上历史上沿海的越人。现在沿海的越人已经都融合成了汉族，而这个越人系统至今还保住了西南一隅，主要居住在山区的盆地里从事农业，这些地区的山腰和山上却住有苗瑶和其他山地小民族。这样一个分布颇广，人数又众的越人系统究竟怎样形成的历史，我们还没有具体材料来予以说明。

---

❶《新中国的考古发现和研究》，第 166 页。

以上是长江下游、沿海和带到一点西南边境上的情况。现在让我们看一看长江中游的情况。

从新石器时代江汉平原的大溪-屈家岭-青龙泉文化之后，从地区上说，接下去就是楚文化了。春秋战国时代的楚国还保留着相当强烈的地方色彩。著名的屈原《楚辞》还是"书楚语，作楚声，记楚地，名楚物"。楚在中原人眼中还是南蛮，连楚建国后五代孙熊渠自己还说："我蛮夷也，不与中国之号谥。"在楚国统治下有许多小邦，有人计算达60个之多，也就是说它曾是一个与中原华夏并峙的多元统一体。它的地域很广。《淮南子》里有言："昔者楚人地南卷沅湘，北绕颍泗，西包巴蜀，东裹郯邳，颍汝以为洫，江汉以为池……中分天下。"楚还派人西进云南，占有滇池地区。

楚是一个农业经济发达，文化高超的国家。但是秦灭楚后，楚汉相争事实上还是存在，项羽是在四面楚歌之中，无面目见江东父老而自杀的。楚汉合并在统一体中也是经过一个相当长的过程的。

早在秦代，汉人已越南岭进入珠江流域，广西桂林还有秦渠留做见证。但是汉族文化越岭入粤尚在汉代，当时的南越王事实上还是一个强大的地方政权。但是南岭山脉以南地区要成为以汉人为主的聚居区，还需要近千年的时间。从海南岛的民族结构可以看得到这地区的历史层积。最早在该岛居住的是黎人，语言属壮侗语系，自成一语支，表示和同一语族的其他语支早已分开。由此可以推测在沿海还是越人居住的时代，有一部分已越海居住到了这岛上。继着黎人迁入的是另一部分说壮侗语系的人定居在海岛北部，称临高人，语言和今壮人相同，至今自认是汉人。其后，大约在明代，又有说瑶语的人移入，他们被人称为苗人，至今也自称苗人。按我上述的推测，他们是向南走得最远的瑶人了。其后到了宋元才有大量汉人移入，主要是住在该岛的沿海地区。

十、中国西部的民族流动

让我们回到中华大地的西部，至今是少数民族聚居的地方，即黄土高原、青藏高原和云贵高原，加上天山南北的新疆。这个广大地区考古资料比中原及沿海地区为少，远古的历史还不太清楚。但是已经知道的是在中国找到最早的猿人遗骨化石是在云贵高原（云南元谋县），加上上面已说过的旧石器及新石器的遗留，可以断定在这些西部高原上很早已有人类居住。

史书的文字记载中，早期在中原之西居住的人统称戎。贴近中原，今宁夏、甘肃这一条黄河上游的走廊地带，正处在农业和牧业两大地区的中间，这里的早期居民称作羌人，牧羊人的意思。羌人可能是中原的人对西方牧民的统称，包括上百个部落，还有许多不同的名称，古书上羌氐常常连称。它们是否同一来源也难确定，可能在语言上属于同一系统。《后汉书》说他们是"出自三苗"，就是被黄帝从华北逐去西北的这些部落。商代甲骨文中有羌字，当时活动在今甘肃、陕西一带。羌人和周人部落有姻亲关系，所以周人自谓出于姜嫄。在周代统治集团中羌人占重要地位，后来成为华夏族的重要组成部分。

从历史上看，作为一个保持着民族特点的集团来说，羌人和中原一直维持着密切关系，是甘陕一带戎夏之间的强大集团。其中党项羌在公元1038—1227年间曾建立过西夏国，最盛时包括今宁夏、陕北和甘肃、青海、内蒙古的一部分，与辽、金先后成为与宋代鼎峙的地方政权，从事农牧业，有自己的类似汉文的方块文字。自从西夏政权被蒙古人击溃后，羌人的下落在汉文的史料中就不常出现了。可能大多数已和当地汉人及其他民族融合。至今仍自认是羌人的有约100万人（1964年普查时只有约50万人），聚居在四川北部，有一个羌族自治县。

羌人在中华民族形成过程中起的作用似乎和汉人刚好相反。汉族是以接纳为主而日益壮大的，羌族却以供应为主，壮大了别的民族。很多民族包括汉族在内从羌人中得到血液。

让我从西端的藏族说起。据汉文史籍记载，藏族属于两汉时西羌人的一支。西藏有"发羌"，发古音读bod，即今藏族自称。发羌是当时青藏高原上许多部落之一，而且和甘青诸羌人部落有来往。藏语族有三个语支，即藏语、嘉戎语、门巴语。有些语言学者把羌语、普米语、珞巴语都归入藏语支，也有把嘉戎语归入羌语支。一说西夏语实际是嘉戎语，即羌语。这说明在藏语和羌语间存在着密切关系。嘉戎语主要分布在四川的阿坝藏族自治州，说嘉戎语的人都被认为是藏族。

藏语本身还分三种差距较大的方言：卫藏方言主要分布在西藏自治区大部分地方，康方言主要分布在四川的甘孜、云南的迪庆及青海的玉树等藏族自治州；安多方言分布在甘肃的甘南、青海的一些藏族自治州。藏语的复杂性反映了这个民族的多元格局。即使不把羌人作为藏族的主要来源，羌人在藏族形成过程中的重要作用也是无可怀疑的。

藏族在历史上是一个强大的民族，它不仅统一过青藏高原，而且北面到达帕米尔高原，占领过新疆南部，东面到达过唐代的首都长安和四川的成都平原，南面的滇北和当时的南诏国对峙。在他们的强大时期，当地各族人民受到他们的控制。这些人也就被称为藏人。现在阿坝地区还有一种被称为"黑番人"，有些学者认为他们是古代氐人的后裔。在六江流域的走廊里还发现出门说藏语，回家说另一种语言的藏人。这些显而易见的是融而未合的例子。

如果语言的系统能给我们一些民族间历史关系的线索，汉语和藏语的近亲关系也支持了我在上面所提到的羌人是汉藏之间的联结环节的假设。从这个线索再推一步，我们又看到了和藏语近亲的彝语。而彝语的来源有许多学者也认为是羌语。胡庆钧教授在《中国大百科全书》彝族条目里是这样说的："约在4000—5000年以前，羌人早期南下支系与当地土著部落融合为僰（濮）。僰系'羌之别种'……公元4世纪初，羌人无弋爰剑之后自甘、宁、青一带河湟地区南下，到岷山以东，至金沙江畔，发展为武都、广汉、越巂诸羌……是羌人南下的较晚支系。"

彝族在1982年人口普查时有545万人，如果加上彝语系统的哈尼、纳西、傈僳、拉祜、基诺等族，将有755万人。在少数民族中仅次于壮族，超过了回族。彝族所居住的横断山脉，山谷纵横，构成无数被高山阻隔的小区域，其间交通不便，实际上属于同一族类的许多小集团，分别各自有他们的自称，也被他族看成不同的民族单位。现在说彝语的人已被认为是属于不同名称的五个民族。即是包括在彝族范围之内的人，也还有诺苏、纳苏、罗武、米撒泼、撒尼、阿西等不同自称。

当蒙古军队进攻南宋，道出四川、云南、贵州时，彝语系统的各集团大多联合起来进行抵抗，出现了一个统一的名称：罗罗。这个名称在民间一直沿用到解放时。但因为被认为是一种歧视的辱称所以被废止了，而采用彝这个名称。

彝族在云贵高原长期在各地掌握过地方权力。元明两代均利用彝族本族的统治者作为臣属于中央政权的土司，是一种间接统治的方式。清代通过"改土归流"，进行直接统治，部分交通方便的地区，由于大量的汉人移入，在公元1746年有人记载在东川、乌蒙等地已经是"汉土民夷，比屋而居……与内地气象无异"。

彝族的社会发展是很不平衡的，即使在解放前夕，在城镇上还自认是彝族的社会上层和汉人往来中表面上已辨不出有什么差别，而且在地方政治和经济上还掌握着实权。但在偏僻的山区如四川的凉山，却还保持着其特有的奴隶制度，并成为独立的"小王国"，不受区外权力的控制。

从客观上看，云贵高原的民族格局中实际上存在着六种民族集团。一是在南部及西南边境上多属壮侗语族的民族，主要是傣族。他们是早就住在这地方的土著，还是由东方沿海地区移入这山区的人，现在还难说。二是从北方迁入的彝语系统的民族。三是早在这地区居住的土著民族。按考古学上的遗留来看，这是一块人类的发源地，不大能想象没有遗留人种。但是现存的知识，还不能明确他们和现在的民族有什么关系。但可能大多已淘汰，或是和外来的移民同化了。有人认为现有的仡佬族和仫佬族，散居于贵州、广西一带，系旧称僚人的后裔，可能是这地区较早的居民。四是早在春秋战国时代已开始从中原来的移民，见之于历史的最早有楚国的庄𫏋带兵进入滇池地区。到汉代从四川进入云贵高原的交通已经开辟，《史记》的作者司马迁就到过云南，滇池附近还发现了汉代的金印。明代及以后大批汉人移入云贵各省是有史可稽的。五是以上各种人的混血。白族可能是其中之一。六是一些跨境的说南亚语系的民族，如佤、德昂、布朗等族，很可能是从境外移入的。

为了提供西南部分更完整的面貌，还得简单说一说处在青藏高原、黄土高原及云贵高原之间的那个四川盆地。这个盆地适于农业，很早就有蜀人和巴人在此生息。根据现有的历史知识说，早在商代的甲骨文中已见到"蜀"字，那是四川盆地的古国。在周人伐商的战争中已有蜀人的参预。蜀人主要活动地区在四川西部。建立过地方政权，后来被秦所灭，而且据说置蜀郡后中原有大量移民入蜀，蜀人也就并入了汉族。

巴人的来源历史上没有明确记载，传说是廪君之后，起源于"武落钟离山"，有人考证在今湖北境内。他们的活动地区是在四川东部、陕西南部、湖北和湖南西部。西周初期在汉水流域建立巴国，被秦灭后，巴人作为一个民族集团也就湮没无闻了。50年代潘光旦教授考察湘西土家族，认为是巴人的后裔。土家族在中华人民共和国初期，并没有被列入少数民族中，因为当时被认为是汉族的一部分。他们在生活和语言上与汉人已极相近。但是自从承认他们是一个民族单位后，湘、鄂、黔接壤地区很多过去自报汉族的，申请改正为土家族。1964年人口普查时自报土家族的只有52万人，1982年普查时达280万人，在18年中增长了五倍。这说明有许多已长期被吸收入汉族中的非汉民族，在意识上还留有融而未合的痕迹。

十一、中华民族格局形成的几个特点

以上我把中华民族多元一体格局形成的过程择要勾画出一个草图。中华民族的近百年和西方列强的对抗中成为自觉的民族实体,但是作为一个自在的民族实体是经过上述的历史过程逐步形成的。说到这里,我可以把从这个格局里看到的几个应注意的特点简述如下:

(一)中华民族多元一体格局存在着一个凝聚的核心。它在文明曙光时期,即从新石器时期发展到青铜器时期,已经在黄河中游形成它的前身华夏族团,在夏、商、周三代从东方和西方吸收新的成分,经春秋战国的逐步融合,到秦统一了黄河和长江两大流域的平原地带。汉继秦业,在多元的基础上统一成为汉族。汉族的名称一般认为到其后的南北朝时期才流行。经过2000多年的时间向西方扩展,融合了众多其他民族的人,到目前人数已超过9.34亿(1982年),占中华民族总人口的93.3%。其他55个少数民族人口总数是6720万,占6.7%。

汉族主要聚居在农业地区,除了西北和西南外,可以说凡是宜耕的平原几乎全是汉族的聚居区。同时在少数民族地区的交通要道和商业据点一般都有汉人长期定居。这样汉人就大量深入到少数民族聚居地区,形成一个点线结合,东密西疏的网络,这个网络正是多元一体格局的骨架。

(二)同时值得重视的是,少数民族聚居地区占全国面积一半以上,主要是高原、山地和草场,所以少数民族中有很大一部分人从事牧业,和汉族主要从事农业形成不同的经济类型。中国的五大牧区均在少数民族地区,从事游牧业的人都是少数民族。

我们所谓少数民族聚居地区这个概念是指有少数民族聚居在内的地区，所以并不排斥有汉族居住在内，甚至在人数上可以占多数。少数民族占当地人口10%以上的有8个省（区）：内蒙古（15.5%）、贵州（26%）、云南（31.7%）、宁夏（31.9%）、广西（38.3%）、青海（39.4%）、新疆（59.6%）、西藏（95.1%），其中占一半以上的只有两个民族自治区。在这些地区，有些是汉族的大小聚居区和少数民族的聚居区马赛克式地穿插分布；有些是汉人占谷地，少数民族占山地；有些是汉人占集镇，少数民族占村寨；在少数民族的村寨里也常有杂居在内的汉户。所以要在县一级的区域里，除了西藏和新疆外，找到一个纯粹是少数民族的聚居区是很不容易的，即在乡一级的区域里也不是常见的。在这种杂居得很密的情形下，汉族固然也有被当地民族吸收的，但主要还是汉族依靠着深入到各少数民族地区的这个队伍，发挥它的凝聚力，巩固了各民族的团结，形成一体。

（三）从语言上说，只有个别民族，如回族，已经用汉语作为自己民族的共同语言外，少数民族可以说都有自己的语言。有些民族，如满族，在日常生活中还经常用满语通话的已经很少，认得满文的普通老百姓则更少了，他们都用汉语汉文来表达自己的思想，杰出的，有我在上面提到的语言学家罗常培和文学家老舍。还有些民族自称有自己的民族语言，但经研究其实已经使用汉语方言，如畲族。有自己语言的民族中有10个民族有自己的文字，但群众里用文字的则只有几个民族，如藏文、蒙文、维文、傣文、朝鲜文等，有些虽有文字，但识字的人很少。少数民族中和汉人接触多的大多已学会汉语。我50年代初到广西和贵州访问少数民族时，当地各族的男子大多能和我用当地汉语方言通话。但是他们和同族的人通话时则用自己的语言。80年代我去内蒙古访问，就遇到有不会汉语的蒙族，也有不会蒙语只会汉语的蒙族。在不同少数民族间通话的媒介也多种多样，有以汉语交谈，有各用自己语言交谈，也有用对方的语言交谈，也有用当地通用的某一种少数民族语言交谈。这方面还缺乏具体的调查，但一般来说，汉语已逐渐成为共同的通用语言。解放后，人民政府的政策是各民族都有使用自己语言文字的权利，并列入宪法。

（四）导致民族融合的具体条件是复杂的。看来主要是出于社会和经济的需要，虽则政治的原因也不应当忽视。即在几十年前的民国时代，在贵州还发生强迫苗族改装剪发的事，但是这种直接政治干预的效果是不大也不好的，因为政治上的歧视、压迫反而会增加被歧视被压迫的人的反抗心理和民族意识，拉开民族之间的距离。从历史上看，历代王朝，甚至地方政权，都有一套对付民族关系的观念和政策。固然有些少数民族统治者，如北魏的鲜卑族，入主了汉族地区后奖励和甚至用行政手段命令他们自己的民族和汉族同化，但大多数的少数民族王朝是力求压低汉族的地位和保持其民族的特点。结果都显然和他们的愿望相反。政治的优势并不就是民族在社会上和经济上的优势。满族是最近也是最明显的例子。

在历史上，秦以后中国在政治上统一的时期占2/3，分裂的时期占1/3，但是从民族这方面说，汉族在整个过程中像雪球一样越滚越大，而且在国家分裂时期也总是民族间进行杂居、混合和融化的时期，不断给汉族以新的血液而壮大起来。

如果要寻找一个汉族凝聚力的来源，我认为汉族的农业经济是一个主要因素。看来任何一个游牧民族只要进入平原，落入精耕细作的农业社会里，迟早就会服服帖帖地、主动地融入汉族之中。

重复提一下，现在那些少数民族聚居的地方，大都是汉人不习惯的高原和看不上眼的草原、山沟和干旱地区，以及一时达不到的遥远的地方，也就是"以农为本"的汉族不能发挥他们优势的地区。这些地区只要汉族停留在农业时代对他们是不发生吸引力的。在农业上具备发展机会的地方，汉族几乎大都占有了，甚至到后来还要去开垦那些不适宜农业的草原，以致破坏牧场，引起农牧矛盾和民族矛盾。这一切能不能作为农业经济是汉族得到壮大的主要条件的根据呢？看来正是汉族的两腿已深深地插入了泥土，当时代改变，人类已进入工业文明的时候，汉族要从泥土里拔出这两条腿也就显然十分吃力了。

（五）组成中华民族的成员是众多的，所以说它是个多元的结构。成员之间大小悬殊，汉族经过2000年的壮大，已经有9.34亿人，是当今世界上人数最多的民族。其他55个民族人口总共6720万人，其中还包括"未识别"的大约80万人，所以把他们称作少数民族。其中超过100万人口的一共15个民族，最大的是壮族（1300万人），人数不到100万而超过50万人口的有3个民族，人数在50万以下10万以上的有10个，10万以下1万以上的有15个，1万以下5000以上的有1个，5000以下的有7个，其中在2000人以下的有3个，人数最少的是珞巴族（1066人）。高山族因缺乏台湾部分的统计，没有列入计算。

各民族人口从1964年普查到1982年普查均有增长，少数民族总人口增长68.42%，平均年增长率2.9%，高于汉族（分别为43.82%及2.0%）。增长最多的是土家族，18年中增长4.4倍。这很明显，并不是出于自然增长，而是由于在这几十年中大批以前报作汉族的改报了土家族。这种情形，在其他少数民族同样发生。汉族原是有许多非汉民族融合进来的。如果推溯其祖先所属的民族来规定自己的民族，那就可以有大量人口从汉族中划出去。当然问题是在怎样来规定"所属民族"的标准了。

同样的难题出现在所谓"未识别"的民族，意思是这些人的民族成分还不明确。这类人总数约有80万。其中包括两类，一类是不能确定是汉人或不是汉人；一类是他们属于哪个少数民族没有确定。这种辨别工作我们称为"民族识别"。这并不是指个人而言，而是指：一些集团自称不是汉族，但是历史资料证明是早期移入偏僻地区的汉人，因种种原因不愿归入汉族。又有一些集团是从某些非汉族中分裂出来，不愿接受原来民族的名称。这些人就归入"未识别民族"的总类里。这说明，民族并不是长期稳定的人们共同体，而是在历史过程中经常有变动的民族实体。在这里我不能从理论上多加发挥了。

（六）中华民族成为一体的过程是逐步完成的。看来先是各地区分别有它的凝聚中心，而各自形成了初级的统一体。比如在新石器时期在黄河中下游都有不同的文化区，这些文化区逐步融合出现汉族的前身华夏的初级统一体，当时长城外牧区还是一个以匈奴为主的统一体和华夏及后来的汉族相对峙。经过多次北方民族进入中原地区及中原地区的汉族向四方扩散，才逐步汇合了长城内外的农牧两大统一体。又经过各民族流动、混杂、分合的过程，汉族形成了特大的核心，但还是主要聚居在平原和盆地等适宜发展农业的地区。同时，汉族通过屯垦移民和通商在各非汉民族地区形成一个点线结合的网络，把东亚这一片土地上的各民族串联在一起,形成了中华民族自在的民族实体,并取得大一统的格局。这个自在的民族实体在共同抵抗西方列强的压力下形成了一个休戚与共的自觉的民族实体。这个实体的格局是包含着多元的统一体,所以中华民族还包含着50多个民族。虽则中华民族和它所包含的50多个民族都称为"民族",但在层次上是不同的。而且在所有承认的50多个民族中,很多本身还各自包含更低一层次的"民族集团"。所以可以说,在中华民族的统一体之中存在着多层次的多元格局。各个层次的多元关系又存在着分分合合的动态和分而未裂、融而未合的多种情状。这就提供了民族学研究者富有吸引力的研究对象和课题。

十二、瞻望前途

放眼未来,中华民族的格局会不会变?它的内涵会不会变?这些问题只能作猜测性的推想。

首先应当指出,中华民族在进入21世纪以前已产生了两个重大的质变。第一,过去几千年来的民族不平等的关系已经不仅在法律上予以否定,而且事实上也做出了重大的改变。自从1949年新中国成立以后,民族平等已成为了根本性的政策,而且明确地写入了宪法。为实现民族平等制定了民族区域自治法。凡是少数民族聚居的地方都实行区域自治,建立自治地方的自治机关,由各少数民族自己管理自己的事务。少数民族的语言和风俗习惯要受到其他民族的尊重,改革与否由各族人民自己决定。少数民族由于历史原因一般说来经济文化过去缺乏发展的条件，所以国家制定一系列对少数民族的优惠政策。这些政策的落实，使很多过去隐瞒自己民族成分的人敢于和乐于公开要求承认他们是少数民族了。

第二，中国开始走上工业化和现代化的道路。开放和改革成了基本国策，闭关锁国的局面已一去不能复返，从"以农立国"转变到工业化的过程中，对各民族的发展提出了新的问题。如果我以上的叙述和分析符合历史事实的话，依靠农业上的优势而得到壮大起来的汉族首先遭到了必须改变经济结构的挑战。在他们聚居的地方原本多是在适宜于发展农业的地区，这些地区工业所需的原料是比较贫乏的，而过去对汉族缺乏吸引力，一向是少数民族聚居的地方却正是工业原料丰富的地区。同时，工业的发展需要科技和文化知识，而在这方面少数民族一般说来低于汉人的水平。要由少数民族自己利用本地区的资源去发展本地区的工业是有很大困难的。这些具体情况会怎样影响民族的格局呢？

如果我们要坚持在中华民族里各民族平等和共同繁荣的原则，那就必须有民族间互助团结的具体措施。这正是我们当前必须探索的课题。

如果我们放任各民族在不同的起点上自由竞争，结果是可以预见到的，那就是水平较低的民族走上淘汰、灭亡的道路，也就是说多元一体中的多元一方面会逐步萎缩。我们是反对走这条路的，所以正在依"先进帮后进"的原则办事，先进的民族从经济、文化各方面支持各后进的民族的发展。国家对少数民族地区不仅给优惠政策，而且要给切实的帮助，现在我们正在这样做。

第三，还可以提出一个问题：少数民族的现代化是否意味着更大程度的汉化？如果是这样，各民族共同繁荣是否指向更大的趋同，而同样削弱多元一体格局中多元这一头呢？这固然是存在的一种可能性，但是，我是这样想的：一个社会越是富裕，这个社会里的成员发展其个性的机会也越多；相反，一个社会越是贫困，其成员可以选择的生存方式也越有限。如果这个规律同样可以用到民族领域里的话，经济越发展，亦即越是现代化，各民族间凭各自的优势去发展民族特点的机会也越大。在工业化的过程中，各民族人民生活中共同的东西必然会越来越多，比如为了信息的交流，必须有共同的通用语言，但这并不妨碍各民族用自己的语言文字发展有自己民族风格的文学。通用的语言可以帮助各民族间的互相学习、互相影响而促进自己文学的发展。又比如，各民族都有其相适应的生态条件。藏族能在海拔很高的高原劳动和生活，他们就可以发挥这项特点成为发展这地区的主力，并通过和其他地区的其他民族互通有无来提高各民族的经济水平。我想到这些情况，使我相信只要我们能及早注意这个问题，我们是有办法迎接这个挑战的。在现代化的过程中，通过发挥各民族团结互助的精神达到共同繁荣的目的，继续在多元一体的格局中发展到更高的层次。在这层次里，用个比喻来说，中华民族将是一个百花争艳的大园圃。我愿意用这个前景鼓励自己和结束这篇论文。

1988年8月22日

参考书目

1. 中国社会科学研究院考古研究所：《新中国的考古发现和研究》，文物出版社1984年版。
2. 陈连开：《关于中华民族的含义和起源的初步探讨》，《民族论坛》1987年第3期；《中华新石器文化的多元区域性发展及其汇聚与辐射》，《北方民族》1988年第1期；《我国少数民族对祖国历史的贡献》，书目文献出版社1983年版。
3. 徐杰舜：《汉民族历史和文化新探》，广西人民出版社1985年版。
4. 贾敬颜：《汉人考》，《中国社会科学》1985年第6期。
5. 谷苞：《论正确阐明古代匈奴游牧社会的历史地位》，《民族学研究》1985年第3期；《论中华民族的共同性》，《新疆社会科学》1985年第6期；《再论中华民族的共同性》，《新疆社会科学》1986年第1期；《论西汉政府设置河西四郡的历史意义》，《新疆社会科学》1984年第2期。
6. 国家民委民族问题五种丛书编委会《中国少数民族》编写组：《中国少数民族》，人民出版社1981年版。
7. 国家民委财经司：《民族工作统计提要（1949～1986）》，1987年版。
8. 《中国大百科全书·民族卷》，中国大百科全书出版社1986年版。
9. 费孝通：《民族研究文集》，民族出版社1988年版。

对民族地区发展的思考

民族研究是我一生学术生涯的重要组成部分,我的社会调查工作就是从少数民族开始的。近10多年来,我又对民族地区的发展进行了调查研究。1984年开始,我以内蒙古为重点访问了四个自治区,又以甘肃为重点考察了边区各省,最近又进入以发展山区经济为重点的调查。在这8个年头里的调查研究过程中,对少数民族的发展问题产生了一些观点和设想,我很愿意在这次民族理论研讨会上提出来请大家予以指正。

一、边区的两个失调

自然生态失调

1984年八九月间,我在考察内蒙古农、牧交错的赤峰市(原昭乌达盟)时发现,赤峰是农、牧并存的经济,自清朝允许汉人出关之后,已有200多年历史。由于外来的粗放农业不断向牧区扩张,破坏了牧民生存空间的草原,农、牧发生了矛盾。而外地进入开垦的人都是背井离乡的穷苦农民,但因为他们是汉人,而牧民是蒙古人,因而农、牧矛盾转化成了民族矛盾,直到解放后,民族矛盾才得到解决。但是由于粗放农业和自然牧业的矛盾以及长期的滥砍、滥牧、滥采,致使这一地区的自然生态平衡遭到的严重破坏，都依然存在。开发这样的边区，首先必须用大力来恢复自然生态平衡，治沙、防风、种草、种树是最基本最迫切的措施。这在内蒙古的西部其他地区也不例外。开发边区看来必须走以牧为主、农牧结合的道路。而这条路只有打破目前牧区的封闭自给经济状态，实现牧业现代化才有出路。

在像内蒙古、新疆那样广阔的草原上，如果能大力发展现代化的牧业，对国民经济中的贡献是难以估计的。要认识这一点，首先必须破除汉族传统的"以农为本"的狭隘的观点。如果占国土1/3的草原能充分得到利用，成为全国人民的肉食供应基地，就可以减少对粮食的需求，并使农区的土地能从粮食的压力下解放出来，向种植经济作物转移。从宏观上去看，这是一项提高国民生产力的大战略。

人文生态失调

人文生态是指一个社区的人口和社会生产结构各因素间存在着适当的配合，以达到不断再生产的体系。人文生态失调是指这种配合体系中出了问题，劳动生产率日益下降，以致原有生产结构不能维持人口的正常生活和繁殖。在整个边区，人文生态失调和自然生态失调同样值得注意。

1985年6月，我在考察内蒙古包头钢铁厂时看到封闭企业本身产生的人文生态失调。包钢建成近30年，人口在不断增长，近亲繁殖，社区的活力不断消耗，这样形成了这类边区企业人文生态的第一个恶性循环。由于东西差距拉大，又引起了边区的智力外流，出现了"一江春水向东流"的局面，人才不断流失，这是人文生态的第二个恶性循环。

建国以来，国家工业建设的重点曾经放在中部和西部之间的走廊地带，从内蒙古经陕西、甘肃到四川，投资大略估计有3700多亿元。用这笔钱建成了九条铁路和几千个大中型国营企业。但是这几千个大中型企业并没有成为这个广大地区社会经济发展的启动力，它们的生存和发展几乎与当地尤其是少数民族没有太大关系，民族地区的开发并没有和少数民族本身的发展密切结合起来。我认为民族地区的发展必须包括少数民族的发展，不能离开民族的发展来讲民族地区的经济发展。

我看到边区所办大企业的特点之一是"企业办社会"，也可以说是"社企不分"。外地移入的从业人员和他们的家属组成了一个在社会生活各方面力求自给自足，对外很少联系的封闭性社区。这在少数民族地区更为突出。这种企业又都直属于中央或省的政府部门，他们搞的是产品经济，不是商品经济。它们和所在地的基层地方政府没有从属关系，当地基层政府管不了它们。企业的上级政府部门又都是专业性的经济部门，它们也管不了各企业从业人员的社会生活，于是产生了"企业办社会"的结构。这样的企业像个大家庭，不能不一代一代地养活不断增长的子子孙孙。因为这个大家庭并不是个不断生长中的母体，而是生产力受限制的封闭社区。所以不可避免地进入了恶性循环，包袱越来越重，母体越来越弱，这就是人文生态失调现象。

人文生态失调形成了对企业的压力，这些企业不得不进行改革以求生存。首先是以开放代替封闭，向社企分离的目标迈进。大企业的开放不但对地区工业化发挥了启动作用，而且也是自己解放自己的惟一办法，对地区经济和企业本身是两利的。这实际是西部地区共同的问题，所有的"三线"企业都面临改革问题。它们必须转型以求适应，主要是以开放代替封闭，从产品经济走向商品经济。改革的方式则是多样的，陕西宝鸡的经验叫"城乡一体化"，使国营大企业所含蓄的巨大科技潜力，形成了乡镇企业的启动力；甘肃的经验叫"一厂两制"，扩散大企业的技术、资金的力量，开发了与地方结合、集体所有的工业小区，带动了地方经济的发展，呈现一片生机。这个改革过程已经开始，应该根据具体情况采取不同形式进行。关键是怎样使已经存储在西部地区的巨大经济能量释放出来，使其成为西部这个多民族地区共同发展的推动力。

二、西部的发展战略构想

中国的少数民族大部分聚居在中国的西部。西部和东部的差距包含着民族的差距，西部的发展战略必须考虑民族因素：一方面是动员这地区少数民族参与这地区的开发事业，另一方面要通过这地区的经济开发使这一地区的少数民族发展成为现代民族。

关于建立"黄河上游多民族经济开发区"的设想

从龙羊峡到青铜峡之间 1000 多公里的黄河上游地区，有着丰富的矿产、水电资源，是西北回、藏、蒙古三大少数民族和汉族聚结部的核心区。自 1988 年 5 月起，我们先后两次到这一近 15 万平方公里的地区进行了考察，并提出了建立"黄河上游多民族经济开发区"的设想。这一设想得到了甘、宁、青、内蒙古四省区党政领导的大力支持。

黄河上游流域在经济发展上应当连起来看，构成一个协作区。这个"协作区"在历史上本来就属于一个经济地带。我们的设想是在黄河上游建立12个大型水电站，以解决这个地带的能源问题。由水电产生能源，又由能源推动这个地区丰富的矿产资源的开发。通过资源开发发展该地区的工矿业，带动这个地区包括各少数民族在内的3000万人民的致富，从而促进整个区域的商品经济的良性循环。这个经济带启动的结果，将使这个协作区成为西北广大少数民族地区一个经济发展中心。我们认为这个经济中心的建立和发展，更长远的意义就是重开向西的"丝绸之路"，通过现已建成的欧亚大陆桥，打开西部国际市场。从某种意义上来说，西部国际市场比东部国际市场更有潜力。西进中亚、西亚和中东地区，我们具有一定的优势。充分发挥回族的民族优势，提供伊斯兰国家所需要的各种生活用品，我们完全有可能建立一个很大的西部国际市场。

关于建立攀西开发区重建"南方丝绸之路"开发大西南的设想

为了调查大西南山区的经济，去年我在四川、云南海拔2500米以上的大小凉山地区连续跑了1300多公里。考察结束后，我提出了《关于建立攀西开发区重建"南方丝绸之路"开发大西南的设想》的建议。这个设想是由彝族主要聚居区的凉山和60年代起发展成为钢铁生产中心的攀枝花，建立攀枝花和西昌联合开发区，并以此为中心，重建由四川成都经西昌和攀枝花及云南保山从德宏出境西通缅、印的"南方丝绸之路"，为大西南的工业化、现代化奠定基础，简称"一点一线一面"开发大西南的设想。"一点"就是指攀西地区，它资源丰富，能源充沛，是对今后开发大西南具有强大启动作用的经济心脏。针对当前该地区在社会经济结构上存在的突出问题，我提出了"四个结合"的对策：即州市结合、工农贸结合、轻重结合和民族结合。"一线"则是指以攀西开发区为中枢的一条我国大西南通往缅、印、孟的交通动脉，也就是重建历史上的"南方丝绸之路"。有了攀西开发区作为心脏，"南方丝绸之路"作为大动脉，大西南工业化和现代化就能由点逐步扩散搞成一片，这就是我设想中所提的"一面"。我想经济的辐射作用将像波浪式一样由攀枝花的工业中心，从凉山地区向四周扩散到大西南的整个地区，基本上可以包括川、滇、黔三省，即云贵高原和四川盆地，使这一片少数民族聚居区，逐步走上工业化的道路。

临夏的发展模式

在甘肃临夏回族自治州考察时我提出"以商带工"的启动战略。我看到临夏有不少农民在城乡间贩运，搞活了流通，促进了生产。我认为西部各地都要有这种贩运队伍，来点火启动整个西部地区的经济运行。我曾四次到临夏考察，称它是"西部温州"、开发青藏高原的"跳板"。据新华社记者今年8月13日报道：长期受人多地少、资源贫乏困扰的甘肃省临夏回族自治州，从流通入手，以商兴州，个体、私营经济迅速崛起。如今这个州以其辐射全国的流通网络和吞吐量巨大的专业市场，已成为我国东西部商品流通的"旱码头"。这是令人鼓舞的信息。

"两南"兴藏的设想

如何开发藏族地区，一直是我关注的一个问题。我已年老，亲自到西藏自治区去考察是没有可能了。但在考察甘南和肃南时，得到了很多启发。我认为，甘肃的甘南和肃南，合称"两南"，并不是名称上的巧合，它们在发展西部民族地区上都具有特殊的有利地位。它们都紧靠青藏高原的边缘，都是历史上与藏族有长期的密切往来，现在还有藏族聚居于这些地方，而且其他民族有些在这里定居后接受了藏族的影响改信了喇嘛教，裕固族就是一例。这种密切关系正给他们"反弹琵琶"的条件，可以成为藏族现代化的窗口。这些地区处于藏区和汉区之间，容易接受新知识，容易搞现代化。西藏的现代化可以从外围入手，逐步向中心深入。所以发展甘南和肃南对发展藏族地区具有重要意义。"两南"能不能看做是青藏高原的少数民族和中原地区各民族联系的两架桥梁？通过原属藏族重要文化中心的甘南这架桥梁，可以把现代化科技知识送入藏族地区；通过在牧业改良已取得成绩的肃南这架桥梁，把现代化牧业送入藏族内地。因此我产生了"两南兴藏"的设想。

三、充分发挥各民族的特长和优势

我认为我们应该特别注意那些分散在各地区人口较少的少数民族的发展。在改革的浪潮中，他们往往没有受到应有的重视。有些地方甚至把他们当作被"照顾"的对象。这些少数民族的成员虽然得到生活的保障，但是失去了传统的生产手段，没有找到靠自己劳动来从事生产的新路子。结果引起了精神生活的衰颓。我一向认为，一个民族，无论大小，要发展和繁荣起来，必须有一个坚实的经济基础。一个民族在发展中保持其民族特点,那就必须利用其民族特有的优势来发展经济,不然的话,这个民族难免要衰亡。所以就一个民族的发展来讲,必须强调善于发挥自己在体质上和文化上特有的优势,利用一切可以利用的外在条件,发展其经济,提高自身的社会生产力和发扬自身的精神文化,在整个地区的发展中,贡献应有的力量。例如长期从事狩猎采集经济的鄂伦春族,他们不可能在今天仍以传统生产方式来谋生了,但他们世代生活在大森林并善于饲养驯鹿,具有丰富的林业知识和驯鹿经验,如果顺应其文化传统,让他们从事森林培养看护,举办鹿场等,或许就可能为这个民族找到发展的根基。

四、共同富裕、协调发展

当前中国的社会经济发展上,从地区来讲存在着较发达和欠发达的差距问题。当然,在发展上求绝对平衡是不可能的,但各地的差距不能拉的太大,特别是对少数民族地区来说更应重视这点。我常说,中国不是"大鱼吃小鱼",而是"大鱼帮小鱼"。那么怎么帮?我认为主要有两条:一是国家支持,二是自己走路。

去年我在考察湘、鄂、川、黔四省交界武陵山区的土家和苗等少数民族聚居区时,深切体会到内地欠发达地区确实需要外力的帮助才比较容易发展起来。这是因为这种长期以来处于小农自给经济的封闭山区的各族居民,事实上缺乏先进的生产技术和管理大生产的传统,而且没有可靠的市场来发展商品经济。在这种地区要他们一步跨入工业时代难免困难重重。为了加速这种过渡，看来不能没有外力的帮助。固然，如果没有内在的活力，外力要帮也帮不上；但是即使有了内在的活力，没有外助经济发展也难于启动起来。因此，我认为这类少数民族地区首先还是要培育内在活力，比较容易见效的可能是发展庭院经济，就是从家庭副业提高一步成为商品生产的家庭企业。

我认为对发达地区，国家要给政策，对少数民族地区，国家不仅要给政策，而且要给切实的帮助。国家支持的目的就是要帮助少数民族站起来，走自己发展的路。我们只有帮助少数民族发挥各自的民族优势，在自己的经济基础上站起来，才能避免少数民族名存实亡的后果，才能使我们的国家真正成为一个各民族共同繁荣的大家庭。

东西部协调发展还要靠"东西合作，互惠互利""以东支西，以西资东"的方针来推动地区间的合作，这种合作是多方面的，形式也可以多种多样。但关键是深化改革，归结到一点，就是要遵循商品经济规律办事，在改革中找出路，求发展。

五、民族地区的改革开放和民族的现代化

改革开放是中国各民族走向现代化的必由之路。少数民族地区的农村和牧区自然经济和半自然经济尚占主导地位，产业结构很不合理，交通不便，信息不灵，长期以来处于相当封闭的状态。建立新的体制和运行机制，推动少数民族地区经济、文化事业的发展，改变贫穷落后面貌，具有刻不容缓的紧迫性。同时随着改革开放的不断深入，加快了改革开放的步

伐，民族间的接触也会日益增多，这种状况有利于各民族增进了解，互相帮助，加强团结，但也必然会出现新的问题和新的矛盾，需要更加重视加强民族工作。

过去被看做是荒凉贫瘠的少数民族聚居区，很多却蕴藏着丰富的地上、地下资源。这是中国走向现代化，实现农业国向工业国转变的必不可少的物质基础。我国少数民族地区地大物博，战略位置重要，担负着重要的使命。没有中国农村的现代化，就没有中国的现代化。同样，没有中国少数民族的现代化，也就谈不上中国的现代化。认真贯彻民族区域自治法，充分发挥少数民族地区的优势，把少数民族地区资源开发和社会经济发展妥善结合起来，逐步改变民族地区经济相对落后的状况，使之同全国经济发展相适应，这是发展我国综合国力的极为重要的一个环节。在振兴中华的共同事业中，各民族都有自己的优势，都应在现代化建设中各自做出自己的贡献。同时我们所走的是共同繁荣的道路，在这条道路上少数民族地区的发展必须包括当地少数民族的发展。这正是我们社会主义国家性质所决定的。

邓小平同志说得很明确："走社会主义道路就是要逐步实现共同富裕。"当前的问题是怎样较快地实现这个目标。我认为，这必须是一个实事求是的过程。像中国这样大的国家，各地区的物质条件和文化水平由于长期历史的原因相差很大。起点不同的各地区各民族现在虽然都进入了社会主义时期，贫富不均的状态还是不可避免的。我相信，通过国家提倡先富帮后富的原则，欠发达的地区，迟早是会赶上来的。

1992 年 10 月 1 日

关于中国民族基因的研究[*]

《中国人类基因组》评审研讨会上的发言

3月初，我收到国家自然科学基金委员会生命科学部寄来的"中国不同民族基因组比较研究"的项目指南，我觉得研究目标中所提出的研究旨趣，诸如为人类进化和我国各民族源流、迁徙和划分提供生物学依据，无疑是一种非常有意义的研究。这一项目所涉及的背景研究，自然也离不开人类学与民族学及其他社会科学的配合。

中国大地上历史的沉积、文化的积累、现代社会的投射，有过去历史形成、发展的很多复杂的过程及现实基础，作为中国社会的不同群体的形成和发展，其生物基础也有一个复杂的过程，而基因研究可以对其复杂性有个基本的认识，其研究很有用处。

这种复杂性是极不平衡的，存在于区域之间，也存在于区域之内，有差别也有类同。中国历史上民族的分合过程及现代民族之间、民族内部的交流与整合，正是这一复杂性的典型体现。下面我提几点看法，仅供参考。

---

[*] 本文由作者口述，麻国庆整理，发表于《开放时代》2005年第4期。——编者

生存在中国土地的人最早的情况如何？这自然涉及人类的起源。世界人类的起源并不是一个源，而是多源的。中国目前所发现的各进化阶段的人体化石，可以建立较完整的序列，说明中国这片大陆应是这很多源的一个。目前发现的中国最早的人类化石为元谋人，属于旧石器时代早期，距今170万年左右，一般认为人类的分化即不同人种的出现是旧石器时代中晚期。目前，我们习惯用的人种分类是以1950年7月18日联合国教科文组织《人种宣言》所确定的蒙古利亚人种、尼格罗人种和高加索人种，分别称为"黄种""黑种""白种"。60年代以来，盛行地理分类法，仅以表征特征特别是肤色笼统的人种分类，常为区域性群体或区域性种族集团（Ethnio Group or Ethnic stock）所取代。就是强调人类群体的区域性特征。

我在清华研究院结业时写了两篇论文，其中之一是《朝鲜半岛人种类型的分析》，这是体质人类学的研究。此后，也应当时驻北京的32军之约，调查该军体格，并对监狱犯人的体格特征进行分析。1935年与前妻王同惠女士去广西调查，我侧重于对当时称之为"特种民族"，即苗、瑶、侗、壮等少数民族的体质测量。我的这些研究，受到了我的俄籍导师史禄国教授的指导。在这些研究的基础上，他把中原人的体质特征主要分为α、β、γ等若干种类型。华北、西北一带以α型为主，东南沿海到朝鲜半岛以β型为主，华南有较多的γ类型。凭我的记忆说❶，α型的人一般体高在1.60米以上，头型指数在70左右。面部特征表现为较细小的眼睛、宽额、扁平的鼻子、黄色的肌肤、宽阔的下巴、粗而长的头发；β型身高平均在1.60米

---

❶ 我在清华研究院的论文因战乱在搬迁中遗失。

以下，1.50米以上，头型指数在80左右，额部长而圆、鼻梁并不挺；γ型，身高平均在1.50米到1.60米之间，长方形的脸，但双颊丰满、额长而宽、鼻梁不高、眼睛小、鼻端不尖稍圆。各类型的特征须查史禄国的原著。在此，我想把这三种类型的体质特征和民族历史的迁徙联系起来谈几点看法。

中国各民族在历史上是不断流动的，而这些流动有它总的历史趋势。早在史前时代，作为集团单位的人类群体就已存在，如黄河流域的仰韶文化、河南龙山文化及甘肃青海的齐家文化之间的关联性。特别是陕西龙山文化经过宝鸡、天水，直接影响着甘青地区的新石器文化。其他新石器时代文化区中各类型也反映了不同群体之间文化的传播、交流、汇集的过程。此种文化上的交流，在体质特征上也应当有所反映。

在有文字记载的历史时期里，总的来说是北方民族南下或东进，中原民族向南移动，沿海民族入海和南北分移，向南移的又向西越出现在国境。这一盘棋看清楚了，有助于我们研究的展开。

在中国历史上，夏商周可谓东方β型与西方α型人种的第一次大汇合，发端于后称的羌戎之地的α型人，从夏开始向东进入关中西部，但其文化低于东方，实力强于西方。西方集团随后通过其军事力量，控制了东夷集团的齐鲁之地，作为β型的东夷集团子民，一部分β人开始了漫长的民族迁徙，其流向一部分进入朝鲜半岛，一部分分为两支，一支成为吴越集团的重要组成部分，另一支为东夷中靠西南的一支，他们生活在淮河和黄河之间，这一批人，向长江流域流动，进入南岭山脉向东，在福建、江西、浙江的山区和汉族结合的那部分可能是畲，另外有一部分曾定居在洞庭湖一带，后来进入湘西和贵州的可能是苗。

在我前面提到的《朝鲜半岛人种类型的分析》中，我看到 β 类型占的比重较大。1935 年我所做的苗、瑶等体质调查结果认为，苗、瑶在体高和头型指数的系联表上所处的地位颇近于朝鲜半岛及华东人。在华南沿海地区的居民很可能有来自海上的 γ 型，与吴越系统的 β 型相混合。上述民族集团移动的路线，在人类学、民族学界并未定论，如果能结合不同民族基因的研究，把 α、β、γ 等各种类型的特点找出来再进行比较研究，将有助于中国各民族人种问题的解决。

在对不同民族基因的研究中，我想在宏观上还应把握中国各少数民族的历史和现状。我曾就此写过一篇《中华民族的多元一体格局》，对中国民族的变动及分合过程做了较为概括的研究，可供参考。在此，我想就操作层次提出一些意见，中国境内的民族集团所在的地域至少可以大体分成北部草原地区、东北角的高山森林区、西南角的青藏高原、农牧接触的多民族走廊，然后为云贵高原和南岭走廊、沿海地区和中原地区。其中不同区域内不同民族之间的相似性及联系性要比不同区域之间不同民族的相似性与联系性多。此种特点在近年来的一些对少数民族的体质测量数据中也能反映出来。如彝族和藏族，男性头长的平均数最大为 189.45 和 190.9，蒙古族和维吾尔族分别为 180.9 和 181.73。苗、瑶、侗族分别为 184.9、184.58、184.30；头型指数，彝族、藏族分别为 78.52、79.94；蒙古族和维吾尔族分别为 84.25、84.68；苗、瑶、侗族分别为 81.80、81.27、81.96。❶ 其他体质测量数据也反映了这一特点。这与

---

❶ 可参考《中国人体质调查续集》，上海科技出版社，1990，第 1—46 页。

同一历史民族区内民族集团的频繁往来，关系甚大。因此，这方面的研究最好是以按历史形成的民族区域进行研究。

此外，我们还要注意中国境内有待进一步识别的人类集团。

50年代，我们搞民族识别时，当时上报中央的民族名称有400多个。由于历史原因有些也不是单一民族。经过二十多年的民族识别工作，我国多民族大家庭的构成基本上是搞清楚了，但还有些余留问题。现在已经提出要求识别的有：四川"平武藏人"，西藏东南部察隅县的僜人及南部定结县及定日县的夏尔巴人；云南省红河哈尼彝族自治州的苦聪人以及还有一些不大为外边知道的本人、空格、三达、阿克、布夏、布果、贫满、等角、卡志、巴加、结多等人。这些问题大多是"分而未化，融而未合"的疑难问题。

最后，我们还应考虑不同民族现在所处的发展阶段。因为这种文化水平也影响到他们的孤立和流动较小的特点。

中国在解放前还有一部分少数民族保存着原始公社制度的残余，他们主要是分布在云南边疆地区的独龙、怒、佤、傈僳、布朗、景颇、崩龙等族，此外还有居住在内蒙古、黑龙江一带的鄂伦春、鄂温克和赫哲族，以及聚居在海南岛的部分黎族（五指山区内）。基本上属于这一类型的一共大约有60万人，现在这些民族都发生了剧烈的文化变迁，但仍保留着一些传统的基调。目前可以说，在中国境内完全与外界隔离的民族单位是不存在的，但相对封闭的民族集团如具有"语言孤岛"之称的一些民族单位还是在一定地区内存在。

总之，我们在进行民族基因的研究中，要多考虑不同民族的自然、人文特点，同时还应考虑来自各民族自身的文化传统与健康、疾病医药的关系。我相信这一研究，除自然科学的意义之外，在学术上和实践应用上，也是对中国人类学、民族学的有力推动。

衷心希望这一研究能取得期望的成绩！

简述我的民族研究经历和思考[*]

一

1930年我转学燕京大学师从吴文藻老师学习社会学。在他的指导和影响下，认识到要科学地认识中国社会，吸收西方人类学实地调查的方法和着重现实的分析是一条比较踏实可行的路子，因此我在1933年升入清华大学研究院师从史禄国老师学习人类学。我在清华学习的两年，主要是学体质人类学。1936年秋季我接着去伦敦经济政治学院师从马林诺斯基老师学习社会人类学，1938年在抗日战争期间返国。到达云南后即在内地进行农村调查，按马老师的功能观点和实地调查方法实行吴老师所提倡的"社区研究"，一直到1949年新中国成立。在这以前1935年在清华研究院结业后，接受史禄国老师的建议去到少数民族地区实习一年。因而到广西大瑶山实地调查瑶族的体质和社会组织。这次实习可说是我民族研究的初次尝试。1936年利用夏季回家乡休养的机会又在家乡江苏吴江的"江村"进行了一次为期近两个月的农村实地调查。

也许在这里我应当加一点说明，吴文藻老师所提倡的"社

---

[*] 本文为作者1996年向日本国立民族学博物馆（大阪）举办的"中华民族多元一体论"国际学术讨论会提交的书面发言。——编者

区研究",用学科名称说实际上是社会学和人类学的结合。社区是指人们在一定地区内经营共同生活的群体。它可以是人数较少、经济较简单、文化较低的原始族群,也可以是人数较多、经济和文化较发达的农村、集镇和城市。在这种观点下,社区研究可以包括我1935年的广西瑶族调查,1936年的家乡江村农村调查和后来1939年开始的云南内地农村调查。在这些不同的社区里所研究的对象和所用的研究方法是相同的。社区研究可说是贯串在我这一生学术工作中的主线。社区研究这个名称、采用的研究方法和观点与中国传统的学科分类不完全一致,是否能为学术界接受是可以讨论的。为了避免学科名称上的争论,我今天采取以研究对象为区别把"社区研究"分成两个方面,一是民族研究,一是农村研究,以及后来的城乡研究。在今天这个讨论会上我将限于略述我所从事的民族研究这一方面。

二

以我一生的学术经历来说,不同时期曾有不同的重点,有时是民族研究,有时是城乡研究。从个人选择研究对象来看,不仅决定于个人的兴趣,个人所处的客观条件也很重要。以我本人说,1936年我在LSE学习时,我的导师建议我以江村调查的资料为依据写出我的博士论文,即后来出版的 *Peasant Life in China*,后来在云南的研究工作就偏于农村研究,一直到抗战结束。1949年新中国成立,我的研究工作重点转向了民族研究。现在回想起来,这次转向主要是由于当时客观形势的改变，请允许我在这里多说几句。

新中国的成立在我国历史上是件空前的大事，全国社会结构起了重大变化，其中之一是民族关系的大转变，从不平等的关系转变为平等关系。中国是个多民族国家，民族间的关系十分复杂，但是几千年来基本上没有变的是民族间不平等的关系，不是这个民族压倒那个民族，就是那个民族压倒这个民族。在这段历史里中国在政治上有过多次改朝换代，占统治地位的民族也变过多少次，但民族压迫民族的关系并没有改变。直到这个世纪的初年，封建王朝覆灭进入了民国时代，才开始由孙中山先生为代表推行了五族共和的主张。又经过了几乎半个世纪中华人民共和国建立后方出现各民族一律平等的事实，并在国家的宪法上做出了规定。从此我国各民族间的相互关系出现了一个新的民族平等的时代，现在已又经过了近半个世纪了。今天回想起我们中国这个民族关系的根本变化，如果针对当前世界上民族战争至今未息的形势来看，不能不承认民族平等是件有关人类共同命运的根本大事。在一个和平大同的世界里，民族平等是决不能少的条件。这个条件在我们中国首先实现，在人类历史上是应当大书特书的。

为实现民族平等，我们必须建立新的制度，在政治体制上我们要有一个有各族代表共同参加的最高权力机关，即人民代表大会。但是在开国初期我们还不清楚中国究竟有多少民族，它们叫什么名称和各有多少人口。

为了摸清楚有关各民族的基本情况，建立不久的中央人民政府于1950年到1952年间派出了若干"中央访问团"分别到各大行政区去遍访各地的少数民族（汉族以外的民族因为人口都较少，所以普通称作少数民族），除了宣传民族平等的基本政策外，中央访问团的任务就是要亲自拜访各地的少数民族，摸清楚它的民族名称（包括自称和他称）、人数、语言和简单的历史，以及他们在文化上的特点（包括风俗习惯）。由于我本人学过人类学，所以政府派我参加中央访问团。这对我来说是个千载难逢的机会，首先是我在政治上积极拥护民族平等的根本政策，愿意为此出力，同时我觉得采用直接访问的方法去了解各民族情况，就是我素来提倡的社区研究。因之我积极地接受了这项任务。我在1950年和1951年先后参加西南及中南访问团，并负责领导贵州和广西两个省的实地访问工作。这两年可说是我进行民族研究真正的开始。

在访问团的工作中，我有机会翻山越岭，穿林涉水，深入到贵州和广西两省分布在各处的少数民族的村寨中去，和群众亲切联欢和交谈。在和众多的少数民族直接接触中，我才深切体会到民族是一个客观普遍存在的"人们共同体"，是代代相传、具有亲切认同感的群体。同一民族的人们具有强烈的休戚相关、荣辱与共的一体感。由于他们有共同的语言和经常生活在一起，形成了守望相助、患难与共的亲切的社会关系网络。总而言之，我理解到了民族不是个空洞的概念而是个实实在在的社会实体。同属于一个民族的人们的认同感和一体感是这个社会实体在人们意识上的反映即一般我们所说的民族意识。民族意识具体表现在不仅对自己所属的民族有个名称（自称），而且别的民族也常用不同的名称相称（他称）。一般说，我们所接触的少数民族群众都知道自己属于哪个民族。为了答复中国有哪些民族的问题，我们认为首先可以从各地少数民族自报的民族名称入手。

1953年全国第一次人口普查中，自报登记的民族名称全国总共有400多个。分析这张自报族称的名单发现其中有不少问题。有些自报是少数民族的实际上却是汉族,由于不同原因自认为或被认为是一个民族而且有一定的名称,例如广西的"六甲人",湖南的"哇乡人"等。有些是某一少数民族的一部分,由于不同原因,被分成若干民族而且各有不同的族称,例如云南的"阿细""撒尼""阿哲""普拉"等都是彝族的分支。因之,我们不能直接根据自报的族名来决定他们是不是一个民族。我们必须对这些自报的族名逐一进行甄别。这是一项比较复杂的工作,我们称之为民族识别工作,从1953年开始起直到1982年告一段落,一共有30多年。经过我们识别之后还要和当地有关民族群众协商取得同意后,才由中央分批审定和公布。1954年确认了38个少数民族,1965年确认了15个少数民族,1982年又确认两个少数民族,至此一共确认了55个少数民族。加以汉族,中国这个多民族国家一共有56个民族。这些民族的正式名称,按名从主人的原则,还要经过协商才予以正式确认。民族识别工作并没有结束,因为还有极少数族群的识别没有定论,这些疑案还要进一步研究才能做出决定。

三

民族识别工作牵涉到怎样才可以认定是一个民族的理论问题。我在上面已说过,从我在民族地区实地和少数民族接触中体会到民族不是一个由人们出于某种需要凭空虚构的概念,而是客观存在的,是许多人在世世代代集体生活中形成,在人们的社会生活上发生重要作用的社会实体。对于民族的形成、所具的特征进行说明是属于民族理论的范围,所以民族理论是民族识别的依据和标准。在解放初我们可以用做参考的民族理论是当时从苏联传入的。当时苏联流行的民族定义,简单地说就是"人们在历史上形成的一个有共同语言、共同地域、共同经济生活以及表现在共同文化上的共同心理素质的稳定的共同体"。这个定义是根据欧洲资本主义上升时期所形成的民族总结出来的。这里所提出的"在历史上形成"这个限词,就说明定义里提到的四个特征只适用于历史上一定时期的民族,而我们明白我国的少数民族在解放初期大多还处于前资本主义时期,所以这个定义中提出的四个特征在我们的民族识别工作中只能起参考的作用,而不应当生套硬搬。同时我们也应当承认从苏联引进的理论确曾引导我们从这个定义所提出的共同语言、共同地域、共同经济生活、共同文化的心理素质等方面去观察中国各少数民族的实际情况,因而启发我们有关民族理论的一系列思考,从而看到中国民族的特色。

先说有关"共同语言"这个特征。我已说过,我们所观察到的事实是,聚居在一起的少数民族是用相同的语言交谈的,没有共同的语言也就不可能进行日常的共同生活。同时我们也看到他们的语言和其他民族的语言不同,汉人和不同民族的人不能直接用各自的语言通话。这是说各民族有各自的语言,不同的民族没有共同语言,要互相理解必须通过翻译。这一点是容易明白的。但是自认为是同一民族的人,如果来自不同地方,我们发现他们之间也有并不一定能直接通话的,就是说他们之间语言也有差别。这是在我们汉族中也常常可以遇到的情况。比如,我们苏州人初次碰到福建人或广东人,就通不了话,这是因为各地的方言不同。方言学起来并不难,因为这不过是各地居民口音不同，在语言的文法结构上和所用的字汇上基本是相同的。这里就发生了"共同语言"共同到什么程度的问题。这问题牵涉到语言学的专门知识。在语言学里按语言的差异程度分出语系、语族和语支。同一语支里还要分地区间的变异，就是方言。不掌握这门专门知识的人，单凭听觉不易分清差异到什么程度应该说是不同语系、语族、语支或不同方言。在进行民族识别工作时，这方面的问题我们只有依靠语言学专家。幸亏我们的民族研究早就注意到少数民族的语言调查，所以当我们进行民族识别工作时，已有足够的少数民族语言资料提供我们参考。

从语言角度审核上述的民族名称自报名单，可以发现这张名单中有两种情况，一是所报不同的民族有不少语言是相同或相近的，另一种是所报同一民族中包含着不同语言。第一种情况比如广西的"布壮""布越""布雅依""布衣""布土""布雄""布依"等等讲的都是侗傣语系的语言，经过说这些话的人相互对话之后都同意他们所说的话是出于同一母语，所以自愿合并到壮族这个民族中去。第二种情况比如我30年代调查过的广西大瑶山的瑶族，大瑶山里就有三种不同的语言，第一种是属苗瑶语族瑶语支的勉语（盘瑶），第二种是属苗瑶语族苗语支的布努语（花蓝瑶），第三种是属壮侗语系侗水语支的拉加语（茶山瑶）。这些说不同语言的人虽各有自称，但都一致认同于瑶族。我们根据自愿的原则认定他们都是瑶族的一部分。瑶族在其他地方还有许多不同自称的群体，一起都称为瑶族。

这里应当说明的是我们并不把上述"定义"所提到的特征孤立起来对待，而认为必须和其他特征结合在一起，特别要考虑这些合并在一起的自报单位间的历史上的渊源关系，因为中国历史的一个特点是长时期中不同民族在不断的流动中有的被分散了，有的被孤立了，也有的在相互接触中融合了。在分分合合中形成了当前各族交杂分布在广大地域上的格局。我们这时要进行识别，必须采取历史观点和自愿原则。同时要承认这个复杂的情况，并不能用行政手段加以定论，所以凡是一时不易解决的事例，宁可存疑待决，不作武断。

至于"共同地域"的特征，我们在识别工作的实践中提出了"民族聚居区"的概念加以补充和修正。我们承认同一民族的人倾向于居住在同一的地区，但是不应把"同一地区"和"共同地域"等同起来，因为同一地区里可以有不同民族的人共同聚居在内。这个现象在中国特别突出，我们称这为"大杂居、小聚居"。据 1982 年人口普查的资料：聚居在全国民族自治地方的少数民族人口只占少数民族总人口的 74.5%，约有 1/4 的少数民族人口杂居或散居在全国各地。总之中国各民族的居住形态并不是区划齐整、界限分明的，而是互相插花、交错杂居的，这是中国各民族间长期交叉流动和相互交往的结果。尽管如此，从民族人口分布上来看，同一民族聚居的倾向还是很明显的，尽管聚居区有大小，同一民族的聚居区可以分散在各处，甚至并不联接。在一个民族的聚居区内还可以有不同民族聚居或散居在内。

我们根据中国这个特点提出"民族聚居区"的概念，不仅在理论上有它结合实际的重要意义，而且在一定国家怎样处理民族关系上体现了民族平等的原则。我认为西方民族理论中把"共同地域"作为民族特征与政治观念中把国家和领土密切结合在一起是分不开的。正因为这种概念，使民族要和国家结合成为民族国家，进而要求国家领土的完整，这不就成了当前西方民族纠纷连绵不断、民族战争至今未息的一个原因么？与西方的民族理论和民族关系相对照，我觉得我们以"民族聚居区"的概念代替民族定义中的"共同地域"为特征的认识是值得令人深思的。

我愿意在这里特别提出的是这个新的概念已经写进我们中华人民共和国的宪法，总纲第四条规定"各少数民族聚居的地方实行区域自治"。根据这条规定我们中国的少数民族都享受到自治的权利，同时所建立的自治地方内不排斥其他民族杂居在一起，甚至一个区域如果有若干人数相当的少数民族共同聚居在内，可以建立多民族联合的自治地方，同一少数民族可以有不相联接的好几个自治地方。

接着可以就上引前苏联流行的民族定义中的第三个特征"共同经济生活"提出一点意见。我们经过结合中国实际情况加以检讨后，也认为这是不符合我们国情的。我已说过前苏联流行的民族定义是总结欧洲资本主义上升时期的情况。当资本主义上升时期在欧洲确曾出现过建立民族共同的统一市场的趋势，而实际所形成的是一个超越国界的殖民主义市场，暂且不论这个包括殖民地在内的民族国家市场是否能说是现代民族的特征，即以西方现代民族来说一个民族内人民的经济生活能否说是"共同"也是一个问题。这个"共同经济生活"显然包含着许多不共同的层次，或说是阶级，甚至有人说是两个民族的矛盾共处。无论如何，我们不能照搬"共同经济生活"来作为中国少数民族的特征。一般说，中国少数民族在解放时大多是处于前资本主义的小农场耕种和草场放牧的经济状态。至多我们大体上可以说中国少数民族在解放前只有相同或相似的（而不是共同的)经济生活。

在中国少数民族经济生活方面可以提出来注意的是它们之间,特别和汉族之间的密切关系。历史上汉族凭借其在经济和文化上比较国内其他各族为先进的优势,已经长期深入到其他民族聚居的区域,建立了沟通各民族的经济渠道。汉族聚居的商业据点分散在几乎所有的少数民族聚居区里遍布全国,构成了巨大的经济流通网络,起着汉族吸收和传播各族物质和精神文化的作用,逐年累月地把各族捆成一个高层次的共同体,这就是我在下面将要提出的中华民族。

最后让我们说一下关于"共同文化特点上的共同心理素质"。这也许是在前苏联流行的民族定义中最重要的一个特征。但正是这个特征我们最不容易捉摸。以我个人来说,至今还是没有甚解。有一段时间我们笼统把它看成是少数民族所有的那些特殊的风俗习惯,而且常被他们视作超俗的、不允许触犯的、带有神圣性质的象征。这种理解固然容易观察,但又似乎和上述定义中的意义还有点出入。

在捉摸这个特征的意义时,我特别注意到心理素质这几个字,想从人们心理方面去看民族意识是怎样形成的。这个思路就引导我在理论上进一步探索。在探索过程中我回想到早年在社会学里学到的 in-group 或 we-group 一词。In-group 或 we-group 就是指我们把周围所接触到的各种人一分为二,一是自家人,二是陌生人,简单说是把人己之别用来区别不同的群体,而且用不同的感情和态度来对待这两种群体。凡是和自己同属一个群体的,即是自家人,相互之间痛痒相关,休戚与共。自家人的认同意识就发生了共同的运命感和共同的荣辱感。In-group 或 we-group 不就是"认同意识"所产生的么?民族不就是一种 in-group 或 we-group 么？从这条思路上，我找到了民族这个群体的心理素质。认为所谓民族心理素质其实就是民族认同意识。民族认同意识并不是空洞的东西，我们每个人可以通过自己的反省中体会民族认同意识是什么，因为当今之世每个人都有自己所属的民族，都有民族意识。

以上是我结合民族实际对民族理论的一些思考。民族实际是因地因时而变化的，我们对民族的认识也应当根据实际的变化而不断发展。中国的现实给了我们学习民族理论的好机会。

四

在这几年民族研究实践中，我对我国在民族这一方面的特点有了一点认识，同时也体会到民族是在人们共同生活经历中形成的，也是在历史运动中变化的，要理解当前的任何民族决不能离开它的历史和社会的发展过程。现况调查必须和历史研究相结合。在学科上说就是社会学或人类学必须和历史学相结合。看来不仅是我个人的体会，也是当时从事民族研究的学者以及领导上的共同认识。

1956年第一届全国人民代表大会常务委员会决定组织一个科研队伍对中国各少数民族进行一次全面的社会历史调查。参预这项调查研究的工作人员前后总共超过1700人，分别在不同地区的少数民族中进行实地调查，并反复分组分批进行研究讨论。从1957年开始，60年代中期告一段落，一直到改革开放的初期1991年才结束。调查结果由国家民族事务委员会出版"五种丛书",除一本综合性的概况介绍外,包括少数民族的志、史、语言的专刊和实地调查资料的汇编,全书共计403册,8000万字,这项大规模的民族研究工作历时30多个年头,其中虽则因"文化大革命"的干扰停顿过10多年,从其成果来说,应当说是我国民族研究的空前创举。

这次中国少数民族社会历史调查我只参加了开始的一段,负责筹备、组织和开始时在云南省的实地调查。1957年我被召回京,不久就受到政治上反右斗争扩大化的影响,被迫停止社会调查工作。1966年开始的"文化大革命"时期,我的正常社会生活都受到冲击,直到1980年才公开改正我的政治地位和恢复我正常的社会生活。从此我获得了学术上的第二次生命,到目前已有16年。合计起来,若从1935年瑶族调查作为我学术生命的开始,至今已超过60年,其中由于政治原因丢掉了23年,真正把时间主要花在学术工作上的至目前为止约30多年。我在第二次生命中,尽力想一天当两天用,把丢掉的时间捞回来,这个愿望固然不坏,能否实现,还得看天命。

在我得到学术上的第二次生命时,正值中国进入改革开放时期,国民经济有了突飞猛进的发展。社会各方面发生着巨大的变化。我身逢盛世,使我的学术工作又发生了一次新的定向。起初我还打算用我这第二次生命继续把民族研究做下去。但在1981年为了去伦敦接受赫胥黎奖章,我听从老师Raymond Firth教授的建议,准备利用这机会向校友们讲一点我家乡农村解放后的情况,因此我又回到家乡的农村做了一次短期的访问。这次访问中我深深受到当时农村发展热浪的刺激,促使我决心追随这个历史性转变的大潮流,把研究重点转移到农村社区研究,接着上升到小城镇研究,直到最近又上升了一步,对经济区域的形成和中心城市的勃兴发生了研究兴趣。因此在最近这10多年中民族研究多少被挤掉了一些,虽则我心里对民族研究旧情未衰,恋恋不舍,有机会还常到少数民族地区去拜访我的老朋友。

当我参加中国少数民族社会历史调查时,我心里怀着一系列问题有待研究。这些问题一直挂在心上,我虽则1957年以后已无缘在实地调查中寻求答案,但并没有在思想中抹去。困惑我的主要问题是汉族对少数民族社会历史发展发生过什么作用和怎样去看待包含汉族和国内所有少数民族在内的"中华民族"。

在我开始参加民族研究的那一段时间里,我们一提民族工作就是指有关少数民族事务的工作,所以很自然地民族研究也等于是少数民族研究,并不包括汉族研究。回想起来这种不言而喻的看法是在中央访问团时期已经形成了。中央访问团的实际任务就是向少数民族讲清楚在新中国他们已有当家做主的权利,即宣传民族平等的政策。因之访问团只访问少数民族,并不访问汉族。这样的任务决定了工作的程序也以一个一个少数民族为对象分别进行访问。在我们组织少数民族社会历史调查时,也是同样安排,最后还是以一个少数民族为单位编写出各族的历史,55个少数民族各有一本简史,共55册。初看来这种体例倒也是顺理成章的,深入推考一下,使我想到了这种分民族写历史的体例固然有它的好处和方便的地方,但是产生了我上述的困惑。

我的困惑出于中国的特点,就是事实上少数民族是离不开汉族的。如果撇开汉族,以任何少数民族为中心来编写它的历史很难周全。困惑我的问题,在编写"民族简史"时成了执笔的人的难题。因之在60年代初期有许多学者提出了要着重研究"民族关系"的倡议。着重"民族关系"当然泛指一个民族和其他民族接触和影响而言，但对我国的少数民族来说主要是和汉族的关系。这个倡议反映了历史研究不宜从一个个民族为单位入手。着重写民族关系固然是对当时编写各民族史时的一种有益的倡议，用以补救分族写志的缺点，但并没有解决我思想上的困惑。

我不是专攻历史学的人，但对过去以汉族为中心的观点写成的中国的历史一直有反感。怎样能跳出这个观点来写中国历史呢？说起这个问题，在我从中央访问团回来后参预筹备中央民族学院的工作时已经有所自觉和考虑。当时我建议聘请一批历史学家、语言学家、民族学家来民院执教，并推动民族研究。这个建议得到领导上的同意，而且确是向这方面走出了一步。不久我又建议在课程里应当有一门综合性地介绍各民族历史的基础课时，却找不到愿意承担讲课的人，因为许多历史学专家，并没有讲授这门课的准备，过去确是从来没人从民族的角度有系统地讲过中国通史。最后我无可奈何只有自己上台试讲了。这个课程只讲了一个学期，写下了一本讲义，最后还是不能不知难而退，没有继续下去。这本讲义并没有外传，束之高阁，因而在"文革"期间得以保留了下来。

1989年夏我到威海暑休，当时已年近80岁。出于我对民族研究的留恋，老问题又涌上心头。我带了这本幸存的讲义，打算利用这近一个月的余暇，重新把这20多年里的思考结合这本讲义，整理出一篇文章来，这时我正接到Tanner讲座之约到香港中文大学作一次学术讲演。我打算就用这篇文章作讲稿。这篇文章的题目是《中华民族的多元一体格局》，在这篇文章中我初步走出了郁积多年在民族研究上的困惑，也提出了一些值得继续探索的观点。

这篇讲话的主要论点第一是：中华民族是包括中国境内56个民族的民族实体，并不是把56个民族加在一起的总称，因为这些加在一起的56个民族已结合成相互依存的、统一而不能分割的整体，在这个民族实体里所有归属的成分都已具有高一层次的民族认同意识，即共休戚、共存亡、共荣辱、共命运的感情和道义。这个论点我引申为民族认同意识的多层次论。多元一体格局中，56个民族是基层，中华民族是高层。

第二个论点是形成多元一体格局有个从分散的多元结合成一体的过程，在这过程中必须有一个起凝聚作用的核心。汉族就是多元基层中的一元，由于它发挥凝聚作用把多元结合成一体，这一体不再是汉族而成了中华民族，一个高层次认同的民族。

第三个论点是高层次的认同并不一定取代或排斥低层次的认同，不同层次可以并存不悖，甚至在不同层次的认同基础上可以各自发展原有的特点，形成多语言、多文化的整体。所以高层次的民族可说实质上是个既一体又多元的复合体，其间存在着相对立的内部矛盾，是差异的一致，通过消长变化以适应于多变不息的内外条件，而获得这共同体的生存和发展。

这几个论点是我从研究中国民族的现状和历史的实践中得到的。也可以说，经过了多年探索和思考得到的一些不够全面的认识。在这种认识里中华民族、汉族和少数民族都各得其所，分属于不同层次的认同体，尽管我们在语言中都用民族同一个名词，但它可以指不同层次的实体。汉族和55个少数民族同属于一个层次，他们互相结合而成中华民族。中华民族是

56个民族的多元形成的一体，高一层次认同的民族实体。如果把具有多元一体格局的中华民族的形成过程如实地摆清楚也就是一部从民族观点描述的中国通史了，也可以说就是我在民族研究领域中悬想已久而至今没有能力完成的一个目标。

五

我总觉得一个人的思想观念是在接触实际中酝酿和形成的，理论离不开实践。我这篇"多元一体格局"的根子可以追溯到1935年广西大瑶山的实地调查。同时我觉得只有实践也是不够的，还须从已有的理论中得到启发和指引。我在大瑶山的实践中能看到民族认同的层次，再联系上中华民族的形成，其间实践固然重要，但潜伏在我头脑里的史禄国老师的Ethnos论应当说是个促成剂。

在上面讲到民族语言时我已提到我在1935年在大瑶山的瑶人中已看到有说不同语言的集团：说瑶语的盘瑶（自称勉）、说苗语的花蓝瑶（自称炯奈）、说侗语的茶山瑶（自称拉加）等。1978年重访瑶山时，瑶族简史的记载结合了我在当地的查询，使我对这地区瑶族的历史有了一些初步认识。据说在14世纪以前，瑶族的先人早就生活在南岭山脉一带。从用汉文记载的史料来看，这地区的民族斗争自明代就日益激烈。到15世纪末明王朝曾调兵遣将对当地土著民族发动了一次著名的战役，战争就发生在今金秀瑶山附近的大藤峡这一带。当时的土著民族，主要是瑶族，他们从此被赶入山区，形成了"无山不成瑶"的局面。30年代我所调查的花蓝瑶就在今金秀瑶山，当时称大瑶山。金秀瑶山里现在的瑶族居民是不同时期从山外迁入的。这些从不同地区迁入这个山区的人，都是在山外站不住脚的土著民族，进山之后这许多人凭险恶的山势，得以生存下来。他们为了生存不得不团结起来，建立起一个共同遵守的秩序，即维持至解放时的石牌组织。对内和平合作，对外同仇敌忾，形成了一体。山外的人称他们为瑶人，他们也自称是瑶人，成为一个具有民族认同意识的共同体。在我的心目中，也成了一个多元一体的雏形。

后来我和各地的少数民族接触多了，对各少数民族的历史知识也多了些，又联系上汉族本身感觉到由多元形成一个很像是民族这个共同体形成的普遍过程。再进一步看到当前我们所认同的"中华民族"也并不例外，于是在我思想里逐渐形成了解决我在上节里所提到的民族研究里的困惑的一条思路。50年代初我在民族学院试讲民族历史概论时，就用这个初步形成的思路写下了一本试用性的讲义，1988年写出了《中华民族的多元一体格局》为题的Tanner讲座的讲稿了。这是我思想上的一次探索，提出了一些值得反复论证的初步理论性的意见，还没有到成熟的阶段。

1990年国家民委召开一次学术讨论会，评议我这篇讲稿。不少学者专家分别根据自己的研究成果，用从其他少数民族的历史资料引证多元一体这种格局。大家共同承认这是一个新观点、新体系和新探索。这次讨论会的论文后来编成《中华民族研究新探索》一书，1991年出版。

重读我这篇讲稿，我觉得理论上值得进一步论证的是以民族认同意识为民族这个人们共同体的主要特征，进而引申到民族认同意识的多层次性。为了追溯我自己这个思路的渊源，我首先想到的是初学社会学时学到的 we-group 或 in-group 的概念。W. G. Sumner 在他的名著 *Folkways* 一书里指出了人们的行为规范存在着两重性,对自己所属团体内部的同情和对外界团体的怀疑和仇恨,也就是具有我们老话所说"非我族类,其心必异"的成见。前者他称作 in-group,后者称作 out-group,即团体有内外之别。后来又有人用 we-group 来称 in-group,意思是凡属 in-group 的人相互间认为是自家人,用"我们"这个认同的词来相称,所以可以说是个认同的群体,我觉得民族就是属于 we-group 或 in-group 的一类。所以我把民族认同意识作为民族这种群体的心理特征。

我又想起初学人类学时读过史禄国老师的一本名称 *Ethnos* 的小册子,那还是在 1934 年。后来史老师又把这本小册子收入他的巨著 *Psycho-mental Complex of Tungus*(1936)作为一章。Ethnos 这个拉丁字很不容易翻译,它多少和我们所说的民族有密切关系,但是直译为民族似乎还有点问题,尤其是在史老师的理论里,Ethnos 包含着一大套丰富的含义。Ethnos 在史老师的看法里是一个形成 Ethnic Unit 的过程。Ethnic Unit 是人们组成群体的单位,其成员具有相似的文化,说相同的语言,相信是出于同一祖先,在心理上有同属一个群体的意识,而且实行内婚。从这个定义来看 Ethnic Unit 可说是相当于我们所说的"民族"。但是 Ethnos 是一个形成民族的过程,一个个民族只是这个历史过程在一定时间空间的场合里呈现的一种人们共同体。史老师研究的对象是这过程的本身,我至今没有找到一个恰当的汉文翻译。Ethnos 是一个形成民族的过程,也可以说正是我想从"多元一体"的动态中去认识中国大地上几千年来,一代代的人们聚合和分散形成各个民族的历史。能不能说我在这篇文章里所写的正是史老师用来启发我的这个难于翻译的 Ethnos 呢?

如果我联系了史老师的 Ethnos 论来看我这篇"多元一体论",就可以看出我这个学生对老师的理论并没有学到家,我只从中国境内各民族在历史上的分合处着眼,粗枝大叶地勾画出了一个前后变化的轮廓,一张简易的示意草图,并没深入史老师在 Ethnos 理论中指出的在这分合历史过程中各个民族单位是怎样分、怎样合和为什么分、为什么合的道理。现在重读史老师的著作发觉这是由于我并没有抓住他在 Ethnos 论中提出的,一直在民族单位中起作用的凝聚力和离心力的概念。更没有注意到从民族单位之间相互冲击的场合中发生和引起的有关单位本身的变化。这些变化事实上就表现为民族的兴衰存亡和分裂融合的历史。

回顾我民族研究的经历,已有 30 多年没有深入少数民族中去实地调查研究了。像上面提出的那些问题,看来我今生已难于亲自去研究了,因此我只有指望年轻一代有人愿意接下去继续我在这方面的探索。这正是我建议北大社会学人类学研究所把民族凝聚力这个问题列入他们今后研究课题的原因。

1996 年 8 月 20 日于北京北太平庄

民族生存与发展[*]

很高兴来参加第六届社会学人类学高级研讨班并负责第一讲。我自开始教书以来，讲课时不喜欢跟着稿子讲，今天仍是这个老习惯，先发讲稿，请大家认真地读并给予批评，我则利用这个机会做一个即兴发言。

去年是西北民族学院建校50周年，我来到这里，当时很高兴，建议把第六届研讨班办到西北地区，以配合西部大开发的形势。第一届研讨班是在1995年办的，至今不到10年已办第六届，这是同行们热心支持的成果，也可以说是时势发展的需要。我看到手册中已把前五届的主题内容做了归纳，第三届、四届的论文集也相继在最近出版了，走一步是一步，这是我们人类学学科发展的一个过程，有着里程碑的意义。

国际和国内时势的发展主要有两个方面，一是21世纪全球的居民已经开始了更频繁的接触和交流，走上了一条被称为"全球化"的道路；二是在近300年的时间里，中国在世界上的文化地位和政治地位发展迟缓，已从领先退居到发展中国家的地位，但是在20世纪的后50年中发生了巨变，在进入21世纪时刻，我们处在了急起直追并努力赶上发展前沿的关头，

---

[*] 本文是作者2001年在"第六届社会学人类学高级研讨班"上的讲演。——编者

人们看到了中华文化复兴的苗头，在这个新的世纪里，中华民族有能力为地球上的人类开辟一条新的发展道路。这是我为中华文化的定位。

人的思想是由时势造成的，也反映了所处时势的地位。因此我们发生了"文化自觉"的要求，文化自觉就是生活在某种文化之中的人们的自知之明，目的就是在争取文化发展的自决权和自主权。我们这些社会学者和人类学者召开的这类高级研讨班就是这种客观形势所决定而自觉组织起来的。加强人类学的研究，是文化自觉的要求，这种要求来源于客观历史的发展，这个历史的要求推进了我们。我们到这里参加这个班是自觉自愿的行为，但也是客观形势所造成的。我是一向主张"从实求知"和以知识来创新推进实际的人，凭着这种信念，我不顾年老，从千里之外赶来参加这个研讨班。

知识分子的思想发展是随时代发展而变化的，我在每一届研讨班上的讲话，反映了我这个人的思想变化。当我们进入21世纪的时候，每个人都有不同的感受，比如年龄不同的人对时间的感觉就不一样，小的时候，盼着吃年夜饭，觉得时间过得那么慢，而现在似乎眼睛一眨，半年就过去了，时间过得越来越快，这一方面是我这个年纪的人的感觉，另一方面说明中国近来变化之快也确是惊人，是全世界人们所意想不到的。我们希望在21世纪里中国能够有更大的变化、更快的发展，实现我所说的从乡土社会到工业社会，再到信息社会的"三级两跳"。早年我搞的江村和云南三村的调查都属于农村乡土社会的研究；后来又提出工业下乡、提倡发展乡镇企业，希望用工业化来改变乡土社会的主张，这个工作一直搞了50年。

80年代初，我获得了第二次学术生命，接受了重建社会学（也应当包括人类学在内）这门学科的任务，至今又过了20年。那时我去美国访问，看到他们已经用计算机处理数据资料了，计算机也比北大当时用的小得多，整整差了一代。可以说那时世界已经进入了信息时代，这就是我所说的第二跳。这几年我们也热闹起来，大家写文章不用笔了，连我写文章的办法也起了变化，可以把我的讲话录下音，然后整理成稿打印出来，再让我修改，而且可以多次修改，效率提高了。有时候还可以把讨论会的情况录下音，整理出来，吸纳了大家的思想，文章也集体化了一些，已不是属于一个人的思想了，这也可以说是一个时代的变化。

这几年有两个问题常常萦绕在我心里，那是1998年第三次高级研讨班上一位鄂伦春族的女同志向我率直地提出的一个问题："人重要还是文化重要？"这是她在看到自己民族的文化正在受到重大的冲击而日渐消亡时，产生了只有先把人保住，才提得到民族文化重建这个问题。她提出的这个问题很深刻也很及时，因为在全球化的浪潮中，一些根底不深、人数又少的民族，免不了会发生这个似乎是耸人听闻的问题。由此，又使我记起在大学念书时读到的一本英国人类学者 Peter Rivers 写的，名叫《文化的撞击》(*Clash of Cultures*)的书。这本书写的是澳大利亚土著居民怎样被消灭的故事，他说在一个文化被冲撞而消灭时，土著人也就失去了继续活下去的意志。我在英国留学期间（1936年至1938年），曾在报上读到澳大利亚南端 Tasmania 岛上的最后一个土人死去的消息，对我震动很大，成了在心头一直挥之不去的烦恼。

1979年我赴加拿大讲学时，曾参观访问了加拿大的印第安人保留地。看起来保留地里的印第安人的生活不错，有房子，有电视，还有汽车，虽然导游说这是二手货，是摆样子的，但是，看起来这个民族在政府的财政补贴下保存了下来。然而，管理印第安事务的官员告诉我，这些印第安人经常酗酒，打架，非正常死亡率很高。他们生活没有目的，主要是安身立命之道没有了。

我1987年考察呼伦贝尔盟和大兴安岭时，去拜访了鄂伦春族同胞。看到我们的政府的确是在尽力扶持这个民族，他们吃住都没有问题，孩子上学也不要钱，但这个民族本身还没有形成一个有生机的社区，还没有达到自力更生的状态。当我读到美国亨廷顿的《文化冲突论》时，不能不激发起我的思考：文化和民族是会被消灭的，这是过去发生过的历史事实，但是我不能平静地接受这个历史事实。令人吃惊的是，那些标榜提倡个人自由的西方文化，怎么能够容忍一些民族和文化消亡的事实发生在当今这个时代！西方某些人主张种族消灭论，现在世界上很多地方还在打仗，南斯拉夫、中东地区战火不断，战争中动用了飞机、导弹，互相残杀。我们主张民族平等、共同富裕。当然，由于自然条件和环境的改变，还可能造成一些民族在生产能力和谋求职业方面出现了某些不适应，比如政府分给了某个少数民族同胞土地，但是他们不会种，怎么办？我一直在想：我国万人以下的小民族有十多个，它们今后在社会的大变动中如何继续生存下去？如果我们把这个问题扩展开来，实际上就是在全球化以后，中华文化该怎么办。这是个大问题，虽然这个问题，目前还不那么急迫。但是在现实生活里，某些小民族保生存还是保文化的矛盾已经发生了。

因此我提出了"和而不同"的民族秩序论。心里想，我们中国当前所走的路子和所执行的政策，是同西方的路子唱反调的，我们主张民族平等、民族自治，首先就要保证民族生存，反对消灭民族。

我有幸在第二次学术生命里，得到继续从事民族研究工作的机会。在这20年的"行行重行行"里，我尽可能地到各地访问，去拜访我国的少数民族同胞。我到过生活在黑龙江兴安岭里的鄂伦春族和甘肃青海交界处的裕固族、撒拉族、土族等少数民族地区，我能体会到它们的处境和困惑。跨入信息社会后，经济、文化变得那么快，一些小民族就发生了自身文化如何保存下去的问题。在这种形势下，不采取办法来改变它们原有的生产和生活方式是不可能的了，问题是如何改变？我前年又到黑龙江去访问赫哲族，想了解一下人数比较少的少数民族的具体情况。赫哲族长期以来本是靠渔业生活的，现在传统的渔业越来越不景气，因此地方政府一方面努力改善环境，保护渔业生产，尽可能地帮助他们安排好生活，开辟新的生产门路，如利用鱼骨做成艺术品、装饰品，拿到市场上去卖；另一方面分给他们土地耕种，想帮助他们改变生活方式，改变文化，但是他们却把地转租给汉人或是找打工的汉人来种。这说明一种文化向另一种文化的过渡并不那么简单。小民族要生活下去和解决贫困问题，需要有一个复兴的计划，这种计划必须在扎实的调查研究的基础上才可能做出。这应该是社会学、人类学者的任务。

我从东北回京后，向国家民委提出加强对小民族的研究的建议，这个建议得到了中央领导的重视，现在由北京大学社会学人类学研究所牵头，与中央民族大学、国家民委民族问题研究中心合作组织了队伍，开展了22个10万人口以下的"人口较少民族"的调查。调查的第一期工作已结束，正在进行第二期的工作。我想，在我们中华民族大家庭中，决不能坐视小兄弟面临困境而无动于衷，我们有力量帮助它们在当今这个变化激烈的世界里继续生存与发展下去，允许它们在文化走向的问题上有自主权和自决权。我们中国的社会学者和人类学者还可以做跨国的比较研究，拿我们的民族政策与美国、澳大利亚、加拿大等国的民族政策做一个比较，看看中国提倡的民族平等、共存共荣的政策与西方民族政策究竟有什么不同。我们要在中华民族大家庭中做出一个实实在在的榜样来，走出一条新路，这是中国社会学、人类学者要做的事。这件事做好了其意义不仅是在国内，而且对今后的世界也有重大意义。

在座的有来自各个民族的学员，希望大家来共同思考和关注这样一个民族文化应该如何发展，发展的目标是什么这个重大的课题。在全球文化发展和交融的时代，在一个大变化的时代里，我们如何生存和发展？怎样才能在多元化并存的时代里，真正做到"和而不同"？我已经90多岁了，想做的事很多，但已力不从心。新一代长成，老一代交班，希望新一代更快更好地成长起来，把研究工作继续下去。

答会上提问

刚才大家提出了很多问题，很好，我把它们归纳起来，总的讲一讲。

我过去多次来西北，关心西北的发展问题，为此也提出过一些建议和看法。这次能参加研讨班，也很希望能了解一下现在的情况。政府政策的形成，不是凭空而来的，先是有客观的需要，以群众的根本利益为依据，十多年来大家都在努力"呼吁"，大家的呼吁，得到中央的重视，才会有今天西部大开发的政策。现在西部大开发的方向、目的清楚了，有了政策条件，还需要投入大量的人力物力，才能做很多的事情。如何贯彻落实西部大开发的政策，把事业做成功还要靠群众，靠每一个人的努力。

首先要做好的是交通。这次我是乘飞机来的，在飞机上没有问题，下了飞机就难走了，从机场到兰州的路还没有修好，老年人就吃不消了，这是很实际的问题，路不好，是无法招商引资的，举这个例子，大家就体会了。

其次，发展西部要有重点，要抓住若干据点和中心点。从兰州到嘉峪关的一段，我看中了河西走廊、金川、白银，这些地方通过多年的建设，已经有了很好的基础。比如对白银市的发展有相应的支持政策，完全可以发展成为一个工业特区。

河西走廊在新疆、青海、内蒙古和宁夏诸省区之间，这个地区如果能够用好祁连山的水，发挥移民的作用，将会大有希望。此外，培养工业发展所需要的技术人才是当务之急，关注当地少数民族经济的发展也同样重要。第一位的任务是培养人，培养有现代科学知识的技术人员和管理干部，在这方面有什么工作需要我做，我很愿意出力。

抓重点同时不能放弃基础，西部不能忽视农业的发展，发展要靠人去推动实施。靠有头脑的人去做，所以我还要再次强调，人是最根本的。必须有意识地培养和提高人的素质，让他们有条件来接受先进的文化，能够加入到现代化的事业中去。就民族工作来讲，更要抓住这个关键来发展民族地区的经济，要看到传统的谋生之道正在改变，原来靠山吃山、靠水吃水,现在山上的树没有了,河里的鱼没有了,在这种情况下,有人问是保命还是保文化。依我看,文化是为了人才存在的,有人才有文化,文化是谋生之道,做人之道。因此我们要利用一切可用的自然条件来发展经济,提高经济实力。少数民族也一样要靠自己的努力来发展,自身的文化不够用就引进。我们中国的少数民族有一个优势,那就是有国家的政策在扶持,有13亿兄弟民族的相互帮助,大兄弟帮小兄弟。经济发展要人人动手,一点一滴地积聚财富,即所谓原始资本积累。有了钱有了力量如何用?工业和商业怎样相结合?兄弟民族各有所长,按特长有所分工,优势互补,比如撒拉族人善于种水果,他们的瓜果之乡有了产品要有办法卖出去。历史上回族就是善于经商的民族,临夏和海东地区是明朝的茶马市场,是中原地区和西北进行物资交流的地方,是一个商业中心,历史上就有"东有温州,西有河州"的说法。所以我曾建议甘青两省的合作,发挥这里自然和人的条件,建设现代化的商业中心。当时为了向藏区运送商品,我还联系南京的企业向这边支援卡车。有了卡车需要人开,还要培养司机,所以要发展,重要在培养人。现在临夏的商业已有发展,回族出了大力气。他们的底子比较好,学习得快。最困难的是人数很少的"小小民族",一定要帮助他们维持生产基础,但关键也在于培养人。我相信这些"小小民族"是能够做到的。我认识一位撒拉族农民,他看到了种果树的好处,就动手去做,动员全家开荒种果树,取得了很大成绩。

人类学就是要通过思想唤起人们的觉悟,唤起"小小民族"的觉悟,做到自己动手,丰衣足食。我到过新疆的吐鲁番,林则徐在新疆时发掘过地下水,我们今天就可以他为榜样，用现代化的知识开发自然条件，促进经济发展。新疆大学要建设好一个民族学的中心，关键也在有人才。光有机构没有人不行，要培养教师办系建中心，要人要条件，搞得不好是要误人子弟的。你们自己要好好做，北京大学出力搞协作，帮助新疆建设师资队伍。我们这次来西北地区办社会学人类学高级研讨班也就是为了这个目的。如果你们做得好，我身体健康活得长，想再到新疆去办一次这样的研讨班。

西部开发本来就是一个大梦想，我一生做过很多梦。我和我的前妻王同惠在学生时期就翻译了《甘肃土人的婚姻》，当时她就说为什么我们自己不能写土族的书，而要外国人写。我们就是在那时下决心要努力去认识中国，自己把道理搞清楚。现在你们有条件有能力去做了，就应该认真去做。这就是所谓"文化自觉"，需要我们对自己的文化层层解剖，有所分析和认识。

我这几天在看第三届研讨班时，外国同行做的系列讲座的论文，很多问题他们都讲出来了，例如爱斯基摩人怎样进入工业化的。我很羡慕你们年轻人，现在你们的条件比我们年轻时好多了，简直不能同日而语；而且我有很长一段时间想做而不能做，一直到平反后才开始动手做。你们现在条件好了，不要生在福中不知福。自己要真正努力。

实现民族政策，不能等，不能靠，要自己去做。民族的先进分子要看到自己的责任，中国社会是一个上有祖宗、下有子孙的社会，我们不能在自己这一代把事情搞坏了，没有尽到责任。希望大家珍惜机会，振兴民族，共同富裕。

2001 年 7 月

出版后记

本书收录了费孝通不同历史时期有关民族问题的研究与思考，共三辑，24篇文章。

第一辑的《桂行通讯》和《花蓝瑶社会组织》，是1935年费孝通携新婚夫人王同惠进入广西大瑶山做实地考察的纪行通讯和学术报告，前者曾连载于当年的《北京晨报》和天津《益世报》；后者于1936年刊发于吴文藻主持的《社会学丛刊》。这两篇文章相辅相成，完整呈现了费孝通首次用人类学田野考察的方法进行的民族志研究，是其民族学乃至一生学术研究的开端。

第二辑收录了10篇文章，包括费孝通20世纪50年代参加"中央访问团"和"民族识别"工作，以及"少数民族社会历史调查"的部分考察报告，还有对民族政策和民族工作的建言等。1956年与林耀华先生共同撰写的《中国民族学当前的任务》一文，则体现了他们在当时的历史形势下对民族理论的独特思考，曾于1957年出版单行本，在当时有较广泛的影响。

第三辑收录了费孝通"第二次学术生命"阶段有关民族问题的12篇文章，其中1988年发表的《中华民族的多元一体格局》一文，从民族角度描述中国历史的形成，并提出了民族认同意识的多层次论，这一建基于中国的历史与现实而提出的国家理论与文明论述,是他长期思考的结晶,影响深远。

书中有十余篇文章因资料缺乏,无法找到原始刊发信息,只标明写作时间。特此说明。

生活·讀書·新知 三联书店
2020 年 9 月

费孝通作品精选

（12种）

《茧》 费孝通20世纪30年代末用英文写作的中篇小说，存放于作者曾经就读的伦敦经济学院图书馆的"弗思档案"中，2016年被国内学者发现。这是该作品首次被翻译成中文。

小说叙写了上个世纪30年代苏南乡村一家新兴制丝企业的种种遭际。这家制丝企业通过实验乡村工业的现代转型，希望实现改善民生、实业救国的社会理想，但在内外交困中举步维艰。作者以文学的方式来思考正在发生现代化变迁的乡村、城镇与城市，其中乡土中国的价值观念、社会结构与经济模式都在经历激烈而艰难的转型，而充满社会改革理想的知识分子及其启蒙对象——农民，有的经历了个人的蜕变与成长，有的则迷失在历史的巨变中。

《江村经济》 原稿出自费孝通1938年向英国伦敦经济学院人类学系提交的博士论文，著名人类学家马林诺夫斯基在为本书撰写的序文中预言，该书"将被认为是人类学实地调查和理论工作发展中的一个里程碑"。1981年，英国皇家人类学会亦因此书在学术上的成就授予费孝通"赫胥黎奖章"。

本书围绕社区组织、"土地的利用"和"农户家庭中再生产的过程"等，描述了中国农民的消费、生产、分配和交易等生活和经济体系；同时着重介绍了费达生的乡土工业改革实验。费孝通后来多次重访江村，积累了一系列关于江村的书写。江村作为他在汉人社会研究方面最成熟的个案，为他的理论思考如差序格局、村落共同体、绅权与皇权等提供了主要的经验来源。

《禄村农田》 作为《江村经济》的姊妹篇，《禄村农田》是费孝通"魁阁"时期的学术代表作，作者将研究焦点由东南沿海转移到云南内地乡村，探寻在现代工商业发展的过程中，农村土地制度和社会结构所发生的变迁。

作者用类型比较方法，将江村与禄村分别作为深受现代工商业影响和基本以农业为主的不同农村社区的代表，考察农民如何以土地为生，分析其土地所有权、传统手工业和社会结构的异同与变迁，目的是想论证，农村的经济问题不能只当作农村问题来处理；农村经济问题症结在于土地，而土地问题的最终解决与中国的工业化紧密联系在一起。这一探寻中国乡村现代化转型的理想与实践贯穿了费孝通一生。

《生育制度》 费孝通1946年根据他在西南联大和云南大学任教时的讲义整理而成，围绕"家庭三角"这一核心议题，讨论了中国乡土社会组织的基本原则及其拓展，其中描述社会新陈代谢的"社会继替""世代参差"等概念影响深远。本书是费孝通的早期代表作，也是他一生最为看重的著作之一。

《乡土中国·乡土重建》 20世纪40年代中后期，费孝通的学术工作由实地的"社区研究"转向探察中国社会结构的整体形态。他认为自己对"差序格局"和"乡土中国"的论述，是这一时期的主要成就。

《乡土中国》尝试回答的问题是："作为中国基层社会的乡土社会究竟是个什么样的社会。"它不是对具体社会的描写，而是从中提炼一些"理想型"概念，如"差序格局""礼治秩序""长老统治"等，以期构建长期影响、支配着中国乡土社会的独特运转体系，并由此来理解具体的乡土社会。

《乡土重建》则以"差序格局"和"皇权与绅权"的关系为中国社会的基本结构原则，在此基础上分析现实中国基层社会的问题与困境，探寻乡土工业的新形式和以乡土重建进行现代社会转型的可能。这一系列的写作代表了费孝通40年代后期对中国历史、传统和当代现实的整体性关照，是其学术生命第一阶段最重要的思考成果。

《中国士绅》　　由七篇专论组成，集中体现了费孝通40年代中后期对中国社会结构及其运作机制的深刻洞察，尤其聚焦于士绅阶层在中国传统社会的地位与功能，及其在现代化进程中逐渐走向解体的过程，与《乡土中国》《乡土重建》等作品在思想上一脉相承。他实际上借助这个机会将自己关于中国乡村的基本权力结构、城乡关系、"双轨政治""社会损蚀"等思考介绍给英语世界。

《留英记》　　费孝通关于英国的札记和随笔选编，时间跨度从20世纪40年代到80年代。作为留英归来的学者，费孝通学术思想和人生经历有很重要的一部分与英国密切相关。

这些札记和随笔广泛记录了一个非西方的知识分子对英国社会、人情、风物、政治的观察，其中不乏人类学比较的眼光。比如1946年底，费孝通应邀去英国讲学，其间，以"重返英伦"为名写下系列文章，开头的一句话"这是痛苦的，麻痹了的躯体里活着个骄傲的灵魂"，浓缩了他对二战后英帝国瓦解时刻的体察与速写。作者以有英国"essay"之风的随笔形式观察大英帝国的历史命运、英国工党的社会主义实验、工业组织的式微、英国人民精神的坚韧、乡村重建希望的萌芽，以及君主立宪、议会政治和文官制度等，尤其敏锐地洞察了英美两大帝国的世纪轮替和"美国世纪"的诞生，今日读来，尤让人叹服作者的宏阔视野和历史预见力。

《美国与美国人》　　20世纪40年代中后期，费孝通写作了大量有关美国的系列文章，这些文章以游记、杂感、政论等形式比较美国和欧洲，美国与中国。其中，《美国人的性格》被费孝通称为《乡土中国》的姊妹篇，作者透过一般性的社会文化现象，洞察到美国的科学和民主之间的紧张，认为科学迫使人服从于大工业的合作，而民主要求个体主义，二者必然产生冲突；并进一步认为基督教是同时培养个体主义和"自我牺牲信念"的温床，是美国社会生活以及民主和科学特有的根源。美国二战以来在全球政治经济格局中越来越突出的霸权地位，实际是费孝通关注美国的一个重要背景。他晚年有关全球化问题的思考，与他对美国、英国等西方社会的系列观察密不可分。

《行行重行行：1983—1996》（合编本）　　20世纪80年代到90年代中期，费孝通接续其早年对城—镇—乡结构关系的思考和"乡土重建"的理想，走遍祖国的大江南北，对乡镇企业、小城镇建设、城乡和东西部区域协同发展进行实地考察和调研，先后提出了苏南模式、温州模式和珠江模式等不同的乡镇发展类型，以及长三角、港珠澳、京津冀、亚欧大陆桥经济走廊、中西部经济协作区等多种区域发展战略，其中还包含了他对中西部城市发展类型的思考。

本书汇集了费孝通十余年中所写的近六十篇考察随记，大致按时间线索排列，不仅呈现了晚年费孝通"从实求知"的所思所想；某种意义上也记录了改革开放以来中国发展黄金时期的历史进程。

《中华民族的多元一体格局：民族学文选》 费孝通是中国民族学的奠基人之一，从1935年进入广西大瑶山展开实地调查开始，对民族问题不同层面的关注与研究贯穿其整个学术生涯。如果说《花蓝瑶社会组织》是用人类学田野调查的方法对民族志研究的初步尝试，那么1950—1951年参加"中央访问团"负责贵州和广西的访问工作，则是他进行民族研究真正的开始，其后还部分参与了"民族识别"和"少数民族社会历史调查"，这些工作不止体现于对边疆社会的组织结构和变迁过程进行研究，对新中国民族政策和民族工作的建言献策，更体现在他对建基于中国历史与现实的"民族"定义和民族理论的探索与构建中。1988年发表的长文《中华民族的多元一体格局》，即是其长期思考的结晶，费孝通在其中以民族学的视角概述中国历史，并提出一种民族认同意识的多层次论，认为中华民族是既一体又多元的复合体。这一对中国作为一个多民族国家在理论层面的高度把握，是迄今为止影响最为深远的中国文明论述。

《孔林片思：论文化自觉》 20世纪80年代末，费孝通进入了他一生学术思想的新阶段，即由"志在富民"走向"文化自觉"，开始思考针对世界性的文明冲突，如何进行"文化"之间的沟通与解释。到90年代，这些思考落实为"文化自觉"的十六字表述，即：各美其美，美人之美，美美与共，天下大同。

晚年费孝通从儒家思想获得极大启迪，贯穿这一阶段思考的大问题是：面对信息化和经济一体化的全新世界格局，21世纪将会上演"文明的冲突"，还是实现"多元一体"的全球化？不同的文化和文明之间应该如何和平共处、并肩前行？中国如何从自己的传统思想中获得文化转型的自主能力，从中国文明本位出发，建构自己的文明论与文化观？

本书收录了费孝通从1989—2004年的文章，集中呈现了费孝通晚年对人与人、人与自然、国与国、文明与文明之间关系的重新思考。

《师承·补课·治学》（增订本） 从1930年进入燕京大学社会学系开始，在长达七十余年的学术生涯中，费孝通在人类学、社会学和民族学领域开疆拓土，成就斐然。他一生的学术历程与民族国家的命运、与时代的起伏变换密切相关。本书汇编了晚年费孝通对自己一生从学历程的回顾与反思的文章，其中既有长篇的思想自述；也有对影响终身的五位老师——吴文藻、潘光旦、派克、史禄国、马林诺夫斯基——的追忆与重读，他名之曰"补课"；更有对社会学与人类学在学科和理论层面的不断思考。

本书还收录了费孝通"第一次学术生命"阶段的四篇文章，其中《新教教义与资本主义精神之关系》一文为近年发现的费孝通佚稿，也是国内最早关于韦伯社会学的述评之一。